博士后文库
中国博士后科学基金资助出版

改性沥青黏附性及混合料抗水损坏性能评价与研究

吕 泉 著

科 学 出 版 社
北 京

内 容 简 介

黏附性是沥青的本质属性，与混合料诸多路用性能尤其是抗水损坏性能存在重要联系。本书以改性沥青黏附性及混合料抗水损坏性能为研究内容，构建并完善了沥青黏附性及混合料抗水损坏性能的评价体系，提出并改进了超声波水浸法、拉拔试验、汉堡车辙试验等评价方法，解析了沥青与集料界面相互作用的机理，明晰了各影响因素的作用规律，对多种改性沥青混合料进行了性能分级，并分析了改性沥青性能与其混合料抗水损坏性能的内在联系，给出了基于沥青混合料抗水损坏性能的改性沥青性能评价体系与改性方案建议。

本书适合高等院校交通运输工程、土木工程等道路相关专业的高年级本科生和研究生阅读，也可供从事沥青路面材料研发、沥青路面设计及施工的专业技术人员参考。

图书在版编目(CIP)数据

改性沥青黏附性及混合料抗水损坏性能评价与研究 / 吕泉著. —北京：科学出版社，2024.6

(博士后文库)

ISBN 978-7-03-078421-6

Ⅰ. ①改… Ⅱ. ①吕… Ⅲ. ①改性沥青-沥青拌和料-抗水性 Ⅳ. ①U414

中国国家版本馆CIP数据核字(2024)第080793号

责任编辑：裴 育 周 炜 乔丽维 / 责任校对：任苗苗
责任印制：肖 兴 / 封面设计：陈 敬

科学出版社 出版
北京东黄城根北街16号
邮政编码：100717
http://www.sciencep.com
涿州市般润文化传播有限公司印刷
科学出版社发行 各地新华书店经销
*
2024年6月第 一 版 开本：720×1000 1/16
2024年6月第一次印刷 印张：18 1/4
字数：368 000

定价：150.00 元

(如有印装质量问题，我社负责调换)

“博士后文库”序言

1985 年，在李政道先生的倡议和邓小平同志的亲自关怀下，我国建立了博士后制度，同时设立了博士后科学基金。30 多年来，在党和国家的高度重视下，在社会各方面的关心和支持下，博士后制度为我国培养了一大批青年高层次创新人才。在这一过程中，博士后科学基金发挥了不可替代的独特作用。

博士后科学基金是中国特色博士后制度的重要组成部分，专门用于资助博士后研究人员开展创新探索。博士后科学基金的资助，对正处于独立科研生涯起步阶段的博士后研究人员来说，适逢其时，有利于培养他们独立的科研人格、在选题方面的竞争意识以及负责的精神，是他们独立从事科研工作的“第一桶金”。尽管博士后科学基金资助金额不大，但对博士后青年创新人才的培养和激励作用不可估量。四两拨千斤，博士后科学基金有效地推动了博士后研究人员迅速成长为高水平的研究人才，“小基金发挥了大作用”。

在博士后科学基金的资助下，博士后研究人员的优秀学术成果不断涌现。2013 年，为提高博士后科学基金的资助效益，中国博士后科学基金会联合科学出版社开展了博士后优秀学术专著出版资助工作，通过专家评审遴选出优秀的博士后学术著作，收入“博士后文库”，由博士后科学基金资助、科学出版社出版。我们希望，借此打造专属于博士后学术创新的旗舰图书品牌，激励博士后研究人员潜心科研，扎实治学，提升博士后优秀学术成果的社会影响力。

2015 年，国务院办公厅印发了《关于改革完善博士后制度的意见》（国办发〔2015〕87 号），将“实施自然科学、人文社会科学优秀博士后论著出版支持计划”作为“十三五”期间博士后工作的重要内容和提升博士后研究人员培养质量的重要手段，这更加凸显了出版资助工作的意义。我相信，我们提供的这个出版资助平台将对博士后研究人员激发创新智慧、凝聚创新力量发挥独特的作用，促使博士后研究人员的创新成果更好地服务于创新驱动发展战略和创新型国家的建设。

祝愿广大博士后研究人员在博士后科学基金的资助下早日成长为栋梁之才，为实现中华民族伟大复兴的中国梦做出更大的贡献。

中国博士后科学基金会理事长

序

沥青作为一种工程材料，其最重要的作用就是黏结松散的粗细集料，形成一个整体为行人、车辆服务。早在 19 世纪第一条沥青碎石路面铺筑的时候，集料与沥青相互黏结紧固就被认为是路面具有良好性能的关键要素。当时的道路建设者不仅会检查沥青的均匀性，甚至还会将沥青放在自己的口中咀嚼，通过衡量其与牙齿黏结是否牢固来判断沥青黏附性到底如何。

沥青具有良好的黏附性是其具备其他性能的基本前提，只有在沥青与集料黏结状况良好的情况下，才能进一步研究沥青道路如何在重复荷载、高低温交替、冻融循环、光氧老化等诸多条件下提供耐久的、舒适的工程性能。同时，黏附性也与其他性能紧密相关，如高温抗车辙性能、低温开裂性能、中温疲劳性能、沥青混合料老化后的抗水损坏性能。

然而，黏附性却成为沥青诸多性质下的一朵“乌云”。长期以来，国内外沥青评价体系主要强调高低温性能分级，缺少基于黏附性或抗水损坏性能的分级方法。沥青改性技术的发展使得沥青黏附机理更为复杂，缺少基于抗水损坏的改性沥青性能分级方法与体系，导致水损坏依然是我国沥青道路破坏的主要形式之一。评价方法与性能分级的缺失导致无论在采用针入度分级的中国还是在采用 PG 分级的美国都出现了沥青好坏难以评价的问题：路用性能很差的沥青通过添加、调和等手段，在路用性能没有实际改善的情况下，指标却比真正的优质沥青还要好，导致用户无法区分沥青的好坏。

吕泉博士在同济大学攻读博士学位及博士后在站工作期间，围绕上述问题展开了较为全面的研究，通过总结与凝练形成了《改性沥青黏附性及混合料抗水损坏性能评价与研究》一书。该书从评价方法、机理解析、性能联系三方面逐步展开，涵盖了国内外最新的沥青黏附性和抗水损坏性能评价方法，并首次引入了黏附功、黏附性自愈合、高温-水损坏解耦分析等概念对沥青与集料黏附行为进行了全面阐述，初步建立了改性沥青性能与其混合料抗水损坏性能的内在联系。此外，该书对 30 余种国内外常用改性沥青的黏附性及其混合料抗水损坏性能进行了分级评价，为完善改性沥青的性能评价体系提供了较好的建议。相信该书可为从事沥青路面材料研发及施工的专业人员提供有益借鉴，以供材料性能评价、改性方案改善和施工设计之需，或为进一步研究沥青黏附性这一核心性能提供评价方法与研究思路。

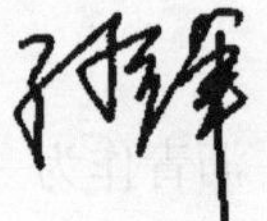

2023 年 9 月

前　言

沥青，在英文中也称 binder，即胶结料，从名称可以看出沥青本质上是一种胶，黏附性是其本质属性。改性沥青技术的发展虽然提高了路面的整体性能，但与高低温性能和疲劳性能相比，改性沥青黏附性与混合料抗水损坏性能的理解和重视程度都有所不足。现有试验方法对沥青胶结料黏附性与沥青混合料抗水损坏性能均难以准确评价，两者的内在关联也尚不清晰。此外，沥青改性技术的发展使得沥青黏附机理更为复杂，缺少基于抗水损坏的改性沥青性能分级方法，导致改性沥青材料“劣币驱良币”，水损坏依然是我国沥青道路破坏的主要形式。

本书以改性沥青黏附性及混合料抗水损坏性能为研究对象，从评价方法、机理分析及性能分级等角度展开研究。在沥青层面，本书首先采用统计学手段对现行规范中的水煮法进行分析，并提出超声波水浸法；建立拉拔试验评价沥青与集料拉拔强度的评价方法，明确各试验参数与多因素影响规律，并将自愈合的概念引入沥青与集料的界面黏附行为研究，提出三个愈合机理。

在混合料层面，本书设计三次冻融循环试验来评价改性沥青混合料的抗水损坏性能，同时系统评价汉堡车辙试验，并改进现有的分析方法，构建三对、六个新性能参数以将混合料的高温抗车辙性能与抗水损坏性能分离开，单独进行分析。本书最后基于多种试验方法对七大类改性沥青及其混合料进行性能分级，并针对胶粉类改性沥青黏附性存在不足的情况进行专题研究，探究改性沥青诸多性能与其混合料抗水损坏性能的内在联系，从沥青混合料抗水损坏角度为改性沥青性能评价体系与改性方案提供建议。

本书是作者攻读硕士和博士学位以及博士后在站工作阶段近 10 年研究成果的提炼与梳理，并涵盖了赴美国威斯康星大学麦迪逊分校访问交流期间的部分研究成果。在本书的研究与撰写过程中，得到了作者博士生导师同济大学黄卫东研究员以及博士后合作导师同济大学孙立军教授的悉心指导和帮助。同时，本书相关研究工作得到了国家自然科学基金面上项目(51908426、51978518)、中国博士后科学基金(BX20190240、2019M660097)及各地区有关交通运输科技研究计划的支持，在此一并表示感谢。

希望本书在对作者相关研究工作进行有益总结的同时，能够为广大道路工程专业师生以及同行提供些许启示和帮助。

由于作者水平有限，书中难免存在疏漏和不妥之处，敬请读者批评指正。

吕　泉

2023 年 6 月

目　录

"博士后文库"序言

序

前言

第1章　绪论……1

1.1　研究背景……1

1.2　研究现状……2

1.2.1　沥青路面水损坏产生机理……3

1.2.2　沥青胶结料黏附性评价方法……10

1.2.3　沥青混合料抗水损坏评价方法……19

1.2.4　沥青黏附性与混合料抗水损坏的性能分级与关联分析……28

1.2.5　研究现状评述……30

1.3　本书主要内容……31

第2章　试验材料与试验方法……33

2.1　试验材料……33

2.1.1　沥青……33

2.1.2　集料……36

2.1.3　混合料……37

2.2　超声波水浸法……39

2.3　表面能试验……40

2.3.1　表面能基本理论……40

2.3.2　表面能试验方法……44

2.4　拉拔试验……50

2.4.1　拉拔试验仪器及有关器材……50

2.4.2　拉拔试验评价沥青与集料黏附性的方法……51

2.4.3　拉拔试验评价沥青与集料黏附性自愈合的方法……53

2.4.4　拉拔试验中应注意的几个问题……54

2.5　冻融劈裂试验……56

2.5.1　试件成型……56

2.5.2　冻融循环次数确定……56

2.5.3　TSR的计算……57

2.6 汉堡车辙试验……58
第 3 章 基于水煮法及超声波水浸法的沥青黏附性研究……62
3.1 超声波水浸法试验可行性研究……62
3.2 试验方法与计划……64
3.3 相关分析概念阐述……66
3.4 水煮法的直观分析……68
3.5 水煮法的方差分析……69
3.5.1 显著性水平 0.05 下的水煮法方差分析……70
3.5.2 显著性水平 0.01 下的水煮法方差分析……71
3.6 水煮法的贡献率分析……72
3.7 超声波水浸法的直观分析……74
3.8 超声波水浸法的方差分析……75
3.9 超声波水浸法的贡献率分析……77
3.10 超声波水浸法与水煮法的对比分析……78
3.11 本章小结……78
第 4 章 基于拉拔试验的沥青黏附性研究……80
4.1 拉拔试验评价沥青与集料黏附性的方法确立……80
4.1.1 加载速率的确立……80
4.1.2 沥青膜厚的确立……81
4.1.3 水浴时间的确立……84
4.2 沥青与集料黏附性的影响因素分析……86
4.2.1 水对沥青黏附性的影响……86
4.2.2 集料类型与集料表面酸碱度对沥青黏附性的影响……87
4.2.3 沥青相位角对拉拔试验评价结果的影响……90
4.2.4 沥青模量对拉拔试验评价结果的影响……90
4.2.5 沥青老化条件对沥青黏附性的影响……92
4.3 多种基质沥青与改性沥青的黏附性评价……96
4.3.1 多种基质沥青的黏附性评价……97
4.3.2 SBS 改性沥青的黏附性评价……97
4.3.3 橡胶类改性沥青的黏附性评价……100
4.3.4 其他类改性沥青的黏附性评价……104
4.3.5 最佳掺量下不同改性沥青的黏附性评价……106
4.4 本章小结……107
第 5 章 基于拉拔试验的沥青黏附性自愈合研究……108
5.1 沥青与集料黏附性自愈合的影响因素分析……109

5.1.1 愈合外荷载压力对沥青黏附性自愈合的影响……109
5.1.2 浸水及愈合时间对沥青黏附性自愈合的影响……112
5.1.3 愈合温度对沥青黏附性自愈合的影响……113
5.1.4 多次破坏-自愈合过程对沥青黏附性自愈合的影响……115
5.1.5 老化程度对沥青黏附性自愈合的影响……116
5.2 多种基质沥青与改性沥青的黏附性自愈合评价……118
5.2.1 多种基质沥青的黏附性自愈合性能……119
5.2.2 SBS 类改性沥青的黏附性自愈合性能……119
5.2.3 溶解性胶粉改性沥青的黏附性自愈合性能……122
5.2.4 其他类改性沥青的黏附性自愈合性能……124
5.2.5 最佳掺量下不同改性沥青的黏附性自愈合性能对比……125
5.3 沥青与集料黏附性自愈合的机理探究……126
5.3.1 沥青分子链结构指数与黏附性自愈合的关系……127
5.3.2 沥青黏度与黏附性自愈合的关系……130
5.3.3 基于 CT 技术的沥青-集料界面黏附性自愈合细观分析……131
5.4 本章小结……137
第 6 章 基于冻融劈裂试验的沥青混合料抗水损坏性能研究……139
6.1 基质沥青混合料冻融劈裂试验表现……139
6.2 线型 SBS 改性沥青混合料冻融劈裂试验表现……140
6.3 不同掺量溶解性胶粉改性沥青混合料冻融劈裂试验表现……140
6.4 不同掺量 PPA 改性沥青混合料冻融劈裂试验表现……141
6.5 不同掺量岩沥青改性沥青混合料冻融劈裂试验表现……142
6.6 不同掺量 HDPE 改性沥青混合料冻融劈裂试验表现……143
6.7 本章小结……144
第 7 章 基于汉堡浸水车辙试验的沥青混合料抗水损坏性能研究……145
7.1 现行汉堡浸水车辙试验数据分析方法的若干问题探讨……145
7.1.1 Iowa DOT 六次函数法中的计算问题……146
7.1.2 汉堡浸水车辙试验中的复合表现问题……151
7.1.3 新汉堡浸水车辙试验分析方法介绍……157
7.1.4 新汉堡浸水车辙试验分析方法的有效性验证……159
7.2 多种基质沥青与改性沥青混合料的汉堡浸水车辙试验表现……165
7.2.1 多种基质沥青混合料的汉堡浸水车辙试验表现……166
7.2.2 多种改性沥青混合料的汉堡浸水车辙试验表现……167
7.3 基于 CT 技术的汉堡浸水车辙试验三阶段破坏演化规律研究……174
7.3.1 CT 试验方法……174
7.3.2 CT 扫描图像分析……177

7.3.3 汉堡浸水车辙试验中试件的孔隙变化规律 …… 179
7.4 本章小结 …… 182
第 8 章 胶粉改性沥青与集料界面黏附性的评价与机理 …… 184
8.1 试验材料与试验方法 …… 186
8.1.1 胶粉改性沥青 …… 186
8.1.2 沥青的基本性质 …… 189
8.1.3 集料 …… 192
8.1.4 混合料 …… 192
8.1.5 主要试验方法 …… 195
8.2 基于 BBS 拉拔试验的胶粉改性沥青黏附性研究 …… 198
8.2.1 胶粉改性沥青的颗粒效应、吸收偏好、降解作用 …… 198
8.2.2 不同胶粉掺量的胶粉改性沥青 BBS 拉拔试验结果 …… 200
8.2.3 不同胶粉目数的橡胶沥青 BBS 拉拔试验结果 …… 202
8.2.4 不同生产工艺的橡胶沥青 BBS 拉拔试验结果 …… 203
8.2.5 不同胶粉来源的橡胶沥青 BBS 拉拔试验结果 …… 205
8.2.6 SBS 复合橡胶沥青 BBS 拉拔试验结果 …… 207
8.2.7 本节结论 …… 207
8.3 基于 UTM 拉拔试验的胶粉改性沥青黏附性研究 …… 208
8.3.1 不同胶粉掺量的胶粉改性沥青 UTM 拉拔试验结果 …… 209
8.3.2 不同胶粉目数的橡胶沥青 UTM 拉拔试验结果 …… 210
8.3.3 不同生产工艺的橡胶沥青 UTM 拉拔试验结果 …… 212
8.3.4 不同胶粉来源的橡胶沥青 UTM 拉拔试验结果 …… 212
8.3.5 SBS 复合橡胶沥青 UTM 拉拔试验结果 …… 213
8.3.6 本节结论 …… 214
8.4 胶粉改性沥青混合料抗水损坏性能研究 …… 214
8.4.1 不同胶粉掺量的胶粉改性沥青混合料汉堡浸水车辙试验结果 …… 215
8.4.2 不同胶粉掺量的溶解性胶粉改性沥青混合料汉堡浸水车辙试验结果 …… 217
8.4.3 不同胶粉目数的橡胶沥青混合料汉堡浸水车辙试验结果 …… 219
8.4.4 不同生产工艺的橡胶沥青混合料汉堡浸水车辙试验结果 …… 220
8.4.5 不同胶粉来源的橡胶沥青混合料汉堡浸水车辙试验结果 …… 222
8.4.6 SBS 复合橡胶沥青混合料汉堡浸水车辙试验结果 …… 223
8.4.7 本节结论 …… 224
8.5 胶粉改性沥青黏附性评价方法的对比分析 …… 225
8.5.1 BBS 拉拔试验、UTM 拉拔试验、汉堡浸水车辙试验对比 …… 225
8.5.2 沥青性质与沥青混合料抗水损坏性能的关系 …… 227
8.5.3 多种因素对胶粉改性沥青黏附性及其混合料抗水损坏性能的影响 …… 229

8.5.4　本节结论……230
8.6　本章小结……230
第9章　关联分析与内在联系……233
9.1　表面能试验、拉拔试验、汉堡浸水车辙试验的对比……233
9.1.1　SBS类改性沥青浸水表现各评价方法对比……234
9.1.2　橡胶类改性沥青浸水表现各评价方法对比……236
9.1.3　其他类改性沥青浸水表现各评价方法对比……237
9.2　沥青性能与其混合料抗水损坏性能的内在联系……239
9.2.1　基质沥青性能与其混合料抗水损坏性能的内在联系……239
9.2.2　改性沥青性能与其混合料抗水损坏性能的内在联系……242
9.2.3　沥青性能与其混合料抗水损坏性能内在联系的探讨……250
9.3　本章小结……252
第10章　结论与展望……254
10.1　主要结论……254
10.2　创新点……257
10.3　进一步研究与展望……258
参考文献……260
编后记……275

第1章 绪 论

1.1 研究背景

在沥青路面的各种早期损坏类型中，水损坏是最主要同时也是严重程度最大的一类，很多现场的调查报告[1]都证实了这一点。美国 80%～90%的州级公路主管部门要求新建沥青道路中加入抗剥落剂并进行相应的水损坏性试验，且美国的高性能沥青路面(Superpave)体积设计方法的最后一步就是测试沥青混合料的水敏感性。在诸多影响因素中，沥青-集料体系黏附性在很大程度上决定了沥青混合料的抗水损坏性能。

实际上，沥青作为一种工程材料，其最重要的作用是黏结粗细集料，作为一个整体为行人、车辆服务。只有在沥青与集料黏结状况良好的情况下，才能进一步研究沥青道路如何在反复荷载、高低温交替、冻融循环、光氧老化等诸多条件下提供耐久的、舒适的工程性能。可见沥青具有良好的黏附性是其具备其他性能的基本前提[1]。同时，黏附性也与其他性能紧密相连，如高温抗车辙性能、低温开裂性能、中温疲劳性能、沥青混合料老化后的抗水损坏性能[2]。因此，沥青与集料的黏附性是沥青众多性质与道路建设路用性能需求矛盾中的主要矛盾[3]。

围绕黏附性评价，国内外在 20 世纪七八十年代做了大量研究[4]。自美国实施基于性能的美国战略公路研究计划(Strategic Highway Research Program, SHRP)提出沥青胶结料的性能分级(performance grade, PG)评价体系以来，关于 SHRP 的争论一直没有停止过[5]。业内最常问的问题就是：为何各种沥青性能分级一样，它们的性能尤其是黏附性能却千差万别？美国西部研究所的前首席科学家、沥青化学专家 Petersen 就曾在美国交通研究委员会(Transportation Research Board, TRB)会议上提出：生产商可以通过加入各种添加剂使沥青达到任何性能分级要求，而对于其本质上的黏附性却很难改变[6]。

国内关于沥青黏附性的评价也出现了类似问题。现行规范对于沥青胶结料黏附性评价采用水煮法，然而水煮法试验结果在很大程度上受沥青的黏度及沥青膜厚度的影响，仅适合评价基质沥青而并不适合评价改性沥青。其中典型例子就是橡胶沥青，在水煮法试验中，沥青膜虽然裹覆于集料表面看似完好无损，但沥青膜与集料已完全脱离且界面充满了水[7]。而混合料层面的冻融劈裂试验离散性较大，孔隙率和饱水率很难控制[8]，扩大了试验的影响因素，而非直接与路面的实际水损坏相关。

长期以来，国内外沥青评价体系主要强调高低温性能分级，缺少基于黏附或抗水损坏性能的分级方法。评价方法与性能分级的缺失导致无论在采用针入度分级的中国还是在采用 PG 分级的美国都出现了“劣币驱良币”的现象：路用性能很差的沥青通过添加、调和等手段，在路用性能没有实际改善的情况下，指标却比真正的优质沥青还要好，导致用户无法区分沥青的好坏[9]。

此外，我国幅员辽阔，不同地域道路材料面临迥异的水热耦合环境，高温/高湿条件与低温/高湿条件对应的沥青混合料主要破坏形式差异明显，基于解耦评价的抗水损坏性能分级显得尤为重要。研究人员往往希望通过沥青胶结料的黏附表现来预测混合料的抗水损坏性能，但预测结果经常存在偏差，这是由于直接将黏附性与混合料抗水损坏表现对等，容易得到错误的结论。在明晰机理、精准评价的基础上，结合多种改性沥青的性能分级结果，才能进一步建立诸多沥青胶结料性能与混合料抗水损坏性能之间的内在联系，从而构建抗水损坏性能的准确预测模型。

鉴于以上原因，本书依托国家自然科学基金面上项目、国家自然科学基金青年科学基金项目以及中国博士后科学基金项目，以改性沥青黏附性及混合料抗水损坏性能为研究内容，旨在构建并完善沥青黏附性及混合料抗水损坏性能的评价体系，探究水在沥青与集料界面黏附行为中所扮演的角色，解析沥青与集料界面相互作用的机理，理解沥青材料的黏附行为，明晰各影响因素作用规律，构建改性沥青性能与其混合料抗水损坏性能的内在联系，对不同改性沥青混合料进行性能比选与性能分级，为缓解路面水损坏的沥青改性方案及材料优选提供理论依据与技术支撑。

1.2 研究现状

文献调研表明，沥青黏附性的正式研究可以追溯到 20 世纪 20 年代。由于黏附强度衰减所导致的路面水损坏或剥落在高等级沥青路面上频发且分布广泛，其成为沥青路面早期损坏的主要形式之一。为了进行有效的防治，国内外开展了大量相关研究。美国的 Hveem 在 20 世纪 40 年代就提出沥青与集料界面的黏结强度是决定沥青混合料抗水损坏性能的主要因素[10]，确保沥青与集料具有良好的黏附性是预防路面发生水损坏的关键所在[11]。

纵观沥青与集料黏附性的研究历史，一般认为水损坏有六大产生机理：分离、置换、自发乳化、孔隙水压力、水力冲刷和环境影响。虽然这些机理被一一列举出来，但值得一提的是，沥青混合料水损坏是六者共同作用的结果。

同时，研究者又先后提出多种沥青与集料之间的黏附机理，包括化学作用、表面能、分子定向力、物理吸附作用力等，如何将现有的黏附机理与实际路面中的水损坏模式联系起来，用理论解释破坏原因，并有针对性地做出预防与修补措施仍然亟待研究。

此外，沥青与集料体系黏附性评价方法繁多，可分为沥青胶结料层次的评价方法和沥青混合料层次的评价方法。然而，至今业内没有对某一方法达成共识，深入了解、对比各种方法的优缺点有利于明晰现有评价方法的不足，以建立完善的沥青黏附性评价体系。以下将从沥青路面水损坏产生机理、沥青与集料黏附机理及沥青与集料体系黏附性评价方法三方面来阐述国内外在该方向的研究现状及发展动态。

1.2.1 沥青路面水损坏产生机理

1. 分离

分离是指在水的作用下，沥青薄膜在未产生明显破裂的情况下与集料分离开来的现象。根据 Majidzadeh 和 Brovold[12]的理论，如果存在集料、沥青和水的三相体系，水就会自发地取代沥青而与集料黏结，从而将整个体系的表面能降低到最小的状态以保持系统的稳定。在分离发生后，沥青膜虽然仍把集料颗粒完全裹覆，但两者之间实际上并无黏附结合，这种状态下的沥青在受到外荷载或者冲击后会很容易地从集料表面剥离。需要指出的是，分离过程是可逆的，在水分消失后，沥青可以再次与集料黏附起来。

2. 置换

与分离相类似，置换是指集料表面的沥青膜被水所置换导致沥青膜破裂的情况[13]。沥青膜破裂的原因可能是集料的棱角性过高，沥青胶浆中存在孔隙，或者沥青对集料裹覆不完全。另外，当水分渗入沥青与集料界面上时，会破坏集料-沥青界面上的电荷平衡，为了达到新的平衡，集料表面会选择性地吸收极性更强的水分子，进一步将沥青从集料表面置换下来。

3. 自发乳化

自发乳化是水分子在沥青中的反向乳化过程。Fromm[14]观察了沥青的自发乳化现象，并发现一旦水穿过沥青薄膜，会导致黏附力极大降低。研究进一步表明[15]，集料表面的黏土颗粒与沥青中的某些官能团是沥青发生乳化反应的主要原因，且交通荷载也会进一步促进乳化反应的发生。Kiggundu 和 Roberts[16]研究发现，AC-5 沥青混合料比 AC-10 沥青混合料乳化反应发生更快，并提出乳化反应速率与沥青自身的性质有关，如沥青的黏度越小，其越容易发生乳化。此外，沥青与集料界面的这种乳化过程在干燥条件下是可逆的。水通过乳化作用透过沥青膜的示意图如图 1.1 所示。

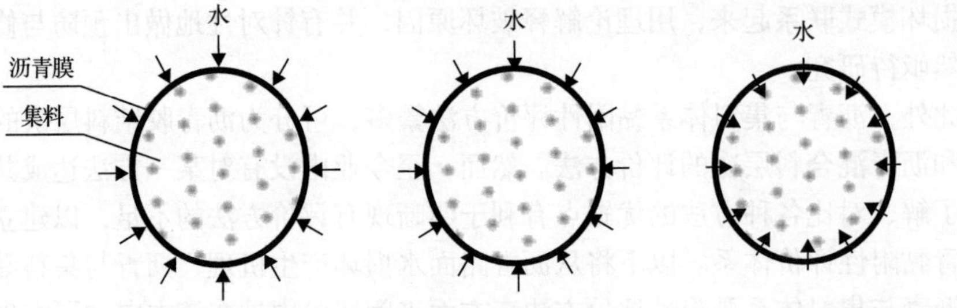

图 1.1 水对沥青膜的渗透

4. 孔隙水压力

混合料在交通荷载作用下被压密，被截留的水便会残留在封闭的孔隙中。再次经历交通荷载时，孔隙的体积会突然缩小，密闭的孔隙水就会产生高超孔隙压力，使得沥青胶浆内部出现微裂缝，从而造成沥青从集料表面剥落。

有水路面在交通荷载作用下，水流会在沥青混合料的孔隙中产生正应力与切向破坏力。一方面，水流在不连通的孔隙中运动受阻，产生很大的正应力，加速路面内部孔隙的贯通，从而导致结构性破坏。另一方面，高压水流对沥青路面孔隙壁有切向破坏力，从而促进沥青膜的移动并加速沥青胶浆从集料表面剥落。孔隙水压力对路面的破坏程度与沥青路面孔隙结构、孔隙大小、孔隙数量有关[17]。沥青混合料中孔隙水的破坏示意图如图 1.2 所示。

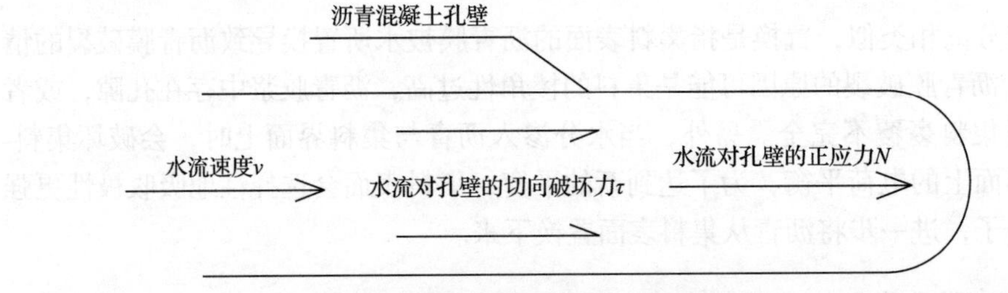

图 1.2 沥青混合料中孔隙水的破坏示意图

1994 年，Terrel 和 Al-Swailmi[18]就在 SHRP 研究报告中提出了最劣孔隙率的概念。这是指当沥青路面的孔隙率在 8%～10%时，水可以进入孔隙却不能发生任意移动，因而产生较高的孔隙水压力促进路面发生水损坏。高于这个最劣孔隙率的混合料内部孔隙就会相互连通，从而在交通荷载的作用下水能够自由进出孔隙而不产生较大的水压力。而低于这个最劣孔隙率的混合料内部孔隙互不连通且一般密不透水，因此不易产生饱和水压力。

Cheng 等[19]研究表明，沥青胶浆具有可渗透性且能够长期保持水分。在反复交通荷载的作用下，内部含水量大的沥青胶浆会因孔隙水压力更早地发生破坏。

罗志刚等[20]研究表明，在 0.7MPa 的胎压下，沥青路面上面层与中面层之间的孔隙水压力为 0.45～0.55MPa。在相同荷载和孔隙条件下，中面层与下面层之间的孔隙水压力和下面层与基层之间的孔隙水压力大小基本相等，为 0.12～0.17MPa。可见上面层与中面层之间的孔隙水压力要远远大于下面几个层间的孔隙水压力(为其 3～4 倍)，这将对沥青路面上面层与中面层造成较大的冲刷力。

5. 水的渗透作用

水分子通过渗透作用透过沥青膜将沥青从集料上置换出来，这也是路面发生水损坏的机理之一。Wei[21]与 Vasconcelos 等[22]测量得到水分子在沥青薄膜中渗流系数的数量级为 10^{-17}。基于此结论，对于 10μm 的沥青薄膜，在水的作用下，15 个月后其饱水率可达到 50%以上。这意味着长时间的水作用能够极大地弱化沥青胶结料强度，从而造成沥青与集料体系发生黏附性破坏。

Masad 等[23]研究了不同级配沥青混合料中水沿着垂直方向和水平方向的渗透系数。研究表明，水在水平方向的渗透系数比垂直方向的渗透系数高了两个数量级。Vasconcelos 等[24]通过核磁共振试验，发现沥青中的极性组分并不会在长时间的浸水条件下而溶于水中，但原子力显微镜(atomic force microscope, AFM)的研究结果表明水会改变沥青膜的表面结构，且傅里叶变换红外光谱(Fourier transform infrared spectroscopy, FTIR)试验结果也表明随着浸水时间的增加，水的渗透系数会增大，沥青膜中甚至会含有水蒸气。因此，水的渗透作用被认为是水影响沥青黏附性能的机理所在，同时也是形成分离、置换、自发乳化作用的根本原因。

Figueroa 等[25]认为沥青-集料体系的水损坏机理可分为沥青膜的饱和流动(saturated flow)和水渗透(diffusion)两大类，如图 1.3 所示。对于具有高孔隙率而连通率较低的混合料，在交通荷载作用下会产生高孔隙水压力，进而造成沥青膜破裂或置换(displacement)。第二种破坏机理则认为水分子可以透过沥青砂浆进入集料表面，从而使那些具有较低黏附性的沥青从集料表面上分离(detachment)下来。

6. 化学作用

集料表面与沥青中存在着各种各样的官能团，各官能团之间相互吸引，联结形成稳固的化学作用力。根据理论计算，分子间的化学作用力是其物理作用力的 10～20 倍[7]。一般认为，酸碱力是沥青与集料黏附力的主要来源，且酸碱力一旦建立就不易被水中的氢键所替代。因此，以沥青与集料表面化学作用为切入点来探究两者黏附性可以说是层出不穷，可进一步细分为集料方面与沥青方面进行研究。

1)集料方面

集料的化学成分或者晶体结构影响着其表面活性点位与水或者沥青的黏附

性，天然石料的矿料可以分为以下 5 大类，矿物成分与沥青黏附性的关系见表 1.1。

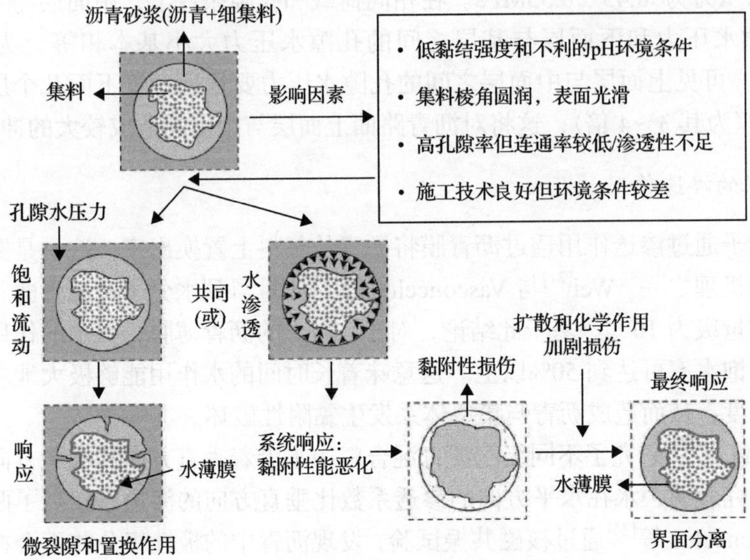

图 1.3 两种沥青-集料体系水损坏机理[25]

表 1.1 矿物成分与沥青黏附性的关系

分类	矿物成分	代表性岩石	黏附性	参考文献
二氧化硅	石英(SiO_2)	花岗岩、流纹岩、砂岩、硅岩	由于氢键的存在，黏附性较差	[26]、[27]
铁磁性矿物	橄榄石($(Mg, Fe)_2SiO_4$) 辉石($(Ca,Mg,Fe)(Si,Al)_2O_6$) 角闪石($(Ca,Na)_{2\text{-}3}(Mg^{2+}, Fe^{2+}, Fe^{3+}, Al^{3+})_5(Al,Si)_8O_{22}(OH)_2$)	辉长岩、辉绿岩、安山石、玄武岩、云母	橄榄石与辉石形成了不可溶的镁盐与钙盐，黑云母则形成了可溶的钾盐，而角闪石介于两者之间	[26]、[27]
石灰	方解石($CaCO_3$) 白云石($CaMg(CO_3)_2$)	石灰石、白云石	黏附性较好。与沥青形成较强的酸碱力和静电力，有些会形成可溶性盐	[27]、[28]
长石	钠长石($NaAlSi_3O_8$) 正长石($KAlSi_3O_8$) 钙长石($CaAl_2Si_2O_8$)	流纹岩、花岗岩、石英岩、片麻岩、砂岩、辉绿岩	可溶性钠盐与钾盐会造成剥落。钙长石则形成了不可溶性钙盐，具有高抗水损坏能力	[27]、[29]
黏土	伊利石 高岭石 蒙脱石	灰尘、细集料	本身能够与沥青形成较强的黏附力，但同时也易被水侵蚀	[30]～[33]

Jamieson 等[34]在研究了 11 种沥青与 3 类集料后，发现集料表面的 Na_2O 与 K_2O 含量会显著影响沥青与集料的黏附性，这是因为 Na_2O 与 K_2O 会与沥青中的

酸反应生成可溶性盐，从而降低沥青与集料的水敏感性，同时还提出了集料特性是影响两者黏附性的主要因素。2005年，Bagampadde等[35]研究了11种不同产地的集料与同种沥青的黏附性，结合统计学方法，发现了含有较多Na^+和K^+等活性碱金属离子以及具有较高石英和碱性长石含量的集料容易发生水损坏，而含有较多Mg^{2+}和Ca^{2+}的集料具有较高的抗水损坏性能。2006年，Bagampadde等[36]又研究了多种沥青与同一集料的黏附性，研究认为沥青酸值、针入度分级、分子量分布等沥青特性并不会显著影响沥青与集料的黏附性，并依此提出集料对沥青-集料体系黏附性的影响要大于沥青本身。

Masad等[37]的研究结果表明，具有丰富表面纹理和棱角性的花岗岩比石灰岩更能有效提升沥青与集料之间的黏附性。这与常规认知有所不同，酸性集料普遍被认为与沥青的黏附性较差。陈实等[38]认为碱值越高的集料，其与沥青的黏附性越好。可见从不同角度去评价同一种集料，其与沥青黏附性的评价结果会有所不同，这也是在沥青黏附性评价上经常碰到的情况。

2）沥青方面

Hefer[4]在其博士学位论文中对沥青分子中极性组分与集料表面吸引力的特性进行了很好的总结归纳。沥青中的羧基（—COOH）具有很高的活性，也很容易黏附于干燥集料的表面（占吸附于集料表面沥青官能团的50%以上），但当有水存在时，它又很容易从集料表面剥落下来，从而影响黏附性。结果表明，沥青中最易与集料表面黏附的官能团往往同时也是最容易被水所取代的。

在沥青四组分中，胶质与沥青质为带有大量极性或有表面活性的组分，沥青中具有化学活性官能团的沥青酸、沥青酸酐等极性组分大都集中在胶质和沥青质中，它们与集料表面发生的吸附是极性吸附或化学吸附，一旦发生则不易脱附。因此，郝培文[39]认为沥青与集料黏附力的主要来源是沥青质与胶质。张雷[40]将沥青各组分分离开来分别与集料进行黏附性试验，结果证明了郝培文的结论，表明沥青质与胶质的单位集料吸附量是芳香分的2～4倍，是饱和分的10～400倍。

沥青中含有环烷酸、沥青酸、沥青酸酐等酸性化合物，表现出一定的酸性。张争奇等[41]认为沥青的酸值越大，其混合料的抗水损坏性能越好。这是因为呈酸性的沥青酸、沥青酸酐均为阴离子型的表面活性组分，其含量越多，越可能更多地与集料表面带正电荷的活性中心发生作用而产生吸附。但是周卫峰等[42]则认为沥青的酸值并非越大越好，当酸值（滴定1g待测样品时，所需要的氢氧化钾质量）大于2.1时，沥青与集料的黏附性就不会再随着沥青酸值的增加而提升了。

沥青中蜡含量对沥青物理性质有较大的影响，蜡含量越高，沥青与集料黏附性越差。尤其是当蜡发生相变时，会使混合料的温度稳定性和水稳定性受到不良影响。因此，沥青中的蜡分不利于沥青的黏附性。当用聚合物对沥青进行改性后，一部分蜡会进入改性剂网络，使自由沥青中的蜡含量相对下降，这相当于减少了沥青中蜡分与集料的吸附，从而提高了沥青的黏附性[43]。此外，陈实等[38]通过对多种改性沥青的黏附性研究，提出改性剂的掺入会使得沥青组分发生重新分配，进而导致饱和分与芳香分进入改性剂网络，并降低其相对含量，提高了沥青与集料的黏附性。

在沥青黏度方面，Bagampadde 等[44]研究表明，高黏度的沥青在与集料拌和时会存在浸润性方面的问题，这是因为黏度表征沥青内部分子的运动能力与相互吸引的能力，高黏度意味着沥青分子间紧密结合，因而不能充分分散开与集料表面进行黏附；而在路面投入使用后，高黏度沥青因其极性官能团较多，又具有高的抗水损坏能力。Hanz 等[45]同样认为高黏度沥青相对于低黏度沥青具有更高的抗水损坏能力。这是因为高黏度沥青一般具有更多的极性官能团来与集料表面作用，从而减少剥落。然而，封晨辉[46]通过分析沥青黏度和沥青水煮法试验的相关性，发现沥青黏度对其黏附性没有明显的相关性，并提出“沥青的黏度越大，与集料的黏附性越好”这一论断是有条件的。可见黏度对沥青与集料的黏附性在不同阶段有不同的影响效果。

7. 表面能理论

液体的表面能或表面张力是指液体能够浸润固体表面的能力[47]。若液体分子与固体表面分子之间的吸引力大于液体分子之间的吸引力，则该液体可以浸润固体表面；相反，若液体分子与固体表面分子之间的吸引力小于液体分子之间的吸引力，则该液体不能浸润固体表面。而在有水存在的情况下，水要比沥青更容易浸润集料的表面，形成稳定的热力学体系[18]，因此该理论认为，沥青对矿料有良好的浸润性是两者表面黏结牢固的先决条件。图 1.4 为液体对固体表面的浸润示意图[48]。

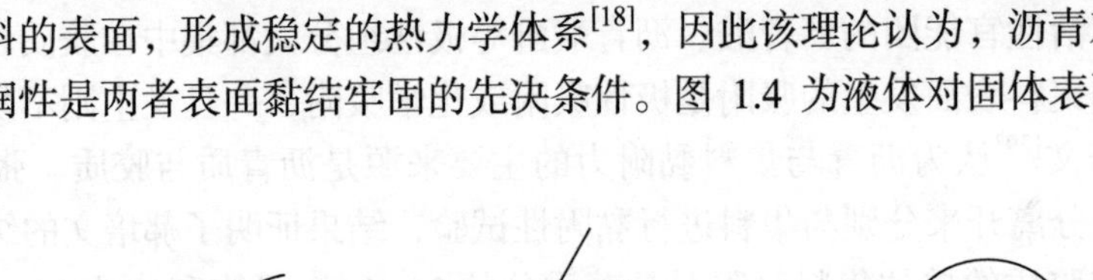

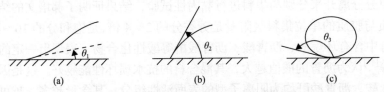

图 1.4　液体对固体表面的浸润示意图[48]

(1) 液体浸润固体表面并扩展到整个表面的倾向（图 1.4(a)）；

(2) 液体浸润固体表面并有一定的扩展（图 1.4(b)）；

(3) 液体不能润湿固体表面，有离开固体表面自我收缩的倾向（图 1.4(c)）。

沥青黏度影响着沥青在集料表面的浸润过程，黏度越高，所需浸润的过程就越长。而在实际应用中，浸润过程必须在很短时间内完成，因此黏度太高会使沥青裹覆欠佳。这对表面含尘多的集料尤为重要，因为表面的尘土往往会先被沥青裹覆而增加沥青的稠度，从而造成较大颗粒的集料裹覆得不好。可见，沥青的黏度从多方面影响着沥青与集料的黏附性，因此在现有的评价方法中很难将评价沥青黏度与沥青黏附性分离开来研究，我国现行的水煮法就是典型例子。

8. 分子定向力

沥青的活性部分含有—OH、—COOH、—NH_2等官能团，可视为表面活性物质溶解在非极性化合物中所形成的溶液。沥青黏附在集料表面后，沥青分子在集料表面首先发生极性分子定向排列而形成吸附层。与此同时，在极性力场中的非极性分子由于得到极性的感应而获得额外的定向能力，从而构成致密的表面吸附层。因此，沥青的极性是其具有黏附性的根本原因。水是极性分子且含有氢键，比沥青的极性大得多，因此水分子很容易从集料表面挤走被吸附的沥青分子[48]。

9. 物理吸附作用力

集料的表面通常是粗糙和多孔的，这种粗糙增加了集料的比表面积，使沥青与集料的黏结面积增大，提高了两者之间的黏附力。同时，集料表面存在着各种形状、取向与大小各异的孔隙和微裂缝，由于吸附与毛细作用，沥青会渗入上述孔隙与裂缝中，增加两者结合的总内表面积，从而提高总的黏附力。此外，沥青在高温时以液态渗入骨料孔隙与微裂隙中，当温度降低后，沥青则在孔隙中发生胶凝硬化，这种楔入与锚固作用如同小爪子一样深入集料内部，并以此增强了沥青与集料之间的结合力。

当沥青与矿料发生吸附时，沥青中饱和分、芳香分等小分子组分的分子量较小，迁移速度较快，所以比较容易到达矿料表面及表面微孔中。但是，这类小分子属于非极性物质，主要以范德瓦耳斯力和矿料表面发生吸附，故吸附作用力较弱，它们在易被吸附的同时也容易发生脱附。而带极性或有表面活性的胶质，虽然迁移速度和吸附速度较慢，但是它与矿料表面发生的是极性吸附或化学吸附，一旦发生则不易脱附。因此，在这个吸附体系中，虽然饱和分、芳香分易吸附在集料表面，但是存在被胶质等置换的过程，使得饱和分和芳香分在集料表面的吸附和脱附最终达到一种平衡状态。因此，沥青-集料界面吸附层中树脂和轻组分相对减少，沥青质、胶质含量相对增多，类似于经历了一个短期老化使得沥青变稠、黏附力增大，从而在一定程度上改善了沥青混合料的热稳定性与水稳定性。

需要注意的是，上述沥青与集料界面黏附理论各有所长且相互关联，它们从不同的角度为沥青-集料体系黏附性提供了评价依据[16]。在对沥青-集料体系黏附性进行研究时，需把这些理论综合起来联合评价才能避免以偏概全。同时需要指出的是，基于不同机理来评价沥青与集料黏附性的方法得到的结果会有所不同，但是在宏观表象中，总有一种或几种机理或沥青的性能主导着其黏附性的好坏。

作为工程人员，不能管中窥豹，执着于采用单一的评价手段去评判某种沥青的黏附性能。

1.2.2 沥青胶结料黏附性评价方法

从沥青胶结料层次去评价沥青与集料黏附性的方法繁多，尤其是近年来随着多学科的交叉融合，新的评价方法也层出不穷，下面将具有代表性的一些方法进行简单介绍。

1. 水煮法

我国现行规范以水煮法为主要方法来评价粒径为 13.2～19mm 的集料与沥青的黏附性。试验采用 3min 的高温微沸水浴作为促使沥青从集料上剥离的试验条件，试验结果依据人为判定的剥落率确定沥青与集料的黏附等级。该方法的优点是试验方法简单，操作方便，集料表面沥青被沸水剥落的情况观察得比较直观，可以快速确定沥青与集料的黏附性。该方法的缺点是试验结果存在人为主观因素，缺乏定量指标，对于“微沸状态”的理解与掌握因人而异，而且目测剥落面积百分率很难准确估计，试验结果区分度不够明显，很难判定改性沥青黏附性的优劣[49]。

Kennedy 等[50]在 1984 年对水煮法试验进行了改进，提出了得克萨斯水煮法试验，该试验对水煮时间和沥青拌和条件进行了改进，结果表明，集料拌和温度、拌和次数等条件对试验结果有较大影响，且该方法较之传统水煮法具有更好的区分度。

Parker 和 Gharaybeh[51]采用水煮法与冻融劈裂试验评价了五种集料与两种沥青，研究发现尽管两种试验方法的评价结果基本一致，但冻融劈裂试验结果还取决于混合料的特性，与水煮法试验结果的相关性并不高。

张宏超[52]提出，当黏度较低的沥青处于温度较高的沸水中时，沥青中的抗剥落剂可轻易地移向矿料表面而使试验结果比实际的路用效果更好，因此不宜利用水煮法来评价抗剥落剂效果。周卫峰[7]研究认为，沥青黏度越大，集料表面越粗糙，在短时间(3min)内沥青膜运动慢，水煮法所得到的结果就要好一些，而且时间越短，试验结果受沥青黏度的影响越大。因而，沥青黏度和集料粗糙度会对试验结果产生不可忽视的影响，从而水煮法实际上评价了沥青的黏度而不是其黏附性。此外，他制备了黏度很大的 50% SBS 改性沥青并与花岗岩进行水煮法试验，结果表明，在 30min 的高温水浴后，评价结果仍为 5 级。进一步的观察却发现虽然裹覆于集料表面的改性沥青膜完好无损，但沥青膜与集料已完全脱离且界面之间充满了水，黏度对水煮法评价结果的贡献可见一斑。

Ling 等[53]对水煮前后的冷拌沥青松散混合料进行拍摄，并用图像处理软件将图像处理成黑白两色，用剥落百分率变化来表征沥青与集料的黏附性，试验结果与冻融劈裂试验和拉拔试验结果较为吻合。但是该试验中在图像处理时阈值的选择对结果影响很大，而且试验过程中沥青的种类偏少，试验的代表性值得考究。

2. 静态浸水试验

“八五”国家科技攻关计划将水浸法定为标准黏附性试验方法，该方法是选用粒径介于9.5～13.2mm的粗集料20颗，将其与沥青拌和成松散的混合料，冷却后浸泡在80℃的恒温水槽中30min后目测沥青膜剥落面积百分比。

在美国AASHTO T182规范中则是将热拌沥青混合料在60℃下保温2h后放入一个盛满水的容器中，然后把该容器在25℃水浴中静置16～18h，随后观察沥青混合料的沥青面积剥落百分比。试验结果以质量损失小于5%为优。

静态浸水试验存在与水煮法类似的优缺点，且其浸水环境不够恶劣，不足以反映水对沥青膜的推移与渗透作用。

3. 动态浸水试验

美国动态浸水试验是在静态浸水试验基础上改进的，松散沥青混合料在容器中被动态搅拌4h以加速沥青的剥落[54]。相比水煮法或静态浸水试验，该方法提高了试验环境的严苛程度，加速了沥青的剥落。

德国提出了一种新的动态浸水试验[55]，主要试验装置为一个500mL的螺口玻璃瓶，瓶中有一根直径为6～8mm且一端套有橡皮头的玻璃棒。将粒径9.5～13.2mm的115g洁净干燥集料在163℃烘箱中恒温放置30min，再加入沥青4g在一定拌和温度下进行人工搅拌。随后将松散混合料在室温下冷却15h后，将裹覆着沥青的集料一颗一颗装入含100mL蒸馏水的玻璃瓶中，在恒温状态下旋转玻璃瓶24h。对于150#～200#沥青，水温为(20±1)℃；对于70#～150#沥青，水温为(30±1)℃；对于40#～70#沥青，水温为(35±1)℃。在旋转结束后，记录集料表面沥青剥落面积百分比，一般要求剥落面积百分比≤40%。此试验是德国乳化沥青混合料水稳定性的常用试验方法，当其用来检验抗剥落剂的效果时，要求抗剥落剂掺入沥青后额外加30min来让易挥发的胺类抗剥落剂蒸发掉以模拟实际拌和过程中的挥发。

4. 旋转瓶试验

欧洲标准规范(DIN EN 12697)采用旋转瓶试验评价沥青与集料颗粒的黏附性。这一方法是将500g裹覆沥青的集料放置在注满水的旋转瓶中进行旋转，经过6h、24h、48h和72h后将样品从瓶中取出，放置在充满水的白色盆中，由两名专业人员分别进行独立观测，并依据标准图谱评估沥青裹覆集料的程度，从而判别沥青与集料的黏附性。该试验方法的优点在于简单、直观，能够模拟水力冲击对沥青剥落的作用；但试验过程中，由于集料之间的相互碰撞也会产生沥青剥落，与实际的剥落情形不符[56]。

日本的动态振荡式剥离试验采用能保持振幅 5cm、振动频率 60 次/min 及 120 次/min 的振荡式试验机[46]。为检验沥青黏附性，采用硅质集料和石灰岩各半混合成 60g 集料与油石比为 4%～8%的沥青进行拌和，在 60℃烘箱中恒温 15h，再次加热拌和。取 50g 松散沥青混合料放入瓶子里，冷却至室温后注入蒸馏水，然后将瓶子挂在振荡式试验机的恒温槽中，在 25℃恒温条件下以 60 次/min 的频率振荡 5min，取出集料观察表面沥青膜的剥离情况。如果在此条件下看不出剥离，可以将恒温槽的水温升高到 39℃或 49℃，继续以 120 次/min 的频率振荡 15min，取出集料观察表面沥青膜的剥离情况，以剥离少于 5%为优，5%～25%为良，25%～50%为差，大于 50%为劣。

动态振荡式剥离试验可以很好地模拟沥青路面在汽车荷载作用下沥青从集料表面剥离的过程。因此，与水煮法相比，动态振荡式剥离试验条件更加接近路面的实际状况。虽然此类试验加速了沥青的剥落，但受力模式仍与实际相差甚远，也仍然需要试验人员主观判断。

5. SHRP 净吸附试验

美国 SHRP 在 20 世纪 90 年代早期开发了 SHRP 净吸附试验(net absorbsion test, NAT)，并记录在 SHRP-A-341 之中[5]。该方法被用来评价沥青与集料之间的配伍性及水敏感性。将粒径为 2.36～4.75mm 的集料放入沥青-甲苯溶液中，会有一部分沥青吸附在矿料表面上，之后向沥青-甲苯溶液中加入一定量的水，则水就会对吸附在矿料表面上的沥青进行置换。这一系列的过程会使沥青-甲苯溶液中沥青的质量浓度发生变化，用分光光度计测定质量浓度变化，即可计算出矿料对沥青的吸附量及加水后沥青的剥落量，以剥落率或吸附率表征沥青与集料的兼容性及水敏感性[49]。净吸附试验示意图如图 1.5 所示。

SHRP 净吸附试验后来被内达华州立大学的研究人员所改进，并与环境模拟系统结合起来进行试验。但是在 SHRP-A-402 报告[57]中，净吸附试验得出的沥青黏附性被发现与混合料的轮辙试验关系甚微或毫无联系。

SHRP 净吸附试验将集料-沥青黏附性的评价指标量化，与水煮法、浸水试验等方法相比更具有客观性；与光电比色法相比，它不再使用染料示踪，而直接用沥青-甲苯溶液的沥青浓度改变量来计算沥青在集料表面的吸附量和剥落量，更加直接可靠。但该试验的技术难度较大，试验时间长，难以全面推广，而且由于无法制备出全溶的改性沥青-甲苯溶液，不适用于改性沥青黏附性的评价。

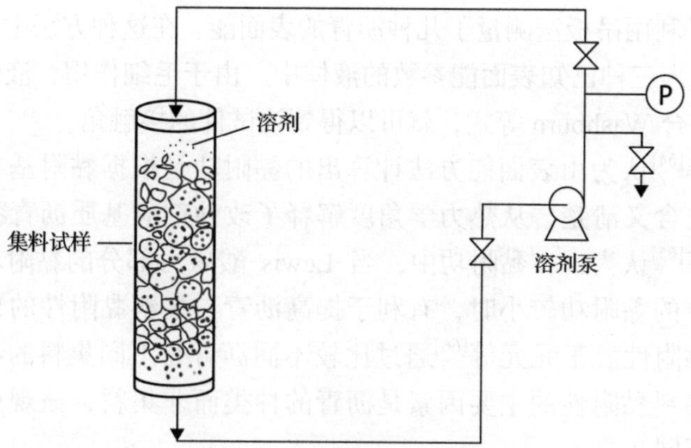

图 1.5 净吸附试验示意图

6. 表面能试验

表面能试验以热力学为理论基础，能够定量地测量两种材料之间的浸润情况并评价水取代沥青与集料黏结的热力学趋势。早在 20 世纪 20 年代，基于表面能理论的 Du Noüy 环法与悬滴法(pendant drop)就被用来测量沥青的表面张力[58]。表面张力和沥青与集料黏附性存在相关性的观点促使研究人员在表面能上投入了极大的精力，并取得了一系列成果。Thelen[59]提出了一种利用光滑集料表面测量沥青液滴接触角的方法，即滴落法。他通过灯光和透镜组成的系统将沥青液滴的光学影像投影到屏幕中，并用角度测量器测量接触角，如图 1.6 所示。此后，Fowkes[60]提出了表面能可以分成几种独立的热力学参数，这进一步促进了利用表面能来评价沥青黏附性的研究，并完善了该体系的理论基础。

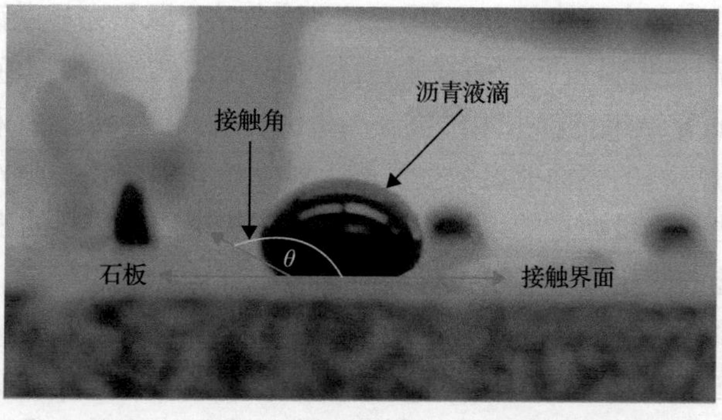

图 1.6 滴落法测沥青与集料接触角示意图

Ardebrant 和 Pugh[61]利用了伸缩式测角仪，通过引入两种互不融合的碳水化合物液体，在抛光过的集料表面测量了水滴与集料的接触角。Bose[62]采用滴液法以及特殊的标定液体建立了测量沥青与集料表面能参数的试验方案。Elphingstone[63]

和 Cheng 等[19]利用吊板法测量了几种沥青的表面能。在这种方法中，被沥青涂抹过的薄片被浸入三种已知表面能参数的液体中，由于毛细作用，液体会随着固体表面上升，结合 Washburn 等式，就可以得到该试件的接触角。

肖庆一等[64]认为由表面能方法计算出的黏附功是根据黏附基本理论推导得出的，其理论含义清楚，从热力学角度解释了改性剂对基质沥青黏附性的影响规律。韩森等[65]认为，在黏附功中，当 Lewis 酸碱力部分的黏附功较大而范德瓦耳斯力部分的黏附功较小时，有利于提高沥青与集料黏附性的自愈合性能，改善其界面黏附性。王元元等[66]通过比较不同沥青与不同集料的黏附功，认为影响沥青与集料黏附性的主要因素是沥青的种类而非集料，该观点与水煮法试验结果有所不同。

张平和杨侣珍[67]采用吊片法测定了沥青与不同集料的表面能，发现了并非所有碱性集料与沥青的黏附性都好。Luo 等[68]对吊板法沥青表面能的计算公式进行了改进，考虑了探针液体在试件表面因表面张力所形成的曲面对试验结果造成的影响，该改进对准确计算沥青的表面能参数具有重要意义。

美国西部研究中心 Ensley 等[69]采用微热量计研究沥青与集料作用时随着时间变化的释放能。利用万能吸附仪可以测量 10～70℃范围内集料甚至沥青的表面能参数。但是通过该方法获得吸附等温线的过程十分漫长，需要不同标定液体蒸汽不断吸附与解吸附，且该仪器只能测量洁净、干燥的集料，对于有一定含水量的矿料则无法测量[70]。Cheng 等[19]采用万能吸附仪测量不同集料的表面能，并利用此仪器来研究水在沥青薄膜中的扩散作用，研究发现，范德瓦耳斯力决定了沥青的表面能，而极性力控制着集料的表面能参数。

基于表面能理论评价沥青与集料黏附性的方法有很多，为此 Little 和 Bhasin[70]对比了四种测量沥青表面能的方法（吊板法、滴落法、原子力显微镜法、反向气相色谱法）及四种测量集料表面能的方法（万能吸附仪法、反向气相色谱法、滴落法、微热量计法），研究结果推荐采用吊板法测量沥青表面能参数，而采用万能吸附仪法和滴落法测量集料的表面能参数。实际上，无论在国内还是国外，研究人员也大多采用吊板法来测量沥青的表面能，采用滴落法来测量集料的表面能。

表面能试验的测定要求集料试件或者沥青试件表面理想光滑、构造均匀，但实际上试件表面或多或少是粗糙的[71]。如果直接采用真实纹理的集料进行测试，这时就会产生严重的接触角“滞后”效应，给接触角真实平衡值的测定带来困难[72]。此外，表面能试验由于其仪器昂贵、操作复杂，在国内也并未得到普遍应用。

7. *超声波水浸法*

近年来，有研究者开始利用超声波手段来加速沥青从集料表面剥落以评价沥青与集料的黏附性。

超声波作用于液体时，液体的内部会产生气穴现象，气穴现象是指液体在相应温度的饱和蒸气压下，液体加速气化而产生大量真空气泡的现象[71]。这些不断产生的大量微小气泡瞬间破裂，每个气泡的破裂都会产生近千个大气压的冲击波。超声波清洗仪正是利用此原理将固体表面清洗干净，且不会对物体内部造成损坏。因此，如果将裹覆沥青的集料放置于超声波清洗机水槽中，水体内部产生的超声波会对集料表面的沥青进行冲刷，当气泡破裂时，超声波的能量释放到沥青的交界面，使得水渗入沥青与集料的交界面上，促使沥青从集料表面剥落，从而模拟实际动水压力作用，如图 1.7 所示。

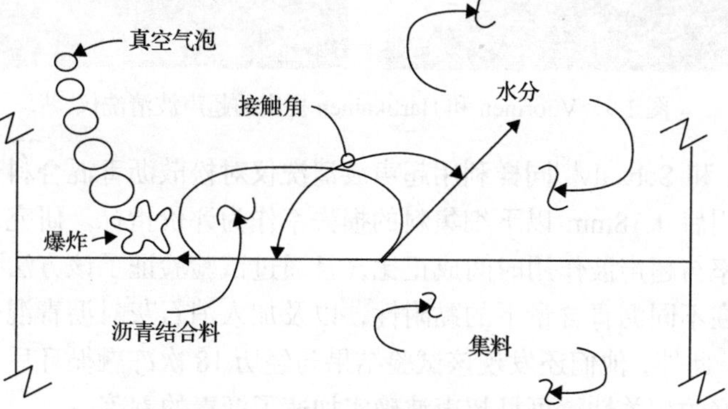

图 1.7 超声波作用于沥青混合料的机理示意图

气泡的破裂将超声波的能量释放到集料与沥青的交界面上，正是这种细微的作用使得细集料发生损失，又使得水进一步渗入集料与沥青交界面上，促使沥青从集料表面剥落，如图 1.8 所示。

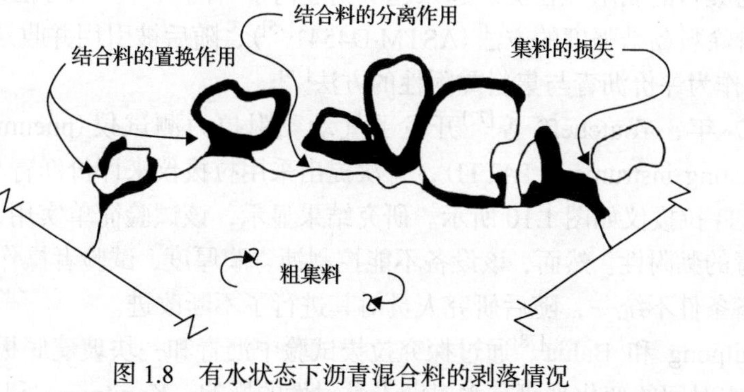

图 1.8 有水状态下沥青混合料的剥落情况

2001 年，Vuorinen 和 Hartikainen[73]将 0.2g 沥青铺展在直径为 45mm 并经过抛光的集料上，在超声波清洗仪作用 1min 后，测量沥青从集料上的剥落率并以此为评价指标，试验结果表明该方法具有简单可行、耗时较短、集料可重复利用、与 Nynäs 轮辙试验结果相关性较高等优点，试验仪器如图 1.9 所示。

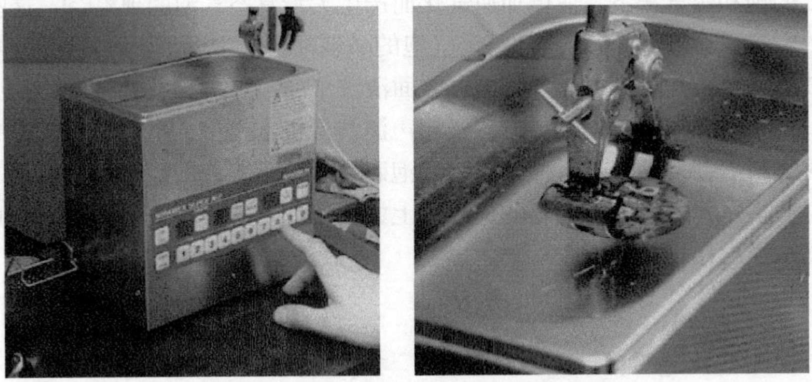

图 1.9　Vuorinen 和 Hartikainen 提出的超声波清洗仪[73]

McCann 和 Sebaaly[8]同样利用超声波清洗仪对松散沥青混合料进行试验，利用超声波作用后 1.18mm 以下细集料的损失率作为评价指标。研究发现，沥青和细集料损失率与超声波作用时间成正比，且通过试验验证了该方法可以测出相同沥青与集料在不同沥青含量下的黏附性，以及加入消石灰对沥青混合料抗水损坏性能的改善。此外，他们还发现该试验结果与经历 18 次冻融循环后的冻融劈裂试验结果有较好的相关性，可见超声波确实加速了沥青的剥落。

8. 拉拔试验

沥青与矿料之间的黏附力与两者之间的黏附性被认为具有很高的相关性[74]，黏附力越强，沥青混合料抵抗水破坏的能力也越强。近年来，利用拉拔试验来评价沥青与集料的黏附性在美国越来越受到业内学者的认可。该方法来自于喷涂行业中评价涂料黏结强度的方法(ASTM D4541[75])，随后被引用并收录在 AASHTO TP 91 中作为评价沥青与集料黏附性的方法[76]。

1997 年，Youtcheff 等[77]开发了气动黏附拉力测试仪(pneumatic adhesion tensile testing instrument, PATTI)，首次提出采用拉拔仪来评价沥青与集料的黏附性，PATTI 拉拔仪如图 1.10 所示。研究结果显示，该试验简单实用，可用来评价不同沥青的黏附性。然而，该设备不能控制沥青膜厚度，试验者操作噪声因子大，试件制备条件不统一，随后研究人员对其进行了不断改进。

Kanitpong 和 Bahia[78]通过探究拉拔试验中沥青和一块玻璃底板的黏附力(拉力)随浸水时间的变化来研究水对沥青黏附性的影响。Kanitpong 和 Bahia[79]进一步对比了 PATTI 拉拔试验与间接拉伸试验和汉堡车辙试验(Hamburg wheel tracking device, HWTD)结果，发现 PATTI 拉拔试验测得的黏附力可以很好地表征

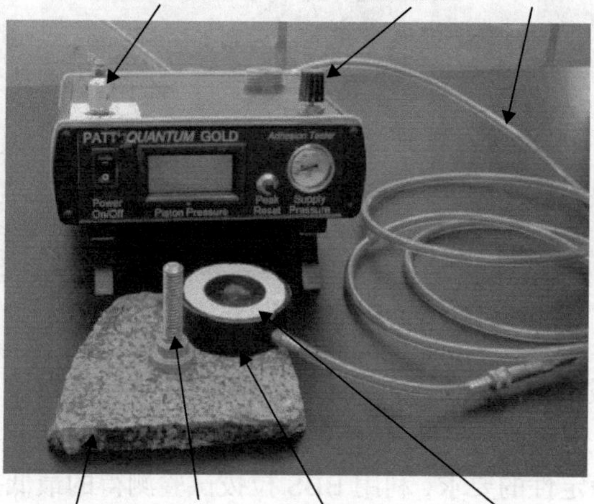

图 1.10　PATTI 拉拔仪

相应沥青混合料的水稳定性，与间接拉伸试验和汉堡车辙试验结果基本一致。

2007 年，Copeland 等[80]利用 PATTI 设备测量了干燥状态下沥青的内聚力，以及有水状态下沥青与集料的黏附力。结果表明，老化会提高沥青的内聚力而降低沥青与集料的黏附力。此外，动态剪切流变试验(dynamic shear rheological test, DSR)中的车辙因子指标与 PATTI 拉拔试验测得的内聚力相关性较高，而汉堡车辙试验结果与 PATTI 拉拔试验测得的黏附力相关性较高，研究认为拉拔试验可以较好地表征沥青与集料的黏附性。

Wasiuddin 等[81]通过将拉拔试件放在 65℃水浴中若干小时后，测量沥青与玻璃片的黏附力，认为通过该方法发生的破坏是纯黏附破坏。结果表明，拉拔试验结果与表面能试验结果的相关性并不好，但两种试验方法都表明 Sasobit 等改性剂会提高沥青的水敏感性。但是该研究中通过在一定面积上洒布一定质量的沥青来控制沥青膜厚度，这并不是一个很好的控制沥青膜厚度的方法，尤其在拔头有一定自重的情况下。

为此，Canestrari 等[82]对 PATTI 拉拔试验进行了改进，对拔头进行了加工，将沥青膜厚度控制在 0.8mm(图 1.11)，详细设定了一整套试验步骤，该试验方法成为现在采用拉拔试验评价沥青与集料黏附性的主流方法。

2011 年，Mogawer 等[83]用汉堡车辙试验和沥青黏结强度(bitumen bonding strength, BBS)拉拔试验对温拌沥青混合料的水稳定性能进行了研究，结果表明，BBS 拉拔试验结果与汉堡车辙试验结果的相关性不高，这可能是因为 BBS 拉拔试验与沥青劲度有关，而 HWTD 试验与混合料特性有关。2012 年，Alavi 等[84]研究

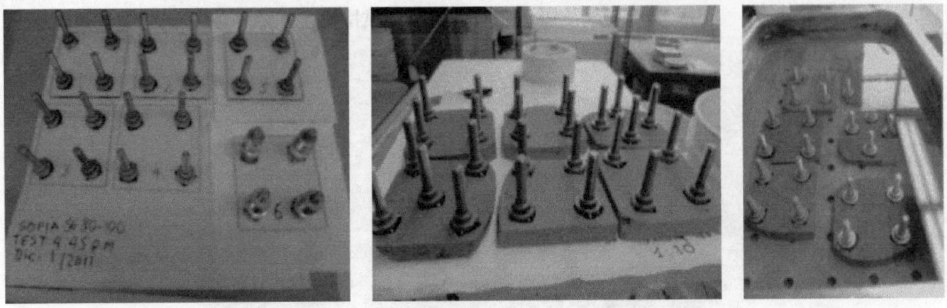

图 1.11　拉拔试验的拔头示意图

表明，用 BBS 拉拔试验来评价温拌沥青的黏附性结果与动态模量比试验得到的结果基本相同，可以用简单的 BBS 拉拔试验来表征混合料的水稳定性。此外，他们还提出为满足水稳定性的要求，利用 BBS 拉拔试验测得的最低拉拔强度不应低于 0.7MPa。

2013 年，Aguiar-Moya 等[85]对比 BBS 拉拔试验、表面能试验与 HWTD 试验，发现 BBS 拉拔试验结果与 HWTD 试验结果相关性较高，与表面能试验结果相关性不高，且丁苯橡胶（polymerized styrene butadiene rubber, SBR）会降低沥青的黏附性。2015 年，Aguiar-Moya 等[86]采用 BBS 拉拔试验、表面能试验、红外光谱等方法研究老化对沥青与集料黏附性的影响。结果表明，旋转薄膜烘箱试验（rolling thin film oven test, RTFOT）短期老化会提高沥青与集料的黏附力并降低黏附力损失率。而沥青压力老化试验（pressure aging vessel, PAV）长期老化作用影响则与 RTFOT 老化影响相反。但是文章并没有充分利用表面能的数据对老化对于沥青黏附性的影响进行深入分析，实际上值得进一步研究。

Canestrari 等[87]将厚 9.5μm 的沥青膜涂到 10cm×10cm 的集料表面，经过 85℃下 120h 的老化来模拟再生沥青混合料中的旧沥青与集料，然后在旧沥青上涂上新的沥青来研究回收料中新旧沥青的黏结情况。结果表明，旧沥青经过老化作用后与旧集料的表面黏结得更为牢固了，且破坏都发生在旧沥青与新沥青的界面，即内聚性破坏。因此，老化作用不但没有降低旧沥青与集料的黏附性，反而提高了两者之间的黏附性，在实际应用中，更应该考虑新老沥青之间的黏结问题。但是该研究没有考虑再生剂对新老沥青之间黏结性能的影响，值得进一步研究。

2018 年，Chaturabong 和 Bahia[88]利用拉拔试验研究了矿粉种类、改性剂种类、矿粉比表面积对沥青胶浆黏结性能的影响。他们测量了不同沥青胶浆在复数模量 $|G^*|$ 为 1MPa 时对应的温度，然后该温度下测量不同沥青胶浆的拉拔强度，以消除沥青劲度对拉拔试验结果的影响。结果表明，矿粉种类、改性剂种类与矿粉比表面积都在很大程度上影响着沥青胶浆的黏结性能，而试验中沥青胶浆的破坏形式大多为内聚破坏，并据此认为在实际沥青混合料的水损坏中，沥青胶浆的内聚性

要比沥青与集料的黏附性发挥着更大的作用。然而，这种采用不同温度下测量沥青胶浆黏结性能的方法实际上是在35～45℃的条件下测得的，这种高温会使得试件发生内聚破坏，因此其结论的有效性值得考证，应当考虑其他消除沥青劲度影响拉拔试验结果的方法。

弥海晨等[89]利用 GF 多功能道路层间力测试仪，从层间黏结角度对目前常见的煤油稀释沥青、高渗透乳化沥青以及慢裂乳化沥青与 HTC-08 型透层油进行对比，评价了其层间黏结性能。田健君[90]利用砖面黏结强度拉拔法测量了多种沥青的拉拔力，并研究了各影响因素对沥青与集料黏附力的影响程度，认为乳化沥青和稀释沥青适合用于复合式路面作为黏层材料，热沥青适合用于沥青混凝土路面作为黏层材料，环氧沥青适合用于钢桥面作为黏层材料，但其拉拔仪不能固定加载速率，对试验结果有较大影响，仍需改进。

9. 剥离试验

现行的试验方法大都没有从根本上定量研究沥青与集料的黏附性，因此学者无法从机理上了解沥青-集料体系在水作用下的界面破坏，也就无法针对特定的破坏模式提出有效的解决方案。因此，一种更为基本、更为直接的评价方法——剥离试验被提出来，以研究沥青与集料黏附力与内聚力破坏特性。

2011 年，Horgnies 等[91]提出采用剥离试验来评价沥青与集料的黏附性。该试验通过沥青将塑料薄膜与集料黏结在一起，然后垂直地将薄膜与沥青从集料表面剥离下来，测量加载过程中的平均剥离力，以此作为评价指标。结合 X 射线光电子能谱以及扫描电子显微镜等微观技术，研究表明，集料表面的碱性长石及 Na^+ 与 K^+等会降低沥青与集料的黏附性。该试验与拉拔试验一样，也是将涂料行业评价胶体黏附性的方法用来评价沥青与集料的黏附性，是近几年来的研究热点。

2013 年，Blackman 等[92]改进了剥离试验，将更易于与沥青黏结的薄铝片(厚0.2mm)代替之前的塑料薄膜(试件如图 1.12 所示)，并用铝片代替集料底座来研究沥青内聚力受水作用的影响规律。研究表明，试件在 20℃水浴中浸没 10 天后，剥离黏附强度下降到原来干燥状态下的 11%，说明水极大地降低了沥青与集料的黏附力，且进一步的研究表明水对沥青本身的内聚力影响并不显著。

2014 年，Cui 等[93]利用剥离试验对改性沥青与集料的黏附性进行了研究。研究发现，集料的化学成分对黏附性的影响比其表面构造的影响更大，SBS 能够极大地改善沥青与集料的黏结力，降低其水敏感性。图 1.13 为利用剥离试验分别对 SBS 与基质沥青进行试验时的照片。

1.2.3 沥青混合料抗水损坏评价方法

由于从沥青层次评价沥青与集料的黏附性只是单一评价了沥青性质或者集料

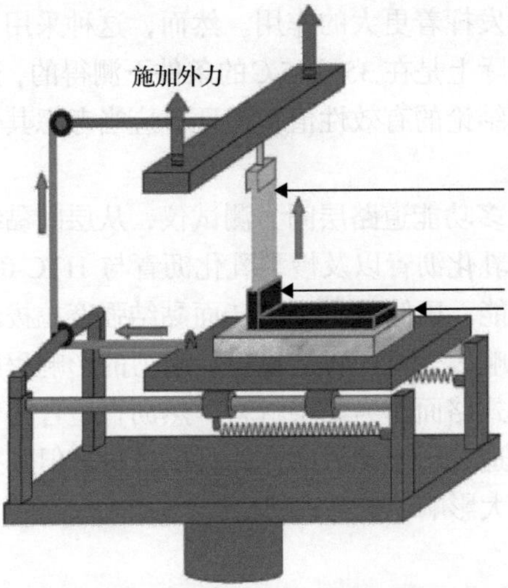

图 1.12　垂直剥离试验装置

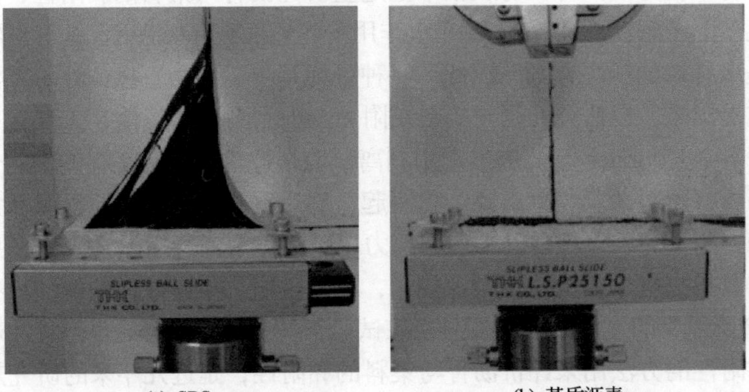

(a) SBS　　(b) 基质沥青

图 1.13　采用剥离试验分别对 SBS 和基质沥青进行试验

性质对两者黏附性的影响，而并没有考虑交通荷载或者级配特性等诸多因素对两者黏附性的影响，故还需要结合沥青混合料的水稳定性评价试验才能更全面地评价沥青与集料的黏附性。

1. 浸水抗压试验

浸水抗压试验（ASTM D1075、AASHTO T165-55）是所有混合料水稳定性试验中第一个评价马歇尔试件力学性能损失的试验。该试验将沥青混合料试件分为对照组与试验组，试验组在 48.8℃中水浴 4 天，随后测量试件的抗压强度，并以浸水前后抗压强度的比值来表征混合料的抗水损坏性能，一般要求该比值不能低于 70%。

该试验方法的问题主要是所加荷载和实际路面受力状况并不相同。有时在试件明显出现剥落的情况下，测得的残留抗压强度百分比仍接近 100%，这可能是由试件中的残留孔隙水压力以及试验本身的区分度不够造成的。

2. 浸水马歇尔试验(Marshall immersion test)

浸水马歇尔试验利用浸水前后的残留稳定度指标来评价沥青混合料的抗水损坏性能，也是国内规范中推荐的评价之一。

然而有研究表明[4]，除非是酸性集料，不然采用规范中的方法来测定浸水马歇尔残留稳定度很少有达不到规范所要求的 75%的情况，甚至有时候会超过 100%。为此，有学者提出将 60℃水浴 48h 的条件改为 25℃水浴 7 天。而壳牌公司则提出先将马歇尔试件进行真空饱水再进行试验，以加重试件的水损程度，从而提高区分度[43]。

虽然浸水马歇尔试验简单可行，推行较广，但其对沥青或集料变化敏感度不高，且其破坏机理与实际破坏作用仍然有所出入，残留稳定度指标可作为反映沥青混合料水稳定性的辅助指标。

3. 洛特曼试验(Lottman test)

1978 年，Lottman 提出了经典的评价沥青混合料水稳定性的方法——洛特曼试验，该方法随后被各国学者所研究。Lottman 认为经过真空饱水后的试件与直接进行冻融劈裂试件的劈裂强度比(TSR)可以代表 4 年路龄的路面水稳定性，而经过冻融循环后的试件与直接进行冻融劈裂试件的强度比则表征路龄在 4～12 年的路面水稳定性[94]。

一般认为，当 TSR>70%时沥青混合料具有较好的水稳定性，反之则水稳定性较差。而美国 Parker 和 Wilson 提出应当以 75%为界限[95]，并证明了洛特曼试验的有效性。

洛特曼试验采用冻融循环的原理来模拟沥青路面的水损坏，其破坏机理包括两点：一是在真空饱水过程中所引起的孔隙水压力；二是在高温水浴作用下沥青从集料表面发生剥落破坏。Hallberg[96]研究表明，孔隙饱和水压力在温度变化时最大可达 139kPa(20psi)，从而对沥青-集料体系产生极大的剪切力。

4. 修正的洛特曼试验(modified Lottman test, AASHTO T283)

美国学者 Kandhal 在洛特曼试验的基础上，进一步提出了修正的洛特曼试验，他对原来的试验方法、试验温度、尺寸与饱水条件做出了改变，TSR 临界值设置为 70%～80%。Kandhal 认为，改进后的洛特曼试验方法避免了之前两种方法的缺陷，调整后的饱和水压力与冻融循环条件更好地模拟了实际路面的破坏条件，而尺寸为 102mm（直径）×102mm（高度）的圆柱体试件可以减少冻融劈裂试验结果的变异性。该方法成为现行规范中推荐的 TSR 评价方法。

Choubane 等[97]采用冻融劈裂试验评价了美国佛罗里达州一条路龄为 2 年的洲际公路上 6 个不同点位的 6 个芯样。结果表明，相对于最大公称粒径为 19mm 的混合料，最大公称粒径为 12.5mm 的混合料的 TSR 值更小。他们认为这是由两种混合料的孔隙率不同造成的。

Bausano[98]认为美国现行的 Superpave 设计方法采用的是旋转压实试件，而冻融劈裂试验则是基于马歇尔设计方法设计的。为了达到马歇尔试件在冻融劈裂试验中相同的破坏程度，应当对旋转压实成型的试件进行三个循环，或者将原来 TSR>80%的要求改为 85%（100mm 试件）和 87%（150mm 试件）。Birgisson 等[99]认为，冻融劈裂试验中水的冻融效果并不能很好地模拟实际路面中水渗透沥青膜破坏黏附性的情况，且 15min 的真空饱水时间并不足以加速水的渗透作用。

我国现行规范就是在修正的洛特曼试验基础上，以冻融劈裂试验作为评价沥青混合料水稳定性的主要方法。

规范中要求试件的孔隙率在（7.0+1.0）%，而饱水率为 55%～80%，但这两个参数不同会使得冻融劈裂试验结果不同。Khosla 等[100]研究了规范范围内不同孔隙率和饱水率的冻融劈裂试验结果，发现低孔隙率和低饱水率试件的 TSR 满足要求，而高孔隙率和高饱水率试件的 TSR 可能不满足要求。因此，应当进一步明确冻融劈裂试验中对于孔隙率和饱水率的范围限制。

易军艳等[101]在沥青混合料的冻融试验中，通过非金属超声检测分析仪，引入超声波测试方法，用超声波传播速度表征沥青混合料冻融后的劈裂强度，并对结果加以修正，用以反映沥青混合料在冻融过程中的性能衰减，减少了工作量。

修正的洛特曼试验操作简单、应用广泛，且相对浸水马歇尔试验来说，更能区分改性沥青混合料的水稳定性好坏。虽然相较于原试验方法做出了改进，但修正的洛特曼试验仍然存在不少问题：没有考虑老化的影响，且试验结果与孔隙率关系密切，不便用来对比不同孔隙率混合料之间的水稳定性。此外，冻融劈裂试验是一种静态评价方法，无法完全模拟实际路面水损害发生时的行车动荷载和水力冲刷等因素[102]，美国威斯康星州的一份调研报告就指出 TSR 指标与实际路面的水损坏情况不同且缺乏重复性[103]。

5. 模拟水力冲刷

从模拟水力冲刷的角度来评价沥青混合料的抗水损坏性能成为近年来业内的热点之一。英国 Airey 等[104]研发了饱水老化抗拉劲度试验。该试验先将马歇尔试件在 40～70kPa 下饱水 30min，然后将试件放入密闭容器中（底部有部分水），在 2.1MPa 空气压力、85℃的恒温条件下作用 65h，通过测量试验前后的饱水率及劲度模量的变化来评价沥青混合料的抗水损坏性能。研究表明，饱水老化抗拉劲度试验结果与冻融劈裂试验结果有较好的相关性，其区分度更高，并建议将其与表面能试验结合起来一起分析。

2005年，Buchanan等[105]与InstroTek公司联合研究生产了水损坏敏感性测试仪(moisture induced stress tester, MIST)。该仪器能够在不同的压力和温度下工作，通过液压缸驱动气缸，对气缸和气囊内空气交替增压和减压，实现试验循环过程。Buchanan尝试了采用试验过程中水体的浑浊度和pH的变化程度来表征混合料的水敏感性，但是这两个指标尤其是pH的准确性与稳定性都不够。随后，Mallick等[106]利用间接拉伸试验机测量了MIST处理前后试件的劈裂强度百分率，发现MIST试验要比冻融劈裂试验更为准确与稳定。2008年，Chen和Huang[107]利用简易性能试验仪(SPT)测量了在MIST作用下多个冻融循环后的试件参数，包括动态模量、回弹模量、蠕变柔量、断裂能、TSR等。结果表明，试件在MIST试验中经历多个冻融循环后的动态模量可以很好地表征混合料的水稳定性。但是作者认为MIST的水大部分是冲刷试件表面，水并未从试件内流过，与实际情况有所出入。

Birgisson等[99]利用MTS万能材料试验机与三轴室构建了一个水循环系统，如图1.14所示，通过循环孔隙水压力来加速水对沥青膜的渗透作用并加速水损坏的产生，结果用能量比来表征。他们利用此系统研究了不同孔隙率和集料种类下已知水稳定性好坏的混合料，发现该方法具有高区分度，且纯孔隙水压力作用排除了其他噪声因子的作用。

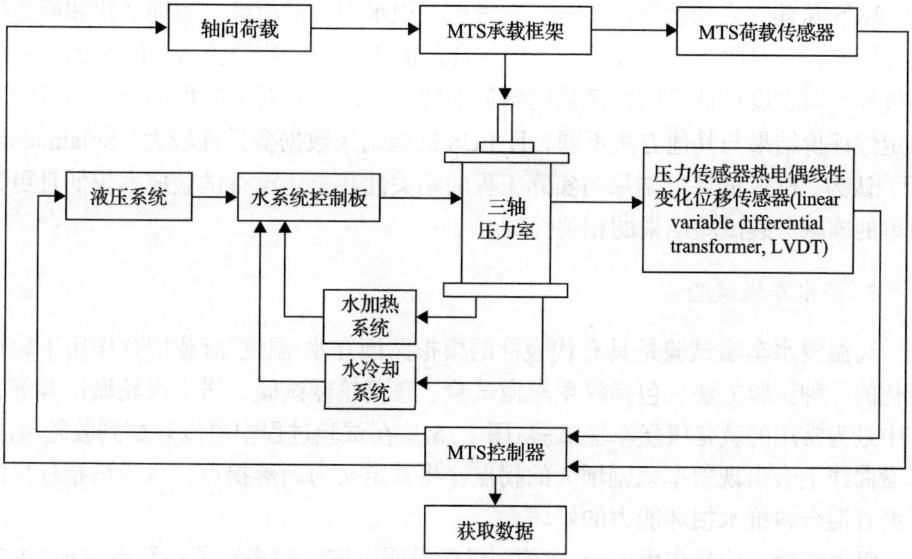

图1.14 循环孔隙水压力模拟系统示意图

兰宏[17]采用自主研发的沥青混合料表面冲刷仪测量马歇尔试件经过水力冲刷前后的劈裂强度比，认为与冻融破坏相比，无论是使用基质沥青还是改性沥青，冲刷疲劳破坏对试件劈裂强度的影响更大。姜旺恒等[108]采用气压式动水压力试验证明了水冲刷引起试件劈裂强度逐渐降低，且沥青层底部沥青胶浆在动水压力作用下会向上迁移。

6. 环境模拟系统

作为 SHRP 研究计划的一部分，俄勒冈州立大学提出了利用环境模拟系统(environmental conditioning system, ECS)来更加精确地模拟实际路面中在不同环境和交通荷载作用下发生的水损坏，该方法随后被美国得克萨斯农工大学所改进。

在 ECS 试验过程中，按照 AASHTO PP2-94 对松散沥青混合料进行短期老化，然后旋转压实成孔隙率为(7.5±0.5)%的 102mm(直径)×102mm(高度)圆柱体试件[109]。将成型好的试件用薄膜和硅胶密封侧面，安置于环境箱中，在加载 0.1s 卸载 0.9s 的动荷载下测量试件的回弹模量，并在 510mmHg(1mmHg=0.133kPa)的负压下测量试件的透水性；试验组试件在负压下饱水 30min，随后进行 60℃(6h)—冷却(2h)—−18℃(6h)的冻融循环，在冻融循环过程中始终对试件施加 900N 的动荷载；循环结束后再次测量试件的回弹模量和透水性，当前后回弹模量之比小于 0.7 时认为水稳定性不足。最后将试件劈裂为两份，从直观上评价混合料的剥落程度。

ECS 从建立之初就褒贬不一，它考虑了饱水率、动荷载、短期老化和旋转压实等因素，是对此前各种评价方法的综合。但 Tandon 等[110]认为，ECS 的冻融循环过程严苛程度过低且回弹模量的测量不精确，因此其对于同种沥青与集料的水稳定性评价结果与其他方法不同，且 ECS 试验结果数据变异性较大。Solaimanian 等[54]认为，ECS 的评判结果与实际工程的相关性甚至还没有试验成本较低且更为简单的冻融劈裂试验结果的相关性好。

7. 浸水车辙试验

高温浸水车辙试验是具有代表性的模拟路面在水-温度-荷载耦合作用下轮辙变化的一种试验方法，包括汉堡车辙试验、普渡轮辙试验、诺丁汉轮辙试验等，其中最为常用的就是汉堡车辙试验(图 1.15)。在试验过程中可以观察到胶轮/钢轮车辙曲线上会出现斜率急剧增大的拐点，将其定义为剥落拐点，认为该指标反映了沥青混合料抗水损坏能力的好坏。

汉堡车辙试验最先由 Esso 在德国汉堡发明，该试验规定了在经历胶轮 20000 次反复后车辙深度不大于 4mm 的标准，而英国 Mathews 等[111]则认为这一标准过

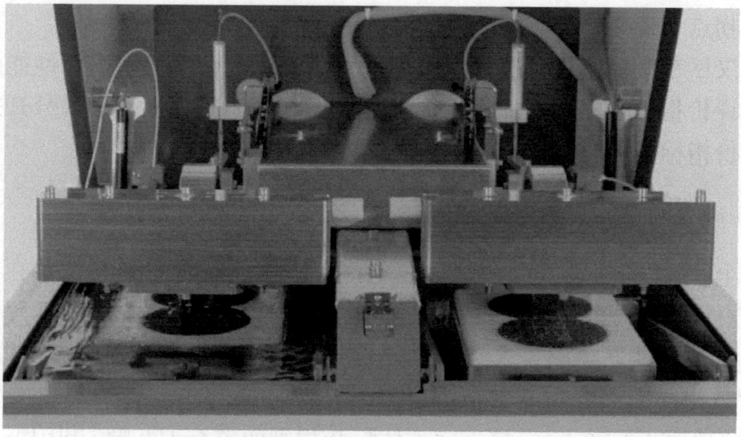

图 1.15 汉堡车辙试验(图左为浸水条件，图右为干燥条件)

于苛刻，应以剥落拐点所对应的往复次数作为混合料水稳定性的评价指标。一般认为，高剥落拐点与低车辙深度的混合料具有更好的抗水损坏性能。

此外，Schram 和 Williams[112]提出可以利用剥落曲线中的剥落斜率与蠕变斜率来分别表征混合料的抗水损坏性能和抗车辙能力。而 Yin 等[113]认为在剥落阶段的车辙变形中仍然有沥青混合料的黏塑性变形，应当将剥落变形与高温车辙变形区分开来，且剥落拐点的取值取决于试验的循环结束标准(是在 20000 次轮碾往复后还是在试件发生 12.5mm 变形后终止)。他们利用非线性回归定义了三个新的参数：LCSN 与 LCST 用来表征水稳定性，$\Delta\varepsilon_{10000}^{\mathrm{vp}}$ 作为抗车辙指标，其中，LCSN 表示剥落开始发生的点，LCST 表示在剥落开始后因沥青剥落而造成 12.5mm 变形对应的加载次数，$\Delta\varepsilon_{10000}^{\mathrm{vp}}$ 表示 10000 次加载后试件的黏塑性变形。这三个指标物理意义明确，且区分了剥落变形与黏塑性变形区，值得进一步研究。

齐琳等[114]对比了冻融劈裂试验、浸水车辙试验及汉堡车辙试验。结果表明，冻融劈裂试验由于试件孔隙率较小，水分很难进入混合料内部，条件不够严苛，出现与其他两个试验评价结果不一致的现象；而浸水车辙试验选定不同指标来评价会造成水稳定性优劣判定结果不同；相比之下，汉堡车辙试验能更有效地评价沥青混合料的水稳定性。

2010 年，栗培龙等[115]研究了汉堡车辙的试验方法，在水浴和空气浴两种试验环境下进行 50℃和 60℃的汉堡车辙试验，并分析了试件厚度和成型方式对车辙深度的影响。结果表明，从评价沥青高温车辙的角度来看，B 级沥青试验温度宜采用 45℃，A 级沥青试验温度宜采用 50℃，改性沥青试验温度宜采用 60℃，且圆柱形试件可以代替板状试件进行车辙试验。但作者认为，从评价沥青混合料抗水损坏性能的角度来看，试验宜选用 60℃水浴来促进混合料出现剥落拐点，50℃的水浴条件并不能使大多数沥青混合料尤其是改性沥青混合料在 20000 次轮碾下出现剥落拐点。

虽然汉堡车辙试验是目前公认较好的评价沥青混合料抗水损坏性能的试验方法，但其评价指标未能很好地将水损剥落变形与高温黏塑性变形区分开来，试验方法及评价指标仍需要改进。

8. 沥青-集料体系黏附性及抗水损坏性能其他评价方法

实际上，除以上提到的方法外，还有许多旨在评价沥青-集料体系在有水条件下性能变化的方法，在本书中由于篇幅限制，就不再一一枚举。但为了给相关研究人员提供一些新思路，本小节中列举一些认为有借鉴意义的方法以供探讨。

埃索公司提出沥青与石料低温黏结性试验法来评价沥青与集料的低温黏附性，该方法选取 4.7～9.5mm 接近立方体形状规则的碎石 100 颗，利用沥青将其黏在 200mm×200mm 的钢板上，放于–18℃下保温一段时间后，测量试件受特定条件冲击后碎石被振落的百分数，该方法简单、快速、费用低，但只适用于评价沥青与集料在低温时的黏附力。

延西利和梁春雨[116]通过定做专用模具，利用 MTS-180 对两种品质的沥青和两种性质的石料进行了剪切黏附性试验。试验将两块石片间的沥青薄膜在固定加载速率下进行剪切破坏。剪切黏附性试验的基本原理如图 1.16 所示。剪切黏附性试验结果与水煮法试验结果之间具有良好的相关性，但是该试验没有考虑水以及老化等条件对沥青黏附性的影响，且假设了剪切破坏不是发生在沥青膜内部，而是发生在沥青和集料界面上，该假设与实际的破坏形式也有出入。

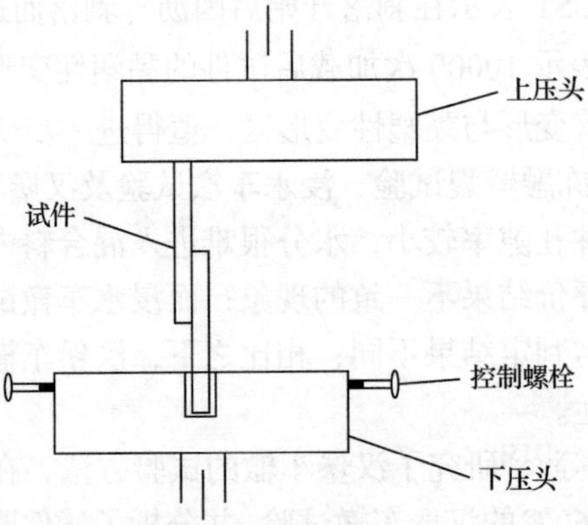

图 1.16　剪切黏附性试验的基本原理

张祥等[117]利用材料试验拉力仪做了类似的剪切破坏试验，用最大剪切强度和浸水前后的剪切强度比表征沥青与集料的黏附性。结果表明，拉伸速率较小时，沥青存在一个缓慢的蠕变过程，评价结果主要是沥青的内聚特性，即发生破坏的位置在沥青与沥青之间。随着拉伸速率的增大，蠕变过程的影响逐渐减弱，测量结果主要是沥青与石料之间的黏附性。

Walubita 等[118]利用 MMLS3 对浸水试验后芯样进行间接拉伸疲劳试验和半圆柱体弯曲疲劳试验，结果表明混合料的疲劳强度在浸水试验后会降低，可以用来表征混合料的水稳定性，该试验的评价结果与冻融劈裂试验结果存在些许不同。Mallick 等[106]也利用 MMLS3 对直径 150mm 的试件进行了浸水试验，条件为 60℃水浴下进行 80000 次荷载，随后测量轮辙并对试件剥落情况进行直观评价，最后再钻芯取样进行劈裂试验以残留间接拉伸强度百分率来表征沥青混合料的水稳定性，其作用条件比冻融条件更为严苛。MMLS3 的浸水试验使得试验条件与实际路况更为接近，值得深入研究。

Little[119]利用 MTS 测量了试件浸水前后的动态模量比值 E^*，并以此来表征沥青混合料的水敏感性，发现该指标的评价结果与表面能试验的结果一致。Birgisson 等[120]利用 Superpave 间接拉伸试验测量了浸水后沥青混合料的抗拉强度、回弹模量、蠕变性能等指标，提出了用能量比可以很好地表征水浸和抗剥落剂对沥青混合料抗水损坏性能的影响。该试验实际上改变了疲劳试验的养护条件，用疲劳试验的指标来表征水损坏，此外，该试验所需时间过长，设备昂贵，普及起来有一定难度。

2007 年，Cho 和 Bahia[121]使用 DSR 测量了沥青-集料界面在干燥和潮湿状态下的流变性能差异。具体方法为在 DSR 的应变扫描测试中使用两个直径 25mm、厚 5mm 的圆柱状芯岩代替原来的金属压头，中间放置沥青（图 1.17），以模拟沥青混合料中沥青-集料界面。试验结果表明，改性沥青的种类对沥青非线性应力响应有较大影响。但这种方法忽略了集料表面形貌的影响，且实际操作起来并不方便，对试验探头有较大破坏。

图 1.17 用于评价沥青-集料界面流变行为的 DSR

2012 年，Poulikakos 和 Partl[122]对 20μm 厚度的沥青薄膜破坏机理进行了研究。

通过高清摄像头捕捉沥青薄膜在直接拉伸设备下受力时的破坏形态，他们定义了破坏的 4 个阶段(初始、收缩、出现孔洞、拉丝与分离)。研究表明，试验温度与改性剂种类决定了沥青不同的断裂模式，温度越低，越易发生黏附性破坏，且在宏观试验中易发生水损坏的沥青通过微观手段也可以将其区分出来。

兰宏[17]采用泥土为原材料、成型粒径为 20mm 的球形试件来代替 10～20mm 的集料拌和沥青混合料。将沥青裹覆在球形试件后，放入不同温度的水中，以此测量水渗透过沥青膜的速度。结果表明，沥青膜厚度越厚，水的渗透速率就越低，且改性剂能降低水在沥青膜中的渗透速率。

2013 年，Sousa 等[123]通过从 150mm 直径的旋转压实试件中钻芯取出直径 12mm、高 50mm 的圆柱体试件，并在动态力学分析仪(dynamic mechanical analysis, DMA)上进行 30℃、10Hz、0.25 控制应变条件下的振荡试验，借此来评价沥青混合料的疲劳特性与抗水损坏性。但是 Zhou 等[124]在 2014 年美国联邦公路管理局的报告中指出，该试验方法复杂，结果难以获取，且试验耗时，并不适合作为一种广泛推广的评价方法，建议用汉堡车辙试验来评价沥青混合料的抗水损坏性能。

Shakiba 等[125]提出了考虑时间、水损坏发展过程及其不可逆性的水损坏模型，它能够分别表征模型的黏附力和内聚力损失，此外还利用二维与三维模型来呈现水损坏的发展，并用拉拔试验验证其模型的正确性。但是该模型假定渗流系数在整个破坏过程中保持不变，该假定与实际不相符。

20 世纪 80 年代，随着扫描探针显微技术的问世，内部黏附力的直接观测成为现实。在众多显微技术中，最有名的无疑是原子力显微镜，其被广泛用来从分子级上测量聚合物及其他材料的表面形态。2015 年，Gong 等[126]将 Si_3N_4 作为探针，利用原子力显微镜研究了 70#基质沥青和 SBS 改性沥青与集料的黏附性及黏附性自愈合特性，对比表面能试验结果，认为 SBS 有利于改变基质沥青的相态结构，从而有利于沥青的黏附性与黏附性自愈合性能。

1.2.4 沥青黏附性与混合料抗水损坏的性能分级与关联分析

我国幅员辽阔，气候类型复杂多样，差异巨大。沥青路面材料长期暴露在大气中，其性能受到气候条件的显著影响，因此必须根据当地气候条件设计、生产、使用相适应的改性沥青，这使得改性沥青的性能分级显得尤为重要[127]。

长期以来，我国主要采用重交沥青标准+美国 PG 规范进行性能分级，主要强调高温抗变形能力，但对抗水损坏性能考虑不足。李海军和黄晓明[128]采用标准美国 PG 分级方法，对不同标号、不同老化程度的道路沥青进行了性能分级评价，结果表明，6℃间隔的 PG 温度分级在反映不同沥青高温与低温性状的差异时并不协调。陈华鑫和王秉纲[129]也指出 PG 指标可能无法对改性沥青高温性能进行准确评级的问题。

已有研究对沥青胶结料的黏附性能分级较少，且主要集中在层间黏结强度上。艾长发等[130]从层间斜剪的角度出发(图 1.18)，结合界面三维空间扫描，对不同改性沥青粘层油进行了性能分级。宋洋等[131]对 12 种层间组合形式进行层间斜剪试验，对沥青的层间黏结强度进行了分级评价。刘朝晖等[132]采用热塑性丁苯橡胶(SBS)和邻苯二甲酸二丁酯制备复合改性沥青，发现复合改性可以有效提高路面黏结层的性能。

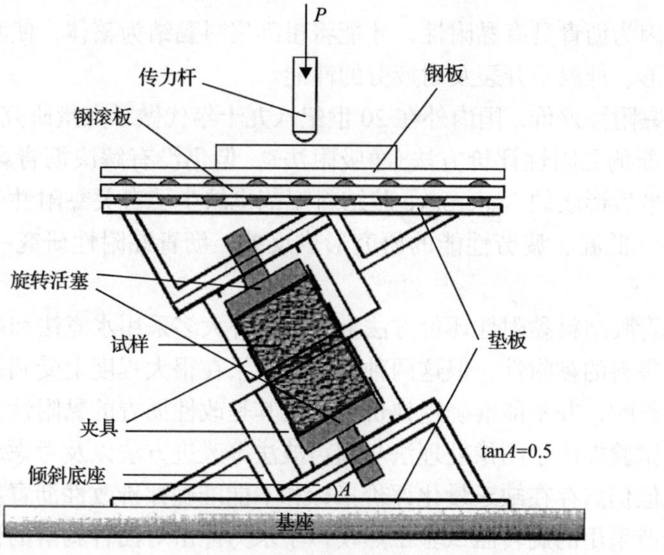

图 1.18 斜剪试验[130]

基于抗水损坏的混合料性能分级研究同样较少。赵永祯等[133]结合沥青混合料评价的特殊性，提出了 K 均值聚类算法，并通过该算法对改性沥青混合料的抗水损坏性能进行了分级。

在沥青胶结料性能与混合料表现关联分析方面，诸多人员注意到混合料抗水损坏性能与沥青胶结料黏附性能之间的正向关系，尝试采用两者的关联分析建立对应的性能预测模型[25]。Kanitpong 和 Bahia[79]对比了拉拔试验和汉堡车辙试验的结果，发现采用拉拔试验测得的内聚力和黏附力与汉堡车辙试验结果有较好的相关性。Zhang 等[134]采用胶结料表面能指标量化了混合料层面的抗剥落性能，并评价了抗剥落剂的提升效果。但同时大量的研究表明，改性沥青的改性剂选择、技术路线、复合改性、混合料设计等方面对其最终抗水损坏性能有极大的影响，不能将黏附性与混合料抗水损坏性能进行直接等效，需要考虑包括沥青弹性、黏度、内聚性在内的其他因素。

由以上分析可知，在性能分级方面，现有性能评价体系主要强调高低温性能，缺少基于改性沥青黏附性或抗水损坏性能的分级方法或手段。研究人员往往希望借由沥青胶结料的黏附性能来预测混合料抗水损坏性能，但预测结果尚不能令人满意。这是由于直接将黏附性与混合料抗水损坏表现对等，容易得出错误的结论。需要在明晰机理、精准评价的基础上，在获得多种改性沥青的性能分级后，进一步建立诸多沥青胶结料性能与混合料抗水损坏性能之间的内在联系。

1.2.5 研究现状评述

正是因为沥青具有黏附性，才能将粗细集料黏结为整体，使其具有抗松散、高温不变形、低温不开裂及耐疲劳的性能。

围绕黏附性评价，国内外在 20 世纪八九十年代做了大量研究。SHRP 计划曾提出一种新的黏附性评价方法(净吸附法)，但仍没有解决沥青黏附性评价失准的问题，最后形成的 Superpave 胶结料规范也缺少了有关黏附性的技术要求。与沥青高温、低温、疲劳性能的研究形成反差，沥青黏附性研究一直没有取得重大进展。

在沥青胶结料黏附性评价方法上，国内外大多采用水煮法和静态水浸法来评定沥青与集料的黏附性，但这两种方法的结果在很大程度上受到沥青黏度及沥青膜厚度的影响，并不能准确地评价沥青尤其是改性沥青的黏附性。虽然研究人员针对这类试验提出了图像处理法与超声波法等改进方法以及考虑动态冲刷的水煮法试验，但仍然存在缺乏量化评价指标和不能准确评价改性沥青黏附性的问题。而欧洲规范采用的旋转瓶试验虽然模拟了水力冲击对沥青剥落的作用，但试验耗时长，集料之间相互碰撞也会造成沥青剥落，与实际的剥落情况不符。

此外，基于喷涂行业对于涂料黏附性的评价方法，研究人员又提出了拉拔试验、剥离试验等评价方法，其物理意义明确，评价方法简单，难点在于破坏界面的控制，即破坏形式是内聚破坏还是黏附破坏，这两种方法值得进一步研究。

在微细观研究领域，随着研究的逐步深入，以原子力显微镜与表面能为代表的研究方法为从微观角度深入认识沥青与集料界面的行为与机理创造了条件，但整个理论体系与试验方法仍需要补充和完善。

在混合料方面，业内规范都采用冻融劈裂试验来评价抗水损坏性能，但由于试验结果除与沥青黏附性有关外，还受到集料特性、级配、沥青用量、孔隙率等因素影响，因此通常难以对沥青混合料的抗水损坏性能进行准确的评价与比较。

为了模拟更为严苛的试验条件，国内外研究人员研发了以饱水老化抗拉劲度试验及水损坏敏感性试验为代表的动水压力试验。但是这类冲刷试验大部分是冲刷试件表面，水并未从试件内流过，与实际情况有所出入。汉堡车辙试验是目前公认较好的评价沥青混合料抗水损坏性能的试验方法，但评价指标未能很好地将剥落变形与高温黏塑性变形区分开来，试验方法及评价指标仍需要改进。

此外，目前国内外沥青评价体系主要强调高低温性能分级，缺少基于沥青混合料抗水损坏的性能分级与预测模型。研究者虽然在抗水损坏性能方面开展了大量工作，但由于解耦评价方法的缺失，难以把握不同水热耦合条件下混合料的真实表现，无法针对性地对抗水损坏性能进行分级，更难以建立从沥青黏附性能到混合料抗水损坏性能的准确预测模型。

可以说，自20世纪七八十年代对于沥青黏附性的集中性研究之后，对于黏附性的研究似乎进入了瓶颈期，黏附性成为沥青诸多性质下的一朵“乌云”。产生以上这些现状的原因主要有两点：

(1)沥青与集料界面黏附性机理复杂、研究不足。很难将黏附性从沥青其他基本性能剥离开来进行单独的分析，如黏附性与内聚性、黏附性与沥青黏度。

(2)沥青黏附性与混合料抗水损坏性能的评价方法存在不足。相关试验方法一方面与机理脱节，另一方面与实际沥青路面状况也存在脱节。沥青路面在实际使用中存在多种工况，如夏季多雨、冬季多雨、冻融循环、重交通多雨等。每种工况沥青混合料的破坏形式均有所不同，对沥青黏附性要求的角度也不同，很难借助某种评价手段一以贯之。

1.3 本书主要内容

本书主要内容可分为以下六部分：

(1)研究现行规范评价沥青黏附性与混合料抗水损坏性能试验的准确性。首先评判水煮法是否能够准确评价改性沥青的黏附性，并在此基础上提出超声波水浸法，探讨两者评价改性沥青黏附性的准确性与适用性。随后，针对国内规范中一次冻融循环试验水分较难进入孔隙内部的缺点，设计了三次冻融循环试验来评价沥青混合料的抗水损坏性能。

(2)围绕拉拔试验，建立其评价沥青与集料黏附性的方法，探究包含浸水作用在内的诸多因素对沥青与集料拉拔强度的影响规律，并基于拉拔试验对多种改性沥青的黏附性进行评价。

(3)针对沥青路面在不断干湿循环、一定温度及外荷载的反复作用下沥青与集料界面的破坏-再黏附-再破坏的破坏场景，提出采用拉拔试验评价沥青与集料黏附性自愈合性能的方法，明晰各因素对沥青黏附性自愈合的影响规律，并对多种改性沥青的黏附性自愈合进行评价，探究沥青与集料黏附性自愈合的机理。

(4)以汉堡车辙试验为研究对象，研究内容根据研究时所采用数据的来源不同，分为两部分：第一部分是对汉堡车辙试验现行试验数据分析方法存在的若干问题进行探讨，并考虑高温黏塑性流动和水损坏在汉堡车辙试验中的复合表现提出改进分析方法；第二部分是采用汉堡车辙试验评价多种基质沥青与改性沥青混合料的抗水损坏能力，并对汉堡车辙试验的三阶段破坏演化规律进行探究。

(5)本书还针对第三分级的胶粉改性沥青黏附性存在不足的情况进行专题研究。将胶粉改性沥青中的“颗粒效应”、“吸收偏好”与“降解作用”三大机制解耦开来进行分析，建立符合胶粉改性沥青黏附性的评价方法，随后以推荐方法为性能评价依据，分析各影响因素的作用规律，探究胶粉改性沥青黏附性的提升方法。

(6)以改性剂种类为变量对表面能试验、拉拔试验和汉堡车辙试验进行逐一检验与对比，明晰这三种方法评价各类改性沥青的适用性，并最终从评价改性沥青的角度提出评价方法选择建议。另外，分别从基质沥青与改性沥青的角度探究沥青性能与其混合料抗水损坏性能的内在联系，解析沥青黏附性与其混合料抗水损坏性能之间的等价问题，并为基于沥青混合料抗水损坏性能的改性沥青性能评价体系与改性方案提供建议。

第 2 章　试验材料与试验方法

本章主要涉及研究所用的材料、试验方法及各试验中数据的处理与分析。

2.1　试 验 材 料

2.1.1　沥青

评价一种试验方法的好坏，尤其是评价不同改性沥青时，很重要的一点就是其需要具有区分度。为此，本书选取多种基质沥青及多种改性沥青作为研究对象，在验证方法区分度的同时也探究多种添加剂的改性机理，旨在为基于沥青黏附性和沥青混合料抗水损坏性能的材料选择提供依据。本书所用沥青改性方案及其制备工艺见表 2.1，其中所有改性沥青的基质沥青均为 ESSO 70#，改性剂掺量除 30 目胶粉与 TB 胶粉为内掺外，其余均为外掺。需要注意的是，由于沥青分批次供给的问题，每章涉及的沥青有所不同，这在后面会有提及，且各种沥青的性能也会在后面有关章节中给出。

表 2.1　本书所用沥青改性方案及其制备工艺

种类		配比	编号	制备工艺
基质沥青		ESSO70#	ESSO	—
		昆仑 70#	KL	
		塔河 70#	TH	
		金山 70#	JS	
		东海 70#	DH	
		中海 70#	ZH	
		SK 70#	SK	
SBS 改性沥青	ESSO+(?)线型 SBS+0.15%稳定剂	1.5%	1.5 LS (或 1.5L)	沥青加热到 175℃，加入线型 SBS 后搅拌 2h，添加 0.15%稳定剂后搅拌 0.5h
		3.0%	3.0 LS	
		4.5%	4.5 LS	
	ESSO+(?)星型 SBS+0.15%稳定剂	1.5%	1.5 BS	沥青加热到 185℃，加入星型 SBS 后高速剪切 2h，添加 0.15%稳定剂后搅拌 0.5h
		3.0%	3.0 BS	
		4.5%	4.5 BS	

续表

种类		配比	编号	制备工艺
SBS 改性沥青	ESSO+4.5%线型 SBS+(?)稳定剂	0‰	0% Sul LS	沥青加热到 175℃，加入 4.5%线型 SBS 后搅拌 2h，添加稳定剂后搅拌 0.5h
		0.5‰	0.05% Sul LS	
		1.0‰	0.10% Sul LS	
		1.5‰	0.15% Sul LS	
		2.0‰	0.20% Sul LS	
		2.5‰	0.25% Sul LS	
		3.0‰	0.30% Sul LS	
	ESSO+4.5%星型 SBS+(?)稳定剂	0‰	0% Sul BS	沥青加热到 185℃，加入 4.5%星型 SBS 后高速剪切 2h，添加稳定剂后搅拌 0.5h
		0.5‰	0.05% Sul BS	
		1.0‰	0.10% Sul BS	
		1.5‰	0.15% Sul BS	
		2.0‰	0.20% Sul BS	
		2.5‰	0.25% Sul BS	
		3.0‰	0.30% Sul BS	
	ESSO+4.5%线型 SBS+0.15%稳定剂+(?)橡胶油	2%	2% Oil LS	沥青加热到 175℃，加入 4.5%线型 SBS 后搅拌 2h，添加 0.15%稳定剂及橡胶油后搅拌 0.5h
		4%	4% Oil LS	
		6%	6% Oil LS	
		8%	8% Oil LS	
ESSO 改性沥青	ESSO+(?)HDPE(湿法)	2%	2% HDPE	沥青加热到 170℃，加入 HDPE 搅拌 1h
		4%	4% HDPE	
		6%	6% HDPE	
		8%	8% HDPE	
	ESSO+(?)岩沥青	4%	4% Y	沥青加热到 170℃，加入岩沥青搅拌 1h
		8%	8% Y	
		12%	12% Y	
		20%	20% Y	
		24%	24% Y	
	ESSO+(?)PPA	0.2%	0.2% PPA	沥青加热到 170℃，加入 PPA 搅拌 1h
		0.4%	0.4% PPA	
		0.8%	0.8% PPA	
		2.0%	2.0% PPA	
	ESSO+(?)SAK	2%	2% SAK	沥青加热到 145℃，加入 SAK 温拌剂搅拌 1h
		4%	4% SAK	

续表

种类		配比	编号	制备工艺
橡胶改性沥青	ESSO+(?)30 目橡胶粉	5%	5% AR	沥青加热到 180℃左右，加入 30 目橡胶粉搅拌 1.5h
		10%	10% AR	
		15%	15% AR	
		18%	18% AR	
		20%	20% AR	
	ESSO+(?)TB 胶粉	5%	5% TB	沥青加热到 220℃左右，加入 TB 胶粉搅拌 2h
		10%	10% TB	
		15%	15% TB	
		18%	18% TB	
		20%	20% TB	
TB 复合改性沥青	TB+线型 SBS	10TB+1% SBS	10T1S	TB 沥青加热到 185℃左右，加入线型 SBS 搅拌 1h，添加稳定剂后搅拌 0.5h
		15TB+1% SBS	15T1S	
		20TB+1% SBS	20T1S	
		10TB+2% SBS	10T2S	
		15TB+2% SBS	15T2S	
		20TB+2% SBS	20T2S	
		10TB+3% SBS	10T3S	
		15TB+3% SBS	15T3S	
		20TB+3% SBS	20T3S	
	TB+岩沥青	10TB+2%岩沥青	10T2Y	TB 沥青加热到 175℃左右，加入岩沥青搅拌 1h
		10TB+4%岩沥青	10T4Y	
		10TB+8%岩沥青	10T8Y	
		15TB+2%岩沥青	15T2Y	
		15TB+4%岩沥青	15T4Y	
		15TB+8%岩沥青	15T8Y	
		20TB+2%岩沥青	20T2Y	
		20TB+4%岩沥青	20T4Y	
		20TB+8%岩沥青	20T8Y	

注：HDPE 为高密度聚乙烯；PPA 为多聚磷酸；SAK 为一种温拌剂。

本书所有改性沥青的基质沥青均为 ESSO 70#，且 SBS 改性沥青是工程上的主流改性沥青，因此特别给出这两种材料的基本性能与常规指标以供参考。

1) 基质沥青

ESSO 70#基质沥青常规指标检测结果见表 2.2。

表 2.2　ESSO 70#基质沥青常规指标检测结果

试验项目		实测值	规范要求	试验方法
针入度(25℃，100g，5s)/0.1mm		64	60～80	T0604
软化点(环球法)/℃		50.9	≥46	T0606
黏度(135℃)/(Pa·s)		0.428	—	T0625
溶解度/%		99.8	≥99.5	T0607
闪点(COC)/℃		276	≥260	T0611
密度/(g/cm³)		1.025	实测	T0603
延度(5cm/min，15℃)/cm		>150	≥100	T0605
薄膜加热试验(163℃，5h)	质量变化/%	0.2	≤0.8	T0609
	残余针入度比/%	76	≥61	T0604
	延度(15℃)/cm	57	≥15	T0605

2)SBS 改性沥青

本书 SBS 选用岳阳巴陵石化有限公司的 SBS YH-791-H 和独山子石化分公司的 SBS T161-B 两种类型。两种 SBS 的主要技术指标见表 2.3。

表 2.3　SBS 的主要技术指标

项目	型号	
	SBS YH-791-H	SBS T161-B
结构类型	线型	星型
嵌段比 *S/B*	30/70	30/70
充油率/%	0	—
挥发分质量分数/%	≤0.7	0.22
灰分质量分数/%	0.2	—
300%定伸应力/MPa	≥2.2	2.48
拉伸强度/MPa	≥16	17.7
扯断伸长率/%	≥700	700
扯断永久变形/%	≤40	—
邵氏硬度 A	≥68	82
熔体流动速率/(g/10min)	0.5～2.5	0.50

2.1.2　集料

因改性沥青种类繁多且汉堡车辙试验试件所需集料较多，本书采用大档集料，分为 9.5～13.2mm、4.75～9.5mm、2.36～4.75mm、0.075～2.36mm 与矿粉。

实验室所储备的集料中，粒径 2.36mm 以上的集料均为玄武岩轧制碎石，粒径 0.075～2.36mm 机制砂有两类：石灰岩机制砂和玄武岩机制砂。玄武岩的二氧化硅含量一般在 45%～52%，为碱性岩中较为接近中性岩的石料，其与沥青的黏附性比石灰岩要差。本书主要采用的混合料抗水损坏性能试验方法是汉堡车辙试验，试验全程有水的作用，选用玄武岩机制砂，可能会加快沥青的剥落，更利于判断不同种类改性沥青的性能优劣。此外，拉拔试验中的集料底座均采用易于购买且贴近工程实际的玄武岩，为了联系拉拔试验结果与汉堡车辙试验结果，本书所用细集料均采用玄武岩机制砂。

四档集料和矿粉的密度测试结果见表 2.4，集料物理力学基本性能指标见表 2.5。

表 2.4　本书所用集料和矿粉的密度测试结果

集料规格	相对毛体积密度	相对表观密度	吸水率/%
碎石(9.5～13.2mm)	2.945	3.040	1.06
碎石(4.75～9.5mm)	2.892	3.029	1.56
碎石(2.36～4.75mm)	2.732	2.868	1.74
机制砂(0.075～2.36mm)	2.616	2.732	1.62
矿粉	—	2.712	—

表 2.5　本书所用集料的物理力学基本性能指标

试验项目	指标要求	试验值
石料压碎值/%	≤26	12.4
洛杉矶磨耗值/%	≤28	10.7
针片状颗粒质量分数(混合料)/%	≤15	8.9
粒径大于 9.5mm 比例/%	≤12	6.3
粒径小于 9.5mm 比例/%	≤18	12.7
砂当量(粒径小于 2.36mm)/%	≥60	72.0
棱角性/%	≥30	55.8

2.1.3　混合料

为对比不同改性沥青混合料的抗水损坏性能，除橡胶沥青外，本书所有混合料均选用相同级配(AC-13)，油石比统一采用 5.0%，级配情况如表 2.6 和图 2.1 所示。

表 2.6　本书所用沥青混合料的级配

材料	比例/%	筛孔的通过率/%									
		16mm	13.2mm	9.5mm	4.75mm	2.36mm	1.18mm	0.6mm	0.3mm	0.15mm	0.075mm
9.5～13.2mm	100	98.3	81.5	13.7	0.5	0.5	0.4	0.4	0.4	0.4	0.4
4.75～9.5mm	100	100.0	100.0	99.0	6.1	0.9	0.8	0.8	0.8	0.8	0.8
2.36～4.75mm	100	100.0	100.0	99.8	98.3	7.2	3.3	2.1	1.7	1.4	1.2
0.075～2.36mm	100	100.0	100.0	100.0	100.0	90.6	62.2	39.6	27.9	19.7	14.9
矿粉	100	100.0	100.0	100.0	100.0	100.0	100.0	100.0	100.0	98.2	78.3
9.5～13.2mm	28.0	27.5	22.8	3.8	0.1	0.1	0.1	0.1	0.1	0.1	0.1
4.75～9.5mm	21.0	21.0	21.0	20.8	1.3	0.2	0.2	0.2	0.2	0.2	0.2
2.36～4.75mm	7.0	7.0	7.0	7.0	6.9	0.5	0.2	0.1	0.1	0.1	0.1
0.075～2.36mm	42.5	42.5	42.5	42.5	42.5	38.5	26.4	16.8	11.8	8.4	6.3
矿粉	1.5	1.5	1.5	1.5	1.5	1.5	1.5	1.5	1.5	1.5	1.2
合成级配	100	99.5	94.8	75.6	52.3	40.8	28.5	18.8	13.8	10.2	7.9
分计筛余	100	0.5	4.7	19.2	23.3	11.5	12.4	9.7	5.0	3.5	2.4
规范级配范围	上限	100	100	85	68	50	38	28	20	15	8
	下限	100	90	68	38	24	15	10	7	5	4
	中值	100	95	76.5	53	37	26.5	19	13.5	10	6

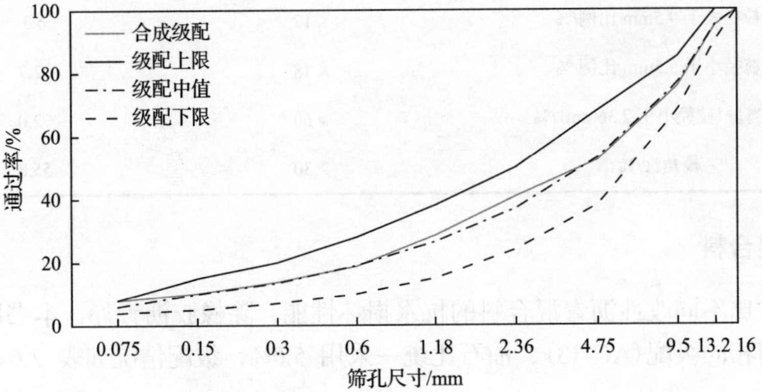

图 2.1　本书所用沥青混合料的级配图

对于橡胶沥青的适用级配，我国目前还没有相关的规范，在国内橡胶沥青的试验研究中使用较多的是美国亚利桑那州推荐的技术规范[135]，其推荐的橡胶沥青混合料（本书简称 ARAC-13）级配范围见表 2.7。

表 2.7　ARAC-13 型沥青混合料级配范围[135]（不含外掺剂）

筛孔尺寸/mm	16	13.2	9.5	4.75	2.36	1.18	0.6	0.3	0.15	0.075
极配上限/%	100	100	80	42	22	—	—	—	—	3
极配下限/%	100	80	60	28	14	—	—	—	—	0
极配中值/%	100	90	70	35	18	—	—	—	—	1.5

从表 2.7 中可以看到，推荐的橡胶沥青混合料级配与我国沥青玛蹄脂碎石混合料（stone mastic asphalt, SMA）级配类似，粗集料多、细集料少、骨架结构、矿料间隙率高、沥青用量高。不同点是橡胶沥青间断级配中不加矿粉，并严格控制 0.075mm 档筛孔的通过率在 3%以下，而对于 0.075～2.36mm 的范围不加以控制[136]。在本书的研究中选取级配中值作为橡胶沥青的设计级配，油石比选用 6.5%。

混合料采用室内沥青混合料拌和机进行拌和，基质沥青拌和温度为 150℃，改性沥青拌和温度为 170℃。拌和后放置于 163℃烘箱中 2h 以模拟施工现场混合料在运输、等待摊铺及摊铺等环节的短期老化，随后进行旋转压实成型。

2.2　超声波水浸法

超声波水浸法试验过程如下：

参考水煮法制备试件要求，将数颗 20mm 石灰岩、玄武岩洗净后在 105℃烘箱中放置 2h，并将各沥青在 145℃烘箱中放置 2h，老化方法采用薄膜烘箱试验（thin film oven test, TFOT）或 RTFOT。

在同一水平组合下选用三颗粗集料与沥青裹覆 45s，净空悬挂 15min。

向超声波清洗器注入足够水（试验过程中不再加水），加热至 60℃直至红色指示灯熄灭，随后将四颗试样悬空浸于 60℃水浴中（避免试样与底部网篮接触影响试验精度）。

启动超声波仪，振动 30min，考虑到容器内不同位置超声波强度可能有所差异，在试验进行中，开始 15min 后变换一次各试件的相对位置。试验结束后，将试件置于 25℃中，按照规范中水煮法的黏附性等级表评价沥青的剥落情况，给出黏附性等级。

验证性试验选择水煮法，同一水平组合下仍选三颗粗集料，试件制备方法与上述相同。

2.3 表面能试验

2.3.1 表面能基本理论

根据 van Oss 等的酸碱理论[137]，任何材料的表面能可以根据表面分子力的种类分为以下三个分量：①非极性分量，也称为范德瓦耳斯力(LW)或色散力分量；②Lewis 酸性力分量；③Lewis 碱性力分量。因此，材料的表面能可以根据式(2.1)计算：

$$\gamma = \gamma^{\mathrm{LW}} + \gamma^{+-} = \gamma^{\mathrm{LW}} + 2\sqrt{\gamma^{+}\gamma^{-}} \tag{2.1}$$

式中，γ 为表面能，mJ/m^2；γ^{LW} 为范德瓦耳斯力分量；γ^{+-} 为酸碱作用力分量，又称为极性分量或者特殊作用力分量，+表示酸性分量，–表示碱性分量。

根据 Young-Dupre 方程，固体与液体的黏附功可由式(2.2)计算：

$$W_{\mathrm{AB}} = \gamma_{\mathrm{B}}(1+\cos\theta) \tag{2.2}$$

式中，B 表示沥青(binder)；A 表示集料(aggregate)；W_{AB} 为沥青与集料的黏附功；γ_{B} 为沥青的表面能；θ 为沥青与集料的接触角。

由上可知，将沥青与集料的接触角与沥青的表面能测定值代入式(2.2)，即可计算出两者间的黏附功。需要注意的是，沥青与集料的接触角理论上有两个极端：当 θ=0°时，$W_{\mathrm{AB}} = W_{\mathrm{BB}} = 2\gamma_{\mathrm{B}}$，即沥青本身内部的内聚功[138]，定义为将单一液柱沿着单位横截面，将其分为两部分所做的功。沥青的内聚功是许多沥青相或沥青胶浆中微裂缝发展的破坏方程中所需要的重要参数，因此其也表征了沥青抵抗疲劳破坏的能力。当 θ=180°时，$W_{\mathrm{AB}} = 0$，球形液滴完全与固体表面相切，表明两相之间没有相互作用，此时集料不被沥青所湿润。实际上，沥青与集料分子间都有不同程度的吸附力，其接触角应介于 0°～180°，而且 θ 越小，黏附功越大，表明沥青对集料的湿润性能越好。

1. 无水条件下沥青与集料的黏附功计算

无水条件下沥青与集料的黏附过程如图 2.2 所示[139]。

沥青与集料之间的微观结合力主要有范德瓦耳斯力、氢键和化学键，这三种结合力共同作用在沥青和集料之间的黏附界面上，经过多年的研究，物理吸附的范德瓦耳斯力起主要作用，沥青与集料的黏附功是指由于沥青与集料的黏附行为而引起整个系统的自由能减少。Fowke 提出，两个界面间的黏附功是其各相互作用所产生黏附功的简单总和[140]，无水状态下沥青与集料的黏附功可由式(2.3)计算：

$$
\begin{aligned}
W_{\mathrm{AB}} &= \gamma_{\mathrm{B}}(1+\cos\theta) = -\Delta G_{\mathrm{AB}} \\
&= \gamma_{\mathrm{A}} + \gamma_{\mathrm{B}} - \gamma_{\mathrm{AB}}
\end{aligned}
\tag{2.3}
$$

黏附功是吉布斯自由能 ΔG_{AB} 的相反数，吉布斯自由能小于或等于零(即黏附功大于或等于零)则表示该黏附过程可以自发进行。结合范德瓦耳斯力理论和 Lewis 酸碱理论，无水条件下沥青与集料的黏附功可进一步改写成

$$
\begin{aligned}
W_{\mathrm{AB}} &= 2\sqrt{\gamma_{\mathrm{A}}^{\mathrm{LW}}\gamma_{\mathrm{B}}^{\mathrm{LW}}} + 2\sqrt{\gamma_{\mathrm{A}}^{+-}\gamma_{\mathrm{B}}^{+-}} \\
&= 2\sqrt{\gamma_{\mathrm{A}}^{\mathrm{LW}}\gamma_{\mathrm{B}}^{\mathrm{LW}}} + 2\sqrt{\gamma_{\mathrm{A}}^{+}\gamma_{\mathrm{B}}^{-}} + 2\sqrt{\gamma_{\mathrm{A}}^{-}\gamma_{\mathrm{B}}^{+}}
\end{aligned}
\tag{2.4}
$$

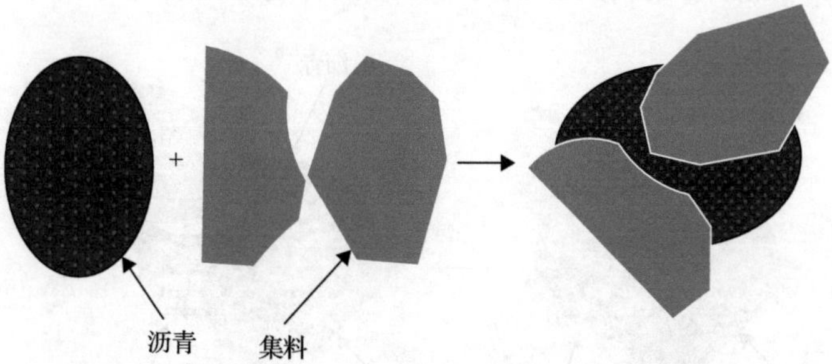

图 2.2 无水条件下沥青与集料的黏附过程[139]

从定义中可以看出，黏附功越大表示黏附后沥青-集料体系的表面能降低越多，体系越稳定，沥青与集料的黏附性也就越好。结合式(2.3)与式(2.4)，可以得出计算无水条件下沥青与集料黏附功的核心公式：

$$
\gamma_{\mathrm{B}}(1+\cos\theta) = 2\sqrt{\gamma_{\mathrm{A}}^{\mathrm{LW}}\gamma_{\mathrm{B}}^{\mathrm{LW}}} + 2\sqrt{\gamma_{\mathrm{A}}^{+}\gamma_{\mathrm{B}}^{-}} + 2\sqrt{\gamma_{\mathrm{A}}^{-}\gamma_{\mathrm{B}}^{+}}
\tag{2.5}
$$

式(2.5)是各表面能方法中计算无水条件下沥青与集料黏附功的基本公式，通过选取已知表面能参数的蒸馏水、乙二醇、甲醇等测试试剂，采用吊板法或接触角法等方法测量试剂与沥青以及试剂与集料的接触角 θ (触角法)或 $\cos\theta$ (吊板法)，分别得到沥青与集料的表面能。国内主要采用以下几种测量方法来求得沥青与集料的黏附功。

(1) 测量沥青表面能参数(吊板法、触角法等)+沥青与集料接触角 θ (触角法)，用式(2.2)计算沥青与集料的黏附功[71]。该方法存在沥青表面能参数的测试温度和沥青与集料接触角 θ 的测试温度对应问题，一般为室温下测量。

(2) 测量热沥青表面能参数(挂线法等)+热沥青与集料接触角 θ (挂片法)，用式(2.2)计算热沥青与集料黏附功[141]。用该方法计算出的黏附功是某一高温下热沥青与集料的黏附功，它可以用于计算拌和阶段沥青与集料的黏附功，一般采用较少。

(3) 测量沥青表面能参数(吊板法、触角法等)+集料表面能参数(柱状灯芯技术、触角法等)，用式(2.5)计算沥青与集料的黏附功[142,143]。该方法是目前国内计算沥青与集料表面能运用最多的一种方法。

2. 有水条件下沥青与集料的剥落功计算

在工程实践中，沥青-集料体系必然要经受雨水的作用，在有水作用的情况下，假设沥青与集料最终由于黏附性差而发生剥落破坏，示意图如图 2.3 所示[139]。整个过程可以表示为

$$(\text{沥青-集料})+2x(\text{水}) \longrightarrow (\text{沥青-水})+(\text{集料-水})$$

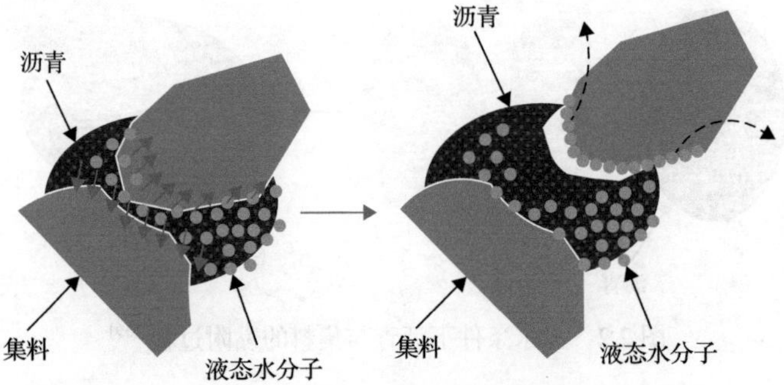

图 2.3　有水条件下沥青从集料被水置换的示意图[139]

在沥青与集料的剥落过程中，沥青与集料的界面最先被破坏，根据表面能的定义，这时需要做的外界功为 $-W_{AB}$，将水分为两份需要做的内聚功为$-2\gamma_W$。在剥落的同时，沥青-水与集料-水这两个新的界面形成；该过程需要的功为 $W_{BW}+W_{AW}$。因此，有水条件下沥青与集料的剥落功可以表示为

$$W_{ABW}^{wet}=W_{BW}+W_{AW}-W_{AB}-2\gamma_W \tag{2.6}$$

式中，W_{ABW}^{wet} 为剥落功，其中下角中的 W 表示水(water)。通过实际测量，大多数沥青与集料的剥落功均小于 0，这就意味着沥青被水所替代在热力学上是自发的。结合范德瓦耳斯力理论和 Lewis 酸碱理论，有水条件下沥青与集料的剥落功可进一步表示为

$$\begin{aligned}W_{ABW}^{wet}=&2\sqrt{\gamma_A^{LW}\gamma_W^{LW}}+2\sqrt{\gamma_A^{+}\gamma_W^{-}}+2\sqrt{\gamma_A^{-}\gamma_W^{+}}+2\sqrt{\gamma_B^{LW}\gamma_W^{LW}}+2\sqrt{\gamma_B^{+}\gamma_W^{-}}+2\sqrt{\gamma_B^{-}\gamma_W^{+}}\\&-2\gamma_W^{LW}-4\sqrt{\gamma_W^{-}\gamma_W^{+}}-2\sqrt{\gamma_A^{LW}\gamma_B^{LW}}-2\sqrt{\gamma_A^{+}\gamma_B^{-}}-2\sqrt{\gamma_A^{-}\gamma_B^{+}}\end{aligned} \tag{2.7}$$

该模型被国内外大多数学者所采用，通过将沥青、集料和水三者的表面能参数代入式(2.7)，可以得出有水条件下沥青与集料的剥落功，该值的绝对值越大，表示沥青越容易被水从集料上替换，沥青就越容易剥离。汪立龙[142]通过对比水煮法、改进水煮法等试验得出采用三相体系的模型要比无水条件下的两相体系模型更适宜用来评价沥青与集料的黏附性。

一般来说，自由能的减少量越大，沥青膜越容易从集料表面剥离。但是考虑到级配、沥青膜厚度、水渗透能力等影响因素，单纯地利用自由能的减少量来评价沥青与集料之间的黏附性可能不是很全面。因此，为了客观评价沥青与集料的黏附性，Cheng 等[144]提出采用无水条件下沥青与集料黏附功与有水条件下沥青与集料剥落功的比值来表征沥青与集料的配伍性，称为能量比(energy ratio, ER)。沥青混合料要具有高耐久性和高抗水损坏性能，沥青与集料之间的黏附功越大越好。同时绝对值较大的剥落功意味着从热力学角度来说，沥青混合料发生水损坏的可能也就越大，因此剥落功应当越小越好。基于此，学者定义了 ER_1 来表征沥青混合料的水敏感性：

$$ER_1=\left|\frac{W_{AB}}{W_{ABW}^{wet}}\right| \tag{2.8}$$

通过测量沥青与集料各自的表面能，可以得出反映黏结能的参数 ER_1，并用来计算和评价沥青与集料的水敏感性。ER_1 的值越高，混合料的水稳定性就越好。利用 ER_1 作为评价沥青混合料的水稳定性指标的基础是混合料的水敏感性与无水条件下沥青与集料的黏附功成正比、与有水条件下沥青与集料的剥落功成反比。然而，ER_1 并没有考虑沥青相对于集料的可浸润性。

尽管沥青的可浸润性与黏附性均与材料的表面能有关，但是它们本质上有所不同。浸润性指的是一种材料能够浸润另一种材料表面的程度，当液体本身的内聚功小于与某一固体的黏附功时，这种材料就能够较好地浸润该固体。沥青的浸润性同时也决定了其是否能够渗入集料表面的微观构造中，高浸润性意味着沥青能够更好地覆盖集料表面。因此 Cheng 等[144]进一步提出沥青混合料的抗水损坏性与沥青相对于集料的可浸润性成正比，与剥落功成反比，提出指标 ER_2。

$$ER_2=\left|\frac{W_{AB}-W_{BB}}{W_{ABW}^{wet}}\right| \tag{2.9}$$

式中，W_{BB} 表示沥青的内聚功。

此外，王勇[72]提出用沥青与集料的接触角和水与集料的接触角之差来表征不同集料与沥青的黏附性，认为接触角之差越大越好。

2.3.2　表面能试验方法

本书通过吊板法测量沥青分别对应前进过程与后退过程的动态表面能参数，采用坐滴法测量集料与已知测试液体的接触角并计算集料表面能参数。以上两项试验均在武汉理工大学交通与物流工程学院进行，在罗蓉教授及其课题组成员的悉心指导下完成。这两种方法具体的理论计算过程在武汉理工大学张德润的博士学位论文[139]中有非常详细的说明与推导，在此不再赘述。

1. 吊板法测量沥青表面能参数

吊板法试验采用全自动表面张力仪，其外观与内部构造图如图 2.4 所示。

(a) 全自动表面张力仪外观

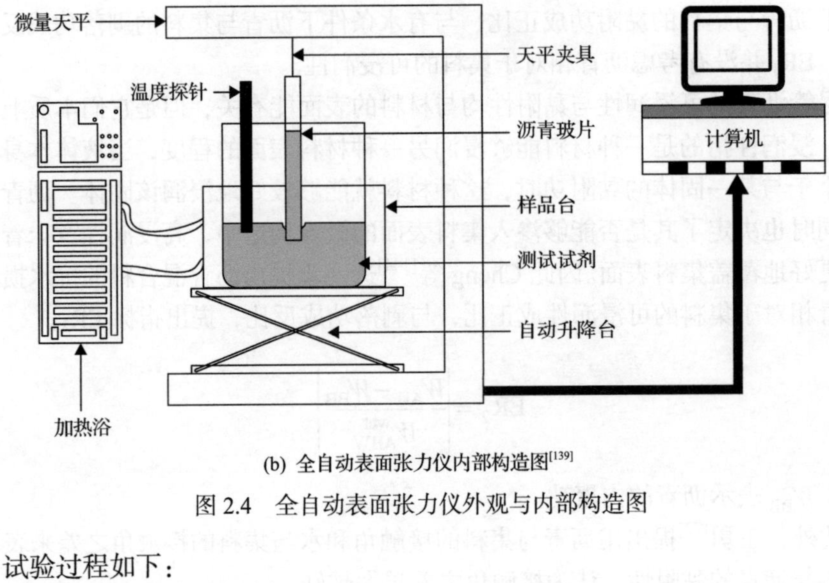

(b) 全自动表面张力仪内部构造图[139]

图 2.4　全自动表面张力仪外观与内部构造图

试验过程如下：

(1) 制备沥青玻片。

首先将沥青置于烘箱中均匀加热 45～60min，基质沥青与改性沥青的加热温度分别设定为 135℃与 160℃，待沥青呈现自然流动态开始制备涂膜沥青玻片；采用经蒸馏水与丙酮清洗干燥处理后的尺寸为 60mm（长）×24mm（宽）×0.2mm（厚）的玻片，将其浸入沥青中约 25mm 并迅速取出翻转，让多余的沥青完全自由留下，保证沥青膜均匀裹覆在洁净玻片表面，用拭镜纸擦去多余沥青，待玻片制备完成后将其整体置于恒温 20℃的密封干燥箱中养生至少 24h。沥青玻片制备过程如图 2.5 所示。

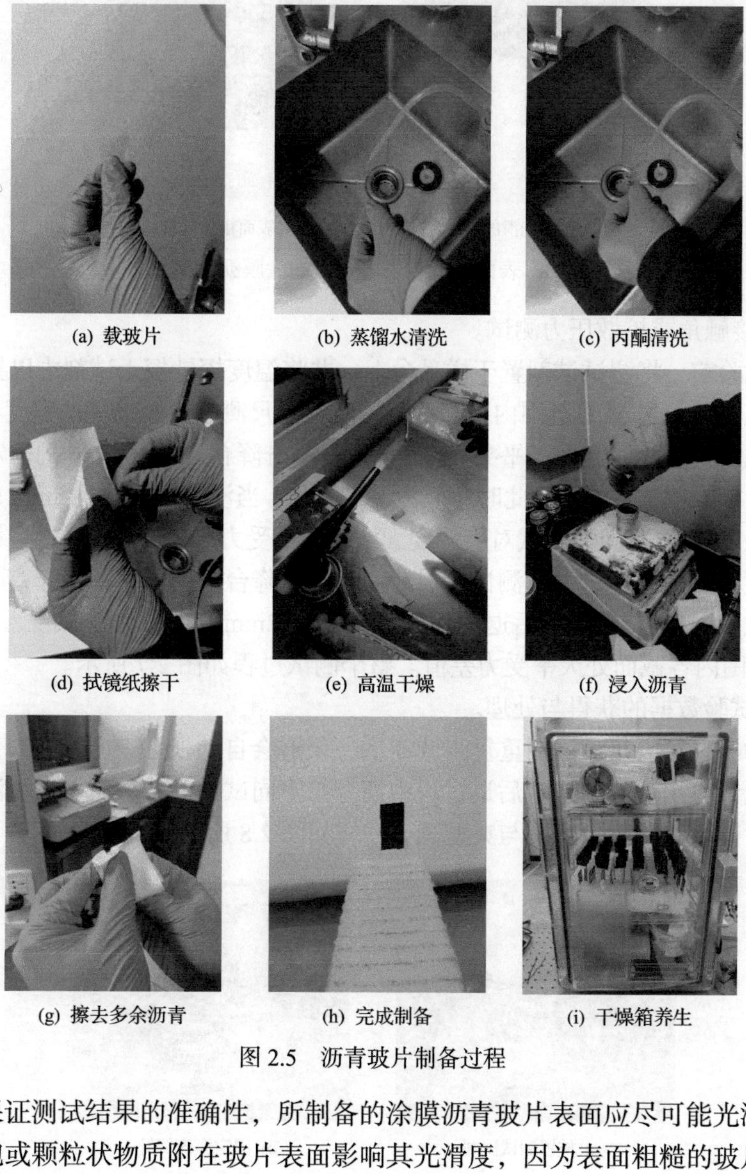

(a) 载玻片　(b) 蒸馏水清洗　(c) 丙酮清洗

(d) 拭镜纸擦干　(e) 高温干燥　(f) 浸入沥青

(g) 擦去多余沥青　(h) 完成制备　(i) 干燥箱养生

图 2.5　沥青玻片制备过程

为保证测试结果的准确性，所制备的涂膜沥青玻片表面应尽可能光滑，尽量避免气泡或颗粒状物质附在玻片表面影响其光滑度，因为表面粗糙的玻片容易引起测试结果的突变。图 2.6 为表面光滑与表面粗糙的涂膜沥青玻片，其中图 2.6(b)为不合格的试样，应在测试前予以舍弃。

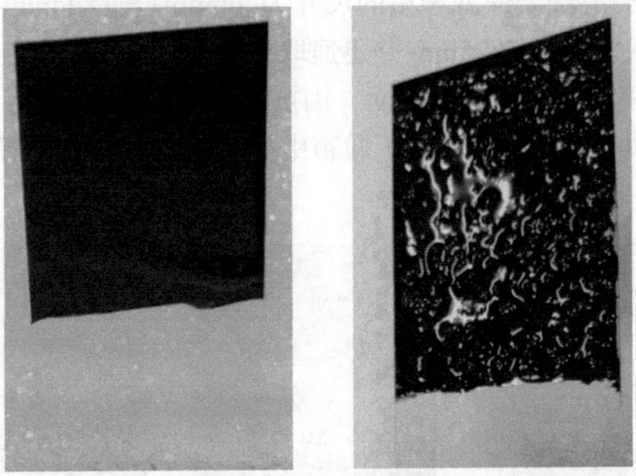

(a) 表面光滑的玻片　　(b) 表面粗糙的玻片

图 2.6　表面光滑与表面粗糙的涂膜沥青玻片

(2) 接触角或扩散压力测试。

在试验前，将测试试剂置于样品台上，并将温度探针探入试剂中以控制试验温度恒定在(20±0.5)℃范围内，随后采用游标卡尺测量涂膜玻片的宽度与厚度，测量完成后将玻片固定在天平夹具上，设定自动升降台以 3mm/min 的恒定速率上升至玻片浸入测试试剂中，此时对应为前进过程，当浸入深度达到 2mm 时，天平开始以 0.2mm 作为间隔测试对应深度 h'处的天平受力差值 ΔF 直至达到最大设定浸入深度 10mm，前进过程测试完成后，自动升降台以同样速率下降，此时玻片从测试试剂中撤出，即对应后退过程，天平仍以 0.2mm 作为间隔测试浸入深度 2～10mm 范围内各截面处天平受力差值。整个测试过程如图 2.7 所示。

(3) 试验数据的获得与处理。

每种沥青对应每种试剂重复测试 5 次，仪器会自动根据表面张力的变化与表面能理论计算出仪器前进、后退过程中沥青与不同试剂的接触角，吊板法中前进过程与后退过程受力示意图与典型试验曲线如图 2.8 所示。

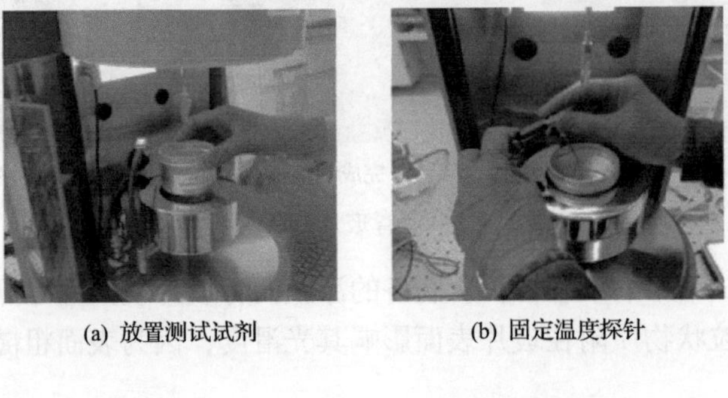

(a) 放置测试试剂　　(b) 固定温度探针

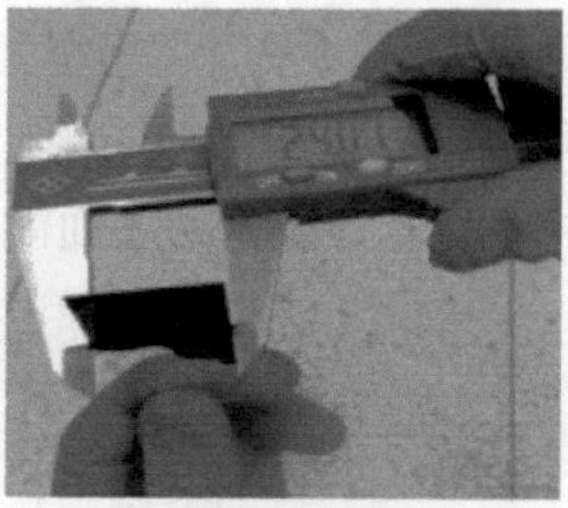

(c) 测试玻片宽度

(d) 测试玻片厚度

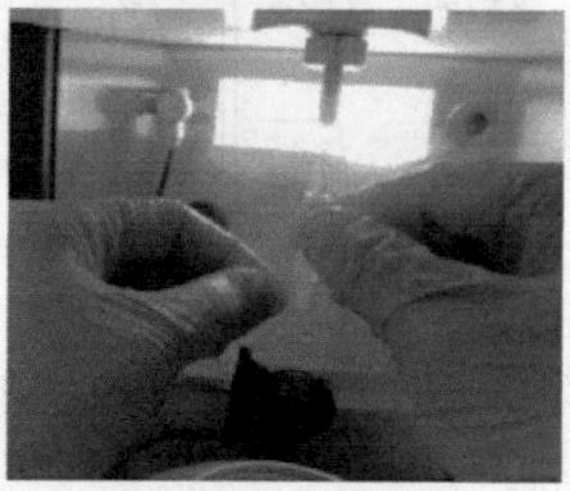

(e) 固定涂膜玻片

(f) 浸入测试试剂

图 2.7　吊板法试验过程

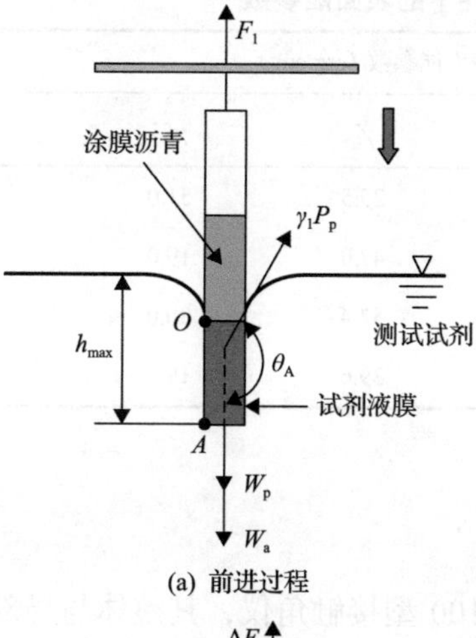

(a) 前进过程

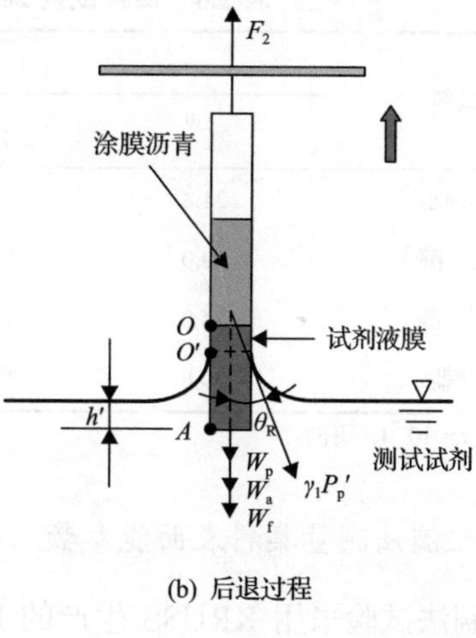

(b) 后退过程

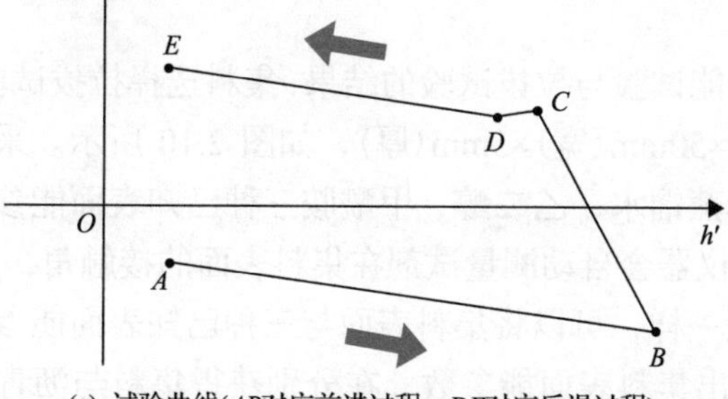

(c) 试验曲线(*AB*对应前进过程，*DE*对应后退过程)

图 2.8　吊板法中前进过程与后退过程受力示意图与典型试验曲线[143]

为计算沥青表面能的三个基本参数(即γ_B^{LW}、γ_B^+、γ_B^-)，至少需要测量沥青样品与三种已知表面能参数试剂之间的接触角θ。为了结果更为精确，本书选取四种试剂，可以形成超静定方程组(式(2.10))，求解得到沥青的表面能参数。

$$\begin{bmatrix} \dfrac{(1+\cos\theta_1)\gamma_{L1}}{2} \\ \dfrac{(1+\cos\theta_2)\gamma_{L2}}{2} \\ \vdots \\ \dfrac{(1+\cos\theta_n)\gamma_{Ln}}{2} \end{bmatrix} = \begin{bmatrix} \sqrt{\gamma_{L1}^{LW}} & \sqrt{\gamma_{L1}^-} & \sqrt{\gamma_{L1}^+} \\ \sqrt{\gamma_{L2}^{LW}} & \sqrt{\gamma_{L2}^-} & \sqrt{\gamma_{L2}^+} \\ \vdots & \vdots & \vdots \\ \sqrt{\gamma_{Ln}^{LW}} & \sqrt{\gamma_{Ln}^-} & \sqrt{\gamma_{Ln}^+} \end{bmatrix} \begin{bmatrix} \sqrt{\gamma_B^{LW}} \\ \sqrt{\gamma_B^+} \\ \sqrt{\gamma_B^-} \end{bmatrix} \tag{2.10}$$

式中，θ_1，θ_2，…，θ_n分别为第1, 2, …, n种试剂与沥青样品产生的接触角；下标L1, L2, …, Ln分别代表第1, 2, …, n种试剂。

各试剂在20℃条件下的表面能参数汇总见表2.8[39]。

表2.8　四种试剂20℃条件下的表面能参数[39]

试剂	表面能参数/(erg/cm^2)				
	γ_L^{LW}	γ_L^+	γ_L^-	γ_L^{+-}	γ_L
蒸馏水	21.8	25.5	25.5	51.0	72.8
乙二醇	29.0	1.92	47.0	19.0	48.0
丙三醇	34.0	3.92	57.4	30.0	64.0
甲酰胺	39.0	2.28	39.6	19.0	58.0

注：1erg=10^{-7}J，下同。

2. 坐滴法测量集料表面能参数

坐滴法试验采用KRUSS生产的DSA100型接触角仪，其整体与局部外观图如图2.9所示。

为了对比表面能试验与拉拔试验的结果，集料选择拉拔试验中的玄武岩底座，尺寸为50mm(长)×50mm(宽)×5mm(厚)，如图2.10所示。采用蒸馏水将其清洗干燥处理后，选择蒸馏水、乙二醇、甲酰胺三种已知表面能参数的试剂分别进行5次重复性试验，仪器会自动测量试剂在集料表面的接触角，如图2.11所示。随后，与吊板法试验一样，可以将集料表面与三种已知表面能参数试剂之间的接触角代入式(2.10)解出集料表面能参数。在分别获得集料与沥青的表面能参数后，可利用2.3.1节中提及的各种公式求得沥青-集料体系的表面能指标。

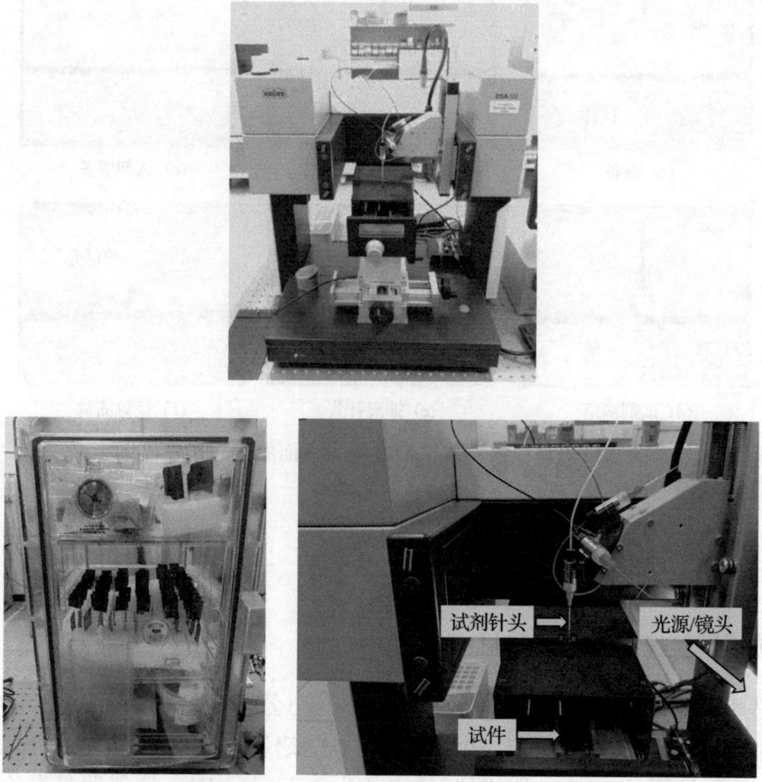

图 2.9　DSA100 型接触角仪

图 2.10　用于坐滴法表面能测试的集料试件

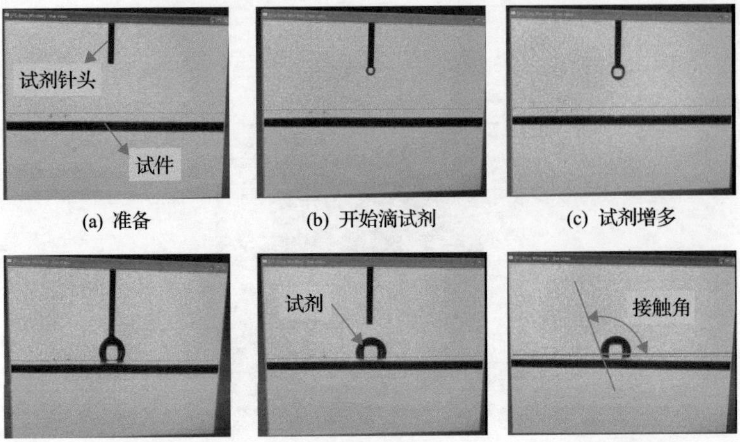

(a) 准备　(b) 开始滴试剂　(c) 试剂增多

(d) 试剂滴落　(e) 抽离针头　(f) 接触测量

图 2.11　坐滴法测量试剂在集料表面的接触角示意图

2.4 拉 拔 试 验

2.4.1 拉拔试验仪器及有关器材

本书所采用的拉拔试验仪器为美国DeFelsko公司生产的PosiTest AT-A全自动数字显示拉拔式附着力测试仪，如图2.12所示。该仪器为美国规范ASTM D4541[75]推荐，与美国常用的PATTI拉拔仪（价格约为5万元）相比，该仪器具有价格低（约为2万元）、操作简单的特点，且在国内已有成熟代理商。在试验中，显示器显示的数值为将单位面积的沥青从底座分离所需要的最大拉力，以MPa来表示，测量范围为 0～20MPa。仪器利用其内部的液压泵来进行加压，压力系统均经过美国国家标准与技术研究院（National Institute of Standards and Technology, NIST）校准，精度能够达到±1%，且可以自行设置加载速率，这是国内常用的手动型拉拔仪所不具备的。

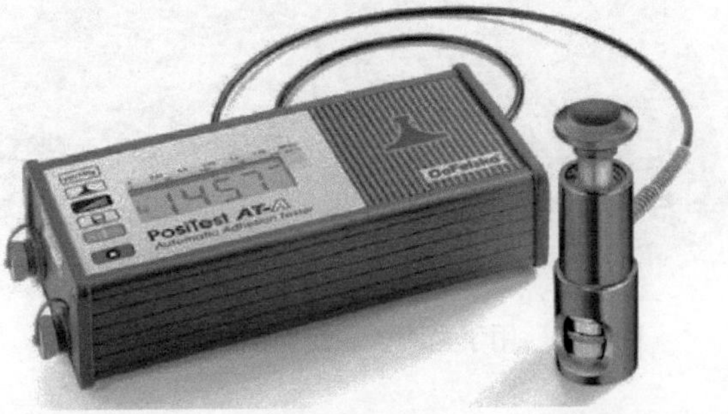

图 2.12　PosiTest AT-A 全自动数字显示拉拔式附着力测试仪

为了控制拉拔试验中的沥青膜厚度，将拔头底部进一步加工成环形凹槽，内径为 18mm，外径为 20mm，凹槽深度为 0.2mm，如图 2.13 所示。在试件成型时，将拔头水平放置在高温下自流平的沥青上，拇指稍微施加压力，多余的沥青即可从四个凹槽开口处(溢流孔)流出，因此凹槽深度决定了沥青膜厚度。

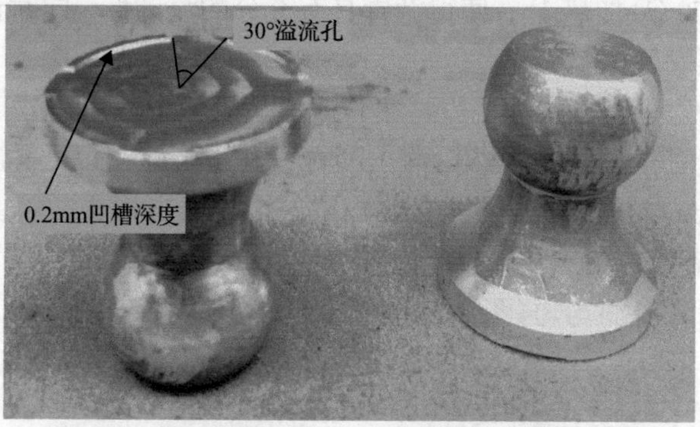

图 2.13　加工后的拉拔试验拔头

在实际工程中，玄武岩是修理公路、铁路、机场跑道所用石料中应用最多且最具有代表性的集料，因此在拉拔试验中，主要选择玄武岩石板作为底座，尺寸为 100mm(长)×100mm(宽)×10mm(厚)，表面采用 1000 抛光值的磨光工序。

由于沥青与硅胶是互相不黏结的，在沥青类试验中常常用到硅胶用具来辅助成型试件。本试验中，在成型阶段需要用到硅胶垫，其内径略微大于拔头底部的外径，为 21mm，其作用是为成型时拔头底部溢流出的多余沥青提供侧限，使得多余沥青只能向上流动，而非向四周流动，进而保证沥青与集料黏结的面积与拔头面积近似。此外，为了确保拔头下面多余沥青均能流出且固定拔头位置，采用相同的玄武岩底座压在 3 个拔头上面作为压重。拉拔试验部件如图 2.14 所示。

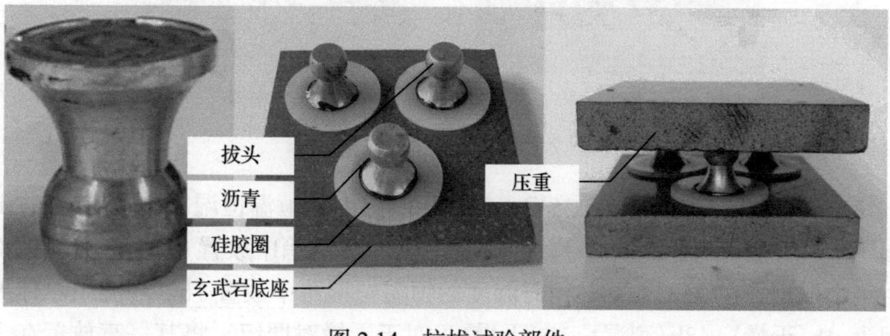

图 2.14　拉拔试验部件

2.4.2　拉拔试验评价沥青与集料黏附性的方法

通过大量的文献查阅与相关研究(具体试验参数的确定将在第 3 章中详细阐

述)，并根据 AASHTO TP-91 规范[76]，选择如下试验步骤来测量沥青与集料的拉拔强度。

(1)材料准备。用蒸馏水清洗拔头、石料底座表面的灰尘和污物；将沥青、经过清洗的拔头(凹槽深度 0.2mm)、集料底座及药匙放入 150℃烘箱中(若为改性沥青，则温度为 170℃)加热 1h，使得沥青具有充分的流动性，同时让石板内部孔隙中的水分充分蒸发。

(2)试件成型。加热好之后，先将集料底座从烘箱中取出，放于平坦的桌面上，迅速在其上放置三个硅胶圈，然后取出沥青，利用药匙在每个硅胶圈中心处均匀滴下直径为 0.8cm 左右的沥青(图 2.15(a))。接着取出拔头，将其放置在沥青上(图 2.15(b))。最后，在三只拔头上搁置一块质量、体积相同的石板，提供一定压力使拔头底部沥青流淌均匀(图 2.15(c))。

(a) 滴入沥青

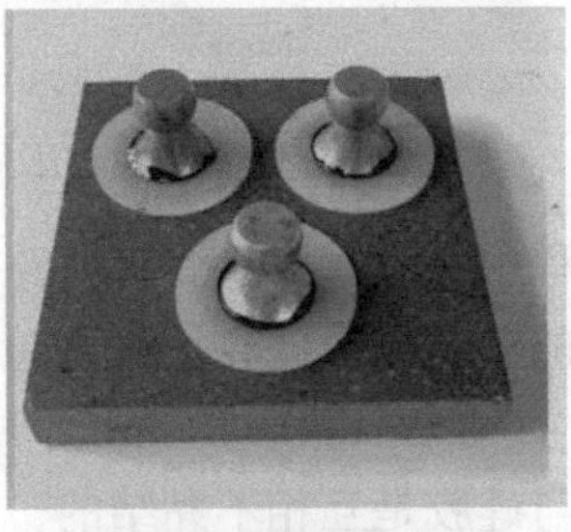
(b) 放置拔头

(c) 放置压重

(d) 试件外观

图 2.15　拉拔试件成型过程

(3)试件养生。将试件在 25℃、30%相对湿度的恒温恒湿箱中放置 1h；随后撤去压重和硅胶圈(图 2.15(d))，将试件在 40℃水浴箱中放置 48h；然后将试件从水浴箱中取出，在 25℃、30%相对湿度的恒温恒湿箱中放置 1h。潮湿组总体养生时间为 1h(干燥)+48h(潮湿)+1h(干燥)，对于干燥对照组，将其一直放置在干燥条件下养生，养生时间为 1h(干燥)+48h(干燥)+1h(干燥)。

(4)强度测试。用拉拔仪测定各拔头的拉拔强度(pull-off tensile strength, POTS)，加载速率为 0.7MPa/s，由于每块集料底座上有 3 个拔头，即每组试件为三个重复性试验。

2.4.3　拉拔试验评价沥青与集料黏附性自愈合的方法

采用拉拔试验评价沥青与集料黏附性自愈合的材料准备过程与试件成型过程和采用拉拔试验评价沥青与集料黏附性的对应过程完全一样。

(1) 材料准备与试件成型过程见 2.4.2 节。

(2) 试件养生。将试件在 25℃、30%相对湿度的恒温恒湿箱中放置 1h；然后撤去压重和硅胶圈（图 2.15（d）），将试件在 40℃水浴箱中放置 24h；最后将试件从水浴箱中取出，在 25℃、30%相对湿度的恒温恒湿箱中放置 1h。

(3) 初始强度测试。测试前用记号笔对试件及拔头分别进行编号，然后标记拔头和石料底座之间的相对位置，如图 2.16 所示。用拉拔仪测定各拔头的初始拉拔强度，记为 $POTS_I$。

图 2.16　记号笔标记拔头位置

(4) 试验愈合。根据标记，将拔头放回原位置，并轻压拔头顶部，使得拔头底部边缘与石料表面接触。将试件放入 25℃水浴箱，在三个拔头顶部放置压重，愈合 24h 后取下压重，拿出试件，重复第三、四步，重新测得的愈合强度记为 $POTS_A$。第三、四步的一个循环称为一个破坏-愈合（failure-healing, F-H）循环，每个试件可以经过 i 个破坏-愈合循环，测得愈合强度为 $POTS_{Ai}$，直到所能恢复的强度稳定在某个值（称为稳定强度）或者值很小后，试验终止。整个试验的示意图如图 2.17 所示。

(5) 愈合率计算。愈合率可以根据式（2.11）计算：

$$HI_i = \frac{POTS_{Ai}}{POTS_I} \times 100\% \tag{2.11}$$

式中，HI_i 为 i 个破坏-愈合循环后沥青与集料黏附性的愈合率。

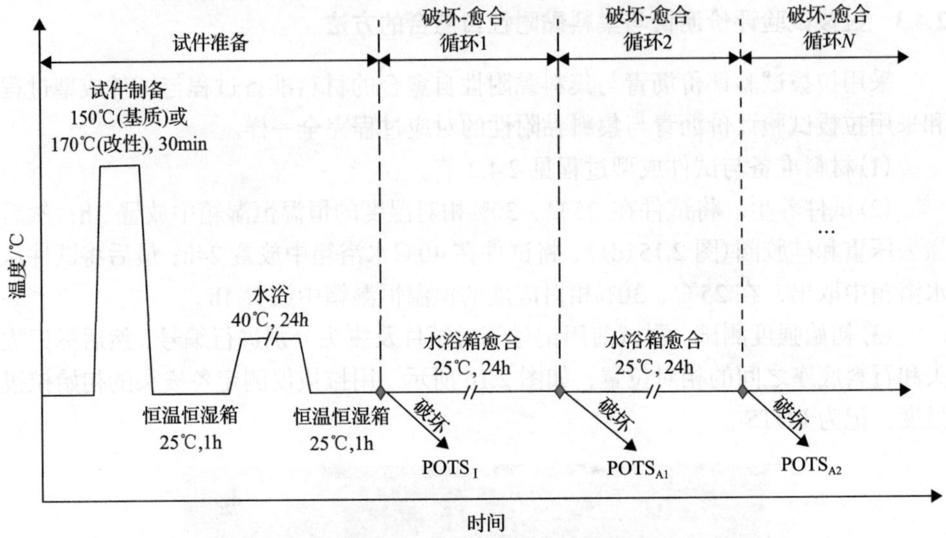

图 2.17　拉拔试验评价沥青与集料黏附性自愈合的示意图

本书将采用愈合强度（$POTS_{Ai}$）和愈合率（HI_i）这两个指标来评价沥青-集料的黏附性自愈合特性。受不同沥青材料、不同成型方法的影响，各组试件的初始拉拔强度（$POTS_I$）存在一定差异。因此，对于不同的沥青材料，需同时考虑愈合强度和愈合率，并由此综合评价沥青-集料界面的自愈合特性。此外，当不同材料的初始拉拔强度相差很大时，愈合率的意义已经减弱，此时主要以愈合强度作为评价指标。

2.4.4　拉拔试验中应注意的几个问题

由于拉拔试验是本书核心研究手段之一，同时国内对采用拉拔试验评价沥青与集料界面行为的研究较少，而在拉拔试验中，各试验步骤尤其是在试件成型阶段的每一个操作细节都会对试件成型质量有不同程度的影响。因此，本节特别对拉拔试验中应注意的几个问题进行简单阐述以供参考。

1. 试验过程中的细节问题

1）材料准备

对集料底座进行筛选，表面不平整、有大量异物或者大片刮痕的石料不能使用；洗涤石料和硅胶垫时，需用手用力搓洗，同时避免沾染油污；同一次成型备料不能太多（不超过 16 块石料底座对应的试件），以免成型过程耗时过长导致前后试件的备料条件和成型质量出现差异。

2) 试件成型

沥青滴加量应适当，使得多余的沥青从拔头底部溢流孔处流出，避免沥青过少导致沥青膜不完整或沥青过多导致拔头浮动、沥青膜厚度难以控制；放置拔头时，不得施加扭转力或使拔头沿石料表面产生平移，以避免沥青膜中间产生气泡。

3) 试验测量

愈合试验中，在拔头放回原位之前，应先整理拔头和石料底座各自的破裂面边缘，边缘的沥青不得被压入破坏面。试验结束后，合理、高效地清洗拔头，有利于保持试件质量、提高工作效率。本书建议试验后的拔头先放在 150℃烘箱中加热 30min，然后用餐巾纸擦去拔头表面沥青，并进一步用松节油清洗残余的沥青，最后用蒸馏水洗净备用。

2. 试件的破坏形式

在沥青的拉拔试验中，试件的破坏形式有以下三种。

(1) 黏附破坏 (adhesive failure)。破坏发生在沥青与石板的接触面上，当拔头从石板上拔下后，可以发现石板表面只留下一层非常薄的沥青膜，甚至没有沥青膜的覆盖，而拔头底部残留的沥青膜较厚。黏附破坏是在评价沥青黏附性时理想的破坏形式。

(2) 内聚破坏 (cohesive failure)。当沥青与石板的黏结强度大于沥青本身的强度时，破坏一般就从沥青中产生，也就是沥青自身的内聚破坏。当发生内聚破坏时，观察石板表面，可以发现破坏处还留有一层较厚的沥青膜，且沥青膜一般呈现大小形状相似的网格状。

(3) 拔头破坏。拔头破坏发生在拔头底部与沥青接触的界面上。观察破坏后的试件，能够看出拔头底部基本没有沥青残余，露出了其原本的金属表面；而石板表面的沥青膜很厚。出现拔头破坏的原因一般有两种：一是沥青本身模量很大，易出现拔头破坏；二是在准备试件阶段，拔头表面没有清洁干净，导致拔头与沥青之间黏附性较差。这种破坏形式应是尽量避免的。

除以上三种主要的破坏形式外，还有这三种的混合型破坏。各种破坏形式如图 2.18 所示。

(a) 黏附破坏　(b) 内聚破坏　(c) 拔头破坏

图 2.18　拉拔试验中试件常见的破坏形式

一般情况下，试件拉拔破坏的形式多为黏附破坏和内聚破坏：当沥青-集料黏附力大于沥青内聚力时，发生内聚破坏；当沥青-集料黏附力小于沥青内聚力时，发生黏附破坏。根据短板效应与应力集中原理，当发生黏附破坏的面积占整个破坏面的30%以上时，即可将破坏形式认定为黏附破坏。

实际路用状态下，在沥青混合料的水损剥落中也同时存在黏附破坏和内聚破坏[29]；冬季低温时多出现黏附破坏，夏季高温时多出现内聚破坏。因此，无论破坏形式是黏附破坏还是内聚破坏，拉拔强度均可作为实际意义上的沥青-集料黏附性的表征，将此时的破坏面（沥青-集料界面或沥青-沥青界面）定义为沥青-集料有效界面，作为研究沥青-集料界面黏附性及黏附性自愈合特性的对象。实际上，为了确保破坏面发生在沥青与集料之间，本书选取长时间的40℃水浴以促进沥青从集料表面剥落。

2.5 冻融劈裂试验

2.5.1 试件成型

为了精准控制试件高度以达到控制孔隙率的目的，本书所有混合料试件均采用旋转压实仪进行成型，冻融劈裂试件直径为 100mm，高度为 63.5mm，通过固定高度控制试件成型质量的方式，将孔隙率控制在 7%±1%。

2.5.2 冻融循环次数确定

如前文所述，采用一次冻融循环的劈裂试验，因为试验条件不够严苛，可能导致最终 TSR 结果均能达到《公路沥青路面施工技术规范》(JTG F40—2004)的要求，有时甚至超过 100%；而冻融循环次数过多可能因为试验周期过长而导致误差累积，影响试验结果的准确性。为了探究合理的冻融循环次数，将 ESSO70#、镇海、SK、中海、金陵五种沥青混合料及 3%掺量线型 SBS 改性 ESSO70#沥青混合料每种样品成型 16 个试件，然后分为 4 组，每组 4 个平行试件，其中一组试件放在室温下养生，不做任何处理，在 72h 后测定原样劈裂抗拉强度，另外 3 组试件分别进行 1 次、3 次、5 次冻融循环试验，每次冻融循环按照《公路工程沥青及沥青混合料试验规程》(JTG E20—2011)进行，最后得到 TSR 结果如图 2.19 所示。

从图 2.19 中可以看出，所有采用一次冻融循环基质类沥青混合料的残留稳定度均超过 80%，掺加了 3%线型 SBS 的改性沥青也远远超出了规范 85%的要求。因为本书研究的沥青种类较多，一次冻融循环后测得的 TSR 结果区分度不大，不利于评价不同沥青混合料的抗水损坏能力。另外，从图中还可以看出，5 次冻融循环的 TSR 结果与 1 次、3 次冻融循环有明显的差别，这是因为试验周期过长，导致误差累积影响了结果的精确性。综上，本书认为采用 3 次冻融循环是较为合理的。

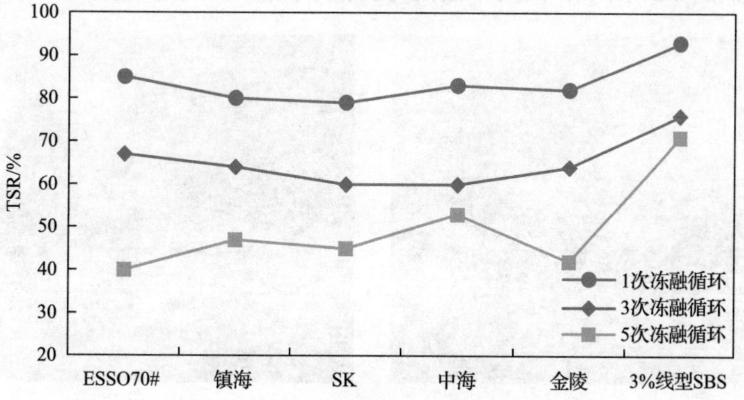

图 2.19 不同冻融循环次数 TSR 结果

2.5.3 TSR 的计算

按照《公路工程沥青及沥青混合料试验规程》(JTG E20—2011)，TSR 应根据式(2.12)进行计算：

$$TSR = \frac{\bar{R}_{T2}}{\bar{R}_{T1}} \times 100\% \tag{2.12}$$

式中，TSR 为冻融劈裂强度比，%；$\bar{R}_{T2}$ 为冻融循环后第二组有效试件劈裂抗拉强度平均值，MPa；$\bar{R}_{T1}$ 为未冻融循环的第一组有效试件劈裂抗拉强度平均值，MPa。

因为本书中的冻融劈裂试件是采用控制试件高度的方法成型的，所以简单起见，忽略高度对结果的影响，TSR 按式(2.13)计算：

$$TSR = \frac{\bar{M}_{T2}}{\bar{M}_{T1}} \times 100\% \tag{2.13}$$

式中，$\bar{M}_{T1}$ 为未冻融循环的第一组有效试件劈裂抗拉强度算术平均值；$\bar{M}_{T2}$ 为冻融循环后第二组有效试件劈裂抗拉强度算术平均值。

2.6 汉堡车辙试验

本书采用意大利 CONTROLS 公司生产的双轮车辙仪(double wheel track, DWT)，如图 2.20 所示，国内车辙仪与双轮车辙仪的基本参数对比见表 2.9。

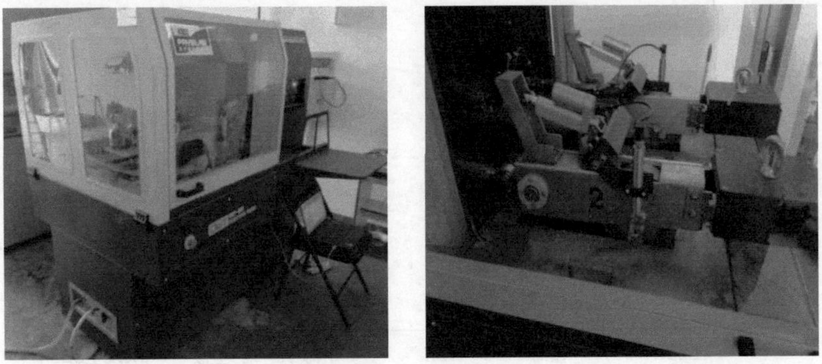

图 2.20　双轮车辙仪外观

表 2.9　国内车辙仪与双轮车辙仪参数对比

部件	指标	国内车辙仪	双轮车辙仪
加载装置	钢块荷重	78kg	153kg
	橡胶轮压强	0.7MPa±0.05MPa	约 0.7MPa
	钢轮压强	无钢轮	线压力 33.62 盎司/cm (1 盎司=0.028kg)
车轮尺寸	外径	200mm	220mm
	轮宽	50mm	47mm
	橡胶层厚	15mm	15mm
	橡胶硬度(JIS 硬度)	84±4(20℃) 78±2(60℃)	84±4(20℃) 78±2(60℃)
	车轮与试模接触面积	50.4mm×22mm，即 1108.8mm^2	<1100mm^2
	试验轮个数	1	2
采样记录方式	记录部位	随机 1 个点	试模长度方向上固定 11 个点
	有效点数	45min、60min 两点变形有效	全过程记录
试验时间	试验轮行走时间	约 60min	数小时至约 6.5h
试验中止方式	根据车轮行走数中止	能	能
	根据设定车辙值中止	不能	能

续表

部件	指标	国内车辙仪	双轮车辙仪
车辙试验环境	热空气浴	能	能
	常温空气浴	能	能
	水浴	不能	能
其他技术参数	车轮行走距离	230mm±10mm	320mm±5mm
	车轮碾压速率	(42±1)次/min	可调，一般为(52±2)次/min

汉堡浸水车辙的试件采用旋转压实仪成型，通过高度控制(62mm)的方式成型试件，孔隙率控制在 7%±1%。为了将试件放进模具(图 2.21)中，需要将圆柱体试件沿弦长整体切割 6cm 左右，原样试件与切割后的试件如图 2.22 所示。

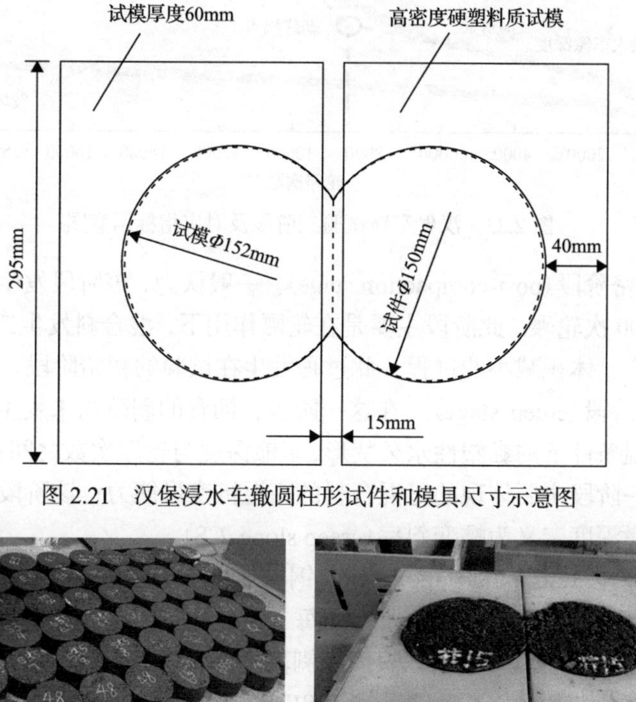

图 2.21　汉堡浸水车辙圆柱形试件和模具尺寸示意图

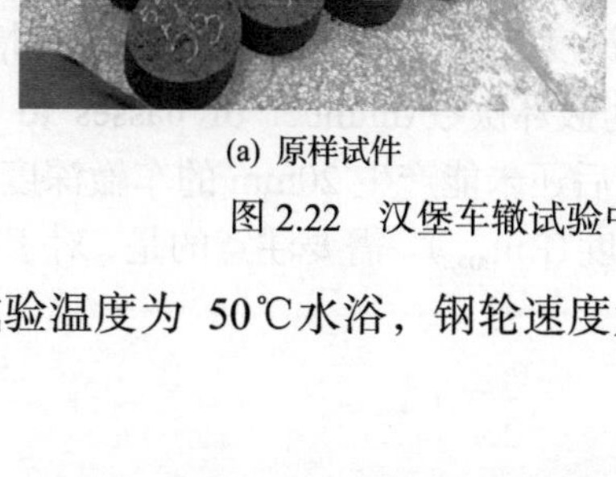

(a) 原样试件

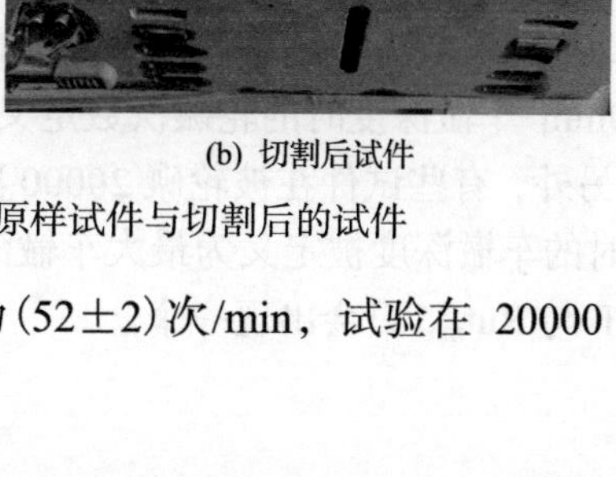

(b) 切割后试件

图 2.22　汉堡车辙试验中原样试件与切割后的试件

试验温度为 50℃水浴，钢轮速度为(52±2)次/min，试验在 20000 次轮碾

(10000 次往返)或者试件产生 20mm 车辙深度后自动停止。具体试验方法参见 AASHTO T324-11 规范[145]。每组沥青混合料进行两次重复试验。

汉堡车辙试验结果曲线一般包含以下三阶段，如图 2.23 所示。

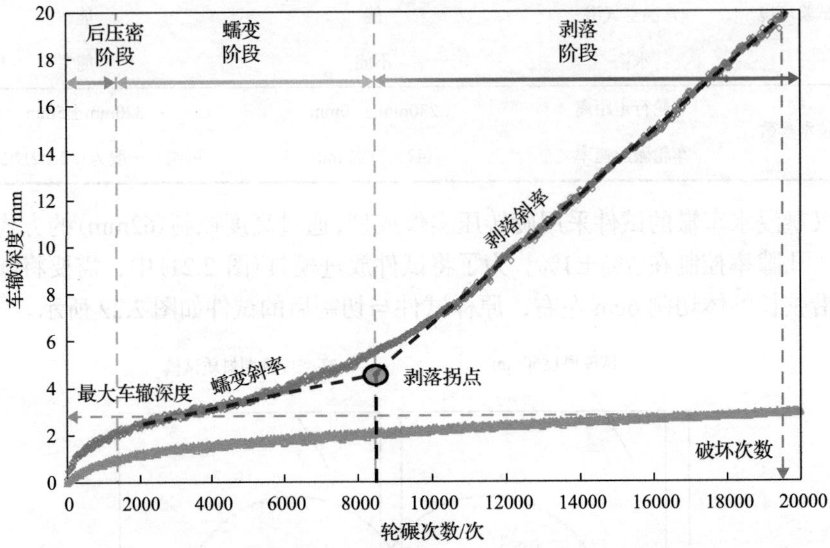

图 2.23　汉堡车辙试验三阶段及对应指标示意图

(1)后压密阶段(post-compaction stage)。一般认为，该阶段发生在汉堡车辙试验中的前 1000 次轮碾。此阶段主要是在轮碾作用下，混合料发生二次压实，混合料孔隙率减小、体积减小的过程，此过程发生在试验的初始阶段，时间较短。

(2)蠕变阶段(creep stage)。在这一阶段，沥青的剥落尚未发生，混合料变形主要来自高温条件下的黏塑性永久变形，车辙深度与轮碾次数之间接近线性相关，通常认为这一阶段主要体现的是混合料的高温抗变形能力；该阶段平均每 1 次轮辗产生的车辙深度定义为蠕变斜率(creep slope, CS)。

(3)剥落阶段(stripping stage)。随着钢轮的进一步碾压，车辙曲线斜率突然增大，试件进入剥落阶段。剥落阶段平均每 1 次轮碾产生的车辙深度定义为剥落斜率(stripping slope, SS)。蠕变斜率直线和剥落斜率直线的交点所对应的轮碾次数定义为剥落拐点(stripping inflection point, SIP)。通常认为，剥落拐点出现越早，剥落斜率越大，混合料的沥青抗水损坏能力越差。此外，对于某些试件，钢轮还没有轮碾 20000 次，就产生了 20mm 的车辙深度，从而导致试验终止。在此情况下，达到 20mm 车辙深度时的轮碾次数定义为破坏次数(number of passes to failure, NPF)。另外，有些试件在被轮碾 20000 次后还未能产生 20mm 的车辙深度，则试验停止时的车辙深度被定义为最大车辙深度(Rut_{max})。需要注意的是，对于同一试件，NPF 与 Rut_{max} 只会出现一个。

本书所有的指标均可由仪器自带的软件自动根据美国艾奥瓦州交通厅推荐的六次函数法算出(图 2.24)，该算法在后面有关章节会进行详细说明。

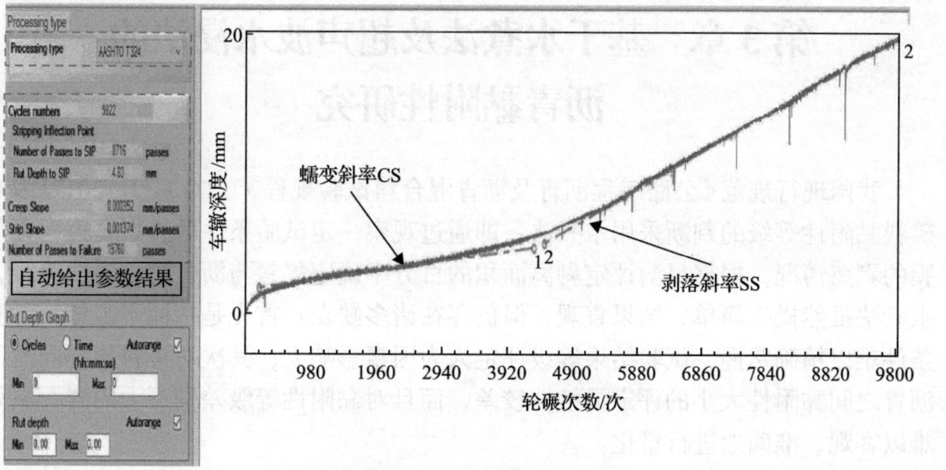

图 2.24　汉堡车辙仪自带的软件分析工具

第3章 基于水煮法及超声波水浸法的沥青黏附性研究

我国现行规范《公路工程沥青及沥青混合料试验规程》(JTG E20—2011)中对矿料黏附性等级的判断采用水煮法，即通过观察一定试验条件后集料裹覆沥青薄膜的剥离情况，根据目测评定剥离面积的百分率确定集料与沥青的黏附性等级。水煮法虽然操作简单、结果直观，但仍存在诸多缺点：首先是指标不定量，试验条件难以精确掌握，试验结果等级评定人为因素影响大；其次对集料与不同改性沥青之间黏附性大小的评定灵敏性较差，而且对黏附性等级差别不大的岩石更是难以客观、准确地进行量化。

本章在参考 McCann 和 Sebaaly[8]设计的超声波评价沥青混合料水稳定性的试验方法基础上，提出了超声波水浸法，具体试验方法如 2.2 节所述。本章将采用统计学手段对现行规范中的水煮法评价沥青与集料黏附性的准确性与有效性进行分析。

3.1 超声波水浸法试验可行性研究

为了验证是否能用超声波评价沥青与集料的黏附性，特别选用了小型的超声波清洗仪进行可行性研究。仪器为昆山舒美产的 KQ-100E 型超声波清洗器，超声波功率为 100W，容积为 2L，如图 3.1 所示。

图 3.1 超声波清洗器

试验过程：参考水煮法制备试件要求，将 4 颗 20mm 的洗净石灰石在 105℃烘箱中放置 2h，分别两两与 145℃的 ESSO 70#沥青与塔河基质沥青裹覆 45s，净空悬挂 12h。向超声波清洗器注入足够水，加热至 60℃直至红色指示灯熄灭，随后将 4 颗试样悬空浸于 60℃水浴中(避免试样与底部网篮接触影响试验精度)，启动超声波振动 30min，考虑到容器内不同位置超声波强度可能有所差异，在试验进行中，开始 15min 后变换一次各试件的相对位置。试验结束后，将试件置于空气中评价沥青的剥落情况，具体试验结果如图 3.2 所示。

(a1) 试验前

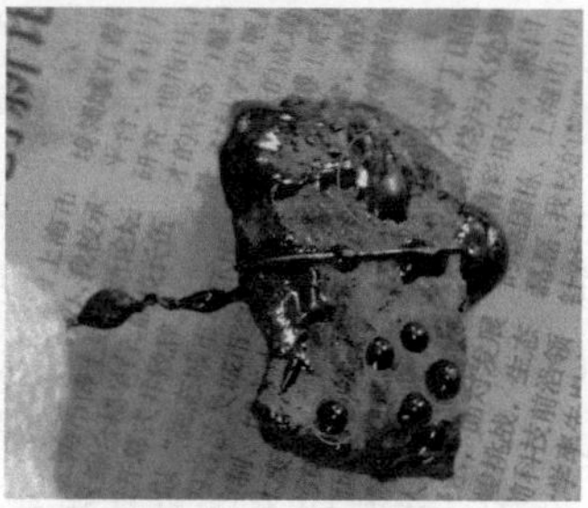

(a2) 试验后

(a) 1号试件(石灰石+ESSO 70#沥青)

(b1) 试验前

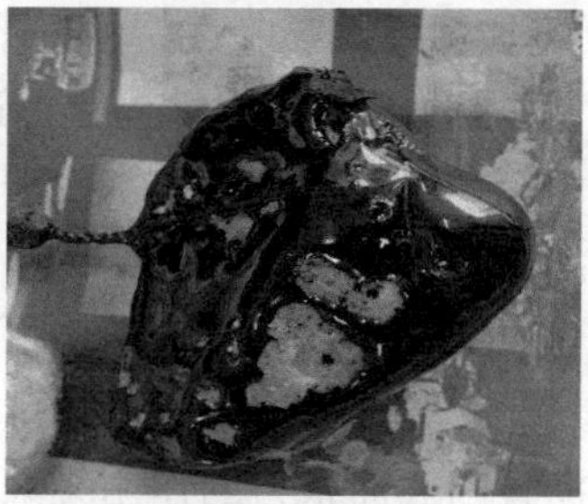

(b2) 试验后

(b) 2号试件(石灰石+ESSO 70#沥青)

(c1) 试验前

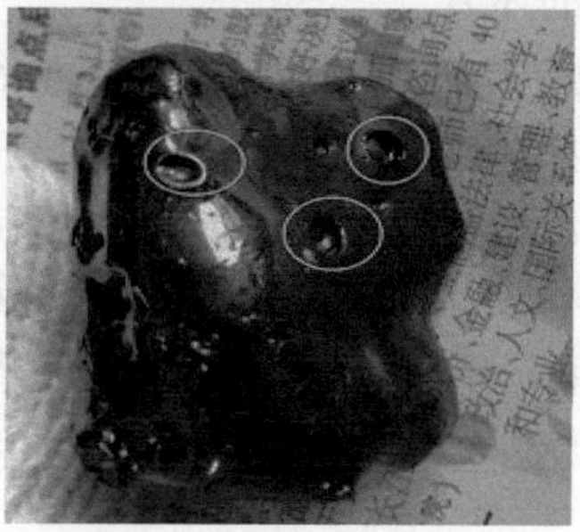

(c2) 试验后

(c) 3号试件(石灰石+塔河基质沥青)

(d1) 试验前　　(d2) 试验后

(d) 4号试件(石灰石+塔河基质沥青)

图 3.2　超声波水浸法试验前后对比照片

为了验证该试验结果的准确性，又对这两种沥青进行了水煮法试验，结果表明，塔河基质沥青与 ESSO 70#沥青的黏附性等级均可达到 5 级，用水煮法无法辨别两种沥青的黏附性好坏。随后，又对这两种沥青进行了条件更为苛刻的水浸试验(90℃，3d)，塔河基质沥青的黏附性等级为 3 级，而 ESSO 70#沥青的黏附性等级为 1 级。通过定性对比不同基质沥青在超声波水浸法试验后的照片，可以得出如下结论。

(1)塔河基质沥青的黏附性明显好于 ESSO 70#沥青，按照水煮法的 5 等级评价标准，塔河基质沥青的黏附性等级可达到 5 级，而 ESSO 70#沥青的黏附性等级仅为 1 级。该结果与条件苛刻的水浸法结果近似，可见超声波水浸法确实能够区分出这两种沥青的好坏。

(2)从 ESSO 70#沥青的两个试件可以看出，沥青膜在集料表面发生了明显的位移与剥落，此时集料表面上的沥青主要是向那些与沥青黏附性较强的点运动，在这些点上沥青因表面张力的作用凝聚成小球。这表明超声波的存在极大地加速了沥青膜的剥落与位移，虽然温度仅为 60℃，但超声波为沥青的剥落与位移创造了更为严酷的环境。

(3)塔河基质沥青的两个试件表面都存在些许环形坑洞，这些坑洞的形成是超声波气穴现象造成的沥青与集料结合处的真空气泡破裂所致，这进一步验证了利用超声波对沥青黏附性评价的原理的正确性。

(4)超声波水浸法能够较好地评价水煮法所不能评价的两种沥青的黏附性水平，而且试验条件明确、易控，不像水煮法中人们对于“微沸”的试验条件上存在不同理解，从而造成主观差异，因此将超声波水浸法代替水煮法具有一定的可行性。

3.2　试验方法与计划

试验按照试件形态分为超声波水浸法、超声波水浸法马歇尔法两种。

选用正交设计法对超声波水浸法试验方案进行设计。

(1)三因子：沥青种类 A(4 水平：①金陵，②ESSO 70#，③塔河，④双龙)；集料类型 B(2 水平：①石灰岩，②玄武岩)；老化情况 C(2 水平：①老化，②未老化)。

(2)进行等重复试验，同一水平下进行 3 次重复试验。

(3)表头设计时预留空白列，考虑到沥青种类与集料类型 A×B 以及沥青种类与老化情况 A×C 可能存在交互作用，故设交互作用检测列，具体方案见表 3.1。

表 3.1　$L_{16}(4\times2^{12})$的正交设计表

试验号	A	B	A×B			C	A×C			B×C				y
	1 2 3	4	5	6	7	8	9	10	11	12	13	14	15	
1	1	1	1	1	1	1	1	1	1	1	1	1	1	
2	1	1	1	1	1	2	2	2	2	2	2	2	2	
3	1	2	2	2	2	1	1	1	1	2	2	2	2	
4	1	2	2	2	2	2	2	2	2	1	1	1	1	
5	2	1	1	2	2	1	1	2	2	1	1	2	2	
6	2	1	1	2	2	2	2	1	1	2	2	1	1	
7	2	2	2	1	1	1	1	2	2	2	2	1	1	
8	2	2	2	1	1	2	2	1	1	1	1	2	2	
9	3	1	2	1	2	1	2	1	2	1	2	1	2	
10	3	1	2	1	2	2	1	2	1	2	1	2	1	
11	3	2	1	2	1	1	2	1	2	2	1	2	1	
12	3	2	1	2	1	2	1	2	1	1	2	1	2	
13	4	1	2	2	1	1	2	2	1	1	2	2	1	
14	4	1	2	2	1	2	1	1	2	2	1	1	2	
15	4	2	1	1	2	1	2	2	1	2	1	1	2	
16	4	2	1	1	2	2	1	1	2	1	2	2	1	
T_1														
T_2														
T_3														
T_4														
S														

为了便于直接从试验号看出各因子具体的水平组合，将各试验号对应的水平组合列于表 3.2。

表 3.2　试验号对应的水平组合

试验号	沥青	集料	老化
1	金陵	石灰岩	是
2	金陵	石灰岩	否

续表

试验号	沥青	集料	老化
3	金陵	玄武岩	是
4	金陵	玄武岩	否
5	ESSO 70#	石灰岩	是
6	ESSO 70#	石灰岩	否
7	ESSO 70#	玄武岩	是
8	ESSO 70#	玄武岩	否
9	塔河	石灰岩	是
10	塔河	石灰岩	否
11	塔河	玄武岩	是
12	塔河	玄武岩	否
13	双龙	石灰岩	是
14	双龙	石灰岩	否
15	双龙	玄武岩	是
16	双龙	玄武岩	否

3.3　相关分析概念阐述

1. 线性相关系数

线性相关又称简单相关，用来度量具有线性关系的两个变量之间相关关系的密切程度及其相关方法，适用于双变量正态分布资料。线性相关系数又称简单相关系数、Pearson(皮尔逊)相关系数或相关系数，有时也称积差相关系数。

常以符号ρ表示总体相关系数，r 表示样本相关系数。总体相关系数的定义公式为

$$\rho_{XY}=\mathrm{Corr}(X,Y)=\frac{\mathrm{Cov}(X,Y)}{\sqrt{\mathrm{Var}(X)}\sqrt{\mathrm{Var}(Y)}} \tag{3.1}$$

式中，Cov(X,Y)为随机变量 X、Y 的协方差；Var(X)和 Var(Y)分别代表 X 和 Y 的方差。

总体相关系数是反映两变量之间线性相关程度的一种特征值，表现为一个常数。

样本相关系数的定义公式为

$$r_{XY}=\frac{\sigma_{XY}}{\sqrt{\sigma_{XX}}\sqrt{\sigma_{YY}}}=\frac{\sum_{i=1}^{n}(X_i-\bar{X})(Y_i-\bar{Y})}{\sqrt{\sum_{i=1}^{n}(X_i-\bar{X})^2}\sqrt{\sum_{i=1}^{n}(Y_i-\bar{Y})^2}} \tag{3.2}$$

样本相关系数是根据样本观测值计算的，抽取的样本不同，其具体的数值也会有所差异。可以证明，样本相关系数是总体相关系数的一致估计。

2. 两变量相关分析

两变量相关分析(bivariate correlation analysis)用于进行两个或多个变量之间的参数与非参数相关分析，如果是对多个变量的分析，将给出它们之间两两相关分析的结果。

3. 偏相关分析

有时影响一个问题的因素有很多，研究者通常假设其中的某些因素不变，再去考虑其他因素对该问题的影响，从而达到简化分析的目的，偏相关分析就是源于这一思想的统计方法。

线性相关分析计算的是两个变量之间的相关系数，它分析两个变量之间线性相关的程度。但是在实际应用中，往往因为第 3 个变量的作用，相关系数不能真正反映两个指定变量间的线性相关程度。

在多变量的情况下，变量之间的相关系数是很复杂的，直接研究两个变量间的简单相关系数往往不能正确说明它们之间的真实关系，只有除去其他变量影响后再计算两个变量的相关系数，才能真正反映它们之间的相关关系；或者在其他变量固定不变的情况下，计算两个指定变量之间的相关系数。这样的相关分析就是偏相关分析，由此得出的相关系数称为偏相关系数。

4. 偏相关系数的计算

根据固定变量个数的多少，偏相关分析可分为零阶偏相关分析、一阶偏相关分析和 p–1 阶偏相关分析，其中零阶偏相关就是简单相关。

设随机变量 X、Y、Z 之间彼此存在相关关系，为了研究 X 和 Y 之间的关系，就必须在假定 Z 不变的条件下，计算 X 和 Y 的偏相关系数，记为 $r_{XY\cdot Z}$。由此可见，偏相关系数是由简单相关系数决定的，但是在计算偏相关系数时要考虑其他自变量对指定变量的影响，事实上就是把其他变量当成常数处理。

以下标 0 代表 X、下标 1 代表 Y、下标 2 代表 Z，则 X 与 Y 之间的一阶偏相关系数定义为

$$r_{01\cdot 2} = \frac{r_{01} - r_{02}r_{12}}{\sqrt{1-r_{02}^2}\sqrt{1-r_{12}^2}} \tag{3.3}$$

式中，$r_{01\cdot 2}$为剔除Z的影响之后X与Y的偏相关系数；r_{01}、r_{02}、r_{12}分别为X、Y、Z之间的两两简单相关系数。本次分析均采用一阶偏相关分析。

3.4　水煮法的直观分析

将水煮法的各次试验数据输入 Excel 中，参考《试验设计》一书中的相关公式，在Excel中利用公式编辑即得出 $L_{16}(4\times 2^{12})$ 的直观分析计算表，见表3.3。

表 3.3　水煮法 $L_{16}(4\times 2^{12})$ 的直观分析计算表

试验号	A	B	A×B			C	A×C			B×C				试验结果 y_{ij}			
	1 2 3	4	5 6 7			8	9 10 11			12	13	14	15				
1	1	1	1	1	1	1	1	1	1	1	1	1	1	4.3	4.4	4.5	13.2
2	1	1	1	1	1	2	2	2	2	2	2	2	2	4.1	4.7	4.7	13.5
3	1	2	2	2	2	1	1	1	1	2	2	2	2	4.4	4.6	4.2	13.2
4	1	2	2	2	2	2	2	2	2	1	1	1	1	4.7	3.9	4.2	12.8
5	2	1	1	2	2	1	1	2	2	1	1	2	2	4.6	4.7	4.6	13.9
6	2	1	1	2	2	2	2	1	1	2	2	1	1	4.6	4.6	4.6	13.8
7	2	2	2	1	1	1	1	2	2	2	2	1	1	4.5	4.6	4.6	13.7
8	2	2	2	1	1	2	2	1	1	1	1	2	2	4.0	4.2	4.1	12.3
9	3	1	2	1	2	1	2	1	2	1	2	1	2	4.6	4.4	4.5	13.5
10	3	1	2	1	2	2	1	2	1	2	1	2	1	4.7	4.4	4.5	13.6
11	3	2	1	2	1	1	2	1	2	2	1	2	1	4.2	4.3	4.3	12.8
12	3	2	1	2	1	2	1	2	1	1	2	1	2	4.6	4.4	4.7	13.7
13	4	1	2	2	1	1	2	2	1	1	2	2	1	2.4	4.1	2.8	9.3
14	4	1	2	2	1	2	1	1	2	2	1	1	2	4.2	4.2	4.4	12.8
15	4	2	1	1	2	1	2	2	1	2	1	1	2	4.1	4.2	4.2	12.5
16	4	2	1	1	2	2	1	1	2	1	2	2	1	4.0	4.1	3.9	12.0
T_1	52.7	103.6	105.4	104.3	101.3	102.1	106.1	103.6	101.6	100.7	103.9	106.0	101.2				
T_2	53.7	103.0	101.2	102.3	105.3	104.5	100.5	103.0	105.0	105.9	102.7	100.6	105.4				
T_3	53.6																
T_4	46.6																
$\overline{T}_1$	4.39	4.32	4.39	4.35	4.22	4.25	4.42	4.32	4.23	4.20	4.33	4.42	4.22				
$\overline{T}_2$	4.48	4.29	4.22	4.26	4.39	4.35	4.19	4.29	4.38	4.41	4.28	4.19	4.39				
$\overline{T}_3$	4.47																

续表

试验号	A	B	A×B			C	A×C			B×C				试验结果 y_{ij}
	1 2 3	4	5	6	7	8	9	10	11	12	13	14	15	
$\overline{T}_4$	3.88													
R	0.59	0.02	0.17	0.08	0.17	0.10	0.23	0.02	0.14	0.22	0.05	0.23	0.18	

各因子对指标影响程度大小的分析可以从各个因子的极差来看，这里一个因子的极差是指该因子各水平均值的最大值与最小值的差，若该值大，改变这一因子的水平会对指标造成较大的变化，则该因子对指标的影响大，反之影响就小。需要注意的是，在三种交互作用中，由于 A×B、A×C 各占了三列，每个都会有三个极差，在评价时取各自三列中极差的最大值，而非相加。

结合表 3.3，可得因子的极差排序为

$$R_A > R_{AC} > R_{BC} > R_{AB} > R_C > R_B$$

因此，沥青种类以及沥青种类与老化情况的交互作用具有显著效应，但是从表中数值可以看出，用水煮法评价沥青与集料的黏附性好坏区分度并不高，极差最大的 A 因子也只有 0.59，还未达到实际评价时以 1～5 的黏附等级评价的 5 个等级的间隔，可见水煮法评价存在区分度不高的缺点。

利用综合比较的方法将 A、B、C 三个因子在不同水平下的最大值作为最优选择。根据表 3.3 的结果，可以选出 $A_3B_1C_2$ 的最优水平组合，即用直观分析可以得出水煮法中，未老化的塔河沥青与石灰岩具有最好的黏附性。

3.5　水煮法的方差分析

$L_{16}(4\times2^{12})$ 是一张完全的混合水平正交表，将水煮法的各次试验数据输入 Excel 中，参考《试验设计》一书中的相关公式，在 Excel 中利用公式编辑即得出 $L_{16}(4\times2^{12})$ 的计算表，见表 3.4。

表 3.4　水煮法 $L_{16}(4\times2^{12})$ 的计算表

试验号	A	B	A×B			C	A×C			B×C				试验结果 y_{ij}				
	1 2 3	4	5	6	7	8	9	10	11	12	13	14	15					
1	1	1	1	1	1	1	1	1	1	1	1	1	1	4.3	4.4	4.5	13.2	0.02
2	1	1	1	1	1	2	2	2	2	2	2	2	2	4.1	4.7	4.7	13.5	0.24
3	1	2	2	2	2	1	1	1	1	2	2	2	2	4.4	4.6	4.2	13.2	0.08
4	1	2	2	2	2	2	2	2	2	1	1	1	1	4.7	3.9	4.2	12.8	0.33
5	2	1	1	2	2	1	1	2	2	1	1	2	2	4.6	4.7	4.6	13.9	0.01
6	2	1	1	2	2	2	2	1	1	2	2	1	1	4.6	4.6	4.6	13.8	0.00

续表

试验号	A	B	A×B			C	A×C			B×C				试验结果 y_{ij}				
	1 2 3	4	5	6	7	8	9	10	11	12	13	14	15					
7	2	2	2	1	1	1	1	2	2	2	2	1	1	4.5	4.6	4.6	13.7	0.01
8	2	2	2	1	1	2	2	1	1	1	1	2	2	4.0	4.2	4.1	12.3	0.02
9	3	1	2	1	2	1	2	1	2	1	2	1	2	4.6	4.4	4.5	13.5	0.02
10	3	1	2	1	2	2	1	2	1	2	1	2	1	4.7	4.4	4.5	13.6	0.05
11	3	2	1	2	1	1	2	1	2	2	1	2	1	4.2	4.3	4.3	12.8	0.01
12	3	2	1	2	1	2	1	2	1	1	2	1	2	4.6	4.4	4.7	13.7	0.05
13	4	1	2	2	1	1	2	2	1	1	2	2	1	2.4	4.1	2.8	9.3	1.58
14	4	1	2	2	1	2	1	1	2	2	1	1	2	4.2	4.2	4.4	12.8	0.03
15	4	2	1	1	2	1	2	2	1	2	1	1	2	4.1	4.2	4.2	12.5	0.01
16	4	2	1	1	2	2	1	1	2	1	2	2	1	4.0	4.1	3.9	12.0	0.02
T_1	52.7	103.6	105.4	104.3	101.3	102.1	106.1	103.6	101.6	100.7	103.9	106.0	101.2					
T_2	53.7	103.0	101.2	102.3	105.3	104.5	100.5	103.0	105.0	105.9	102.7	100.6	105.4	T=206.6 S_T=8.72				
T_3	53.6													$S_间$=6.27 $S_内$=2.45				
T_4	46.6																	
S	2.88	0.01	0.37	0.08	0.33	0.12	0.65	0.01	0.24	0.56	0.03	0.61	0.37					

3.5.1 显著性水平 0.05 下的水煮法方差分析

显著性水平 0.05 下的水煮法方差分析表见表 3.5。可以看出，在显著性水平 0.05 下，因子 A、C 与交互作用 A×B、A×C、B×C 都是显著的，即沥青种类、老化情况、沥青种类与集料类型的组合、沥青种类与老化情况的组合、集料类型与老化情况的组合都具有显著作用，而这其中沥青种类以及集料类型与老化情况的交互起到更为明显的作用。沥青种类不同，其针入度、软化点、黏度等性质都有所不同，自然起到主导作用，而集料类型与老化情况的交互作用可能是由于老化后的沥青黏度增大，针入度降低，从而与集料表现出不同的组合特性。

表 3.5　水煮法方差分析表(a=0.05)

来源	平方和	自由度	均方和	F
A	2.88	3	0.96	12.78
B	0.01	1	0.01	0.10
C	0.12	1	0.12	1.59
A×B	0.78	3	0.26	3.47
A×C	0.90	3	0.30	3.99
B×C	0.56	1	0.56	7.49
e_1	1.57	4	0.39	5.21
$e_2(S_{13})$	0.03	1	0.03	0.40

续表

来源	平方和	自由度	均方和	F
组内	2.45	32	0.08	
e(组内+e_2)	2.48	33	0.08	
T	8.72	47		

由于三个因子的交互作用显著，为了选择最佳水平组合并使锥度最小，只要选出三者交互水平搭配中最大值就可以了，从表 3.5 计算得到如表 3.6～表 3.8 所示的搭配表。

表 3.6　水煮法 A×B 的搭配表

因子	A_1	A_2	A_3	A_4
B_1	4.45	4.62	4.52	3.68
B_2	4.33	4.33	4.42	4.08

表 3.7　水煮法 A×C 的搭配表

因子	A_1	A_2	A_3	A_4
C_1	4.40	4.60	4.38	3.63
C_2	4.38	4.35	4.55	4.13

表 3.8　水煮法 B×C 的搭配表

因子	B_1	B_2
C_1	4.16	4.35
C_2	4.48	4.23

根据各搭配表，为了选出最佳水平组合，应选择 A_2B_1、A_2C_1、B_1C_2，可以看出这其中有所冲突。由于在这三个交互作用中，B×C 较为明显，而以它作为基础选择最佳水平，即在 B_1C_2 的基础上选择 A，可得最佳水平组合为 $A_2B_1C_2$，即用水煮法来评价未老化的 ESSO 70#沥青与石灰岩的黏附等级最高。

3.5.2　显著性水平 0.01 下的水煮法方差分析

显著性水平 0.01 下的水煮法方差分析表见表 3.9。可以看出，在显著性水平 0.01 下，因子 A、C 与交互作用 A×B、A×C、B×C 是显著的，即沥青种类、老化情况、沥青种类与集料类型的组合、沥青种类与老化情况的组合、集料类型与老化情况的组合具有显著作用，其中沥青种类以及集料类型与老化情况的交互起到更为明显的作用。该结果与 0.05 显著性水平相比，条件更为严苛，从而体现出沥青种类以及集料类型与老化情况的组合作用确实显著影响了水煮法评价沥青黏附性好坏的结果。

表 3.9 水煮法方差分析表(a=0.01)

来源	平方和	自由度	均方和	F
A	2.88	3	0.96	9.86
B	0.01	1	0.01	0.08
C	0.12	1	0.12	1.23
A×B	0.78	3	0.26	2.68
A×C	0.90	3	0.30	3.08
B×C	0.56	1	0.56	5.77
e_1	1.57	4	0.39	4.02
$e_2(S_{12}+S_{13}+S_{15})$	0.96	3	0.32	3.28
组内	2.45	32	0.08	
e(组内+e_2)	3.41	35	0.10	
T	8.72	47		

为了选择最佳水平组合并使锥度最小，只要选出 A 因子、B×C 水平搭配中最大值就可以了，B×C 搭配表见表 3.8。

结合表 3.4 与表 3.9 可以看出，为了使黏附等级最大，应选择 $A_3B_1C_2$，即采用水煮法来评价未老化的塔河沥青与石灰岩的黏附等级最高。该结果与 0.05 显著性水平下的最佳水平组合有所不同，但是考虑到 0.01 的显著性水平更为可信，因此在水煮法的方差分析中，未老化的塔河沥青与石灰岩的黏附等级最高。

3.6 水煮法的贡献率分析

当试验指标不服从正态分布时，进行方差分析的依据就不充足，此时可以通过比较各因子的贡献率来衡量因子作用的大小。

由于 $S_{因}$中除因子的效应外，还包含误差，从而称 $S_{因}-f_{因}\cdot MS_e$ 为因子的纯平方和，将因子的纯平方和与 S_T 的比值称为因子的贡献率。例如，对因子 A 来讲，记其贡献率为 ρ_A，那么

$$\rho_A = \frac{S_A - f_A \cdot MS_e}{S_T} = \frac{2.88 - 3\times 0.08}{8.72} \times 100\% = 30.28\%$$

而纯误差的贡献率为

$$\rho_e = \frac{f_T \cdot MS_e}{S_T} = \frac{47 \times 0.08}{8.72} \times 100\% = 43.12\%$$

显著性水平 0.05 和 0.01 下的水煮法贡献率分析见表 3.10 和表 3.11。

表 3.10　显著性水平 0.05 下的水煮法贡献率分析

来源	平方和	自由度	纯平方和	贡献率/%
A	2.88	3	2.64	30.28
B	0.01	1	–0.07	–0.80
C	0.12	1	0.04	0.46
A×B	0.78	3	0.54	6.19
A×C	0.90	3	0.66	7.57
B×C	0.56	1	0.48	5.50
e(组内+e_2)	2.48	33	3.76	43.12
T	8.72	47		

表 3.11　显著性水平 0.01 下的水煮法贡献率分析

来源	平方和	自由度	纯平方和	贡献率/%
A	2.88	3	2.58	29.59
B	0.01	1	–0.09	–1.03
C	0.12	1	0.02	0.23
A×B	0.78	3	0.48	5.50
A×C	0.90	3	0.60	6.88
B×C	0.56	1	0.46	5.28
e(组内+e_2)	3.41	35	4.70	53.89
T	8.72	47		

由表 3.10 和表 3.11 可知，因子 A 相对其他因子以及因子间的交互作用更为重要，它的水平变化引起的数据波动在总的平方和中占了约 30%，即沥青种类是影响水煮法评价沥青黏附性好坏的重要因素，而集料类型或者老化情况对于数据波动的贡献率较小，接近于 0，所以因子 B、C 可认为不重要而将其合并到误差中。

从表 3.10 和表 3.11 中还可以看出，0.05 显著性水平下，纯误差引起的数据波动的贡献率为 43.12%，而在 0.01 显著性水平下纯误差引起的数据波动的贡献率高达 53.89%，甚至高于因子 A 的贡献率，可见用水煮法来评价沥青黏附性好坏的客观因素也就是噪声因子的影响还高于可控因子的影响，故这种方法存在误差较大的缺点。

3.7　超声波水浸法的直观分析

将超声波水浸法的各次试验数据输入 Excel 中，参考《试验设计》一书中的相关公式,在Excel中利用公式编辑即得出 $L_{16}(4\times2^{12})$ 的直观分析计算表,见表3.12。

表 3.12　超声波水浸法 $L_{16}(4\times2^{12})$ 的直观分析计算表

试验号	A	B	A×B			C	A×C			B×C				试验结果 y_{ij}			
	1 2 3	4	5	6	7	8	9	10	11	12	13	14	15				
1	1	1	1	1	1	1	1	1	1	1	1	1	1	3.8	1.0	3.0	7.8
2	1	1	1	1	1	2	2	2	2	2	2	2	2	2.7	3.9	4.1	10.7
3	1	2	2	2	2	1	1	1	1	2	2	2	2	4.0	4.0	3.9	11.9
4	1	2	2	2	2	2	2	2	2	1	1	1	1	2.8	3.3	3.4	9.5
5	2	1	1	2	2	1	1	2	2	1	1	2	2	2.8	4.0	4.0	10.8
6	2	1	1	2	2	2	2	1	1	2	2	1	1	4.4	4.0	3.2	11.6
7	2	2	2	1	1	1	1	2	2	2	2	1	1	2.5	3.0	2.8	8.3
8	2	2	2	1	1	2	2	1	1	1	1	2	2	3.6	3.7	3.9	11.2
9	3	1	2	1	2	1	2	1	2	1	2	1	2	4.0	4.2	4.4	12.6
10	3	1	2	1	2	2	1	2	1	2	1	2	1	4.5	4.1	2.6	11.2
11	3	2	1	2	1	1	2	1	2	2	1	2	1	4.2	4.6	4.7	13.5
12	3	2	1	2	1	2	1	2	1	1	2	1	2	4.0	4.3	3.5	11.8
13	4	1	2	2	1	1	2	2	1	1	2	2	1	0.4	0.6	0.3	1.3
14	4	1	2	2	1	2	1	1	2	2	1	1	2	3.1	2.6	3.5	9.2
15	4	2	1	1	2	1	2	2	1	2	1	1	2	2.9	2.8	3.8	9.5
16	4	2	1	1	2	2	1	1	2	1	2	2	1	2.4	2.5	2.5	7.4
T_1	39.9	75.2	83.1	78.7	73.8	75.7	78.4	85.2	76.3	72.4	82.7	80.3	70.6				
T_2	41.9	83.1	75.2	79.6	84.5	82.6	79.9	73.1	82.0	86.0	75.6	78.0	87.7				
T_3	49.1																
T_4	27.4																
$\overline{T}_1$	3.33	3.13	3.46	3.28	3.08	3.15	3.27	3.55	3.18	3.02	3.45	3.35	2.94				
$\overline{T}_2$	3.49	3.46	3.13	3.32	3.52	3.44	3.33	3.05	3.42	3.58	3.15	3.25	3.65				
$\overline{T}_3$	4.09																
$\overline{T}_4$	2.28																
R	1.81	0.33	0.33	0.04	0.45	0.29	0.06	0.50	0.24	0.56	0.30	0.10	0.71				

结合表 3.12，可得因子的极差排序为

$$R_A>R_{BC}>R_{AC}>R_{AB}>R_B>R_C$$

因此，沥青种类和集料类型与老化情况的交互作用具有显著效应。此外，比较水煮法的直观分析表可以看出，用超声波水浸法来评价沥青与集料的黏附性具有更大的区分度，尤其是对于沥青种类，其极差为 1.81，而水煮法中沥青种类的极差仅为 0.59，区分度提高了两倍之多，更适用于 1～5 的黏附等级评价体系，从而更能评价出沥青与集料的黏附性好坏，这与超声波加速了沥青从集料表面的剥落作用密不可分。

利用综合比较的方法将 A、B、C 三个因子在不同水平下的最大值作为最优选择。根据表 3.12 的结果，可以选出 $A_3B_2C_2$ 的最优水平组合，即用直观分析可以得出超声波水浸法中，未老化的塔河沥青与玄武岩具有最好的黏附性。同时，对比水煮法的直观分析表，可以明显看出，超声波水浸法中各个因子在不同水平下的均值低了 1～2 个等级，这也验证了超声波水浸法对于评价沥青与集料的黏附性具有更好的区分度。

3.8　超声波水浸法的方差分析

$L_{16}(4\times2^{12})$ 是一张完全的混合水平正交表，将超声波水浸法的各次试验数据输入 Excel 中，参考《试验设计》一书中的相关公式，在 Excel 中利用公式编辑即得出 $L_{16}(4\times2^{12})$ 的计算表，见表 3.13。

表 3.13　超声波水浸法 $L_{16}(4\times2^{12})$ 的计算表

试验号	A	B	A×B			C	A×C			B×C				试验结果 y_{ij}				
	1 2 3	4	5	6	7	8	9	10	11	12	13	14	15					
1	1	1	1	1	1	1	1	1	1	1	1	1	1	3.8	1.0	3.0	7.8	4.16
2	1	1	1	1	1	2	2	2	2	2	2	2	2	2.7	3.9	4.1	10.7	1.15
3	1	2	2	2	2	1	1	1	1	2	2	2	2	4.0	4.0	3.9	11.9	0.01
4	1	2	2	2	2	2	2	2	2	1	1	1	1	2.8	3.3	3.4	9.5	0.21
5	2	1	1	2	2	1	1	2	2	1	1	2	2	2.8	4.0	4.0	10.8	0.96
6	2	1	1	2	2	2	2	1	1	2	2	1	1	4.4	4.0	3.2	11.6	0.75
7	2	2	2	1	1	1	1	2	2	2	2	1	1	2.5	3.0	2.8	8.3	0.13
8	2	2	2	1	1	2	2	1	1	1	1	2	2	3.6	3.7	3.9	11.2	0.05
9	3	1	2	1	2	1	2	1	2	1	2	1	2	4.0	4.2	4.4	12.6	0.08
10	3	1	2	1	2	2	1	2	1	2	1	2	1	4.5	4.1	2.6	11.2	2.01
11	3	2	1	2	1	1	2	1	2	2	1	2	1	4.2	4.6	4.7	13.5	0.14
12	3	2	1	2	1	2	1	2	1	1	2	1	2	4.0	4.3	3.5	11.8	0.33
13	4	1	2	2	1	1	2	2	1	1	2	2	1	0.4	0.6	0.3	1.3	0.05
14	4	1	2	2	1	2	1	1	2	2	1	1	2	3.1	2.6	3.5	9.2	0.41

续表

试验号	A	B	A×B			C	A×C				B×C			试验结果 y_{ij}				
	1 2 3	4	5	6	7	8	9	10	11	12	13	14	15					
15	4	2	1	1	2	1	2	2	1	2	1	1	2	2.9	2.8	3.8	9.5	0.61
16	4	2	1	1	2	2	1	1	2	1	2	2	1	2.4	2.5	2.5	7.4	0.01
T_1	39.9	75.2	83.1	78.7	73.8	75.7	78.4	85.2	76.3	72.4	82.7	80.3	70.6					
T_2	41.9	83.1	75.2	79.6	84.5	82.6	79.9	73.1	82.0	86.0	75.6	78.0		T=158.3 S_{T}=52.21				
T_3	49.1													$S_{\text{间}}$=41.19 $S_{\text{内}}$=11.02				
T_4	27.4																	
S	20.37	1.30	1.30	0.02	2.39	0.99	0.05	3.05	0.68	3.80	1.05	0.11	6.09					

显著性水平 0.05 和 0.01 下的超声波水浸法方差分析表见表 3.14。可以看出，在显著性水平 0.05 和 0.01 下，因子 A、B、C 与交互作用 A×B、A×C、B×C 都是显著的，即沥青种类、集料类型、老化情况、沥青种类与集料类型的组合、沥青种类与老化情况的组合、集料类型与老化情况的组合都具有显著作用，其中沥青种类以及集料类型与老化情况的交互起到更为明显的作用。该结果与水煮法的方差分析结果一致。

表 3.14　超声波水浸法方差分析表(a=0.05 和 0.01)

来源	平方和	自由度	均方和	F
A	20.37	3	6.79	18.96
B	1.30	1	1.30	3.63
C	0.99	1	0.99	2.77
A×B	3.70	3	1.23	3.44
A×C	3.77	3	1.26	3.51
B×C	3.80	1	3.80	10.60
e_1	11.05	4	2.76	7.71
$e_2\,(S_{13}+S_{14})$	1.16	2	0.58	1.62
组内	11.02	32	0.34	
e(组内+e_2)	12.18	34	0.36	
T	52.21	47		

由于三个因子的交互作用显著，为了选择最佳水平组合并使锥度最小，只要选出三者交互水平搭配中最大值就可以了，从表 3.14 计算得到如表 3.15～表 3.17 所示的搭配表。

表 3.15　超声波水浸法 A×B 的搭配表

因子	A_1	A_2	A_3	A_4
B_1	3.08	3.73	3.97	1.75
B_2	3.57	3.25	4.22	2.82

表 3.16　超声波水浸法 A×C 的搭配表

因子	A_1	A_2	A_3	A_4
C_1	3.28	3.18	4.35	1.80
C_2	3.37	3.80	3.83	2.77

表 3.17　超声波水浸法 B×C 的搭配表

因子	B_1	B_2
C_1	2.71	3.60
C_2	3.56	3.33

根据各搭配表，为了选出最佳水平组合，应选择 A_3B_2、A_3C_1、B_2C_1，可以看出各交互作用所定出的水平组合并无冲突，综合起来可得最佳水平组合为 $A_3B_2C_1$，即用超声波水浸法来评价老化的塔河沥青与玄武岩的黏附等级最高。

3.9　超声波水浸法的贡献率分析

计算各因子与交互作用的纯平方和与贡献率，由于显著性水平 0.05 和 0.01 下的方差分析表相同，两水平下的贡献率分析表也相同，将结果列在表 3.18 中。

表 3.18　超声波水浸法贡献率分析（a=0.05 和 0.01）

来源	平方和 S	自由度 f	纯平方和	贡献率/%
A	20.37	3	19.29	36.95
B	1.30	1	0.94	1.80
C	0.99	1	0.63	1.21
A×B	3.70	3	2.62	5.02
A×C	3.77	3	2.69	5.15
B×C	3.80	1	3.44	6.59
e（组内+e_2）	12.18	35	16.92	32.41
T	52.21	47		

由表 3.18 可知，因子 A 相对其他因子以及因子间的交互作用更为重要，它的水平变化引起的数据波动在总的平方和中占了 36.95%，即沥青种类是影响超声波

水浸法评价沥青黏附性好坏的重要因素，而集料类型或者老化情况对于数据波动的贡献率较小，所以因子 B、C 可认为不重要而将其合并到误差中。

从表 3.18 还可以看出，纯误差引起的数据波动的贡献率为 32.41%，可见用超声波水浸法来评价沥青的黏附性好坏仍然存在一定误差。但是对比水煮法的贡献率分析，可以看出用超声波水浸法来评价沥青的黏附性较好地降低了噪声因子的影响，减少了误差的产生，纯误差的贡献率从 53.89%降低到 32.41%，而沥青种类的贡献率从约 30%提高到 36.95%，使得可控因子的贡献率高于噪声因子，这对于准确评价沥青与集料的黏附性具有重要意义。

3.10 超声波水浸法与水煮法的对比分析

超声波水浸法与水煮法的对比分析见表 3.19。

表 3.19 超声波水浸法与水煮法的对比分析

分析类别	试验方法	最优组合	具体水平组合
直观分析	水煮法	$A_3B_1C_2$	未老化的塔河沥青与石灰岩
	超声波水浸法	$A_3B_2C_2$	未老化的塔河沥青与玄武岩
a=0.05 下的方差分析	水煮法	$A_2B_1C_2$	未老化的 ESSO 70#沥青与石灰岩
	超声波水浸法	$A_3B_2C_1$	老化的塔河沥青与玄武岩
a=0.01 下的方差分析	水煮法	$A_3B_1C_2$	未老化的塔河沥青与石灰岩
	超声波水浸法	$A_3B_2C_1$	老化的塔河沥青与玄武岩

由表 3.19 可见，塔河沥青是 4 种沥青中黏附性最为出色的；在方差分析中，超声波水浸法评价沥青黏附性的最优组合与水煮法有所不同，可见用超声波加速沥青从集料表面剥落的机理与常规水煮法有所不同。

无论是水煮法还是超声波水浸法，在两种显著性水平下，沥青种类以及集料类型与老化情况的组合作用是影响沥青与集料黏附性好坏的关键因素，这可能是因为老化后的沥青黏度增大，针入度降低，试件的沥青裹覆率增加，从而与集料表现出不同的组合特性。

3.11 本 章 小 结

本章采用统计学手段对现行规范中的水煮法评价沥青与集料黏附性的准确性与有效性进行了分析。结果表明，水煮法的区分度存在不足，不同沥青的评级结果基本在一个等级。此外，贡献率分析表明，试验本身的误差会掩盖自变量对试验结果的真实影响，因此其准确性也存在问题。在此基础上，本书提出了超声波水浸法用于评价沥青与集料的黏附性，该方法能够将超声波的能量释放到沥青与集料的交界面，促使沥青从集料表面剥落，从而模拟实际动水压力作用。

(1)用超声波水浸法来评价沥青与集料的黏附性比用水煮法来评价沥青与集料的黏附性具有更大的区分度，尤其是对于沥青种类，其极差为 1.81，而水煮法中沥青种类的极差仅为 0.59，区分度提高了两倍之多，更适用于 1～5 的黏附等级评价体系，从而更能评价出沥青与集料的黏附性好坏，这与超声波加速了沥青从集料表面的剥落作用密不可分。同时，对比水煮法的直观分析表，还可以明显看出超声波水浸法中各个因子在不同水平下的均值都低了 1～2 个等级，这也验证了超声波水浸法对于评价沥青与集料的黏附性具有更好的区分度。

(2)用超声波水浸法来评价沥青的黏附性，较好地降低了噪声因子的影响，减少了误差的产生，纯误差的贡献率从 53.89%降低到 32.41%，而沥青种类的贡献率从约 30%提高到 36.95%，使得可控因子的贡献率高于噪声因子，这对于准确评价沥青与集料的黏附性具有重要意义。

(3)分析表明，超声波水浸法相对于传统的水煮法具有更好的区分度与准确性，然而还是存在人为的主观因素，需要与其他定量评价方法配合起来进行沥青与集料黏附性的评价。

第4章　基于拉拔试验的沥青黏附性研究

从第 1 章的研究现状中可以看出，近年来拉拔试验在评价沥青与集料黏附性方面在国外被大量研究与推广，其具有设备便携性好、试件制备及试验流程简便、测试指标量化等优点。但是国内对于拉拔试验研究较少，如何利用国内现有的拉拔仪器去评价沥青黏附性值得深入研究。本章围绕拉拔试验，建立其评价沥青与集料黏附性的方法，随后探究包含水在内的诸多因素对沥青与集料黏结强度的影响规律，并基于拉拔试验对多种改性沥青的黏附性进行评价。

4.1　拉拔试验评价沥青与集料黏附性的方法确立

4.1.1　加载速率的确立

关于加载速率对拉拔试验中拉拔强度评价结果的影响，Miller[146]对美国常用的 PATTI 拉拔仪已有所研究，其结果如图 4.1 所示。

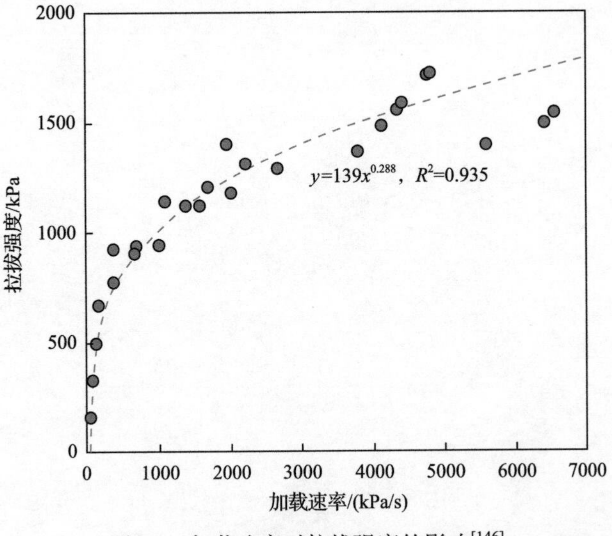

图 4.1　加载速率对拉拔强度的影响[146]

从图 4.1 中可见，随着加载速率的增加，沥青与集料之间的拉拔强度逐渐增大，且在加载速率为 690～1030kPa/s 时，加载速率与拉拔强度存在线性关系。因此，Miller 将 690～1030kPa/s 作为推荐值，并提出此范围外的加载速率都可能使得试验结果波动过大而影响试验准确性。由于本书采用的 DeFelsko PosiTest 拉拔仪与其研究的拉拔仪有所不同，同时为了验证 Miller 关于加载速率影响的结论，本书测量了 ESSO 基质沥青在不同加载速率下(0.2MPa/s、0.3MPa/s、0.7MPa/s、1.0MPa/s、1.2MPa/s)的拉拔强度，试验结果如图 4.2 所示。

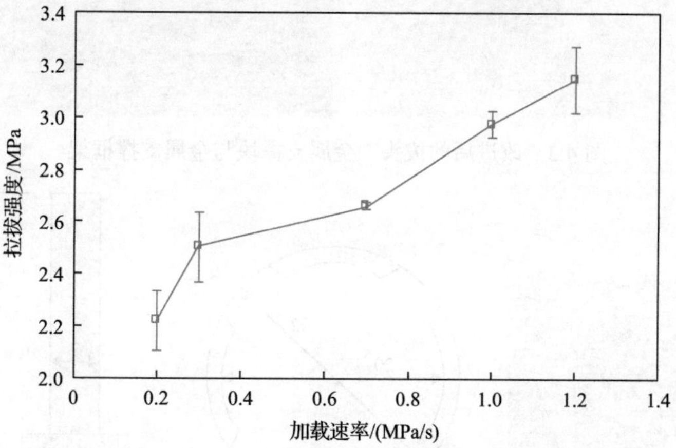

图 4.2　ESSO 基质沥青在不同加载速率下的拉拔强度

图 4.2 表明，在 DeFelsko PosiTest 拉拔仪的评价结果中，加载速率与拉拔强度确实存在一定的线性关系，且加载速率增加，其测得的拉拔强度也增加。从图中还可以看出，加载速率过低或者过高时都出现了数据波动增大(图 4.2 中误差棒长度增加)，这与 Miller[146]的研究结论一致。考虑到 AASHTO TP-91 规范中推荐 0.7MPa/s 作为加载速率[76]，并结合本书的试验结果，最终选取 0.7MPa/s 作为本书拉拔试验标准加载速率。

4.1.2　沥青膜厚的确立

根据美国威斯康星大学的早期研究，拉拔试验中的沥青膜厚度极大地影响了试验结果。Youtcheff 等[77]将 200μm 大小的玻璃珠按照 1%的掺量与热沥青进行混合然后成型，以此来控制沥青膜厚度。然而，该方法明显影响了沥青体系的均一性，与实际情况不符。因而 Kanitpong 与 Bahia[78]在 2003 年对控制沥青膜厚度的方法进行了改进，他们建议将铝制拔头放在两条有高度差的金属支撑块上来代替原来的玻璃珠法，并随后将金属支撑块改成金属支撑框架，如图 4.3 所示。

但是由于沥青在高温下具有自流平的特点，在没有侧限的情况下，这种方法仍然很难控制沥青膜厚度，为此 Santagata 等[147]将拔头加工成具有凹槽的形式，如图 4.4 所示。

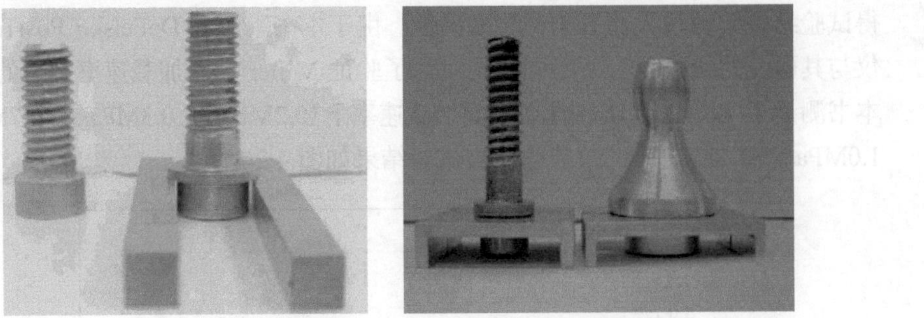

图 4.3　改进后的拔头、金属支撑块与金属支撑框架

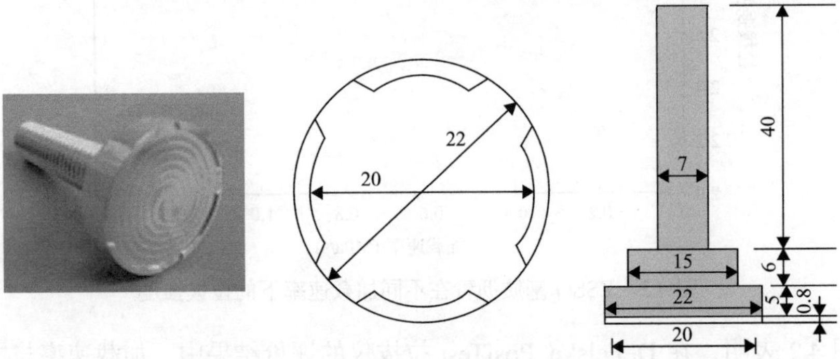

图 4.4　改进后的拉拔试验拔头(单位：mm)

他们通过将拔头表面雕刻出深度为 0.2mm 的环形凹槽，并预留四个溢流孔，将拔头用力压进提供侧限的硅胶模具中，使得多余的热沥青能从拔头边缘溢出，从而保证拔头下面的沥青膜厚度为 0.2mm，2010 年，Canestrari 等[82]进一步将拔头凹槽深度提高为 0.8mm。该方法能够较为精确地控制试验中沥青膜厚度，因而本书采用同样的处理办法对拔头进行加工。为了研究沥青膜采取何种厚度更为合适，本书加工了凹槽深度为 0.1mm、0.2mm、0.4mm 和 0.8mm 的拔头，如图 4.5 所示，图中最左边的拔头为仪器自带的光面拔头。不同沥青膜厚度下 ESSO 基质沥青拉拔强度试验结果如图 4.6 所示。

图 4.5　不同凹槽深度的拔头

从左至右深度依次为 0、0.1mm、0.2mm、0.4mm 和 0.8mm

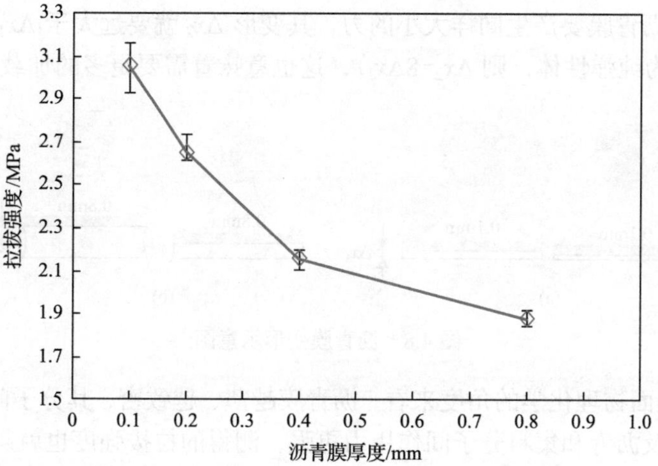

图 4.6　不同沥青膜厚度下 ESSO 基质沥青拉拔强度试验结果

图 4.6 表明，随着沥青膜厚度的增加，拉拔仪测出的同一组沥青与集料的拉拔强度下降。这个趋势与加载速率对拉拔强度的影响规律相反，即较高的加载速率与较薄的沥青膜厚度对拉拔试验结果的影响具有等效关系。图 4.7 给出了不同加载速率和沥青膜厚度下 ESSO 基质沥青拉拔强度试验结果。

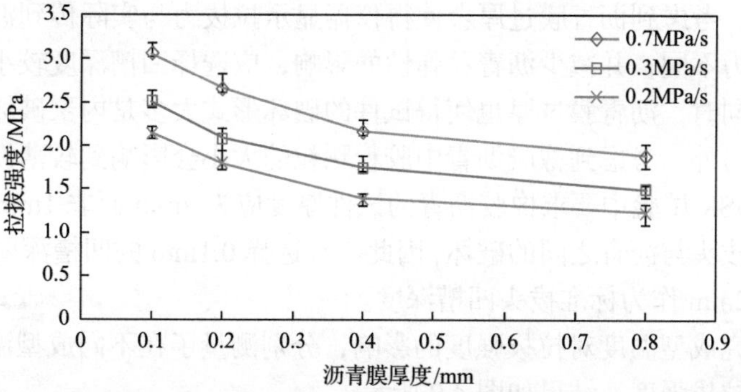

图 4.7　不同加载速率和沥青膜厚度下 ESSO 基质沥青拉拔强度试验结果

从图 4.7 中可以看出，0.1mm 膜厚 0.2MPa/s 加载速率、0.2mm 膜厚 0.3MPa/s 加载速率和 0.8mm 膜厚 0.7MPa/s 加载速率这三个组合测量出的拉拔强度差不多(接近于 2.1MPa)，这验证了加载速率与沥青膜厚度对拉拔试验评价结果的等效关系。出现该现象的原因如下：

(1) 从黏弹力学的角度来看，沥青在常温下是黏弹性体，尤其对于高黏改性沥青，其在受力状态下的延迟弹性变形更为明显，较厚的沥青膜就意味着延迟弹性变形的效果更显著，延长了加载力从仪器传到沥青内部的时间。

(2) 从弹性力学的角度来看，当 0.1mm 厚的沥青膜产生 Δx_1 的变形时，对于

0.8mm 厚的沥青膜要产生同样大小的力，其变形 Δx_2 就要远大于 Δx_1（如图 4.8 所示，若沥青为纯弹性体，则 $\Delta x_2=8\Delta x_1$），这也意味着需要更多的加载时间。

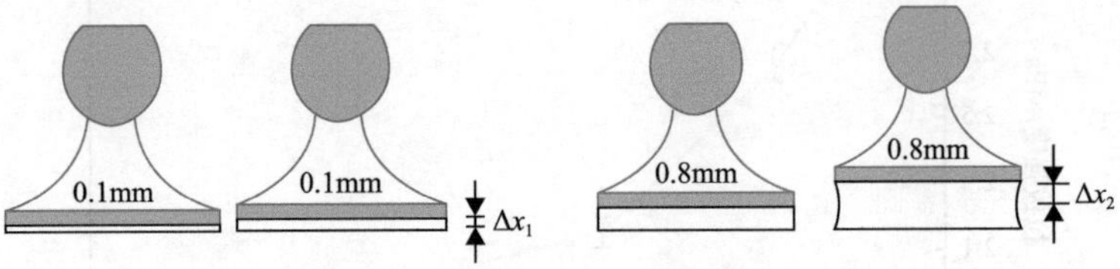

图 4.8　沥青膜变形示意图

(3) 从表面物理化学的角度来看，沥青膜越薄、越致密，其分子间隙越小，沥青分子间以及沥青和集料分子间作用力更强，测得的拉拔强度也就越大。

(4) 从破坏模式来看，对于较薄的沥青膜，破损是整体从沥青与集料界面发生黏附破坏，而对于较厚的沥青膜，由于其有较大的变形（图 4.8），破坏先从边缘产生，继而向界面内部发展，发生了黏附/内聚复合型破坏，因此沥青膜越薄，测得的力就越大。

其中前两个原因所导致的加载时间延长与加载速率变小效果一致，造成沥青膜厚度和加载速率对试验结果的影响规律相反，证明了加载速率与沥青膜厚度存在等效关系。考虑到沥青膜过厚会使得仪器显示拉拔力与实际传到沥青与集料界面上的拉拔力不同，并减少沥青黏弹性的影响，应选择凹槽深度较小的拔头作为标准拔头。同时，沥青膜过厚也使得试件的破坏形式大多是内聚破坏而非期望的黏附破坏。另外，考虑到橡胶沥青中胶粉颗粒的大小会影响到较薄沥青膜的试验结果（如同 DSR 试验中要求橡胶沥青的试件厚度应为 2mm 而非 1mm），且沥青膜过薄会发生拔头与沥青之间的破坏，因此不宜选择 0.1mm 的凹槽深度。综上所述，本书采用 0.2mm 作为标准拔头凹槽深度。

为了探究成型温度对拉拔强度的影响，分别测量了在不同成型温度下 ESSO 基质沥青的拉拔强度，结果如图 4.9 所示。

从图 4.9 可以看出，试件成型温度与拉拔试验评价的拉拔强度之间具有很强的线性关系，可见成型温度也是影响沥青与集料拉拔强度的主要因素。在较高温度下，沥青的黏度低且流动性更好，能够更为充分地与集料表面的构造纹理相接触，有利于沥青稳固地吸附于集料表面，因而测得的拉拔强度也较大。考虑到工程实际情况，本书中基质沥青的成型温度选为 150℃，改性沥青的成型温度选为 170℃。

4.1.3　水浴时间的确立

为了研究水浴时间对沥青与集料拉拔强度的影响，本书测量了 ESSO 基质沥青试件在 40℃水浴中分别浸水 2h、4h、8h、24h、48h 和 96h 后的拉拔强度，结果如图 4.10 所示。结果表明，在最初的 8h 中，沥青与集料之间的拉拔强度在水作用下急剧下降，8h 后下降的速度减缓，但降低的趋势依然不变，在 48h 后趋于稳定。为了促使拉拔试件发生黏附破坏，应选择尽量长的水浴时间作为试验条件。但是考虑到试验时间有限，且浸水 48h 和 96h 后测得的拉拔强度变化不大，本书选取 48h 作为拉拔试验的标准水浴时间。

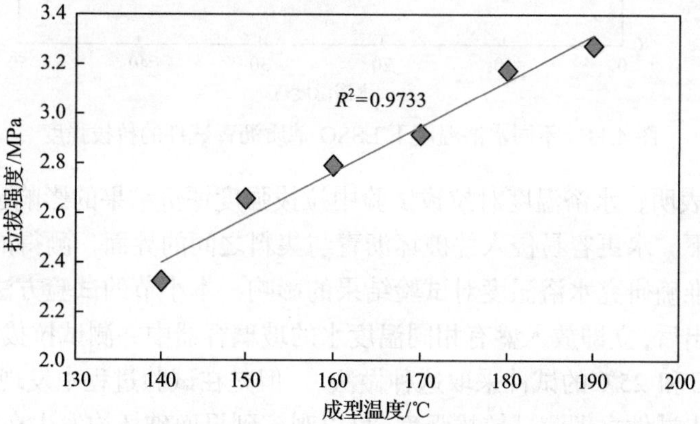

图 4.9　不同成型温度下 ESSO 基质沥青的拉拔强度

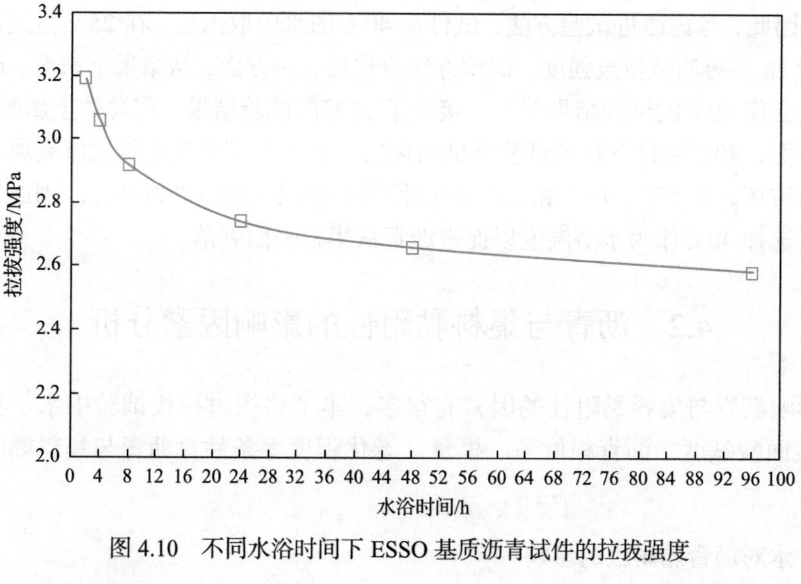

图 4.10　不同水浴时间下 ESSO 基质沥青试件的拉拔强度

为了研究拉拔试验中水浴温度对沥青与集料拉拔强度的影响，本书测量了 ESSO 基质沥青试件在 5℃、15℃、25℃、40℃水浴中浸水 48h 后的拉拔强度，结果如图 4.11 所示。

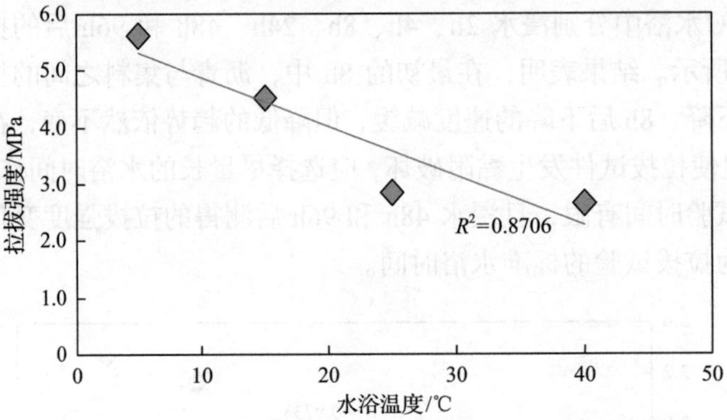

图 4.11　不同水浴温度下 ESSO 基质沥青试件的拉拔强度

图 4.11 表明，水浴温度对拉拔试验中拉拔强度评价结果的影响也是线性的。在较高温度下，水更容易侵入并破坏沥青与集料之间的界面，测得的拉拔强度也较低。为了准确研究水浴温度对试验结果的影响，本小节的试验方法为在试件从水浴箱中取出后，立即放入盛有相同温度水的玻璃容器中并测试拉拔强度(本试验中 5℃、15℃和 25℃的试件采取这种做法)。但是在试验过程中发现，若从 40℃水浴箱中取出试件立即测试拉拔强度，可以观察到界面破坏均发生在沥青膜内部，即完全内聚破坏，且测得的值普遍偏低。这是由于此时的沥青温度较高，内聚力太低。因此，考虑改进试验方法，试件从 40℃的水中取出后，在 25℃恒湿恒温箱中静置 1h 后再测试拉拔强度。试验方法改进后，一方面，从结果上来看，改进后的方法会使 40℃的试验结果偏大，接近于 25℃的试验结果，但总体上影响不大；另一方面，40℃条件下拉拔试验测试结束后，沥青大部分从集料底座剥离，即发生黏附破坏，而 5℃、15℃和 25℃的试件并不能保证发生黏附破坏。因此，权衡利弊后选择 40℃作为水浴温度以促进沥青从集料表面剥落。

4.2　沥青与集料黏附性的影响因素分析

影响沥青与集料黏附性的因素有很多，本节将探讨拉拔试验中水、集料类型与表面酸碱度、沥青相位角、模量、老化程度等条件对沥青与集料黏附性的影响。

4.2.1　水对沥青黏附性的影响

在沥青与集料界面行为中，水起到了至关重要的作用，干湿循环是沥青路面路用性能衰减的主要原因之一。为了研究水对拉拔试验中沥青与集料拉拔强度的影响，本书将 ESSO 基质沥青试件在如下四种条件下放置 2h、4h、8h、24h、48h

和 96h 后测量拉拔强度，结果如图 4.12 所示。

(1) 试件在 1h 干燥(25℃)+96h 水浴(40℃)+1h 干燥(25℃)条件下放置，为对照组。

(2) 试件在 24h 干燥(25℃)+96h 水浴(40℃)+1h 干燥(25℃)条件下放置。

(3) 试件在 1h 干燥(25℃)+24h 水浴(40℃)+96h 干燥(25℃)条件下放置。

(4) 试件在 96h 干燥(25℃)条件下放置。

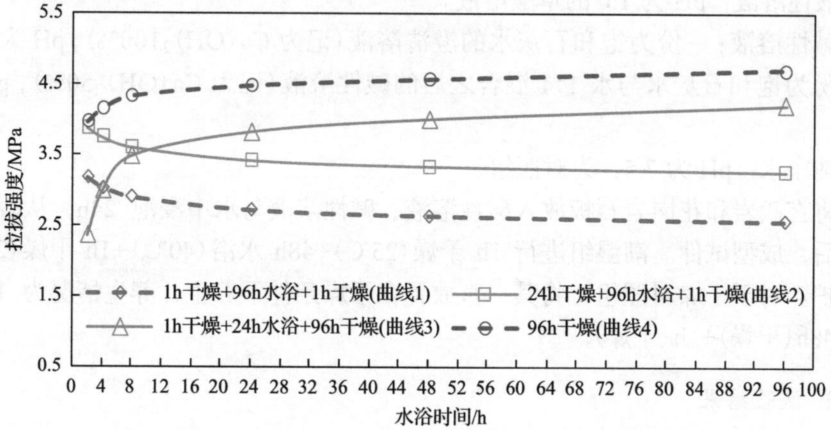

图 4.12　不同浸水条件下 ESSO 基质沥青试件所测得的拉拔强度

图 4.12 中的曲线 1 与曲线 2 表明，试件放入 40℃水浴中，拉拔强度在早期会随着水浴时间的增加而迅速下降，48h 后趋于平稳。对比曲线 1 与曲线 2 可以发现，试件在干燥条件下放置 24h 后再进行水浴相比仅放置 1h 就进行水浴，沥青与集料拉拔强度的衰减程度要小很多。这说明给予沥青与集料充分的黏附时间对提高其抗水损坏性能具有重要意义。曲线 3 与曲线 4 表明，在干燥条件下，沥青与集料的拉拔强度逐渐上升，与没有经历水浴作用的曲线 4 相比，曲线 3 经历的 24h 水浴会损害后面沥青拉拔强度的提升。这说明水在沥青与集料的拉拔强度形成与衰减中起重要作用，确保路面早期在干燥条件下铺筑是使其具有良好抗水损坏性能的前提条件之一。

4.2.2　集料类型与集料表面酸碱度对沥青黏附性的影响

在道路工程上，常见的石料有玄武岩、花岗岩、石灰岩和辉绿岩等，不同的石料有不同的性质，与沥青的黏附性也有所不同，其中的原因之一便是不同石料表面的酸碱度各异。一般认为，沥青呈酸性，在相同的情况下，碱性石料与沥青之间的黏附性要好于酸性石料，因为碱性石料的表面活性点位会与沥青中的酸性物质发生化学反应，形成稳定的化学键，提高黏附强度。同时，工程上经常将集料泡在消石灰水中以提高集料与沥青的黏附性，这也是一种改变集料表面酸碱度的方式。本书中，将玄武岩(碱性)与花岗岩(酸性)两种石板浸泡在不同浓度的酸碱溶液中以改变石料表面的酸碱度，再进行干燥与潮湿条件下的拉拔试验，探究集料类型及其表面酸碱度对黏附性的影响。

1. 试验材料与试验方法

石料：玄武岩与花岗岩石板，尺寸与拉拔试验中所用石板相同。

酸性溶液：pH 为 1.0 的草酸溶液。

碱性溶液：一份为饱和石灰水的澄清溶液(记为 $Ca(OH)_2$100%)，pH 为 8.5；另一份为饱和石灰水与水 1∶1 混合之后的碱性溶液(记为 $Ca(OH)_2$50%)，pH 为 8.0。

纯净水：pH 为 7.5，为对照组。

将玄武岩和花岗岩石板放入酸性溶液、碱性溶液与水中浸泡 24h，从溶液中取出后，成型试件。潮湿组进行 1h 干燥(25℃)+48h 水浴(40℃)+1h 干燥(25℃)的养护。对于干燥对照组，将其一直放置在干燥条件下养生，养生情况为 1h(干燥)+48h(干燥)+1h(干燥)。

2. 试验结果

沥青与不同种类集料试件经不同溶液浸泡后的拉拔强度如图 4.13 所示，表中 Wet/Dry 是指潮湿拉拔强度与干燥拉拔强度的比值，其值小于 1，反映了水对拉拔强度的不利影响。

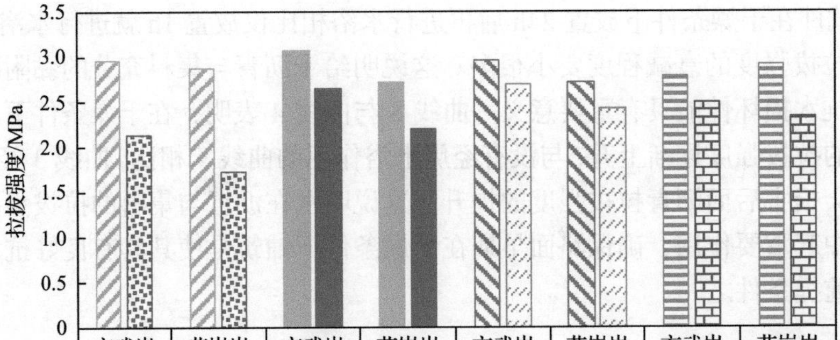

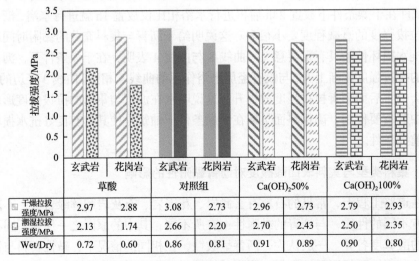

	草酸		对照组		$Ca(OH)_2$50%		$Ca(OH)_2$100%	
	玄武岩	花岗岩	玄武岩	花岗岩	玄武岩	花岗岩	玄武岩	花岗岩
干燥拉拔强度/MPa	2.97	2.88	3.08	2.73	2.96	2.73	2.79	2.93
潮湿拉拔强度/MPa	2.13	1.74	2.66	2.20	2.70	2.43	2.50	2.35
Wet/Dry	0.72	0.60	0.86	0.81	0.91	0.89	0.90	0.80

图 4.13　沥青与不同种类集料试件经不同溶液浸泡后的拉拔强度

图 4.13 表明，在干燥条件下，玄武岩和花岗岩试件经过四种不同 pH 溶液浸

泡后的拉拔强度差别并不大。而相比之下，在潮湿状态下测得的玄武岩和花岗岩试件经过四种不同 pH 溶液浸泡后的拉拔强度有所不同。这说明虽然在干燥条件下，沥青与不同集料之间的黏附性差别较小，集料表面的酸碱度对沥青与集料黏附性的影响也不是很大，但在加入水后，集料类型与集料表面的酸碱度对拉拔强度的影响开始显现。一方面，玄武岩与沥青的拉拔强度普遍高于花岗岩与沥青的拉拔强度。该结果验证了碱性集料与沥青的黏附性大于酸性集料与沥青的黏附性的观点。

另一方面，在潮湿条件下，两种石料试件经过不同酸碱溶液浸泡之后的拉拔强度排序为草酸(pH1.0)<对照组(pH7.5)<$Ca(OH)_2$100%(pH8.5)<$Ca(OH)_2$50%(pH8.0)。该排序证明了集料的酸性表面不利于其与沥青黏结，而采取将集料预先浸泡在消石灰水中的措施有利于提高沥青与集料的黏附性。值得注意的是，半饱和石灰水中浸泡的试件拉拔强度要高于饱和石灰水中浸泡的试件，这与“集料表面碱性越强，则黏附性越强”的预期结论不符。这种现象出现的原因可能是一些 $Ca(OH)_2$ 细小颗粒残留在石板表面，影响了沥青与石板之间的拉拔强度，因此经高浓度 $Ca(OH)_2$ 溶液浸泡后的石料反而拉拔强度较低。

为了验证以上猜想，又进行了以下试验：从碱性溶液中取出后，对石板表面进行冲洗，目的是冲洗掉表面的 $Ca(OH)_2$ 细小颗粒，以防其对沥青与集料黏附性产生不利影响，试验数据如图 4.14 所示。

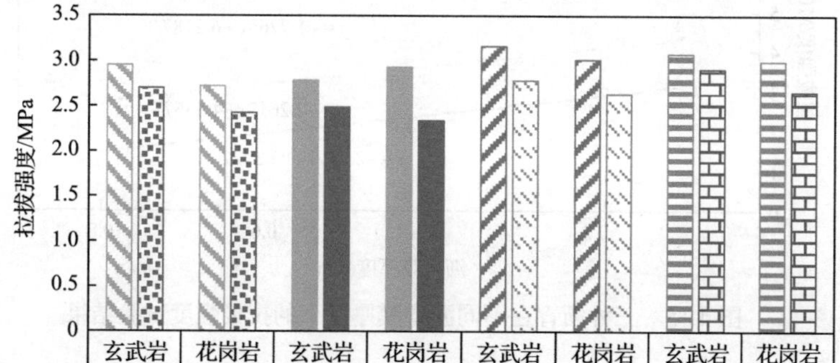

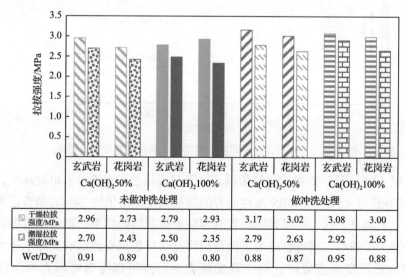

	玄武岩	花岗岩	玄武岩	花岗岩	玄武岩	花岗岩	玄武岩	花岗岩
	$Ca(OH)_2$50%		$Ca(OH)_2$100%		$Ca(OH)_2$50%		$Ca(OH)_2$100%	
	未做冲洗处理				做冲洗处理			
干燥拉拔强度/MPa	2.96	2.73	2.79	2.93	3.17	3.02	3.08	3.00
潮湿拉拔强度/MPa	2.70	2.43	2.50	2.35	2.79	2.63	2.92	2.65
Wet/Dry	0.91	0.89	0.90	0.80	0.88	0.87	0.95	0.88

图 4.14 对集料做冲洗处理与不做冲洗处理的拉拔强度对比

从图 4.14 可见，试件在石灰水中浸泡后再做冲洗处理的拉拔强度要比未做冲洗处理的拉拔强度大，说明若集料表面残留过多 $Ca(OH)_2$ 颗粒，确实会使黏附性下降。同时，试件在饱和石灰水中浸泡并冲洗后的拉拔强度要高于半饱和石灰水中浸泡并冲洗后的试件。因此，在潮湿条件下，随着石料表面酸性的减弱、碱性的增强，沥青-集料体系的拉拔强度呈现出逐渐增长的趋势。工程上在采用饱和石灰水清洗集料时应当配上清水清洗的后续工序，以减少集料表面残留的 $Ca(OH)_2$ 颗粒影响其与沥青的黏附性。

4.2.3 沥青相位角对拉拔试验评价结果的影响

在 4.1.2 节中提到加载速率与沥青膜厚度对拉拔试验的影响具有等效关系，并认为这是由沥青的黏弹性延迟变形造成的，且沥青膜越厚，沥青的延迟变形越大。如果这种假设成立，那么当沥青相位角较小时(趋近于弹性体)，沥青膜厚度对拉拔试验结果的影响将会降低。考虑到拉拔试验是在 25℃的条件下进行，因此选择 25℃、10Hz、0.005 应变条件的 DSR 试验测量三种相位角差异较大的改性沥青：24%岩沥青、8%HDPE、4.5%线型 SBS 改性沥青。三种沥青在不同沥青膜厚度下的拉拔强度试验结果如图 4.15 所示。

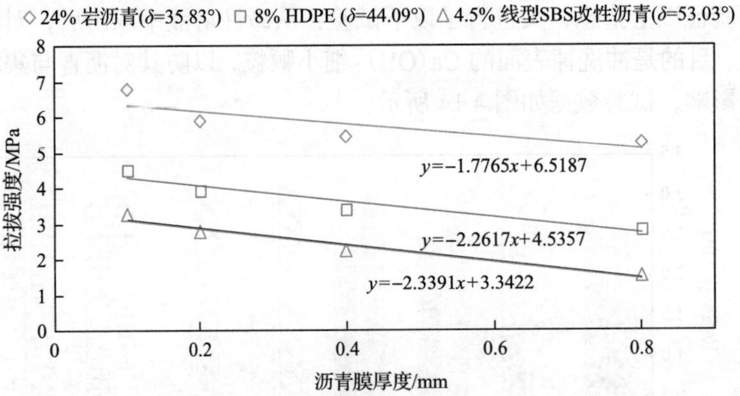

图 4.15 三种沥青在不同沥青膜厚度下的拉拔强度试验结果

由图 4.15 可见，沥青的相位角越大，回归直线的斜率绝对值也就越大，考虑到 8%HDPE 与 4.5%线型 SBS 改性沥青的拉拔强度绝对值比 24%岩沥青还要小，这种差异更明显。这一结果表明沥青膜厚度对拉拔试验结果的影响随着沥青本身弹性的增大而减小，同时也证明了沥青膜厚度对拉拔试验的影响实际上是由沥青的黏弹性延迟变形造成的。对于高黏沥青，甚至可以考虑将沥青膜厚度改为 0.1mm，以减少沥青膜厚度的影响。

4.2.4 沥青模量对拉拔试验评价结果的影响

为了研究拉拔试验中拉拔强度与其复数模量|G^*|的关系，本书测量九种沥青

的拉拔强度与复数模量。DSR 试验条件为：25℃，10Hz，0.005 应变。试验结果如表 4.1 与图 4.16 所示。

表 4.1　各沥青拉拔试验与 DSR 试验结果

沥青	复数模量|G^*|/MPa	干燥拉拔强度/MPa	潮湿拉拔强度/MPa	PG
ESSO	6.69	3.08	2.66	PG 64-22
24% Y	30.60	6.17	5.89	PG 82-16
3.5% LS	5.05	2.79	2.53	PG 70-28
4.5% LS	4.46	3.01	2.79	PG 70-28
2% Oil LS	3.97	2.56	2.37	PG 70-28
4% Y	12.40	3.14	2.63	PG 70-22
10T3S	3.38	2.04	1.05	PG 70-28
0.4% PPA	4.87	2.71	3.31	PG 64-28
8% HDPE	11.20	4.59	3.96	PG 76-16

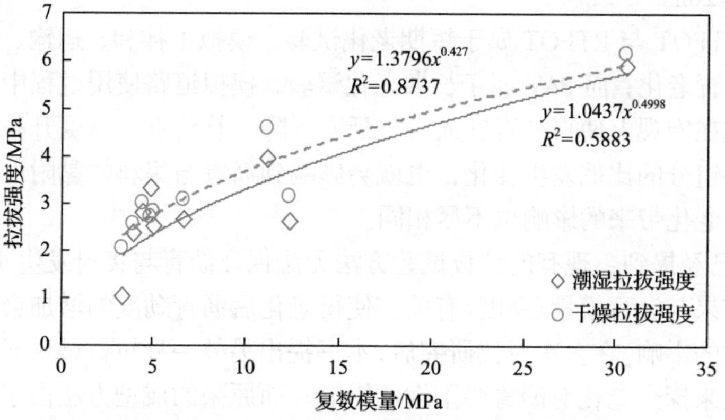

图 4.16　沥青复数模量与拉拔强度试验结果的关系

由图 4.16 可知，拉拔试验测得的干燥或潮湿拉拔强度与沥青自身的复数模量存在一定的相关性，拉拔强度随着复数模量的增加而增大。这一方面可能是由于复数模量小的沥青在同样的膜厚下需要更大的应变来达到相同的应力，这需要更多的时间，相当于变相延长了加载速率；另一方面，复数模量也反映了沥青的内聚特性，而拉拔试验中沥青的破坏形式大多是黏附与内聚的混合破坏，因此拉拔强度与复数模量存在正相关关系。同时，潮湿状态下测得的拉拔强度与沥青复数模量的相关性(R^2=0.5883)低于干燥条件(以内聚破坏为主)下拉拔强度与沥青复数模量的相关性(R^2=0.8737)，证明了经过潮湿作用后的拉拔试件确实发生了黏附破坏。

4.2.5 沥青老化条件对沥青黏附性的影响

在试验中，目前沥青最常用的老化方式有以下三种。

(1)薄膜烘箱试验(TFOT)。《公路工程沥青及沥青混合料试验规程》(JTG E20—2011)中规定的薄膜加热试验方法为：将50g沥青试样放入直径140mm、深9.5mm的不锈钢盛样皿中，沥青膜的厚度约为3.2mm，在163℃通风烘箱的条件下以5.5r/min的速度旋转，加热5h。

(2)旋转薄膜烘箱试验(RTFOT)。按照《公路工程沥青及沥青混合料试验规程》中T 0610—2011标准方法或ASTM D2872操作，将沥青试样35g装入高140mm、直径64mm的开口玻璃瓶中，盛样瓶插入旋转烘箱中，一边接受以4000mL/min流量吹入的热空气，一边在163℃的高温下以15r/min的速度旋转，加热85min。

(3)压力老化试验(PAV)。按照《公路工程沥青及沥青混合料试验规程》中T 0630-2011标准方法或ASTM D6521操作，利用压力老化试验仪对沥青进行老化。在本书研究中，标准的老化温度定为100℃，老化过程中的充气压力为2.1MPa，老化时间为20h。

其中，TFOT与RTFOT属于短期老化试验，模拟了拌和、运输、摊铺等过程中出现的沥青老化；而PAV属于长期老化试验，模拟道路使用过程中沥青老化的状况。老化在宏观上使得沥青针入度与延度下降、软化点与黏度升高，在微观上使得沥青各组分的比例发生变化，也就会影响到沥青与集料的黏附性。对于不同种类沥青，老化带来的影响也不尽相同。

4.1节已经提到，现有的拉拔试验方法无法保证沥青与集料发生100%黏附破坏，试验结果与沥青模量(劲度)有关，使得老化后沥青劲度的增加会掩盖老化对沥青黏附性的影响。在多次对比研究后，本书提出另外一种拉拔试件成型方法——常温成型法来探究老化对沥青黏附性的影响，而原来的成型方法由于是在高温状态下将沥青与集料进行黏结成型，称为高温成型法。

1. 常温成型法步骤

常温成型法与高温成型法只在试件成型步骤上有所差异，因此在此特别给出常温成型法中试件的成型步骤。

(1)备料时，将沥青放入150℃烘箱中(若为改性沥青，则温度为170℃)，拔头放入90℃烘箱中加热1h；石板底座则放入25℃恒温箱(相对湿度控制在30%)中。准备好硅胶垫和硅胶圈。

(2)待加热好之后，在平坦的桌面上铺好硅胶垫，并在其上摆放若干硅胶圈。取出沥青，在每个硅胶圈中心处滴直径为0.8cm左右的沥青(图4.17(a))。接着再取出拔头，将其放置在沥青上(图4.17(b))，并在拔头上垂直施加一定压力，目的是让多余的沥青从拔头下面的溢流孔流出以控制沥青膜厚度。

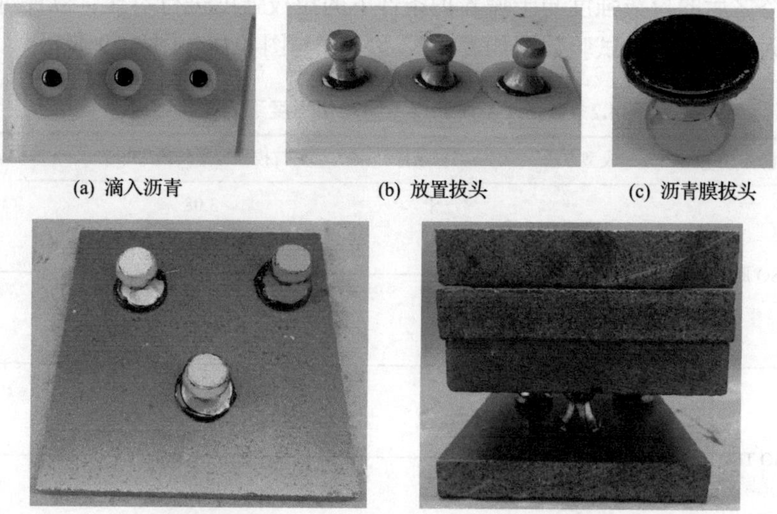

(a) 滴入沥青　(b) 放置拔头　(c) 沥青膜拔头

(d) 放置沥青拔头　(e) 放置压重

图 4.17　拉拔试件常温成型步骤

(3)待拔头冷却至室温后，将胶圈取出，从硅胶垫上小心将拔头揭下，检验其底部沥青表面是否平整光滑且无气泡(图 4.17(c))。再将集料底座从恒温箱中取出，将三个带有沥青的拔头在常温下放置在集料底座上(图 4.17(d))，并在其上搁置三块质量、体积相同的石板，以进一步对拔头底部的沥青施加压力(图 4.17(e))，控制沥青膜厚度，将试件在 25℃、30%相对湿度恒温恒湿箱中放置 2h。

(4)随后步骤与高温成型法一致。需要注意的是，当进行常温方法成型时，要特别注意拔头加热的温度。若拔头温度过高，则在成型时会造成底部沥青膜表面有很多小气泡，这会严重影响拉拔试验的结果；若拔头温度未达到所需温度，拔头从烘箱中取出后，温度下降得很快，这样便会造成拔头下面多余的沥青还未来得及从溢流孔中流出去，沥青便已凝固，导致沥青膜厚度过大或者流淌不均、未覆盖满拔头表面等情况。这些均会对拉拔试验的结果造成影响。然而，在试验中发现，不同种类的沥青对温度的耐受性不同，即对于有些沥青，拔头加热到 90℃时，试件非常容易产生气泡；而对于另外一些沥青，90℃的拔头加热温度并不能保证拔头底部沥青均能流出。因此，根据不同种类沥青，可对上面提到的 90℃拔头加热温度略做上下小幅调动，以保证沥青膜厚度均匀且一致。

2. 老化前后的拉拔试验结果

在本书中，选取两种代表性沥青：ESSO 基质沥青与 4.5%线型 SBS 改性沥青以及它们各自经过 TFOT、RTFOT 和 PAV 老化后的样品沥青进行拉拔试验。成型方法为高温成型和常温成型，并将两种成型方法进行对比。同时设置干燥对照组，并将水浴之后的拉拔强度与干燥养护条件下的拉拔强度进行对比，以评价老化对沥青黏附性的影响。试验数据如表4.2、表4.3与图4.18、图4.19所示。

表4.2　ESSO基质沥青不同老化程度下的拉拔强度

沥青	成型方法	养护条件	拉拔强度平均值/MPa	Wet/Dry
ESSO 原样	高温	干	3.08	0.86
		湿	2.66	
	常温	干	2.38	0.83
		湿	1.97	
ESSO TFOT	高温	干	3.11	0.81
		湿	2.53	
	常温	干	2.39	0.78
		湿	1.87	
ESSO RTFOT	高温	干	3.68	0.82
		湿	3.03	
	常温	干	2.42	0.76
		湿	1.85	
ESSO PAV	高温	干	4.51	0.84
		湿	3.81	
	常温	干	3.27	0.69
		湿	2.26	

表4.3　4.5%线型SBS改性沥青不同老化程度下的拉拔强度

样品	成型方法	养护条件	拉拔强度平均值/MPa	Wet/Dry
4.5% LS 原样	高温	干	3.01	0.93
		湿	2.79	
	常温	干	2.50	0.90
		湿	2.26	
4.5% LS TFOT	高温	干	3.46	0.94
		湿	3.26	
	常温	干	2.61	0.87
		湿	2.27	

续表

样品	成型方法	养护条件	拉拔强度平均值/MPa	Wet/Dry
4.5% LS RTFOT	高温	干	3.55	0.93
		湿	3.31	
	常温	干	2.02	0.86
		湿	1.74	
4.5% LS PAV	高温	干	4.18	0.87
		湿	3.65	
	常温	干	2.67	0.81
		湿	2.16	

对比图 4.18 和图 4.19 可见，ESSO 基质沥青与 4.5%线型 SBS 改性沥青在不同老化程度下拉拔强度的变化趋势一致，均可以得出以下结论：

(1) 高温成型试件的拉拔强度均高于常温成型试件。可见常温成型的条件更为严苛，其评价的是常温条件下沥青与集料的拉拔强度变化情况。

(2) 对于高温成型的试件，无论是干燥条件还是潮湿条件下，随着老化程度的加深，拉拔强度都呈现出逐步上升的趋势，因而得出老化有利于提高沥青黏附性的结论。这说明拉拔试验中的高温成型法的试验结果与沥青模量(劲度)有关，使得老化后沥青劲度的增加会掩盖老化对沥青黏附性的影响，因此并不适用于探究老化对沥青黏附性的影响。

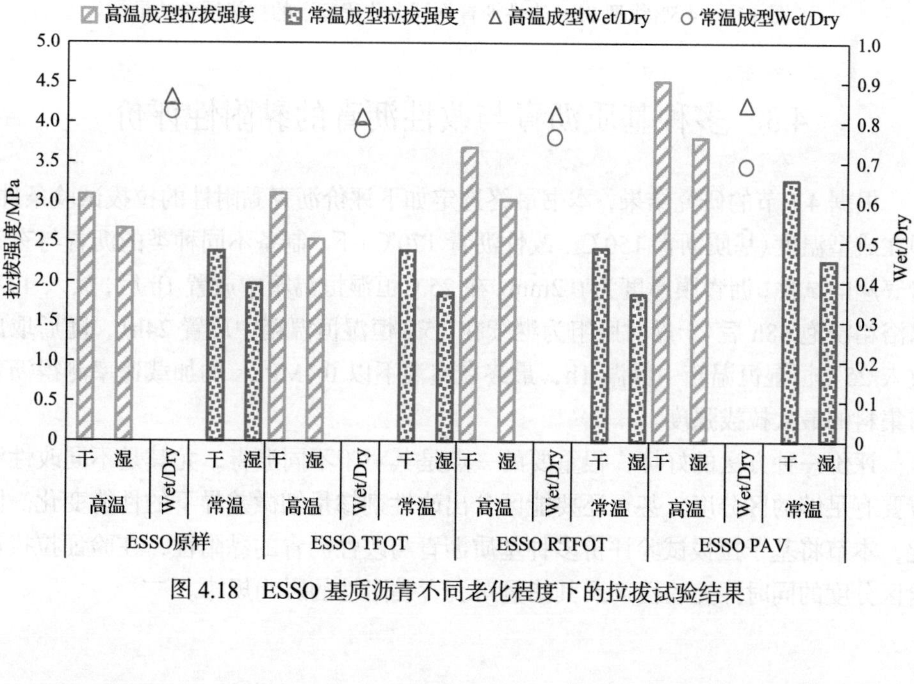

图 4.18　ESSO 基质沥青不同老化程度下的拉拔试验结果

(3) 对于常温成型的试件，不同程度老化下的干燥拉拔强度虽然没有明显的规律，但水浴之后的潮湿拉拔强度随着老化程度的加深有明显的下降，且随着老化程度的加深，沥青的 Wet/Dry 也在下降：原样>TFOT>RTFOT>PAV。这表明老化会降低沥青的黏附性，提高沥青-集料的水敏感性。因此，常温成型法能够除去或减少劲度对试验结果的影响，采用常温成型法来探究老化对沥青黏附性的影响是合适的。

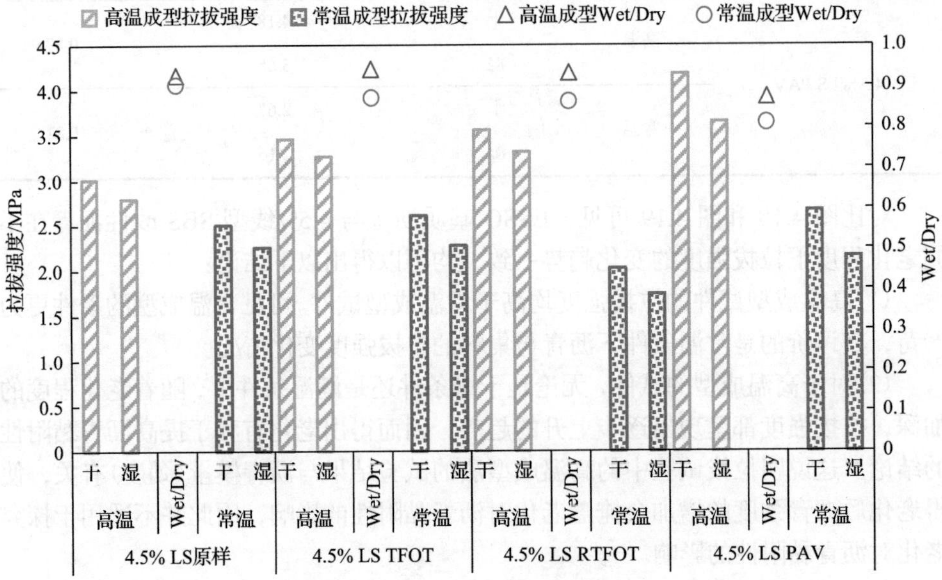

图 4.19 4.5%线型 SBS 改性沥青不同老化程度下的拉拔试验结果

4.3 多种基质沥青与改性沥青的黏附性评价

根据 4.1 节的研究结果，本书最终选定如下评价沥青黏附性的拉拔试验条件：即在成型温度（基质沥青 150℃、改性沥青 170℃）下，制备不同种类的沥青与玄武岩底座的试件，沥青膜厚度为 0.2mm。在 25℃恒湿恒温箱中放置 1h 后，放入 40℃水浴箱浸泡 48h 后（干燥对照组为继续在 25℃恒湿恒温箱中放置 24h），随后取出放入 25℃恒湿恒温箱中保温 1h，最终在室温下以 0.7MPa/s 的加载速率测得沥青与集料的最大拉拔强度。

评价一种方法的好坏，很重要的一点是其对于不同沥青，尤其是不同改性沥青要有足够的区分度，甚至还要能区分出改性剂掺量细微差异下的性能变化。因此，本节将基于拉拔试验评价多种基质沥青与改性沥青的黏附性，在验证拉拔试验区分度的同时探究改性剂及其掺量对沥青黏附性的影响规律。

4.3.1　多种基质沥青的黏附性评价

本书利用上述试验方法，对七种不同来源的基质沥青进行了拉拔试验，试验结果如图 4.20 所示。

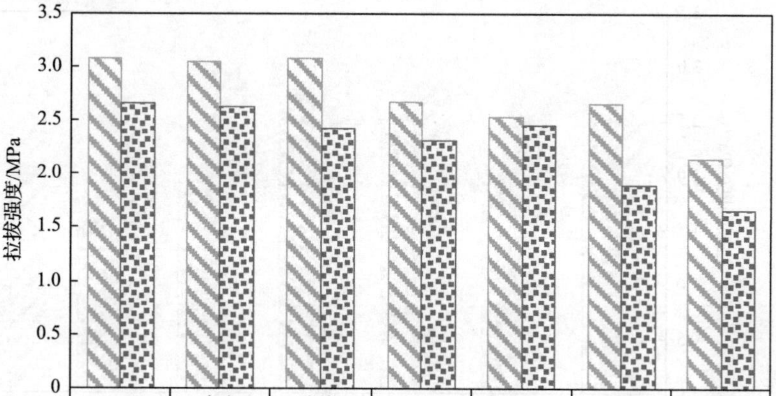

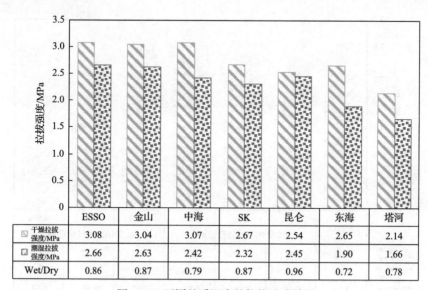

	ESSO	金山	中海	SK	昆仑	东海	塔河
干燥拉拔强度/MPa	3.08	3.04	3.07	2.67	2.54	2.65	2.14
潮湿拉拔强度/MPa	2.66	2.63	2.42	2.32	2.45	1.90	1.66
Wet/Dry	0.86	0.87	0.79	0.87	0.96	0.72	0.78

图 4.20　不同基质沥青的拉拔试验结果

图 4.20 表明，虽然这七种基质沥青均为 70#沥青，但由于来源(产地)不同，拉拔试验评价出来的黏附性具有一定差异。其中，ESSO 沥青与金山沥青的黏附性最好，并且较为相似；其次是中海沥青、SK 沥青和昆仑沥青，黏附性最差的是东海沥青和塔河沥青，这二者的潮湿拉拔强度与 Wet/Dry 在七种沥青中最低。这一方面验证了拉拔试验能够评价不同基质沥青的黏附性，同时也说明基质沥青的产地在很大程度上决定了其黏附性。在沥青针入度等级且所用改性剂相同的情况下，应当谨慎选择具有较好黏附性的基质沥青作为母质沥青。

4.3.2　SBS 改性沥青的黏附性评价

SBS 改性沥青在我国应用最为成熟和广泛，它是一种成熟而优质的路面材料，通过将聚合物掺入道路沥青中，从而改善使用功能，可以显著提高沥青面层的抗车辙性能，增加耐久性和抗老化能力，延长公路的寿命。研究 SBS 改性沥青的黏附性对指导工程实际具有显著意义。本节采用拉拔试验评价不同掺量下线型 SBS、星型 SBS 改性沥青的黏附性，以及橡胶油、稳定剂对 4.5%线型 SBS 改性沥青黏附性的影响。

1. 线型、星型 SBS 改性剂对基质沥青黏附性的影响

在拉拔试验中，不同掺量线型与星型 SBS 改性沥青的干燥、潮湿拉拔强度如图 4.21 所示。

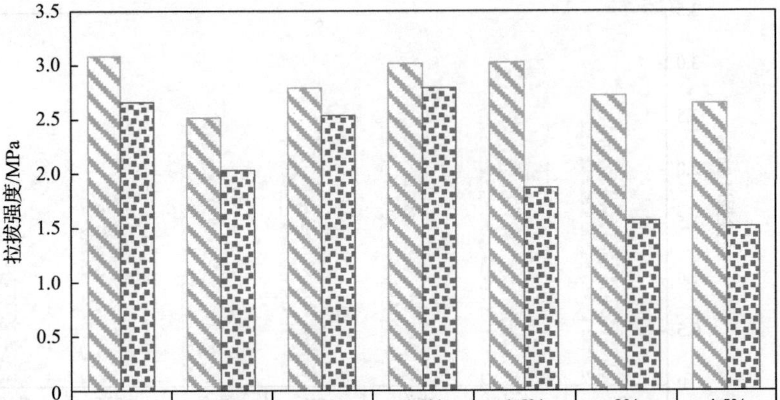

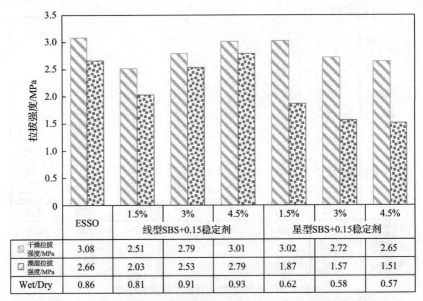

	ESSO	1.5%	3%	4.5%	1.5%	3%	4.5%
		线型SBS+0.15稳定剂			星型SBS+0.15稳定剂		
干燥拉拔强度/MPa	3.08	2.51	2.79	3.01	3.02	2.72	2.65
潮湿拉拔强度/MPa	2.66	2.03	2.53	2.79	1.87	1.57	1.51
Wet/Dry	0.86	0.81	0.91	0.93	0.62	0.58	0.57

图 4.21　不同掺量线型与星型 SBS 改性沥青的干燥、潮湿拉拔强度

图 4.21 表明，随着线型 SBS 掺量的增大，其拉拔强度在不断上升，但只有当掺量为 4.5%时才会超过基质沥青的拉拔强度。这说明低掺量线型 SBS 改性沥青(≤3%)的黏附性甚至还要低于基质沥青。此外，与线型 SBS 相比，星型 SBS 的掺入则会进一步降低基质沥青的黏附性，可见在沥青与集料的黏附性方面，线型 SBS 改性沥青优于星型 SBS 改性沥青。虽然 SBS 作为改性剂在国内被大量用来提高沥青的高低温性能与疲劳性能，但拉拔试验表明无论是线型 SBS 改性剂还是星型 SBS 改性剂，它们对沥青与集料的黏附性并无明显提高作用，甚至会降低其黏附性。然而 SBS 改性剂对基质沥青黏附性的不利影响并不一定代表着 SBS 改性沥青混合料的抗水损坏性能就不好，这需要通过汉堡车辙试验进一步验证。

2. 硫黄稳定剂对 SBS 改性沥青黏附性的影响

由于 SBS 改性沥青存在高聚物/基质沥青的相容性问题，为改善其存储稳定性，工业上通常在加工过程中掺加一定量的稳定剂来确保 SBS 改性沥青的稳定性。稳定剂能够引发 SBS 交联形成网络结构，使沥青接枝到 SBS 上，有助于 SBS 的

稳定分散，从而得到宏观上均匀稳定的 SBS 改性沥青体系[148]。本书采用拉拔试验研究不同稳定剂掺量对4.5%线型SBS改性沥青黏附性的影响，试验结果如图4.22所示。

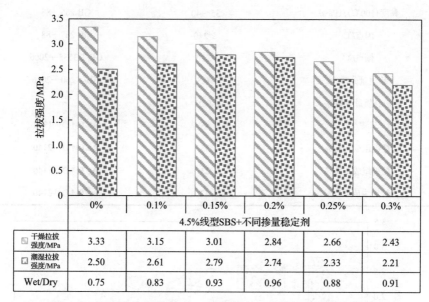

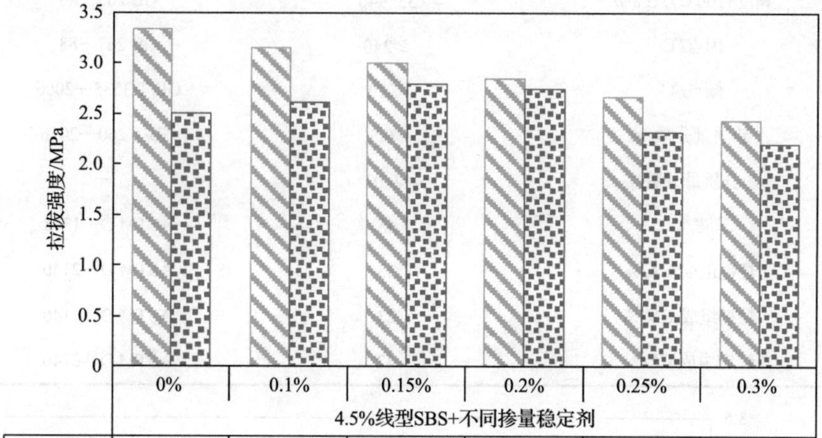

	0%	0.1%	0.15%	0.2%	0.25%	0.3%
干燥拉拔强度/MPa	3.33	3.15	3.01	2.84	2.66	2.43
潮湿拉拔强度/MPa	2.50	2.61	2.79	2.74	2.33	2.21
Wet/Dry	0.75	0.83	0.93	0.96	0.88	0.91

图 4.22 不同稳定剂掺量对 4.5%线型 SBS 改性沥青黏附性的影响

由图 4.22 可见，向 4.5%线型 SBS 改性沥青中加入稳定剂，随着稳定剂掺量的增加，干燥拉拔强度逐步下降，而潮湿拉拔强度呈现出先增加后降低的趋势。这表明4.5%线型SBS改性沥青的黏附性存在着最佳稳定剂掺量，即0.15%～0.2%，该范围与工程中常用的掺量一致。作为稳定剂，硫黄可以提升沥青、SBS 分子之间的网格强度，最终形成一个稳定的空间网络结构。然而，这种网络结构同时也降低了沥青的流动性，提高了沥青黏度，这会影响沥青充分裹覆、浸润集料表面。同时过多的稳定剂还可能导致沥青发生凝胶现象，这解释了为何过多的稳定剂会降低线型 SBS 改性沥青的黏附性。

3. 橡胶油对 SBS 改性沥青黏附性的影响

橡胶油富含芳香烃组分，将其添加于沥青中，具有调整基质沥青四组分比例的作用，是一种较为有效地提高沥青低温性能的方式。文献[149]指出，橡胶油可以调和沥青的柔韧性，改善沥青的低温性能，提高沥青的抗老化性能。本节将探讨不同掺量橡胶油对线型 SBS 改性沥青黏附性的影响，所用橡胶油来自伊朗，其主要技术指标见表 4.4，拉拔试验结果如图 4.23 所示。

表 4.4　橡胶油主要技术指标

检测项目	检测指标	检测方法
密度(20℃)/(g/cm³)	0.99～1.08	GB/T 1884—2000
黏度(100℃)/(Pa·s)	35～40	GB 265—88
闪点/℃	≥240	GB 267—88
倾点/℃	≤10	GB/T 3535—2006
硫质量分数/%	<0.5	GB/T 260—2016
灰分质量分数/%	<0.02	—
苯胺点/℃	45	ASTM D—1218
烃键组成 CA/%	35	ASTM D—2140
烃键组成 CN/%	23	ASTM D—2140
烃键组成 CP/%	42	ASTM D—2140

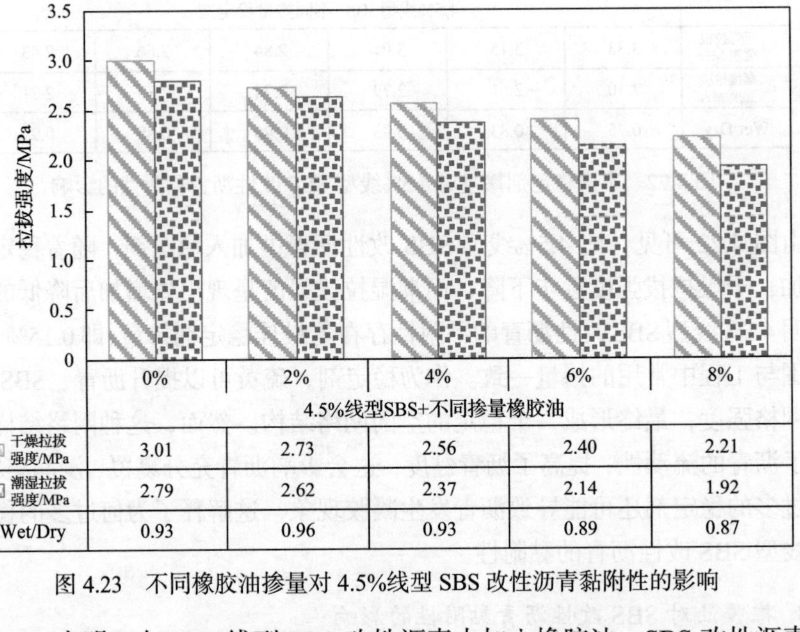

	0%	2%	4%	6%	8%
干燥拉拔强度/MPa	3.01	2.73	2.56	2.40	2.21
潮湿拉拔强度/MPa	2.79	2.62	2.37	2.14	1.92
Wet/Dry	0.93	0.96	0.93	0.89	0.87

图 4.23　不同橡胶油掺量对 4.5%线型 SBS 改性沥青黏附性的影响

图 4.23 表明，向 4.5%线型 SBS 改性沥青中加入橡胶油，SBS 改性沥青的干燥拉拔强度和潮湿拉拔强度均会随着橡胶油掺量的增加而下降。因此，橡胶油不利于 SBS 改性沥青的黏附性。

4.3.3　橡胶类改性沥青的黏附性评价

采用橡胶粉对基质沥青进行改性，既可以有效提高沥青的路用性能，又可以充分利用废旧橡胶轮胎，多年来一直是国际上研究的热点。过去的几十年中，橡胶沥青(asphalt rubber)作为胶粉改性沥青的代表性技术，在国内外得到了重点研究和发展，已在美国约 40 个州和世界超过 30 个国家得到广泛应用。橡胶沥青采用高掺量的胶粉并在沥青中发生物理溶胀，使得改性沥青具有良好的高温稳定性、低温抗裂性和抗疲劳性能。但由于制备工艺的限制，橡胶沥青中的胶粉与沥青不相容，导致橡胶沥青不能稳定存储，生产、运输和使用都不方便，也增加了质量控制的难度，这种不足经常影响沥青混合料的路用性能，阻碍了橡胶沥青在国内外的进一步推广与应用。近年来，国际上的初步研究表明，采用高温脱硫技术是解决胶粉与沥青相容性问题的有效手段[150]。这一技术与橡胶沥青技术的不同在于采用高温、高速剪切使胶粉在沥青中发生彻底的脱硫与降解反应，脱硫降解后的胶粉与沥青相容，从而形成稳定的胶粉改性沥青。这种胶粉改性沥青在国内还没有统一的名称，在国外也被模糊地称为 Terminal Blend(TB)胶粉改性沥青或其他名称[151]。鉴于该类胶粉改性沥青在三氯乙烯中的溶解度可以达到 99%以上，本书统一将其定义为溶解性胶粉改性沥青[152]，其表观与基质沥青相同，与橡胶沥青完全不同，如图 4.24 所示。

(a) 传统橡胶沥青　(b) 溶解性胶粉改性沥青

图 4.24　传统橡胶沥青与溶解性胶粉改性沥青的外观对比

本书采用江阴产 30 目废旧轮胎胶粉，根据不同工艺制备了不同胶粉掺量的传统橡胶沥青与溶解性胶粉改性沥青，采用拉拔试验评价不同掺量的传统橡胶沥青与溶解性胶粉改性沥青的黏附性，结果如图 4.25 所示。

图 4.25 表明，对于橡胶类改性沥青，无论是加入传统的橡胶还是新型的溶解性胶粉，随着胶粉掺量的增加，沥青与集料的拉拔强度均会下降。相比之下，溶解性胶粉改性沥青对基质沥青黏附性的负面影响要低于各对应掺量下的传统橡胶沥青。因此，从黏附性上来说，溶解性胶粉改性沥青要比传统橡胶沥青更具优势。需要注意的是，橡胶沥青试件在拉拔试验中的破坏形式，潮湿组试件在破坏后，石板表面基本只有少量沥青膜残留，颗粒较大的橡胶粉均黏结在石板表面，如图 4.26 所示，并且掺量越高，这种现象越明显。对于溶解性胶粉改性沥青，由于沥青中橡胶颗粒很小，并没有出现以上现象。因此，橡胶沥青在拉拔试验中评价

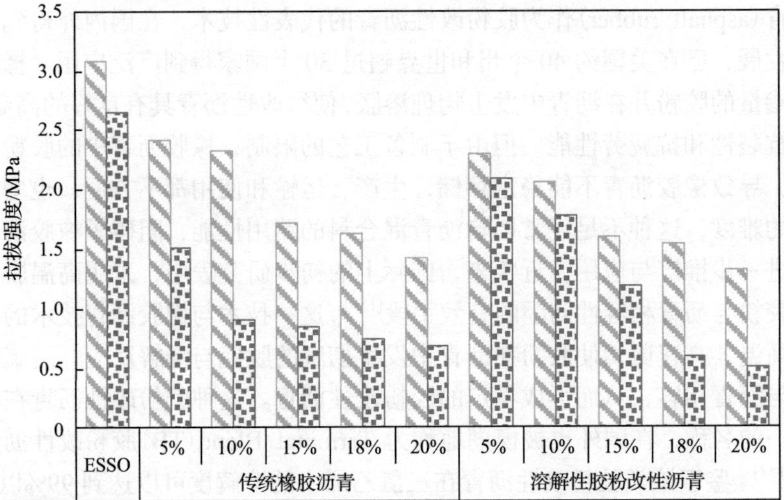

	ESSO	传统橡胶沥青 5%	10%	15%	18%	20%	溶解性胶粉改性沥青 5%	10%	15%	18%	20%
干燥拉拔强度/MPa	3.08	2.42	2.33	1.72	1.64	1.42	2.30	2.06	1.60	1.55	1.32
潮湿拉拔强度/MPa	2.66	1.52	0.91	0.85	0.75	0.69	2.10	1.78	1.19	0.60	0.50
Wet/Dry	0.86	0.63	0.39	0.49	0.46	0.49	0.91	0.86	0.74	0.39	0.38

图 4.25　橡胶类改性沥青的干燥拉拔强度和潮湿拉拔强度

图 4.26　橡胶沥青试件破坏界面溶解性胶粉与 SBS 复合改性沥青的黏附性

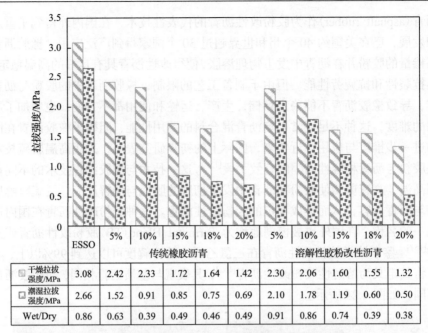

出的拉拔强度很低，一方面可能是由于颗粒较大的橡胶粉影响了沥青与集料之间的黏结，另一方面可能是由于拉拔试验中沥青膜厚度只控制在 0.2mm，而橡胶沥青中的胶粉颗粒太大，影响了试验结果。因此，0.2mm 沥青膜厚度下的拉拔试验可能不适合橡胶沥青，对于橡胶沥青，可以考虑将拉拔试验中的沥青膜厚度增大到 0.8mm

再进行评价。

溶解性胶粉改性沥青在获得良好的低温性能、疲劳性能与热存储稳定性的同时，高温性能发生了损失，不适合单独使用[153]。为了弥补高温性能的缺陷，课题组做了大量的复合改性研究，包含 PE、岩沥青、SBS 等[154,155]。本书对不同配比下溶解性胶粉与线型 SBS 复合改性沥青进行了拉拔试验，试验结果如图 4.27 和图 4.28 所示。

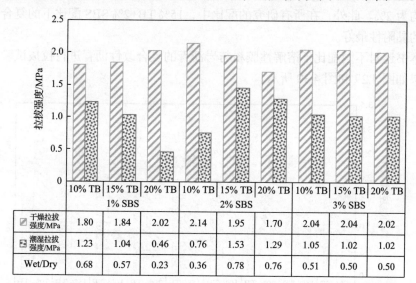

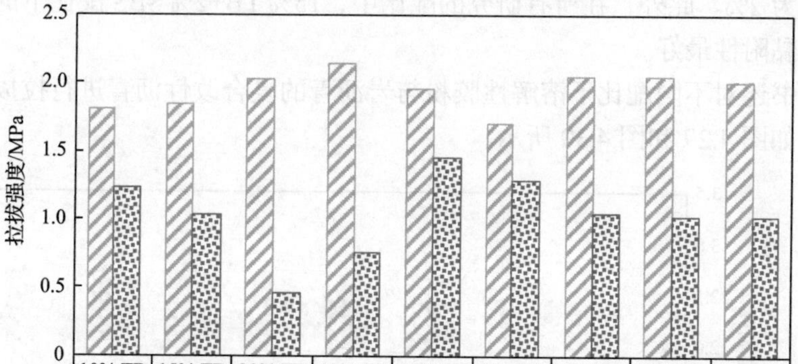

	10% TB	15% TB	20% TB	10% TB	15% TB	20% TB	10% TB	15% TB	20% TB
	1% SBS			2% SBS			3% SBS		
干燥拉拔强度/MPa	1.80	1.84	2.02	2.14	1.95	1.70	2.04	2.04	2.02
潮湿拉拔强度/MPa	1.23	1.04	0.46	0.76	1.53	1.29	1.05	1.02	1.02
Wet/Dry	0.68	0.57	0.23	0.36	0.78	0.76	0.51	0.50	0.50

图 4.27　溶解性胶粉与线型 SBS 复合改性沥青的拉拔试验结果(固定 SBS 掺量)

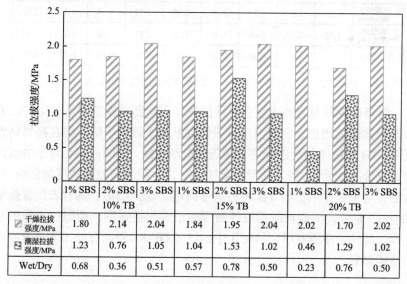

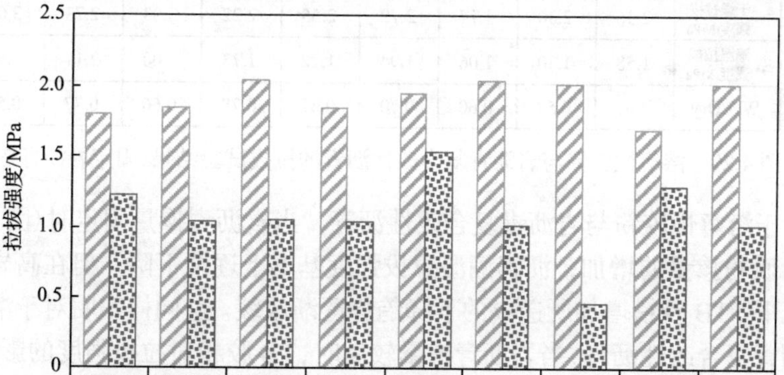

	1% SBS	2% SBS	3% SBS	1% SBS	2% SBS	3% SBS	1% SBS	2% SBS	3% SBS
	10% TB			15% TB			20% TB		
干燥拉拔强度/MPa	1.80	2.14	2.04	1.84	1.95	2.04	2.02	1.70	2.02
潮湿拉拔强度/MPa	1.23	0.76	1.05	1.04	1.53	1.02	0.46	1.29	1.02
Wet/Dry	0.68	0.36	0.51	0.57	0.78	0.50	0.23	0.76	0.50

图 4.28　溶解性胶粉与线型 SBS 复合改性沥青的拉拔试验结果(固定 TB 胶粉掺量)

对于溶解性胶粉与线型 SBS 复合改性沥青，当 SBS 掺量固定时(图 4.27)，随着 TB 胶粉掺量的增加，沥青潮湿拉拔强度不断下降。但随着 SBS 掺量的进一步提高，这个下降的趋势逐渐放缓。这表明对于溶解性胶粉与线型 SBS 复合改性沥青，当 SBS 掺量较高时，TB 胶粉对拉拔强度的影响并不大，此时 SBS 占主导作用。而当 TB 胶粉掺量不变时(图 4.28)，随着 SBS 掺量的增加，除 10% TB 外，沥青的潮湿拉拔强度均是先增大后减小，且对 15% TB、20% TB 来说，SBS 最佳掺量均为 2%。此外，在所有研究的配比中，15% TB+2% SBS 配比下的复合改性沥青的黏附性最好。

本书还对不同配比下溶解性胶粉与岩沥青的复合改性沥青进行拉拔试验，试验结果如图 4.29 和图 4.30 所示。

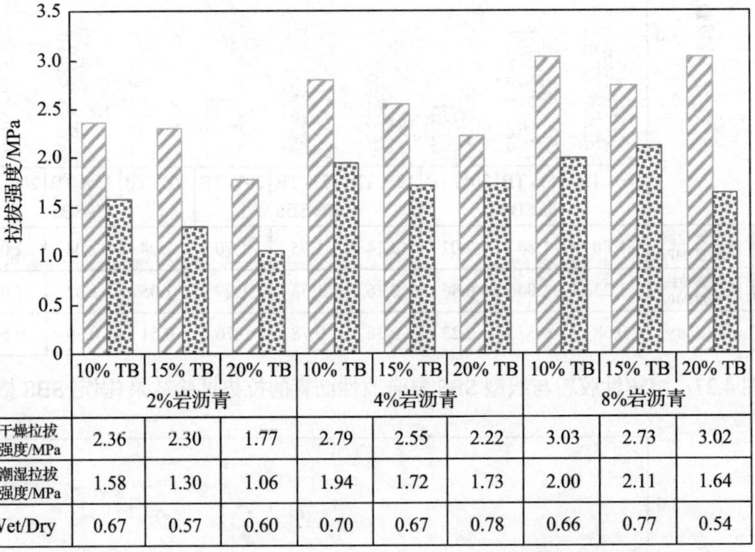

	10% TB	15% TB	20% TB	10% TB	15% TB	20% TB	10% TB	15% TB	20% TB
	2%岩沥青			4%岩沥青			8%岩沥青		
干燥拉拔强度/MPa	2.36	2.30	1.77	2.79	2.55	2.22	3.03	2.73	3.02
潮湿拉拔强度/MPa	1.58	1.30	1.06	1.94	1.72	1.73	2.00	2.11	1.64
Wet/Dry	0.67	0.57	0.60	0.70	0.67	0.78	0.66	0.77	0.54

图 4.29　溶解性胶粉与岩沥青复合改性沥青的拉拔试验结果(固定岩沥青掺量)

对于溶解性胶粉与岩沥青复合改性沥青，当岩沥青掺量固定时(图 4.29)，随着 TB 胶粉掺量的增加，沥青潮湿拉拔强度基本上逐渐下降。但在高岩沥青掺量的情况下，TB 胶粉增加所造成的下降趋势逐渐放缓。这同样表明对于溶解性胶粉与岩沥青复合改性沥青，当岩沥青掺量较高时，TB 胶粉对拉拔强度的影响并不大，此时岩沥青起主导作用。当 TB 胶粉掺量固定时(图 4.30)，随着岩沥青掺量的不断增加(2%～8%)，溶解性胶粉改性沥青的干燥拉拔强度、潮湿拉拔强度基本上不断上升。此外，在所有研究的配比中，15% TB+8%岩沥青配比下复合改性沥青的黏附性能最好。

4.3.4　其他类改性沥青的黏附性评价

除 SBS 与胶粉等改性剂外，HDPE、岩沥青、PPA、温拌剂 SAK 等也是工业上常用的添加剂。本书将不同掺量下的多种添加剂加入同一基质沥青中(ESSO)，以期研究不同改性剂对基质沥青黏附性的影响规律。这些改性剂中，HDPE 为高密度聚乙烯，又称低压聚乙烯，是一种结晶度高、非极性的热塑性树脂。岩沥青为伊朗产岩沥青，灰分质量分数为 12%，满足规范要求。多聚磷酸是美国沥青工业上常用来提高沥青 PG 等级的无机添加剂，本书选取 115%多聚磷酸，其技术指标见表 4.5。SAK 是一种温拌沥青技术中常用的降黏剂。

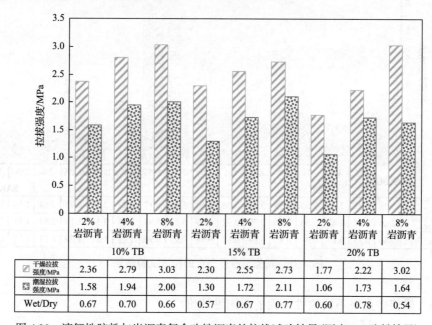

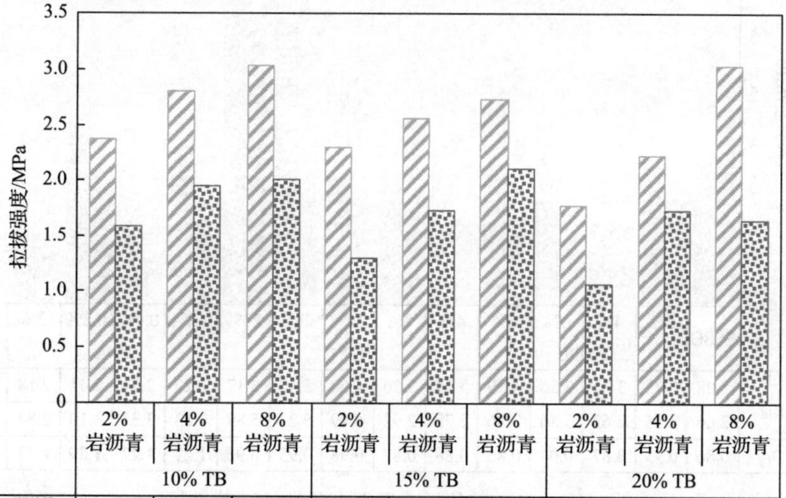

	2% 岩沥青 (10% TB)	4% 岩沥青 (10% TB)	8% 岩沥青 (10% TB)	2% 岩沥青 (15% TB)	4% 岩沥青 (15% TB)	8% 岩沥青 (15% TB)	2% 岩沥青 (20% TB)	4% 岩沥青 (20% TB)	8% 岩沥青 (20% TB)
干燥拉拔强度/MPa	2.36	2.79	3.03	2.30	2.55	2.73	1.77	2.22	3.02
潮湿拉拔强度/MPa	1.58	1.94	2.00	1.30	1.72	2.11	1.06	1.73	1.64
Wet/Dry	0.67	0.70	0.66	0.57	0.67	0.77	0.60	0.78	0.54

图 4.30　溶解性胶粉与岩沥青复合改性沥青的拉拔试验结果(固定 TB 胶粉掺量)

表 4.5　115%多聚磷酸技术指标

项目	指标/%
H_3PO_4	⩾115
P_2O_5	⩾83.3
Cl	⩽0.0010
Fe	⩽0.0020
As	⩽0.0080
Pb	⩽0.0030

图 4.31 给出了各改性剂在不同掺量下的拉拔试验结果。结果表明，HDPE 与岩沥青均能提高沥青的干燥拉拔强度、潮湿拉拔强度，且相比之下，岩沥青更能改善沥青的黏附性。值得注意的是，加入 PPA 与 SAK 的改性沥青会出现经过 48h 水浴之后，潮湿拉拔强度反而高于干燥对照组的拉拔强度，即加入 PPA 与 SAK 会降低

基质的水敏感性，性能在水作用后并不会衰减。不同的是，PPA 能提升基质沥青的潮湿拉拔强度，且最佳掺量为 0.4%。而 SAK 温拌剂会降低基质沥青的干燥拉拔强度、潮湿拉拔强度，因此其不利于提高沥青的黏附性，这可能是由于 SAK 中含有较多的蜡分。

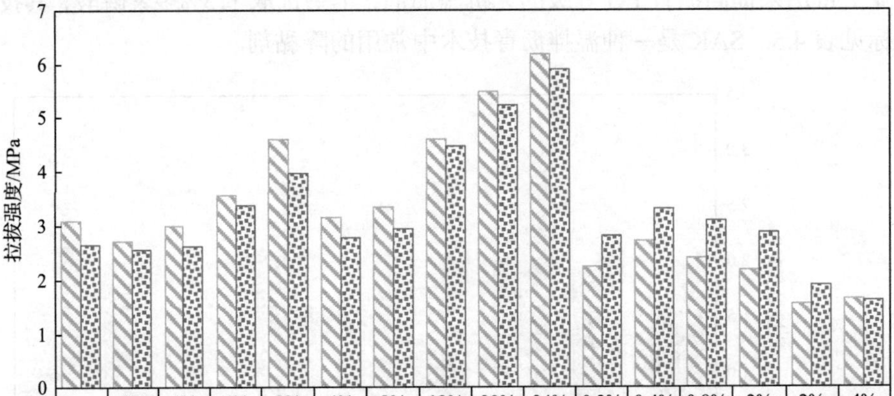

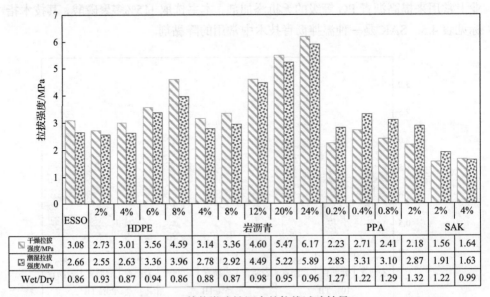

	ESSO	HDPE				岩沥青					PPA				SAK	
		2%	4%	6%	8%	4%	8%	12%	20%	24%	0.2%	0.4%	0.8%	2%	2%	4%
干燥拉拔强度/MPa	3.08	2.73	3.01	3.56	4.59	3.14	3.36	4.60	5.47	6.17	2.23	2.71	2.41	2.18	1.56	1.64
潮湿拉拔强度/MPa	2.66	2.55	2.63	3.36	3.96	2.78	2.92	4.49	5.22	5.89	2.83	3.31	3.10	2.87	1.91	1.63
Wet/Dry	0.86	0.93	0.87	0.94	0.86	0.88	0.87	0.98	0.95	0.96	1.27	1.22	1.29	1.32	1.22	0.99

图 4.31　其他类改性沥青的拉拔试验结果

4.3.5　最佳掺量下不同改性沥青的黏附性评价

图 4.32 给出了最佳掺量下不同改性沥青与 ESSO 基质沥青的拉拔强度对比。

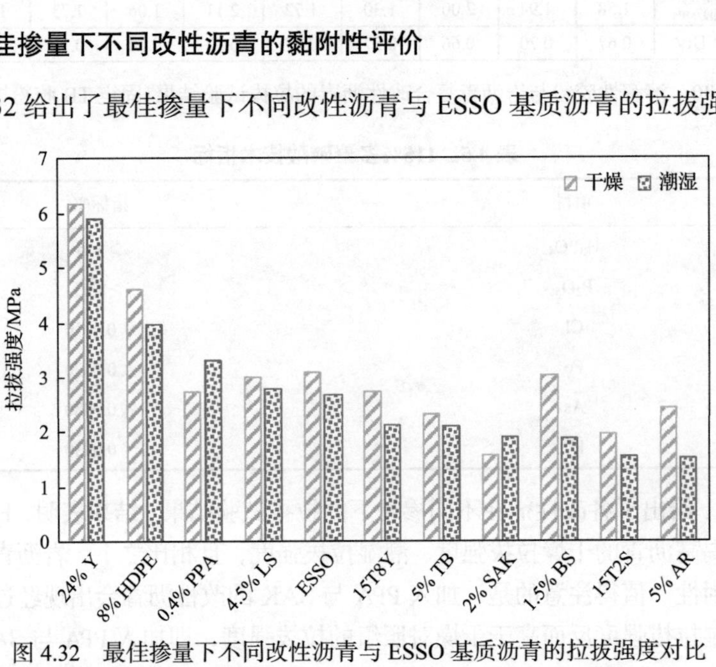

图 4.32　最佳掺量下不同改性沥青与 ESSO 基质沥青的拉拔强度对比

结果表明，不同改性剂对沥青黏附性的影响有所差异。与基质沥青相比，岩沥青、HDPE、PPA、高掺量的线型 SBS 均能提高基质沥青的黏附性。而星型 SBS、橡胶沥青、溶解性胶粉改性沥青及温拌剂 SAK 均不利于基质沥青的黏附性。虽然溶解性胶粉改性沥青的黏附性要比传统橡胶沥青好,但是即使在加入 8%岩沥青或者2%线型 SBS 进行复合改性后，其黏附性仍然有所欠缺。

4.4　本 章 小 结

本章围绕拉拔试验，建立了其评价沥青与集料黏附性的方法，随后探究了包含水在内的诸多因素对沥青与集料黏附的影响规律，并基于拉拔试验对多种改性沥青的黏附性进行了评价。可以得出以下结论：

⑴验证了加载速率与沥青膜厚度对拉拔试验结果的影响具有等效关系，确定了拉拔试验评价沥青与集料黏附性的试验参数与试验步骤。推荐以加载速率 0.7MPa/s、沥青膜厚度 0.2mm 为试验条件，以基质沥青 150℃、改性沥青 170℃为试件成型温度，以 1h 干燥(25℃)+48h 水浴(40℃)+1h 干燥(25℃)为试件养生条件。

⑵研究了拉拔试验中水、集料类型与集料表面酸碱度、沥青相位角、沥青模量、沥青老化程度等条件对沥青与集料黏附性的影响。结果表明，水在沥青与集料的拉拔强度形成与衰减中起到了重要作用，确保路面早期在干燥条件下铺筑是使其具有良好抗水损坏性能的前提条件之一。随着集料表面酸性的减弱、碱性的增强，沥青-集料体系的拉拔强度呈现出逐渐增长的趋势。

⑶发现了拉拔试验的试验结果与沥青模量(劲度)有关,若采用高温成型试件的方式会使得老化后沥青劲度的增加掩盖老化本身对沥青黏附性的影响。为此，提出了拉拔试件的常温成型法以减少劲度对试验结果的影响。结果表明，老化会降低沥青的黏附性，提高沥青-集料的水敏感性。常温成型法相较于高温成型法更适合评价老化对沥青黏附性的影响。

⑷基于拉拔试验评价了多种基质沥青与改性沥青的黏附性,验证了拉拔试验具有高区分度且探究了改性剂及掺量对沥青黏附性的影响规律。结果表明，即使同为 70#基质沥青，产地不同的基质沥青黏附性也有所差异。与基质沥青相比，岩沥青、HDPE、PPA、高掺量的线型 SBS 均能提高基质沥青的黏附性，而星型 SBS、橡胶沥青、溶解性胶粉改性沥青及温拌剂 SAK 均不利于基质沥青的黏附性。相比之下，溶解性胶粉改性沥青的黏附性要比传统橡胶沥青好。

第5章　基于拉拔试验的沥青黏附性自愈合研究

沥青作为胶结料，黏附性是其本质属性[156]；此外，它还具有反复黏结的能力，即自愈合属性[157]。因此，要理解沥青的基本特性，就需要将黏附性与自愈合两个属性结合在一起进行研究[158]。实际上，在长期的使用过程中，沥青与集料界面会出现黏附、破坏、再黏附、再破坏的反复交替，即黏附性自愈合。除黏附性自愈合外，还存在内聚性自愈合，即沥青材料内部微裂缝在自身黏性驱动下的闭合现象[144]。既有的研究主要集中在内聚性自愈合[157]，对于工程实际中大量存在的黏附性自愈合现象却关注较少，这限制了沥青黏附性研究的推进，造成了评价指标的失准并与实际路面工程状况脱节。同时，很多研究并没有区分黏附性自愈合与内聚性自愈合，将两者混为一谈，造成了沥青自愈合研究结果的前后矛盾[159]。此外，Lytton 等[160]研究表明，沥青黏附性自愈合是联系沥青混合料抗水损坏、疲劳、耐久及高温等众多路用性能的纽带，是解锁沥青材料诸多性质隐藏联系的一把钥匙，因此沥青的黏附性自愈合亟待深入研究。

沥青混合料的整个服务寿命可以分为以下 4 个阶段：①路面成型阶段；②使用阶段，也是水损坏发生的阶段；③自愈合阶段，发生水损坏后的沥青与集料界面在一定干湿循环、外荷载作用下拉拔强度的反复破坏-恢复阶段；④再生阶段。各阶段示意图如图 5.1 所示。

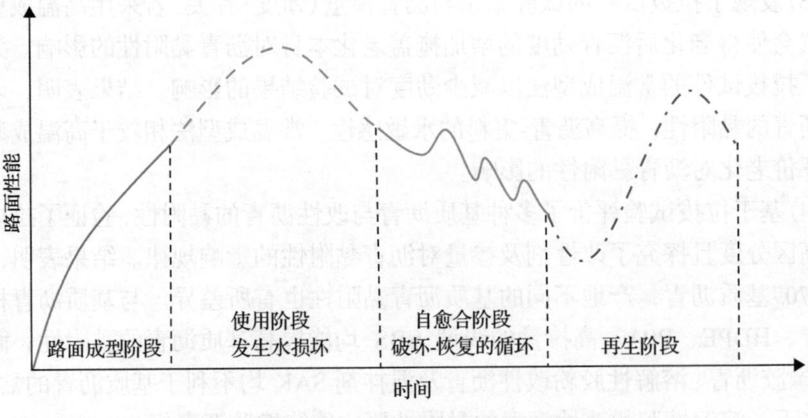

图 5.1　沥青混合料服务寿命的四阶段示意图

第 3 章中拉拔试验试件的高温成型法关注的是图 5.1 的第一、二阶段，即沥青与集料在高温条件下强度形成后在使用过程中受水作用下的拉拔强度衰减情况。本章所关注的是第三阶段即自愈合阶段。本章基于拉拔试验，建立其评价沥青与集料黏附性自愈合性能的方法，明晰包含水在内的诸多因素对沥青黏附性自愈合的影响规律并对多种改性沥青的黏附性自愈合进行评价，随后探究沥青与集料黏附性自愈合的机理。

5.1　沥青与集料黏附性自愈合的影响因素分析

沥青-集料界面黏附性自愈合特性受多种因素影响，其中内部因素包括沥青组分、改性剂、添加剂以及集料的性质，外部因素包括荷载、愈合时间、温度、水作用等。本节将基于拉拔试验，通过改变自愈合过程中的外部条件，探究不同外部因素对沥青-集料界面自愈合特性的影响，这同时也是试验参数确定与试验方法建立的过程。需要注意的是，在第 3 章拉拔试验评价沥青黏附性的方法中，试件养生条件为：25℃干燥 1h+40℃水浴 48h+25℃干燥 1h。而在本章拉拔试验评价沥青黏附性自愈合的方法中，为了缩短试验的总时间并保证效率，试件养生条件为：25℃干燥 1h+40℃水浴 24h+25℃干燥 1h（测量初始强度）+25℃水浴愈合 24h（测量愈合强度）。两种方法试件的养生条件有所不同，因此测得的同种沥青试件的初始强度会有所不同。

5.1.1　愈合外荷载压力对沥青黏附性自愈合的影响

实际路用状态下，发生黏附破坏或产生微裂缝的路面会持续受到车辆荷载的往返作用，这会对路面的自愈合过程产生影响。此外，在本试验过程中，为保证经过初次破坏的拔头能够准确地在原位定形、定位并进行自愈合，需在拔头上面施加一定的压力。因此，探究拉拔试验方法中外荷载对沥青黏附性自愈合的影响是进行后续其他自愈合影响因素研究的基础，对探究沥青-集料界面自愈合特性具有重要意义。

拉拔试验试件受制于拉拔仪器的设定，仅能承受竖向的拉、压应力，而无法抵抗横向剪切作用或施加动态的竖向力。因此，在探究外荷载对自愈合的影响时，仅考虑竖向静压力作用。自愈合时的外荷载（竖向静压力）施加方法如下：

(1)测定初始强度后，将拔头从拉拔仪中取出，并根据标记位置放回破坏面。

(2)轻压拔头顶部，使得拔头底部边缘与石料表面接触。

(3)全部拔头放回破坏面后，将试件放入 25℃水浴箱，并立即将若干块压重放置在三个拔头顶部，如图 5.2 所示（压重需同时与三个拔头的顶面接触，水浴箱底板须保持水平，以使各拔头受力均匀并避免压重产生水平分量对拔头施加剪切作用）。

图 5.2　拉拔试验中外荷载施加方法

根据水浴箱容量及水位，选取的压重类型及参数见表 5.1。

表 5.1　压重类型及参数

压重类型	长/mm	宽/mm	厚/mm	有效重量/N	等效压强*/kPa
玄武岩板	100	100	约 10	2.0	约 0.64
钢板	100	100	约 1.8	3.0	约 0.96

* 等效压强指一块压重作用在每个拔头上的平均压强，其中拔头底面面积按 320mm² 计。

用于探究外荷载影响的试件共计 5 组，每组 3 个平行试件，均采用 ESSO 基质沥青，各组编号、加载状况和对应各拔头的等效压强(equivalent pressure, EP)见表 5.2。

表 5.2　试验组加载情况

编号	加载状况	等效压强/kPa
EP0	无	0
EP1	玄武岩板×1	0.64
EP2	玄武岩板×2	1.27
EP4	玄武岩板×4	2.55
EP8	玄武岩板×2+钢板×2	5.10

图 5.3 给出了不同等效压强下试件的初始强度与愈合强度。结果表明，各组试件的初始强度非常近似，在 2.62～2.79MPa 范围内波动(均值为 2.69MPa)，这是由于各试件成型时受成型质量影响而表现出一定的、可接受的变异性。在该等效压强范围内，愈合压力对愈合情况的影响如下。

(1)无愈合压力的 EP0 组愈合强度虽然略小，比其余各组小 0.1～0.17MPa，

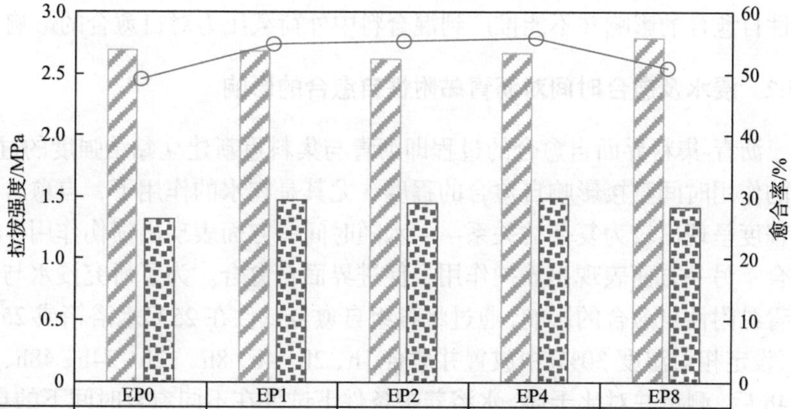

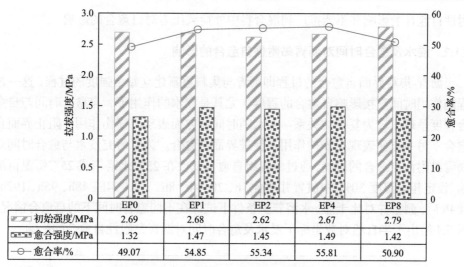

	EP0	EP1	EP2	EP4	EP8
初始强度/MPa	2.69	2.68	2.62	2.67	2.79
愈合强度/MPa	1.32	1.47	1.45	1.49	1.42
愈合率/%	49.07	54.85	55.34	55.81	50.90

图 5.3　不同等效压强下试件的初始强度与愈合强度

但也未体现出有压力与无压力带来的差别。

(2)施加不同愈合压力的各组(EP1～EP8)愈合强度范围为 1.42～1.49MPa，压力大小与愈合强度未呈现出明显的对应关系。

产生上述结果的原因有以下两个方面。

(1)初次破坏后，在将拔头放回原破坏面定形、定位并轻压的过程中，拔头底边缘已经与石料表面相接触，沥青膜厚度已达到初次破坏之前的值；沥青-集料的有效界面已经形成，主要的愈合过程是沥青和集料分子通过相互之间的渗透作用形成强度，与外力作用无关。

(2)需要考虑拔头本身自重造成的压力，经测量与计算，每个拔头本身因自重会对沥青与集料表面产生 0.6kPa 的压强，这已经与一块玄武岩板产生的 0.64kPa 压强接近，因此总压强为 0.6～5.7kPa，外力在上述等效压强范围内无法进一步体现出区别。

由于在上述等效压强范围内的愈合压力对愈合情况没有明显影响，在后续试验中，试件在初次破坏后用手将拔头在保证定形、定位的情况下放回原处并轻压固定；自愈合过程中不再配置压重；当水浴箱空间不足时，在保证水浴箱底面水平的情况下，用于同一因素探究的全部自愈合试件允许重叠放置或配置等效的压重。需要注意的是，《公路沥青路面设计规范》(JTG D50—2017)[161]规定的轮胎接地压强为 0.7MPa，远远大于本系列试验施加的愈合压力(最大为 5.7kPa)，因此本系列试验施加的愈合压力过小，无法用于分析实际路用状态下外荷载对沥青黏附性自愈合的影响。在拉拔试验中给试件施加 0.7MPa 的压力也不现实，本节采用不同等效压重的形式只是为了确立试验中的压重情况，因而以上压重对沥青黏附性自愈合的影响并不能推广到混合料中外荷载压力对自愈合的影响。

5.1.2 浸水及愈合时间对沥青黏附性自愈合的影响

沥青-集料界面自愈合的过程即沥青与集料重新建立黏结强度的过程，这一过程的作用时间直接影响自愈合的程度。尤其是在水的作用下，自愈合时间与自愈合程度呈现出较为复杂的关系——水随时间一方面表现出损伤作用、阻止界面自愈合，另一方面表现出养护作用、促进界面自愈合。为了研究浸水与愈合时间对沥青黏附性自愈合的影响，通过将各组自愈合试件在25℃水浴箱或25℃恒温恒湿箱(设定相对湿度30%)中放置并愈合1h、2h、4h、8h、12h、24h、48h、96h、192h、384h后，测量并对比干燥、水浴养护条件下试件在不同愈合时间下的自愈合情况。图5.4给出了半自然对数坐标下浸水及愈合时间对沥青黏附性自愈合的影响。

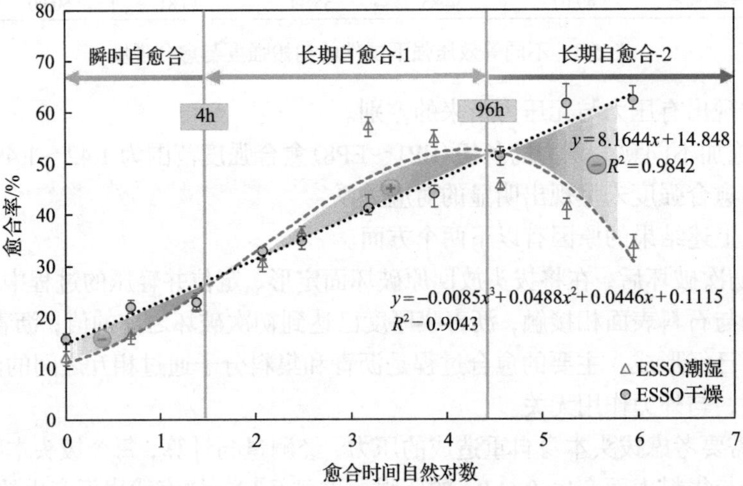

图5.4 浸水及愈合时间对沥青黏附性自愈合的影响

为了更为清晰地展示不同愈合时间下的沥青愈合强度，图5.4中愈合时间以半自然对数坐标的形式给出。根据图5.4中干燥与潮湿条件下沥青愈合率随愈合时间的变化，可以发现以下两个现象：

(1)干燥条件下沥青的愈合率与愈合时间呈现出半对数函数的正相关关系。相比之下，浸水条件下沥青的愈合率则随着愈合时间的增加而先增大后减小。此外，图5.4中的误差棒也显示出拉拔试验具有较好的重复性且干燥与潮湿条件下沥青愈合率的差异并非由试验本身的误差造成。

(2)水对于沥青的黏附性自愈合具有多重效应。将干燥与潮湿条件下沥青愈合强度的恢复情况相比，可见在浸水的最初几个小时内，水不利于沥青的瞬时自愈合。两个界面之间的水(沥青和集料界面，或者沥青与沥青之间的界面)会阻碍两个破坏面的接触。但是出乎意料的是，在图 5.4 中的第一个长期自愈合阶段中水似乎对沥青自愈合产生了有益影响。这可能是由于水中的氢离子与沥青表面能中的酸碱分量具有很好的亲和性，从而在破坏面形成更强的氢键与愈合强度。氢键的形成需要一定的时间，且已经有研究证明了氢键有利于沥青的长期自愈合[162]，因此水在沥青的第一个长期自愈合阶段起到了促进作用。随着时间的进一步增加，当黏结强度恢复到最大值后又开始下降，可见水对于沥青第二个长期自愈合阶段是不利的，这是因为根据湿度迁移理论[23]，水的损坏作用随着愈合时间的增加逐步凸显，水逐渐从沥青膜破裂处或者集料内部的毛细路径侵入界面，从而进一步降低沥青与集料的黏附。

5.1.3　愈合温度对沥青黏附性自愈合的影响

温度对沥青本身的性能及沥青-集料的黏附性和自愈合特性都有很大影响，一方面，沥青的劲度模量等流变学指标对温度较为敏感；另一方面，温度通过宏观上对沥青的黏度、微观上对沥青分子的热运动产生影响，影响沥青-集料黏结强度的形成和愈合过程。实际路用状况下，路面温度随气温、太阳辐射、地温等因素影响不断变化。一天中的不同时段、一年中的不同季节、不同的干湿状况下，路面温度的变化情况、平均值、离散程度各不相同，同样在公路自然区划 V_2 区，沥青路面夏季路表最高温度超过 40℃，雨后潮湿的路表温度在 25℃左右；冬季路表最低温度接近 0℃，而春秋季雨后潮湿的路表温度常在 5～15℃。同时，路面结构中存在沿深度方向的温度梯度，同一时刻路面不同深度处的温度也有一定区别。任何季节、任何时刻、任何可能的路面温度下，沥青层都有发生黏附破坏的可能，而黏附性自愈合也随之开始，并在整个自愈合过程中受到对应深度处路面温度的影响。

因此，研究不同温度下沥青-集料界面的自愈合特性，一方面有利于为后续试验选定适宜的温度，另一方面也能在一定程度上解释不同温度下实际路面的黏附性破坏情况和自愈合情况，从自愈合的角度为不同公路自然区划的沥青路面材料选择提供指导。

因此，本书选取 5℃、15℃、25℃、40℃为愈合温度，探究愈合温度对沥青-集料界面自愈合特性的影响；并选用 ESSO 70#基质沥青、橡胶油调和 90#沥青、橡胶油调和 110#沥青，探究不同标号沥青在不同愈合温度影响下表现出的自愈合能力差异。

为排除试件成型质量、同种沥青在不同温度下劲度模量的差别，准确探究自愈合时的温度对自愈合情况的影响，需对 2.4.3 节中的愈合温度进行调整，具体如下：

(1) 试件成型后，依次经历 1h 的 25℃恒温恒湿箱干燥（30%相对湿度）放置和

24h 的 40℃水浴放置，再将上述试件在 25℃水浴箱中放置 10min，随后立即取出、测定初始强度（$POTS_I$）。

(2)初始强度测定完成后，立即按原有方法将拔头原位放回，再将试件分别放入 15℃、25℃、40℃水浴箱中。养护 24h 后，统一在 25℃水浴箱中放置 10min[88]，以使试件温度控制在 25℃，随后立即取出并测定愈合强度（$POTS_A$），计算愈合率（HI）。

愈合温度对沥青黏附性自愈合的影响如图 5.5 所示。结果表明，温度越高，沥青的自愈合能力越强。沥青在较高温度下（25℃、40℃），宏观上黏度较低、流动性较好，在沥青-集料界面自愈合过程中能更有效地填充破坏面的孔隙；微观上分子热运动更剧烈，基于渗透作用和扩散作用，通过分子的交换和分子间键力的形成，促使愈合发生。而在较低温度下，上述作用受到抑制，尤其是低标号的 70# 基质沥青在低温（5℃）下的流动性最小，填充破坏面孔隙的过程最慢、程度最低。一般认为，针入度较高的“软沥青”的自愈合能力比针入度较低的“硬沥青”要高，然而图 5.5 却表明在温度≥25℃时，70#沥青的愈合能力比 90#沥青和 110#沥青高。只有在温度进一步降低到 15℃和 5℃时，90#沥青和 110#沥青的愈合能力才比 70#沥青高。因此，“软沥青”具有高愈合能力的特性只有在低温状态下才能

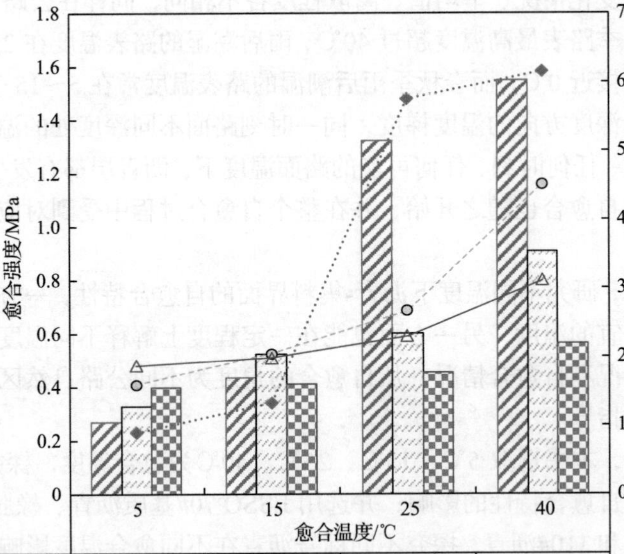

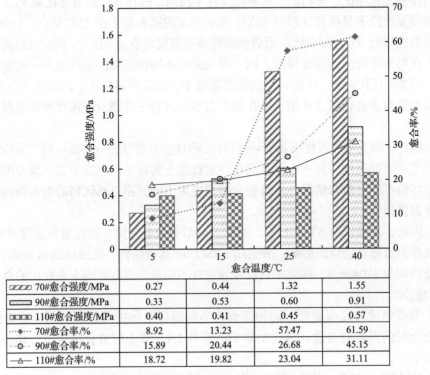

	5	15	25	40
70#愈合强度/MPa	0.27	0.44	1.32	1.55
90#愈合强度/MPa	0.33	0.53	0.60	0.91
110#愈合强度/MPa	0.40	0.41	0.45	0.57
70#愈合率/%	8.92	13.23	57.47	61.59
90#愈合率/%	15.89	20.44	26.68	45.15
110#愈合率/%	18.72	19.82	23.04	31.11

图 5.5　愈合温度对沥青黏附性自愈合的影响

显示出来，而高温地区还是适宜选择针入度等级较低的沥青[159]。

5.1.4　多次破坏-自愈合过程对沥青黏附性自愈合的影响

实际路用状态下，发生黏附破坏或产生微裂缝的路面在自愈合过程中仍可能继续受到水、车辆荷载等外来作用的影响，从而影响自愈合进程或再次发生破坏；再次破坏发生后，随即开始新一轮的自愈合过程。如此循环往复，沥青-集料间的拉拔强度会基于多次破坏-自愈合过程中形成的愈合强度达到新的平衡，即多次自愈合后的稳定强度。较大的稳定强度使得沥青-集料能在不断自愈合过程的基础上保持较好的拉拔强度(如图 5.6 中 B 所示)，路面不会发生剥落；较小的稳定强度则会最终导致路面在水、荷载的反复作用下发生黏附破坏或开裂(如图 5.6 中 A 所示)。同时，需要注意的是，初始强度高的沥青混合料并不意味着比初始强度低的沥青混合料表现出更好的抗水损坏性能(如图 5.6 中 A、B 所示)，沥青与集料界面在经历多次破坏-愈合后的稳定强度也应给予充分考量。

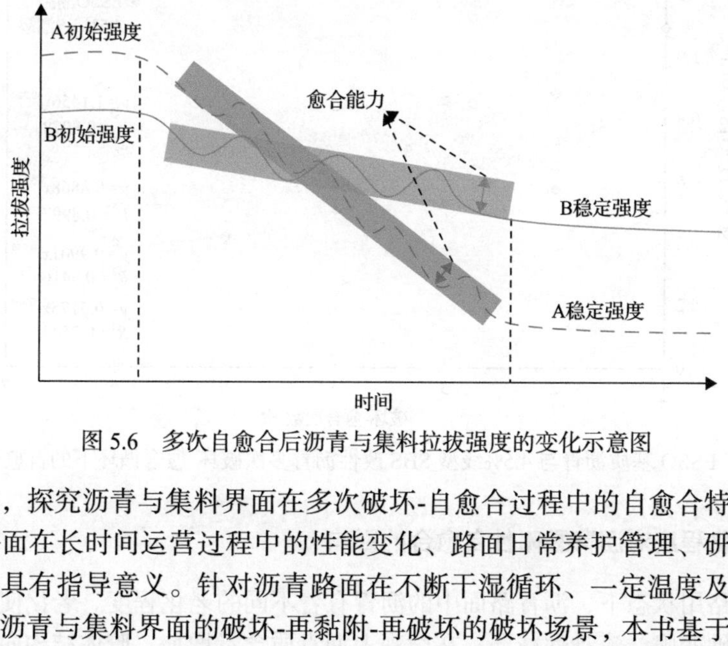

图 5.6　多次自愈合后沥青与集料拉拔强度的变化示意图

因此，探究沥青与集料界面在多次破坏-自愈合过程中的自愈合特性，对研究沥青路面在长时间运营过程中的性能变化、路面日常养护管理、研究长寿命路面材料具有指导意义。针对沥青路面在不断干湿循环、一定温度及外荷载反复作用下沥青与集料界面的破坏-再黏附-再破坏的破坏场景，本书基于拉拔试验针对性地提出了 2.4.3 节中所述的多次破坏-愈合循环来模拟沥青与集料的多次黏附性自愈合过程。每个试件可以经过 i 个破坏-愈合循环，测得愈合强度为 $POTS_{Ai}$。直到所能恢复的强度稳定在某个值(称为稳定强度)或者值很小后，试验终止。

在本小节的研究中，选取具有代表性的 ESSO 基质沥青与 4.5%线型 SBS 改性沥青分别在干燥与浸水状态经历多次破坏-愈合循环，结果如图 5.7 所示。由图可知，无论是 ESSO 基质沥青还是 4.5%线型 SBS 改性沥青，其所能恢复的愈合强度($POTS_{Ai}$)都随着试件破坏-愈合次数的增多而逐渐降低并趋于一个稳定强度，且沥青的黏附性自愈合能力与其破坏-愈合次数(即损伤程度)呈幂函数关系。随着损伤的积累，沥青会越来越难以恢复其与集料的拉拔强度[163]。此外，各破坏-愈合次数下沥青干燥条件的愈合强度均要高于潮湿条件的愈合强度。例如，第 6 次破坏-愈合循环后，ESSO 基质沥青与 4.5%线型 SBS 改性沥青在浸水愈合条件下的愈合强度($POTS_{A6}$)仅为干燥愈合条件下愈合强度的一半左右。这说明水会降低沥青与集料界面在多次破坏-愈合循环下的自愈合能力。另外，对比 ESSO 基质沥青与 4.5%线型 SBS 改性沥青的多次愈合强度，可以发现 4.5%线型 SBS 改性沥青在干燥和潮湿愈合条件下的愈合能力均要低于 ESSO 基质沥青，因此线型 SBS 会降低沥青的黏附性自愈合能力。

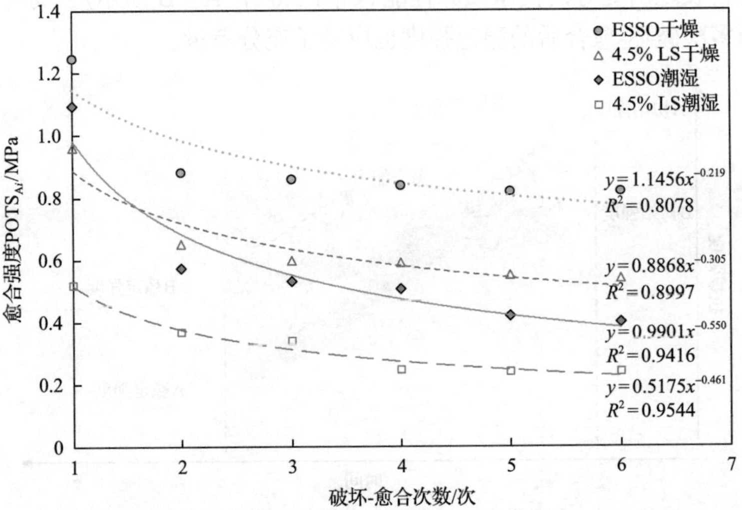

图 5.7 ESSO 基质沥青与 4.5%线型 SBS 改性沥青多次破坏-愈合循环下的自愈合行为

5.1.5 老化程度对沥青黏附性自愈合的影响

实际路用状态下，沥青路面中的沥青有着不同的老化程度。老化使得沥青在宏观上变硬变脆、流动性减弱，在微观上沥青质含量增加、胶体结构向凝胶型转化、渗透作用和扩散作用的效果发生变化，进而影响沥青-集料界面的黏附性和自愈合特性。因此，探究老化对沥青多次自愈合特性的影响，有利于更准确地把握实际路用状态下不同老化程度的沥青对应的沥青-集料界面自愈合进程和沥青路面在长时间运营过程中的性能变化。本小节仍然选取具有代表性的 ESSO 基质沥青与 4.5%线型 SBS 改性沥青进行 RTFOT 短期老化、PAV 长期老化。

ESSO 基质沥青不同老化程度下的多次自愈合结果如图 5.8 所示。由图可知：

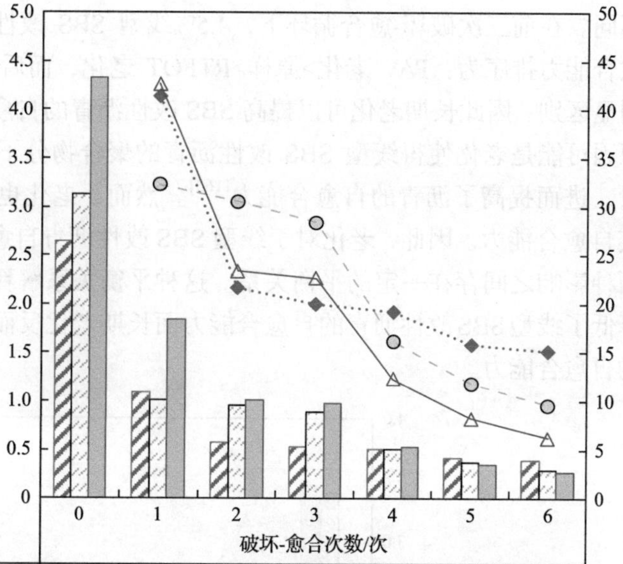

	0	1	2	3	4	5	6
原样愈合强度/MPa	2.65	1.10	0.57	0.53	0.51	0.42	0.40
RTFOT老化愈合强度/MPa	3.13	1.01	0.96	0.89	0.51	0.37	0.30
PAV老化愈合强度/MPa	4.33	1.84	1.01	0.98	0.53	0.36	0.27
原样愈合率/%	—	41.40	21.68	20.04	19.16	15.88	15.12
RTFOT老化愈合率/%	—	32.27	30.51	28.43	16.19	11.82	9.58
PAV老化愈合率/%	—	42.62	23.35	22.66	12.33	8.25	6.24

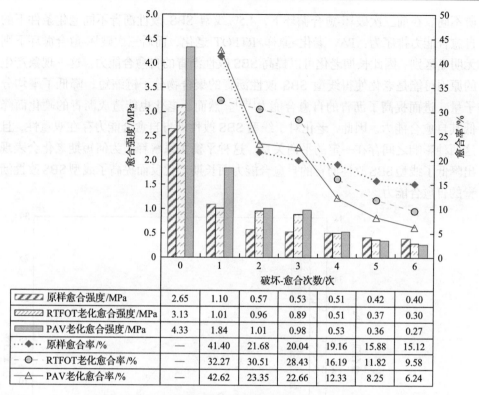

图 5.8　ESSO 基质沥青不同老化下的多次自愈合结果

初始强度方面，PAV 老化对应的初始强度达到 4.33MPa，比原样沥青高出 63%；RTFOT 老化对初始强度也有不同程度的提升。这是由于老化使得沥青的劲度提高，但是本章的愈合率指标是通过将愈合强度与初始强度相除得到的，该过程可以部分抵消劲度提高对拉拔试验结果的影响，因而仍然采用高温成型法成型试件，而非常温成型法。

愈合强度与愈合率方面，在前三次破坏-愈合循环下，基质沥青的原样与 PAV 老化情况下的愈合能力没有明显差异，而相比之下，RTFOT 老化后的基质沥青具有更高的愈合率。这可能是由于短期老化降低了沥青中芳香分的含量而提高了沥青质与树脂的含量，这有利于增加沥青的极性并提高愈合力。相比之下，在后三次破坏-愈合循环下，原样沥青自愈合能力要好于 RTFOT 老化后的沥青，并进一步好于 PAV 老化后的沥青，可见老化在多次破坏-愈合循环的视角下会降低基质沥青的黏附性自愈合性能。这是由于老化会提高沥青的劲度、降低流动性、提高沥青平均分子量，进而降低基质沥青的自愈合能力。

4.5%线型 SBS 改性沥青不同老化下的多次自愈合结果如图 5.9 所示。由图可知，4.5%线型 SBS 改性沥青在不同老化下的多次自愈合结果与 ESSO 基质沥青有所不同。在前三次破坏-愈合循环下，4.5%线型 SBS 改性沥青不同老化条件下的自愈合能力排序为：PAV 老化>原样>RTFOT 老化，而后三次破坏-愈合循环下则无明显区别，因此长期老化可以提高 SBS 改性沥青的自愈合能力。这一现象产生的原因可能是老化使得线型 SBS 改性沥青的聚合物分子链缩短，降低了平均分子量，进而提高了沥青的自愈合能力[163]。然而，老化也能造成沥青的硬化而降低其自愈合能力。因此，老化对于线型 SBS 改性沥青自愈合能力存在双重性，且这两种影响之间存在一定的平衡关系。这种平衡关系解释了为何短期老化会表现出降低了线型SBS改性沥青的自愈合能力而长期老化反而提高了线型SBS改性沥青的自愈合能力。

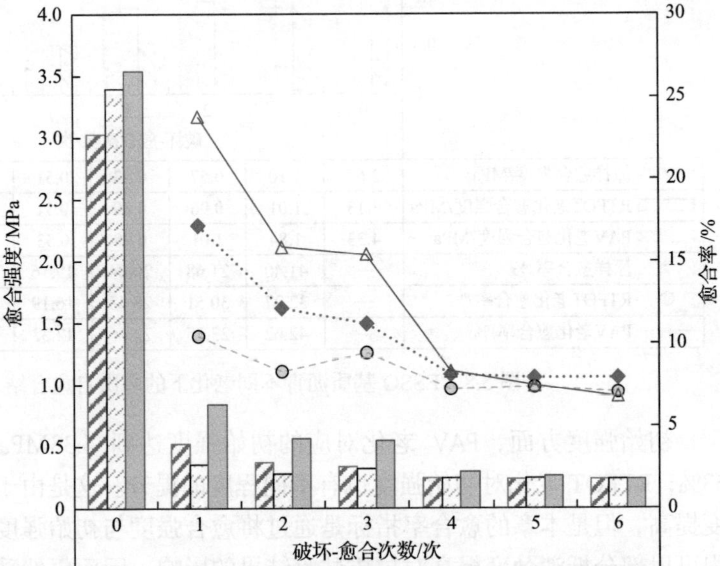

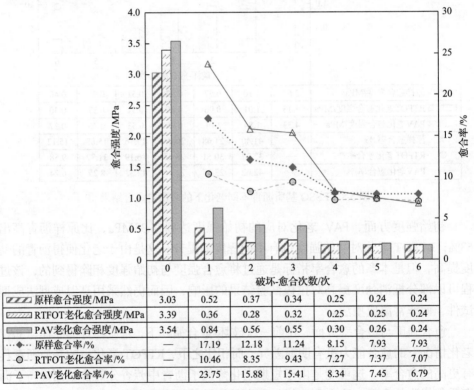

	0	1	2	3	4	5	6
原样愈合强度/MPa	3.03	0.52	0.37	0.34	0.25	0.24	0.24
RTFOT老化愈合强度/MPa	3.39	0.36	0.28	0.32	0.25	0.25	0.24
PAV老化愈合强度/MPa	3.54	0.84	0.56	0.55	0.30	0.26	0.24
原样愈合率/%	—	17.19	12.18	11.24	8.15	7.93	7.93
RTFOT老化愈合率/%	—	10.46	8.35	9.43	7.27	7.37	7.07
PAV老化愈合率/%	—	23.75	15.88	15.41	8.34	7.45	6.79

图 5.9　4.5%线型 SBS 改性沥青不同老化下的多次自愈合结果

5.2　多种基质沥青与改性沥青的黏附性自愈合评价

为了弥补基质沥青路用性能的不足、满足日益增多的交通量需求及重交通增长、适应因温室效应不断严峻的高温天气，大量的改性剂和添加剂被用来生产种类繁多的改性沥青。

然而，学者对于改性剂对自愈合的改性效果存在很大的争议[164]。有些学者认为改性剂的存在会切断沥青基团之间接触的途径，这对沥青的自愈合有不利作用[126]；也有学者认为聚合物吸收沥青中的轻质油分，聚合物链与沥青相互交错，形成三维网状结构，增强了沥青的自愈合能力[165]。以 SBS 为例，不同评价方法的结论可能有所不同，如在沥青层面，研究[126]基于 AFM 与表面能提出 SBS 利于沥青自愈合性能；在沥青胶浆层面，研究[166]基于直接拉伸试验(direct tension test, DTT)提出 SBS 不利于胶浆自愈合性能；在混合料层面，研究[167]基于疲劳小梁试验又提出 SBS 有利于混合料自愈合性能。甚至对于同种方法，同种研究对象下的研究结论都有可能不同。同样是采用 DSR 试验评价沥青胶浆自愈合性能，基于耗散能的指标[168]和基于激发能的指标对 SBS 的改性效果评价结论相反[169]。这样的矛盾结论势必会造成业内人士在材料选择上的困扰。

此外，相对于沥青内聚性自愈合，改性剂对沥青黏附性自愈合的影响机制研究较少。以上种种研究现状影响了业内对改性沥青的认识、判断与选择。本小节将基于拉拔试验的多次自愈合试验，评价不同基质沥青与各类改性沥青的黏附性自愈合能力，试验方法如 2.4.3 节所述。

5.2.1　多种基质沥青的黏附性自愈合性能

不同来源、不同产地的基质沥青在沥青组分、生产工艺上都有所区别，也会表现出不同的黏附性自愈合性能，本书采用拉拔试验对七种不同来源的 70#基质沥青进行拉拔试验，试验结果如图 5.10 所示。

由图 5.10 可见，不同原油产地 70#基质沥青的多次自愈合能力均有所不同。所有沥青的愈合强度及愈合率随着破坏-愈合次数的增加均呈现出先快后慢的衰减趋势；除塔河沥青(TH)表现出最差的自愈合能力外，其他基质沥青的自愈合水平及变化情况较为接近：从第 1 次到第 5 次破坏-愈合循环，愈合强度总体上从 0.90MPa 左右衰减至约 0.40MPa、愈合率从最高的约 40%衰减至 15%左右。值得注意的是，如果只关注第 1 次破坏-愈合循环，昆仑沥青(KL)愈合率和愈合强度排在倒数第二位，而在 5 次破坏-愈合循环后，其愈合率与愈合强度均排在七种基质沥青中的第一位。由此可见，评价沥青多次自愈合能力是非常重要的，这也验证了图 5.6 中提出的概念：不仅要关注沥青与集料的初始愈合强度，同时也应关注其在多次破坏-愈合循环后的稳定愈合强度。

5.2.2　SBS 类改性沥青的黏附性自愈合性能

5.1.4 节提出了 4.5%线型 SBS 改性沥青在多次破坏-愈合循环后的黏附性自愈合性能不如基质沥青。本小节将采用拉拔试验进一步评价不同掺量下线型 SBS 改性沥青、星型 SBS 改性沥青的黏附性自愈合性能，以及橡胶油、稳定剂对 4.5%

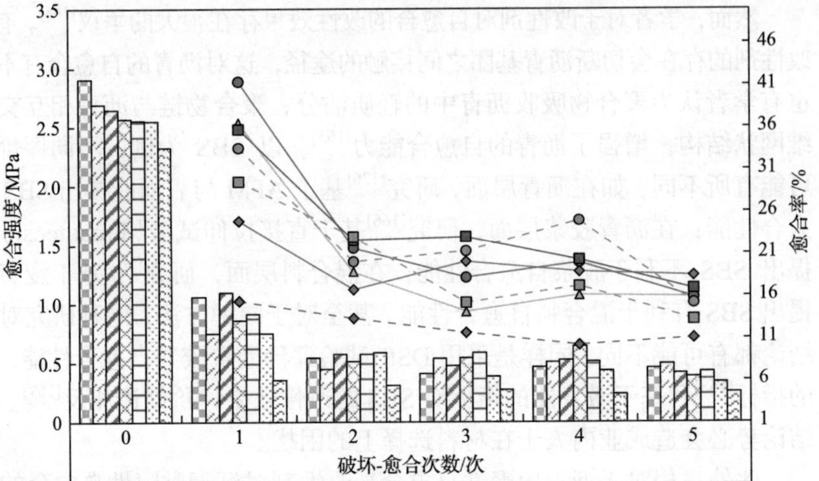

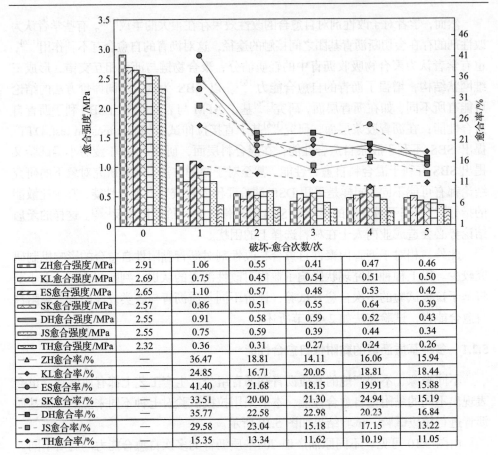

	0	1	2	3	4	5
ZH愈合强度/MPa	2.91	1.06	0.55	0.41	0.47	0.46
KL愈合强度/MPa	2.69	0.75	0.45	0.54	0.51	0.50
ES愈合强度/MPa	2.65	1.10	0.57	0.48	0.53	0.42
SK愈合强度/MPa	2.57	0.86	0.51	0.55	0.64	0.39
DH愈合强度/MPa	2.55	0.91	0.58	0.59	0.52	0.43
JS愈合强度/MPa	2.55	0.75	0.59	0.39	0.44	0.34
TH愈合强度/MPa	2.32	0.36	0.31	0.27	0.24	0.26
ZH愈合率/%	—	36.47	18.81	14.11	16.06	15.94
KL愈合率/%	—	24.85	16.71	20.05	18.81	18.44
ES愈合率/%	—	41.40	21.68	18.15	19.91	15.88
SK愈合率/%	—	33.51	20.00	21.30	24.94	15.19
DH愈合率/%	—	35.77	22.58	22.98	20.23	16.84
JS愈合率/%	—	29.58	23.04	15.18	17.15	13.22
TH愈合率/%	—	15.35	13.34	11.62	10.19	11.05

图 5.10　不同基质沥青的多次自愈合结果

线型 SBS 改性沥青黏附性自愈合性能的影响。

1. 线型、星型 SBS 对基质沥青黏附性自愈合性能的影响

拉拔试验中，不同掺量下线型与星型 SBS 改性沥青的多次自愈合结果如图 5.11 所示，将初始拉拔强度（$POTS_I$）与各次破坏-愈合循环（i）后的愈合强度（$POTS_{Ai}$）绘制在主坐标轴上，愈合率（HI_i）绘制在次坐标轴上。

图 5.11 表明，对线型和星型 SBS 来说，随着掺量的增加，一次破坏-愈合循环和两次破坏-愈合循环后沥青的愈合率均下降且小于对应的基质沥青愈合率，可见 SBS 类改性剂不利于基质沥青的黏附性自愈合性能。相比之下，虽然星型 SBS 改性沥青的愈合率要高于线型 SBS 改性沥青，这是由于星型 SBS 改性沥青的初始拉拔强度较低，但是如果考虑愈合强度的绝对值，线型 SBS 改性沥青的愈合能力与星型 SBS 改性沥青差异不大。SBS 类改性剂对沥青自愈合性能不利影响的原因

将在 5.3 节进一步研究。

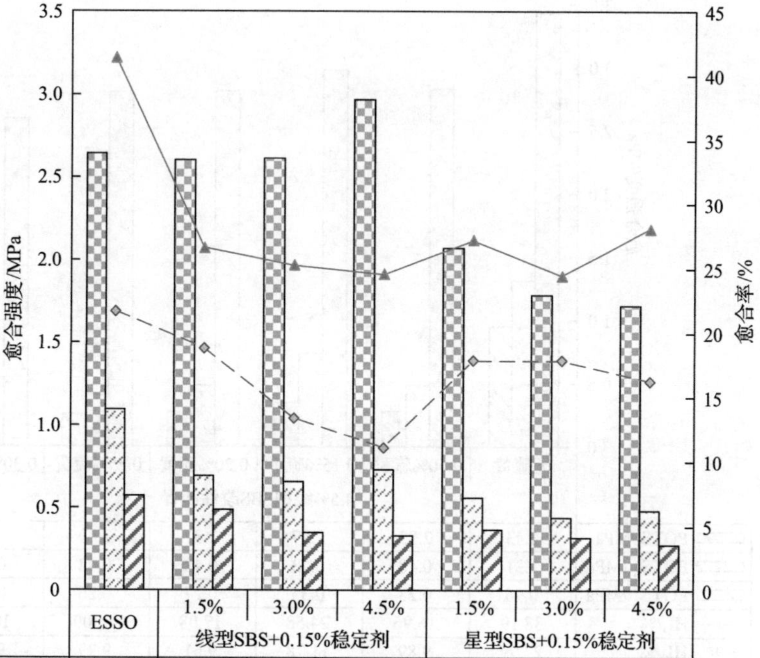

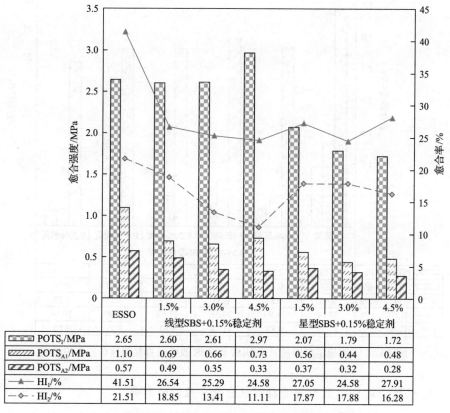

	ESSO	线型SBS+0.15%稳定剂 1.5%	线型SBS+0.15%稳定剂 3.0%	线型SBS+0.15%稳定剂 4.5%	星型SBS+0.15%稳定剂 1.5%	星型SBS+0.15%稳定剂 3.0%	星型SBS+0.15%稳定剂 4.5%
$POTS_I$/MPa	2.65	2.60	2.61	2.97	2.07	1.79	1.72
$POTS_{A1}$/MPa	1.10	0.69	0.66	0.73	0.56	0.44	0.48
$POTS_{A2}$/MPa	0.57	0.49	0.35	0.33	0.37	0.32	0.28
HI_1/%	41.51	26.54	25.29	24.58	27.05	24.58	27.91
HI_2/%	21.51	18.85	13.41	11.11	17.87	17.88	16.28

图 5.11　不同掺量下线型与星型 SBS 改性沥青的多次自愈合结果

2. 硫黄稳定剂对 SBS 改性沥青黏附性自愈合性能的影响

采用拉拔试验研究了不同稳定剂掺量对 4.5%线型 SBS 改性沥青黏附性自愈合的影响，试验结果如图 5.12 所示。

由图 5.12 可见，向 4.5%线型 SBS 改性沥青中加入稳定剂会降低其黏附性自愈合性能。值得注意的是，与稳定剂对 SBS 改性沥青黏附性的影响类似，随着稳定剂掺量的增加，SBS 改性沥青的愈合强度与愈合率呈现出先增大后减小的趋势，0.15%为 4.5%线型 SBS 改性沥青中稳定剂的最佳掺量。这是由于硫黄通过在沥青中形成硫化物与多硫化物将 SBS 聚合物与沥青紧密地交联起来[170]。这种大分子间交联作用一方面会提高 SBS 改性沥青的稳定性、减少离析，但另一方面也降低了沥青分子的流动性，从而影响沥青的自愈合性能。

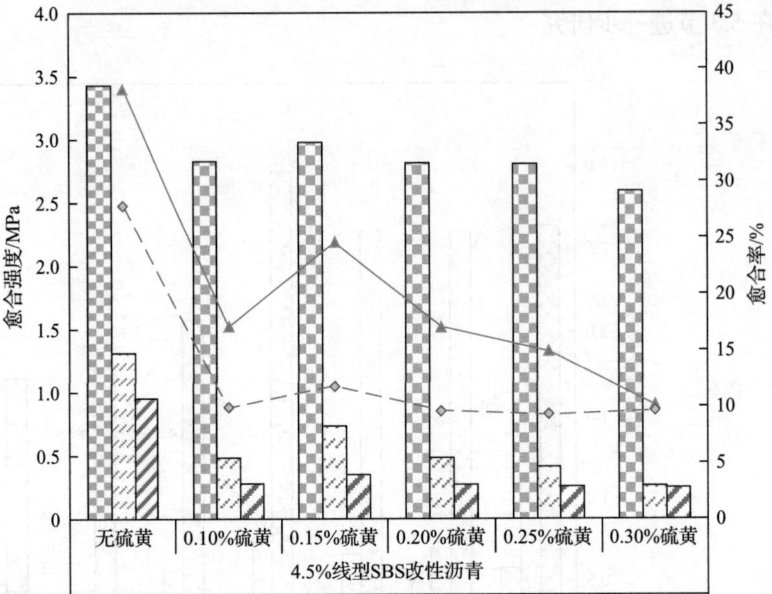

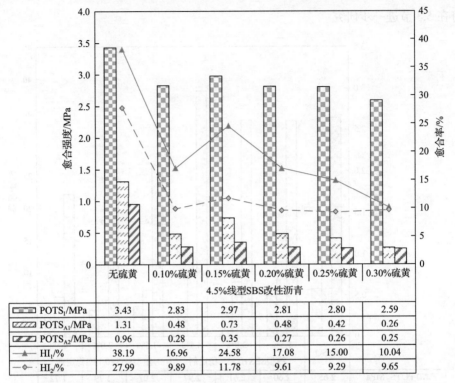

	无硫黄	0.10%硫黄	0.15%硫黄	0.20%硫黄	0.25%硫黄	0.30%硫黄
$POTS_I$/MPa	3.43	2.83	2.97	2.81	2.80	2.59
$POTS_{A1}$/MPa	1.31	0.48	0.73	0.48	0.42	0.26
$POTS_{A2}$/MPa	0.96	0.28	0.35	0.27	0.26	0.25
HI_1/%	38.19	16.96	24.58	17.08	15.00	10.04
HI_2/%	27.99	9.89	11.78	9.61	9.29	9.65

图 5.12 不同稳定剂掺量对 4.5%线型 SBS 改性沥青黏附性自愈合的影响

3. 橡胶油对 SBS 改性沥青黏附性自愈合性能的影响

以 4.5%LS+0.15%稳定剂的改性沥青为对照组，探讨不同掺量橡胶油对线型 SBS 改性沥青黏附性自愈合的影响，试验结果如图 5.13 所示。

图 5.13 表明，橡胶油的加入会降低 SBS 改性沥青的愈合率与愈合强度，因此橡胶油不利于 SBS 改性沥青的黏附性自愈合性能。但在 2%～8%范围内向 4.5%线型 SBS 改性沥青中加入橡胶油，不同掺量的橡胶油对沥青自愈合性能的影响差异不大。这是由于橡胶油本身虽然不利于自愈合但是能起到软化沥青的作用，提高其流动能力，这两种作用相互抵消使得向 4.5%线型 SBS 改性沥青中加入更高掺量的橡胶油不会进一步降低其黏附性自愈合性能。

5.2.3 溶解性胶粉改性沥青的黏附性自愈合性能

由于 4.3.3 节中证明了拉拔试验不适合评价颗粒较大的传统橡胶沥青，本小节对于橡胶类改性沥青，只研究不同掺量下溶解性胶粉改性沥青的黏附性自愈合能力，试验结果如图 5.14 所示。

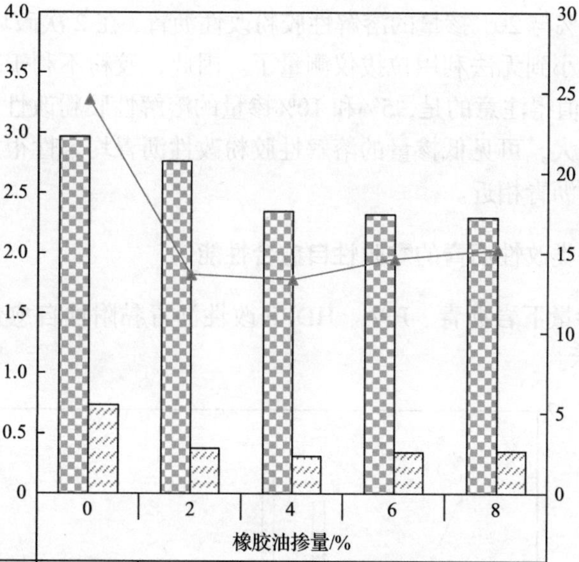

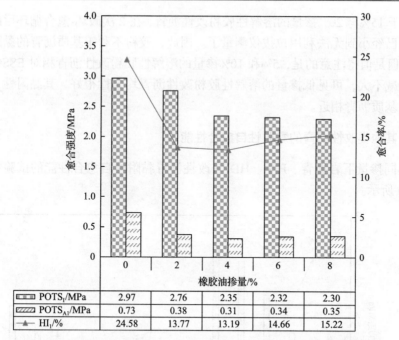

	0	2	4	6	8
$POTS_I$/MPa	2.97	2.76	2.35	2.32	2.30
$POTS_{A1}$/MPa	0.73	0.38	0.31	0.34	0.35
HI_1/%	24.58	13.77	13.19	14.66	15.22

图 5.13　不同掺量橡胶油对 4.5%线型 SBS 改性沥青黏附性自愈合的影响

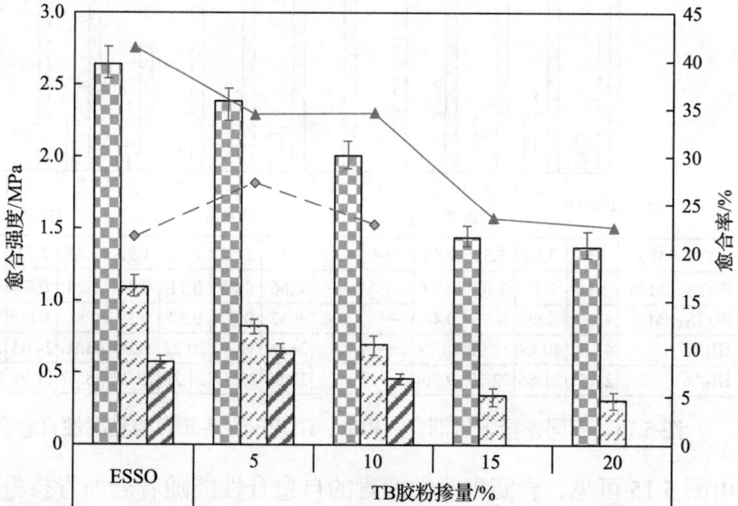

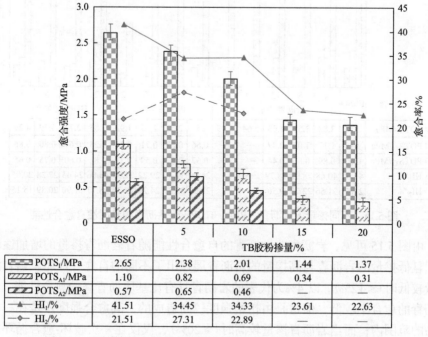

	ESSO	5	10	15	20
$POTS_I$/MPa	2.65	2.38	2.01	1.44	1.37
$POTS_{A1}$/MPa	1.10	0.82	0.69	0.34	0.31
$POTS_{A2}$/MPa	0.57	0.65	0.46	—	—
HI_1/%	41.51	34.45	34.33	23.61	22.63
HI_2/%	21.51	27.31	22.89	—	—

图 5.14　不同掺量胶粉对溶解性胶粉改性沥青黏附性自愈合的影响

从图 5.14 可见，随着胶粉掺量的增加，溶解性胶粉改性沥青的愈合率逐渐下降，对于 15%与 20%掺量的溶解性胶粉改性沥青，在 2 次破坏-愈合循环后的愈合强度就已经小到无法利用拉拔仪测量了。因此，胶粉不利于基质沥青的黏附性自愈合。但是值得注意的是，5%和 10%掺量的溶解性胶粉改性沥青相对 ESSO 基质沥青衰减不大，可见低掺量的溶解性胶粉改性沥青均匀性很好，其黏附性自愈合能力与基质沥青相近。

5.2.4　其他类改性沥青的黏附性自愈合性能

不同掺量下岩沥青、PPA、HDPE 改性沥青黏附性自愈合性能的试验结果如图 5.15 所示。

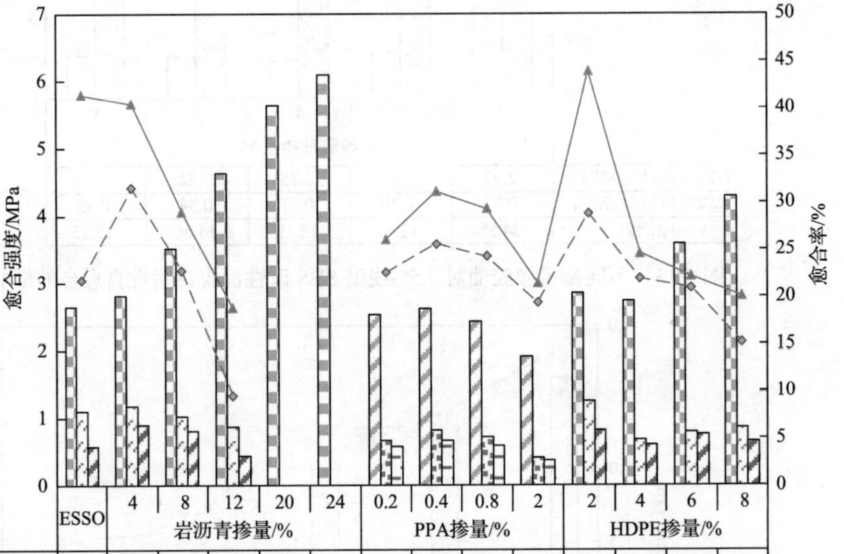

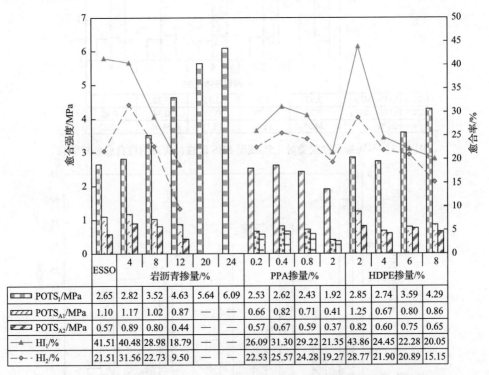

	ESSO	4	8	12	20	24	0.2	0.4	0.8	2	2	4	6	8
$POTS_I$/MPa	2.65	2.82	3.52	4.63	5.64	6.09	2.53	2.62	2.43	1.92	2.85	2.74	3.59	4.29
$POTS_{A1}$/MPa	1.10	1.17	1.02	0.87	—	—	0.66	0.82	0.71	0.41	1.25	0.67	0.80	0.86
$POTS_{A2}$/MPa	0.57	0.89	0.80	0.44	—	—	0.57	0.67	0.59	0.37	0.82	0.60	0.75	0.65
HI_1/%	41.51	40.48	28.98	18.79	—	—	26.09	31.30	29.22	21.35	43.86	24.45	22.28	20.05
HI_2/%	21.51	31.56	22.73	9.50	—	—	22.53	25.57	24.28	19.27	28.77	21.90	20.89	15.15

图 5.15　不同掺量下岩沥青、PPA、HDPE 改性沥青的黏附性自愈合性能

由图 5.15 可见，岩沥青改性沥青的自愈合性能随着岩沥青掺量的增加逐渐下降，且低掺量的岩沥青与高掺量的岩沥青展现出了不同的自愈合性能。当岩沥青掺量较低时（≤12%），以 4%为代表的岩沥青具有比基质沥青高的愈合性能，虽然岩沥青的愈合率较低，但这是由初始强度较高造成的，其愈合强度还是在一个比较高的范围内；而当岩沥青掺量较高时（≥20%），仅仅在一次破坏-愈合循环后，试件只要受到轻微扰动，拔头就会从集料表面掉落，无法测出愈合强度。低掺量岩沥青与高掺量岩沥青的差异性可以从两个方面解释：一方面，岩沥青包含了氮、

某些金属元素在内的各类杂原子，这些都会提高沥青的极性、浸润能力与愈合能力[171]；另一方面，岩沥青的加入也会提高沥青的黏度、降低其针入度，这些都是对沥青自愈合性能不利的。这两方面的相对平衡关系解释了不同掺量的岩沥青会有不同愈合性能的现象。

此外，图 5.15 也说明了 PPA 会降低基质沥青的黏附性自愈合性能，但这种降低作用与其他改性剂(岩沥青、SBS、TB 胶粉)相比要小很多，且在 0.4% PPA 掺量下其黏附性自愈合性能最好。

根据图 5.15，在各掺量下的 HDPE 改性沥青中，2%的 HDPE 改性沥青是黏附性自愈合性能最为出色的且要高于基质沥青，但两者之间愈合强度的差距会随着掺量的进一步增加而缩小。同时对比图 5.15 与图 5.11、图 5.14，经历两次破坏-愈合循环后 HDPE 改性沥青的愈合强度($POTS_{A2}$)甚至还要高于其他改性沥青经历一次破坏-愈合循环后的愈合强度($POTS_{A1}$)，可以说 HDPE 改性沥青是在本书所涉及改性沥青中黏附性自愈合性能最好的。这可能是由于 HDPE 改性剂的长线性结构使得沥青分子在交联的网状结构中更容易通过蠕动作用移动并提高分子间作用力的再形成[172]。此外，聚烯烃的长链会使得沥青材料分子更容易堆积与结晶化，因此过多的 HDPE 会使得沥青硬化并出现离析的影响，进而降低沥青的自愈合性能。

5.2.5　最佳掺量下不同改性沥青的黏附性自愈合性能对比

图 5.16 给出了最佳掺量下不同改性沥青与 ESSO 基质沥青的黏附性自愈合性

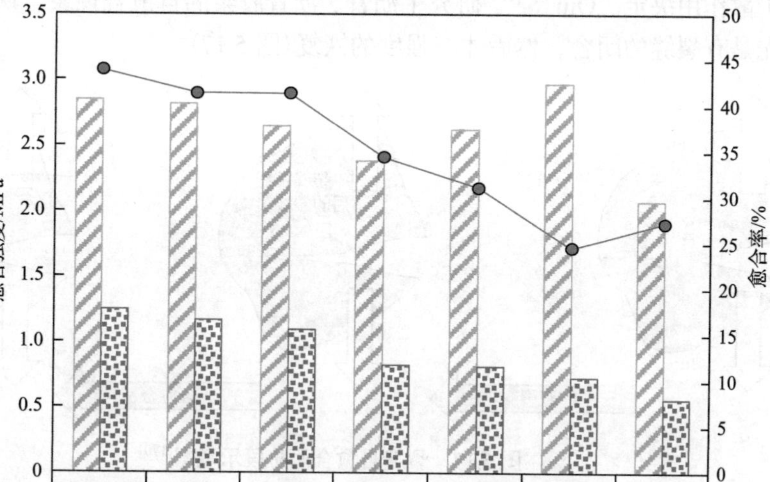

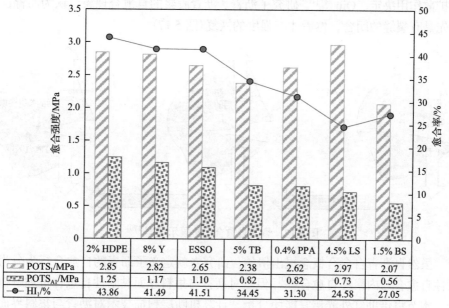

	2% HDPE	8% Y	ESSO	5% TB	0.4% PPA	4.5% LS	1.5% BS
$POTS_I$/MPa	2.85	2.82	2.65	2.38	2.62	2.97	2.07
$POTS_{A1}$/MPa	1.25	1.17	1.10	0.82	0.82	0.73	0.56
HI_1/%	43.86	41.49	41.51	34.45	31.30	24.58	27.05

图 5.16　最佳掺量下不同改性沥青与 ESSO 基质沥青的黏附性自愈合性能对比

能对比，结果表明，不同改性剂对沥青黏附性自愈合的影响有所差异。与基质沥青相比，低掺量的 HDPE 与岩沥青能提高基质沥青的黏附性自愈合性能，而线型 SBS、星型 SBS、溶解性胶粉及 PPA 均不利于基质沥青的黏附性自愈合性能。有趣的是，无论什么类型的改性剂，增加改性剂掺量均不利于沥青的黏附性自愈合性能的提高，这可能是因为从自愈合的角度出发，软质沥青的流动性更为出色(一般来说，改性剂的增加会降低沥青的针入度)。此外，从图 5.16 中还可以看出，即使在最佳掺量下，HDPE 与岩沥青对基质沥青的黏附性自愈合性能的提高也是有限的，结合 5.2.1 节的结果，基质沥青的产地与生产工艺才是决定改性沥青黏附性自愈合性能的关键因素。

5.3 沥青与集料黏附性自愈合的机理探究

沥青及其混合料的自愈合现象最早由 Bazin 等[173,174]在 1967 年发现。de Gennes[175]于 1971 年建立了分子蠕动模型，解释了聚合物分子在界面扩散的机理。基于分子蠕动模型，Wool 和 O'Connor[176]提出了聚合物材料裂纹愈合动力学方程。

Kim 和 Wool[177]于 1983 年利用上述理论构建了高分子聚合物愈合过程的 5 个阶段：表面重组、表面接触、润湿、扩散、随机化。Phillips[178]于 1998 年进一步将沥青的自愈合过程分为三步。Bommavaram 等[179]则将沥青材料的自愈合分为裂缝表面的浸润和内源性自愈合，两者都被认为是沥青的自身特性并由其内在的分子扩散作用决定。Qiu 等[166]研究了沥青、沥青胶浆的自愈合现象，认为沥青自愈合先是有裂缝的闭合，然后才有强度的恢复(图 5.17)。

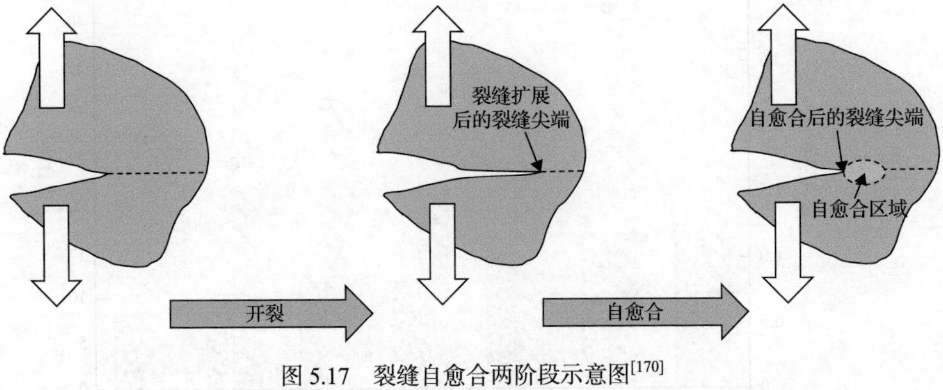

图 5.17　裂缝自愈合两阶段示意图[170]

虽然自沥青自愈合概念提出伊始，研究者就定义了沥青的自愈合行为分为黏附性自愈合与内聚性自愈合[180]，但是对沥青与集料界面黏附性自愈合机理解析较少。本节将借助红外光谱官能团分析、计算机断层扫描技术对沥青与集料界面黏附性自愈合机理进行探究。

5.3.1　沥青分子链结构指数与黏附性自愈合的关系

为了从分子结构层面寻求沥青内部结构与其黏附性自愈合性能的关系，Kim 等[10]提出了两个与沥青自愈合有关的分子结构参数：亚甲基与甲基之比及亚甲基和甲基中氢原子与碳原子之比，简称分子链结构指数(methylene plus methyl hydrogen to carbon ratio, MMHC)。Bhasin 等[181]利用分子动力学从分子自发运动的角度证明了分子链结构指数可以用来评价沥青的自愈合性能。然而，分子链结构指数是否也可以用来评价改性沥青的自愈合性能还需要进一步研究。

本书选用 Bruker Tensor 27 红外光谱仪，利用全散射 ATR 附件进行红外光谱测试，计算机端使用 OPUS 红外光谱软件，仪器如图 5.18 所示。红外光谱的试验方法与数据处理方法可以参见文献[152]，在此不再赘述。

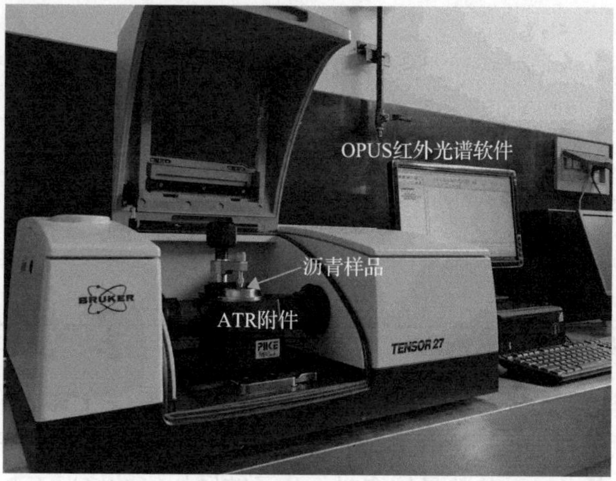

图 5.18　Bruker Tensor 27 红外光谱仪系统

分子链结构指数可根据式(5.1)计算[10]：

$$\text{MMHC}=\frac{H_{-\text{CH}_3}+H_{-\text{CH}_2}}{C_{-\text{CH}_3}+C_{-\text{CH}_2}}=\frac{\dfrac{A_{1380}}{5}+\dfrac{A_{2920}}{7}}{\dfrac{A_{1380}}{15}+\dfrac{A_{2920}}{14}} \tag{5.1}$$

式中，A_{1380} 为沥青中甲基—CH_3 对称边角峰，从 1385cm^{-1} 至 1365cm^{-1}；A_{2920} 为沥青中亚甲基—CH_2—反对称伸缩峰，从 2936cm^{-1} 至 2916cm^{-1}；5、7、14、15 为官能团中基于单位原子重量的氢原子、碳原子数目更正常量。

为了验证分子链结构指数与沥青黏附性自愈合的内在关系，本书选取 6 种 70# 基质沥青与 11 种不同改性沥青进行相关性分析，数据结果见表 5.3。

表 5.3 不同沥青的拉拔自愈合、红外光谱、旋转黏度试验结果

沥青种类	编号	MMHC	愈合率/%	135℃黏度/(Pa·s)
基质沥青	ESSO	2.3351	41.40	515
	SK	2.3383	33.51	847
	TH	2.3700	15.35	1233
	DH	2.3293	35.71	692
	JS	2.3400	29.58	731
	KL	2.3538	24.85	797
改性沥青	纯线型 SBS 改性剂	2.0242	—	—
	1.5% LS	2.3339	26.63	947
	3.0% LS	2.3300	24.59	1320
	4.5% LS	2.3227	23.58	2509
	4% Y	2.3289	40.42	823
	8% Y	2.3283	29.00	1696
	12% Y	2.3271	19.53	2165
	2% HDPE	2.3285	43.91	965
	8% HDPE	2.3387	17.25	1354
	5% TB	2.3374	39.61	850
	10% TB	2.3509	34.93	930
	20% TB	2.3723	24.22	1148

注：—表示无法获得该值。

分子链结构指数从本质上来说是沥青中亚甲基($—CH_2—$)与甲基官能团($—CH_3$)上氢原子与碳原子之比。当沥青中甲基数量较多时，分子链结构指数接近于 3，而当沥青中亚甲基数量较多时，分子链结构指数接近于 2。因此，对某种沥青来说，分子链结构指数表明了沥青的分子链结构情况，其值越小，表明分子链越长，分支越少。从表 5.3 可见，所有基质沥青和改性沥青的分子链结构指数仅仅在 2.3227～2.3723 波动，变化并不大。然而，这种微小的变化依然伴随着改性沥青自愈合性能之间的差异，六种基质沥青分子链结构指数与黏附性自愈合性能关系如图 5.19 所示。

图 5.19 表明，基质沥青黏附性自愈合性能与分子链结构指数呈明显的负相关关系，即基质沥青的分子链结构指数越小，其黏附性自愈合性能越好。这说明沥青分子结构平均链长越长，支链越少，沥青分子越容易通过表层塌滑在界面间移动，从而具有更好的自愈合性能。此外，沥青质及其他高度结构化的芳香组分中的空间结构也可以解释这种现象[10]。根据现有的理论，沥青可以分成四种组分：沥青质(asphaltene)、树脂(resins)、芳香分(aromatics)和饱和分(saturates)。沥青质是由 4～10 个稠环形成的平面芳香结构，外面通过 π—π 键聚合了长度大小各异

的脂肪族支链[182]，树脂则作为油性介质与沥青质形成两相过渡区。相比之下，芳香分则以脂肪族的结构及形状包围着沥青质，其结构主要以长链的形式为主，且基本上没有苯环。饱和分在化学式上可以划分为脂肪族的碳水化合物，其平均摩尔质量只有 600g/mol[183]。

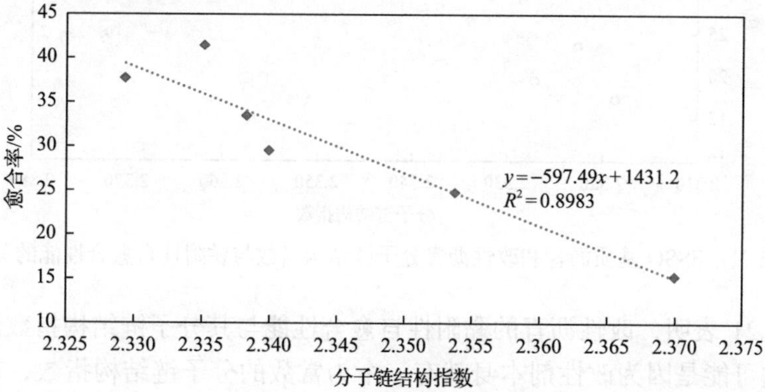

图 5.19　6 种基质沥青分子链结构指数与黏附性自愈合性能的关系

由于沥青质中含有大量的芳香稠环，其空间结构大都是以 π—π 键联结在一起的多层平面类石墨烯结构[182]。这些层面间的 π—π 键只有在两个平面相距很近时才能形成稳定的联结(图 5.20(a))，当有类似于芳香分、饱和分中的脂肪族支链小分子处于两个平面之间时，就会阻碍层间联结(图 5.20(b))。因此，从理论上来说，沥青的线型小分子越多，沥青的流动性就会越好，进而其黏附性自愈合性能也就越大[10]。

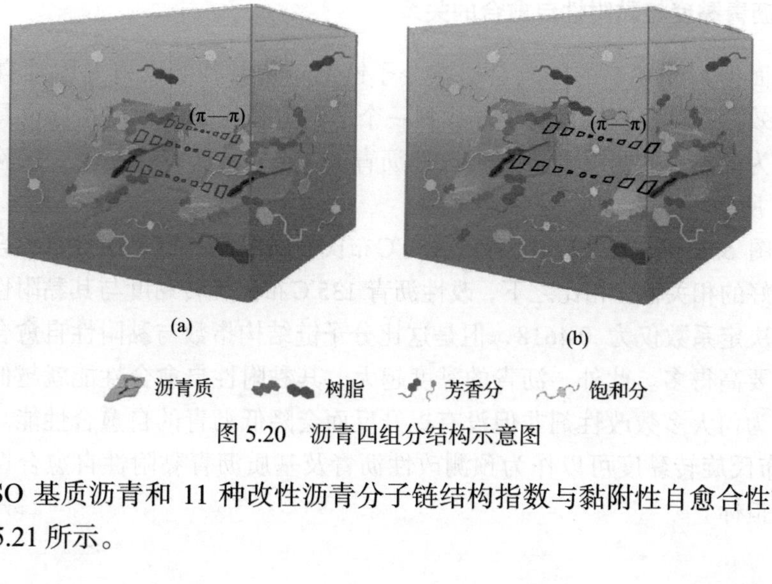

图 5.20　沥青四组分结构示意图

ESSO 基质沥青和 11 种改性沥青分子链结构指数与黏附性自愈合性能的关系如图 5.21 所示。

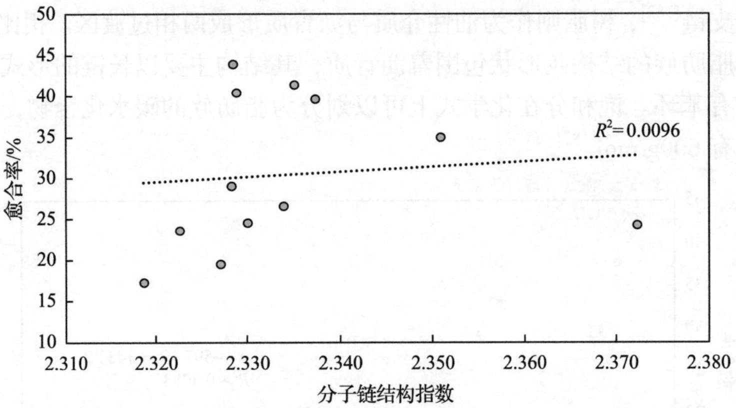

图 5.21　ESSO 基质沥青和改性沥青分子链结构指数与黏附性自愈合性能的关系

图 5.21 表明，改性沥青的黏附性自愈合性能与其分子链结构指数没有明显关系。这可能是因为改性剂本身就有一个为常数的分子链结构指数，在不考虑改性剂与沥青分子发生化学反应的情况下，将改性剂加入沥青中会单向提高或降低沥青的分子链结构指数。这种改变可能掩盖掉改性剂与沥青之间因化学反应而导致的沥青分子链结构指数变化。以线型 SBS 改性沥青为例，本书测量得到纯 SBS 改性剂的分子链结构指数为 2.0242，这是由于 SBS 即苯乙烯-丁二烯-苯乙烯嵌段共聚物，为长链型共聚物，其分子链结构指数接近于 2，将 SBS 加入基质沥青中势必会降低其分子链结构指数。因此，分子链结构指数不能用来评价改性沥青的黏附性自愈合性能。

5.3.2　沥青黏度与黏附性自愈合的关系

上面提到改性剂的加入会影响分子链结构指数预测沥青黏附性自愈合性能的有效性，对于改性沥青，寻找到一个与自愈合相关的常用指标也具有重要意义，为此本书测量基质沥青和改性沥青的 135℃布氏旋转黏度，试验结果如图 5.22 所示。

由图 5.22 可知，基质沥青的 135℃布氏旋转黏度与其黏附性自愈合性能仍存在很好的相关性，相比之下，改性沥青 135℃布氏旋转黏度与其黏附性自愈合性能的决定系数仅为 0.4618，但是这比分子链结构指数与黏附性自愈合性能的相关性要高得多。此外，沥青的黏度越大，其黏附性自愈合性能就越低，这也解释了为何大多数改性剂非但没有提升反而会降低沥青的自愈合性能。因此，135℃布氏旋转黏度可以作为预测改性沥青及基质沥青黏附性自愈合性能的常规评价指标。

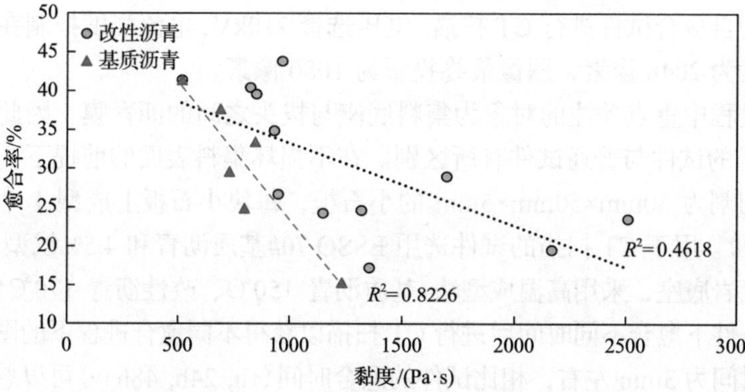

图 5.22　基质沥青和改性沥青 135℃布氏旋转黏度与黏附性自愈合性能的关系

5.3.3　基于 CT 技术的沥青-集料界面黏附性自愈合细观分析

计算机断层成像(computed tomography, CT)技术，利用 X 射线、γ 射线或超声波围绕被观测物体按照断面进行分层扫描，并通过计算机重建，从而获得被扫描物体的三维模型和断层图像。CT 技术具有扫描时间快、图像清晰等特点，在医学上的应用最为普遍。与传统的 X 射线探测方法相比，CT 技术可分别获取各个断面的图像，克服了前后图像重叠的问题，能够更准确地了解被观测物体内部的空间构造。

为了从细观上进一步了解沥青与集料界面的黏附性自愈合进程，使用 YXLON 公司生产的 Y.CT Precision 2 高精度工业 CT 机(图 5.23)，在专业人员的操作下对

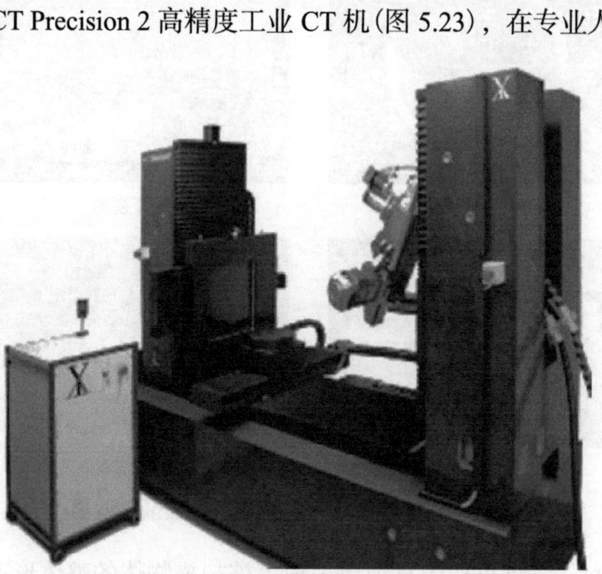

图 5.23　Y.CT Precision 2 高精度工业 CT 机

拉拔试验的自愈合试件进行 CT 扫描。电压选择 210kV，电流强度控制在 0.32mA，探测器像素为 2048 像素，图像最终投影为 1080 像素。

扫描过程中重点关注的对象为集料底座与拔头之间的沥青膜，因此用于自愈合 CT 扫描的试件与普通试件有所区别。在不损坏集料表面的前提下，将标准玄武岩底座切割为 50mm×50mm×5mm 的小石板，每块小石板上成型 1 个拔头试件(图 5.24(a))。用于 CT 扫描的试件选用 ESSO 70#基质沥青和 4.5%线型 SBS 改性沥青、玄武岩底座，采用高温成型法(基质沥青 150℃、改性沥青 170℃)，25℃水浴或干燥条件下愈合不同时间后进行 CT 扫描以获得不同愈合进程下的图像。每次扫描所需时间为 3min 左右，相比试件的愈合时间(1h, 24h, 48h,···)可以忽略不计。图像处理采用 VGStudio MAX 2.1，获得的三维视图及三维重构图如图 5.24(b)～(f)所示。

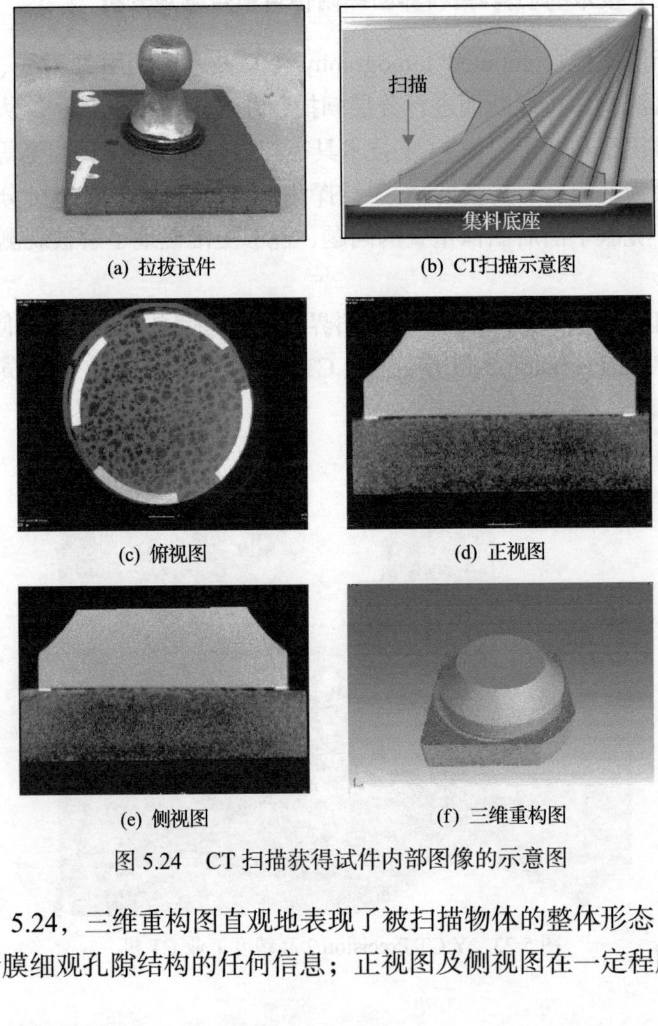

(a) 拉拔试件　(b) CT扫描示意图

(c) 俯视图　(d) 正视图

(e) 侧视图　(f) 三维重构图

图 5.24　CT 扫描获得试件内部图像的示意图

根据图 5.24，三维重构图直观地表现了被扫描物体的整体形态，但无法通过它获得沥青膜细观孔隙结构的任何信息；正视图及侧视图在一定程度上反映了沥青膜在高度方向上的孔隙，但由于沥青膜较薄，该方向的观测结果难以用于描述沥青膜孔隙的整体情况；俯视图清楚地展示了沥青膜横截面上的孔隙大小、形态及分布情况。因此，应选择具有代表性的俯视图用于观测、分析沥青与集料界面上的细观孔隙演化规律及自愈合进程。

尽管本章关于线型SBS改性剂不利于基质沥青自愈合性能的结论与其他研究一致[184,185]，但是仍有研究表明，线型 SBS 改性剂对基质沥青的自愈合性能是有利的[163,167]。为了进一步验证线型 SBS 改性剂对基质沥青黏附性自愈合性能的影响并探究沥青黏附性自愈合的机理，选用 ESSO 70#基质沥青和 4.5%线型 SBS 改性沥青分别成型试件，两种沥青在 25℃水浴中不同愈合时间下的图像如图 5.25 和图 5.26 所示。图中颜色较暗的部分是试件中的孔隙及裂缝，而颜色较亮的则是沥青，一些值得关注的区域被标记了不同的颜色来进行研究。

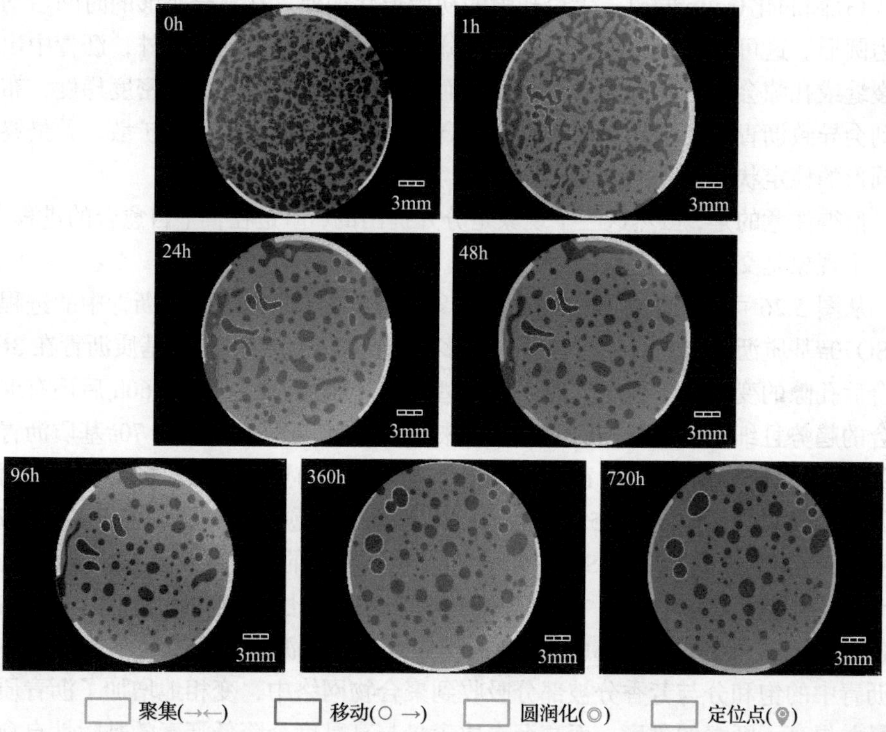

图 5.25　ESSO 70#基质沥青 25℃水浴愈合条件下不同愈合时间的图像(彩图请扫封底二维码)

从图 5.25 可见，随着愈合时间的增加，沥青与集料表面的孔隙、裂缝在逐渐减少，且这种变化在愈合的早期更为明显，尤其是从 0h 到 1h 时。通过对比图 5.25 中 1h 与 720h 的愈合图像，可以归纳、抽象出三个机理来解释沥青-集料界面的黏附性自愈合行为(图中绿色的定位点表明所有图像基本上都是从同一个角度来对比分析的）。

(1) 聚集 (gathering)：相邻的孔隙相互靠近、聚集，并最终合并成一个孔隙，使得破坏面的总孔隙数量减少，图中黄色标记的孔隙变化很好地体现了这一现象。这可以由沥青材料的浸润特性解释：浸润是指当两个破坏面接触时，两个界面在表面张力的作用下相互接近的过程。由于沥青具有浸润集料表面的能力，残留在试件内的邻近气泡在沥青的浸润作用下不断靠近。

(2) 移动 (moving)：接近试件边缘的孔隙逐渐向边缘靠近，形成排水或排空气的通路，使得断面孔隙数量减少、孔隙率降低。图 5.25 中 1～96h 愈合图像红色标记的孔隙演化规律很好地体现了这一现象，这些被标记成红色的孔隙在试件愈合 360h 后消失了。此外，图中绿色标记的孔隙从 96h 至 720h 也以放射线状逐渐向外移动，证明了移动的行为。

(3) 圆润化 (rounding)：无论孔隙的初始形状如何，在愈合足够的时间后均会变为圆形。这可能是由孔隙中空气或水分的表面张力导致的。此外，沥青中出现的裂缝或孔隙会降低附近的沥青密度从而形成垂直于孔隙界面的密度梯度，布朗运动会导致沥青分子沿着梯度从密度较高处向密度较低处发生自扩散，并最终形成圆形的稳定状态[157]。

值得注意的是，虽然这三个现象是分开提出的，但是在整个自愈合的进程中，这三个现象是交织在一起共同发生的。

从图 5.26 可见，上述提到的三个现象在 4.5%线型 SBS 改性沥青中的进程比 ESSO70#基质沥青自愈合的进程要慢很多。相比之下，ESSO 70#基质沥青在 360h 愈合后孔隙的变化趋于稳定，而 4.5%线型 SBS 改性沥青在经历 360h 后还有继续闭合的趋势且细观孔隙结构的演进也并未达到稳定。此外，ESSO 70#基质沥青的孔隙形状比 4.5%线型 SBS 改性沥青更加规则、分布更加均匀。根据上述断面孔隙的三个现象变化情况，4.5%线型 SBS 改性沥青的愈合进程明显慢于 ESSO 70#基质沥青，与拉拔试验中 SBS 改性沥青在宏观上较小的愈合强度及愈合率相对应。

因此，基于 CT 技术，本书证明了线型 SBS 改性剂确实不利于沥青的黏附性自愈合。这可能是由于 SBS 改性剂作为聚合物在沥青中会发生溶胀作用，导致沥青中的饱和分与芳香分被部分吸收到聚合物网络中，变相地增加了沥青质的含量并提高了沥青的黏度，而高沥青质含量与高黏度会降低沥青的黏附性自愈合性能[157]。另外，可能是 SBS 的弹性聚合物网络会阻碍破坏面或微裂缝上的沥青与集料重新接触并愈合。SBS 分子在 0～40℃的试验温度下相当稳定，在该温度范围内不会发生相变或物理化学反应，这就意味着破坏的 SBS 结构很难发生自我修复。此时的 SBS 类似于“填充物”的作用，会影响沥青愈合进程中的浸润与扩散作用[159]。这些作用叠加在一起最终导致线型 SBS 改性剂会降低基质沥青

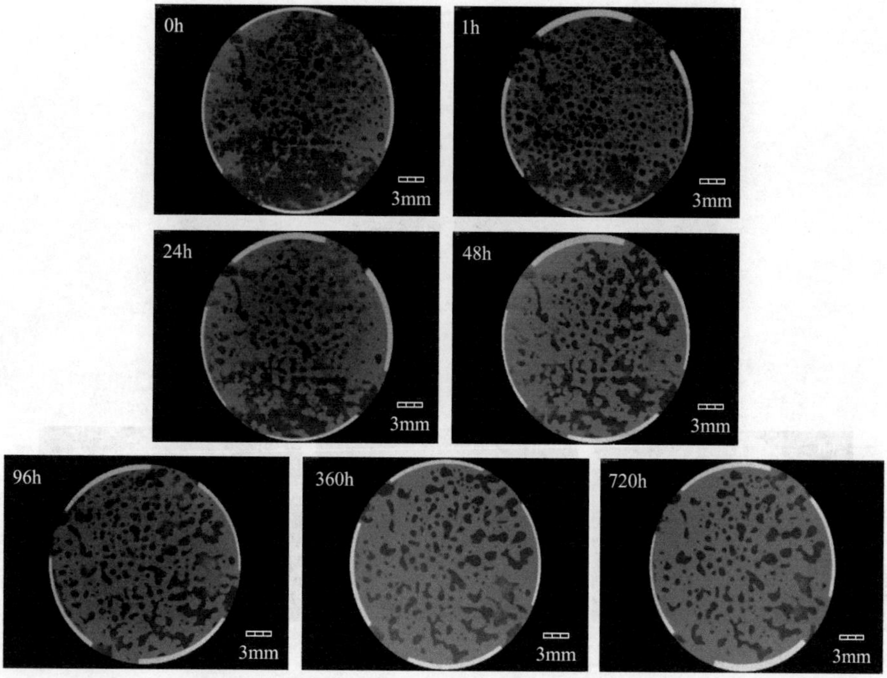

图 5.26　4.5%线型 SBS 改性沥青 25℃水浴愈合条件下不同愈合时间的图像

的黏附性自愈合性能。

为了进一步研究水及愈合温度对沥青与集料界面黏附性自愈合行为的影响，本书还采用 CT 扫描了 25℃及 40℃干燥条件下 ESSO 70#基质沥青在不同愈合时间的图像，如图 5.27 和图 5.28 所示。

对比图 5.27 和图 5.25 可知，在干燥条件下沥青的自愈合进程要远快于在同温度水浴条件下，这一现象证实了水对沥青自愈合尤其是瞬时自愈合的不利影响[186]。此外，对比图 5.27 和图 5.28，当温度从 25℃提高到 40℃时，沥青自愈合的速率会进一步提高。在 40℃干燥条件下愈合 720h 后，试件外围基本上已经没有孔隙或裂缝，表明高愈合温度对沥青的自愈合具有重要作用。此外，对比 40℃干燥条件下愈合 1h 的图像(图 5.28)与 25℃干燥条件下愈合 96h 的图像(图 5.27)，可以看到两者的愈合程度非常接近。说明相较于愈合时间，愈合温度对沥青的自愈合显得更为重要。

图 5.29 给出了一年后各愈合条件下沥青的愈合情况。从图中可见，在足够的愈合时间之后，各愈合条件下沥青与集料之间的孔隙与裂缝基本上完全消失了，这表明只要有充足的愈合时间，沥青从集料上剥离下来后能够发生完全的再黏附过程。而相比之下，水浴条件的试件在愈合一年后仍然有若干难以愈合的大孔隙，也进一步证明了水对沥青长期自愈合的不利作用。

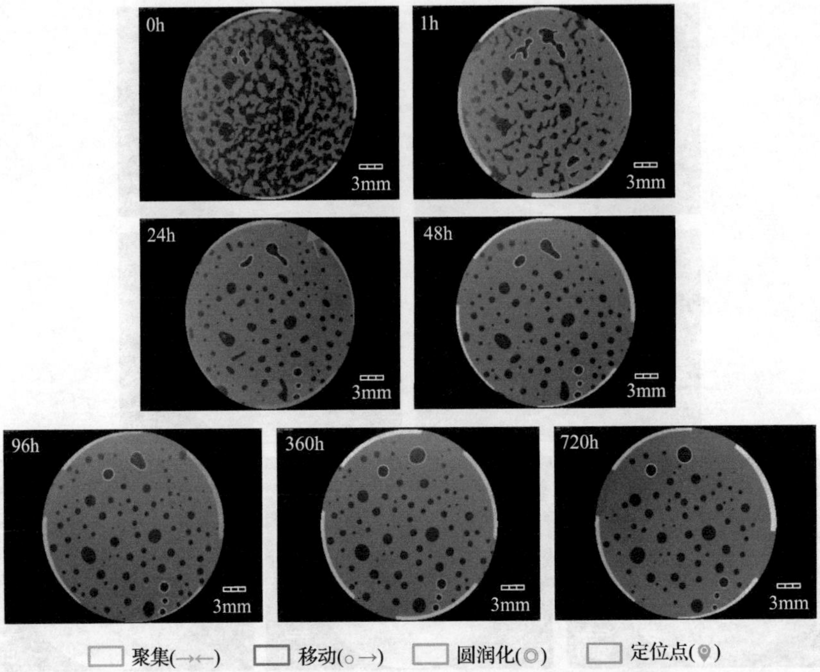

图 5.27　ESSO 70#基质沥青 25℃干燥愈合条件下不同愈合时间的图像(彩图请扫封底二维码)

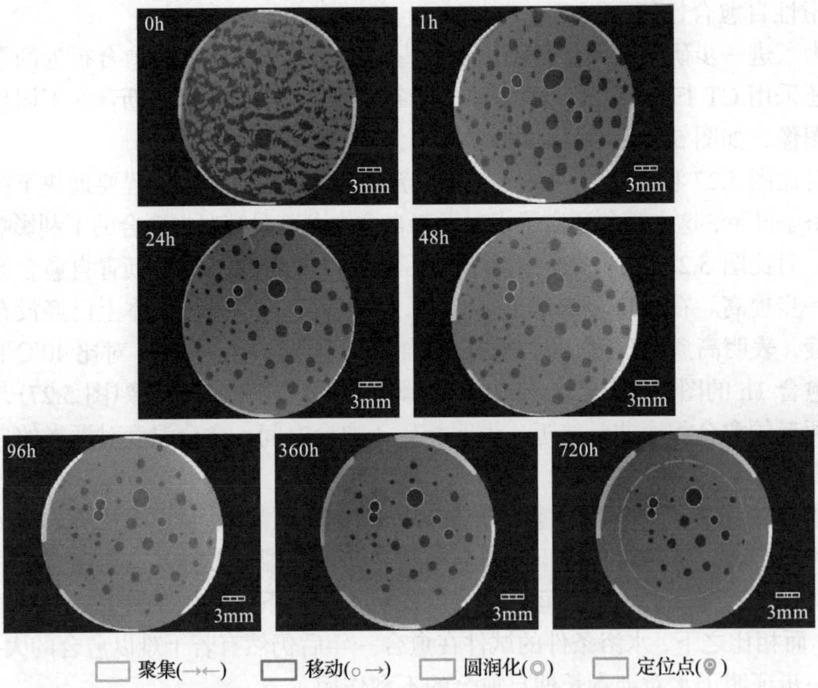

图 5.28　ESSO 70#基质沥青 40℃干燥愈合条件下不同愈合时间的图像(彩图请扫封底二维码)

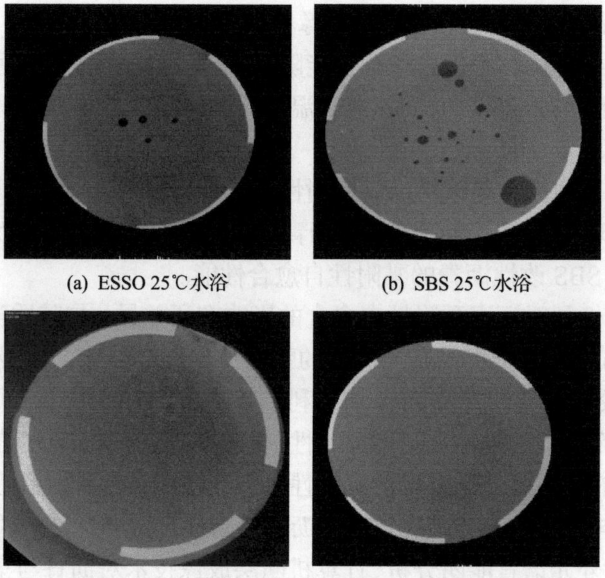

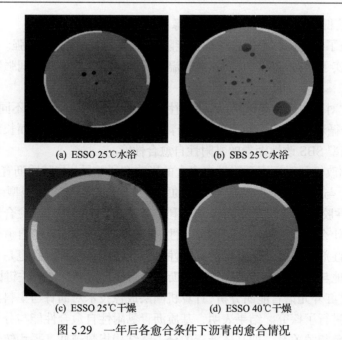

(a) ESSO 25℃水浴　(b) SBS 25℃水浴

(c) ESSO 25℃干燥　(d) ESSO 40℃干燥

图 5.29　一年后各愈合条件下沥青的愈合情况

5.4 本章小结

本章基于拉拔试验，建立了其评价沥青与集料黏附性自愈合性能的方法，明晰了包含水在内的诸多因素对沥青黏附性自愈合的影响规律并对多种改性沥青的黏附性自愈合进行了评价，随后探究了沥青与集料黏附性自愈合的机理。可以得出以下结论：

(1) 建立拉拔试验评价沥青与集料黏附性自愈合性能的方法。针对沥青路面在不断干湿循环、一定温度及外荷载的反复作用下沥青与集料界面的破坏-再黏附-再破坏的破坏场景，本书基于拉拔试验针对性地提出了多次破坏-愈合循环来模拟沥青与集料的多次黏附性自愈合过程。结果表明，沥青与集料界面能恢复的愈合强度随着试件破坏-愈合次数的增多而逐渐降低并趋于一个稳定强度，且沥青的黏附性自愈合性能与其破坏-愈合次数（即损伤程度）呈幂函数关系。这提示了研究人员不仅要关注沥青与集料的初始愈合强度，同时也应关注其在多次破坏-愈合循环后的稳定愈合强度。

(2) 水对沥青与集料界面黏附性自愈合具有双重作用。结果表明，水不利于沥青最初的瞬时自愈合，但会随着愈合的进行在其第一个长期愈合阶段产生有益影响，而当愈合强度达到最大值后，水在接下来的第二个长期愈合阶段又开始降低沥青的愈合强度。因此，总体上来看，水不利于沥青与集料的黏附性自愈合，通过 CT 技术获得的沥青细观愈合演化图像也证明了这一点。

(3) 验证了沥青的黏附性自愈合性能随着愈合温度的提高而增强。CT 扫描结果进一步证实了相对于愈合时间，愈合温度对沥青与集料界面之间强度的恢复更为重要。

(4) 老化对基质沥青与改性沥青黏附性自愈合性能的影响有所不同。老化在多次破坏-愈合循环的视角下会降低基质沥青的黏附性自愈合性能，而长期老化则提高了 4.5%线型 SBS 改性沥青的黏附性自愈合性能。

(5) 不同改性剂对沥青黏附性自愈合的影响有所差异。与基质沥青相比，低掺量的 HDPE 与岩沥青能提高基质沥青的黏附性自愈合性能，而线型 SBS、星型 SBS、溶解性胶粉改性沥青及 PPA 均不利于基质沥青的黏附性自愈合性能。有趣的是，无论什么类型的改性剂，增加改性剂掺量均不利于沥青的自愈合性能。此外，即使改性剂能提高基质沥青的黏附性自愈合性能，这种提高也是有限的，基质沥青的产地与生产工艺才是决定改性沥青黏附性自愈合性能的关键因素。

(6) 通过红外光谱官能团分析、计算机断层成像技术对沥青与集料界面黏附性自愈合机理进行了探究。结果表明，基质沥青黏附性自愈合性能与分子链结构指数呈明显的负相关关系，即基质沥青的分子链结构指数越低，平均链长越长，支链越少，其黏附性自愈合性能越好。但分子链结构指数并不适于评价改性沥青，为此本书提出了 135℃布氏旋转黏度作为预测改性沥青及基质沥青黏附性自愈合性能的常规评价指标。沥青的黏度越大，其黏附性自愈合性能就越低。

(7) 根据 CT 扫描获得的沥青自愈合进程细观图像分析，提出了三个机理来解释沥青-集料界面的黏附性自愈合行为：聚集、移动与圆润化，这三者在整个自愈合的进程中交织在一起共同发生。

第 6 章　基于冻融劈裂试验的沥青混合料抗水损坏性能研究

在混合料层面，我国现行规范推荐使用冻融劈裂试验来评价沥青混合料的抗水损坏性能：将孔隙率为 7%±1%的试件进行一次冻融循环，然后以冻融前后试件的间接拉伸强度比值作为评价沥青混合料抗水损坏性能的标准。经过试验发现，由于采用一次冻融循环的试验条件不够严苛，部分试件甚至出现了冻融后的间接拉伸强度高于冻融前的情况。鉴于此，本书为了创造更加严苛的试验条件，设计了三次冻融循环试验来评价沥青混合料的抗水损坏性能。

6.1　基质沥青混合料冻融劈裂试验表现

各类基质沥青混合料冻融劈裂试验结果如图 6.1 所示。图中 TSR 为冻融劈裂抗拉强度比，是指冻融循环后试件的劈裂强度与未冻融循环试件的劈裂强度之比。

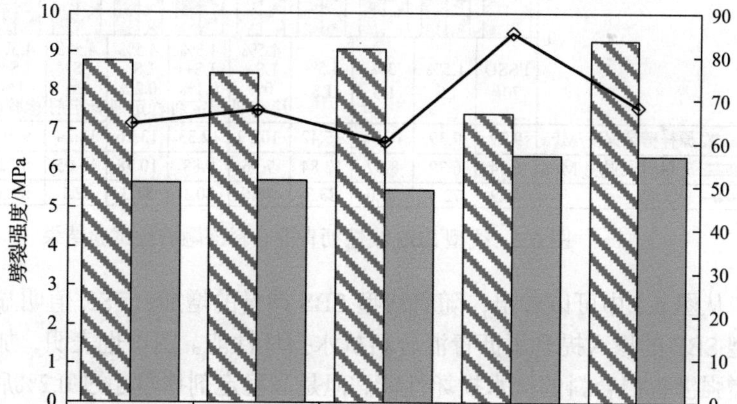

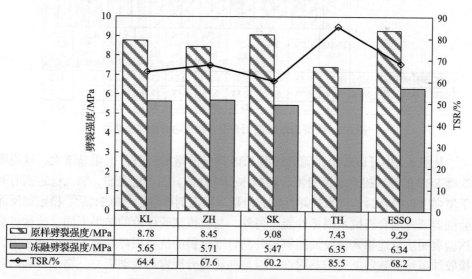

	KL	ZH	SK	TH	ESSO
原样劈裂强度/MPa	8.78	8.45	9.08	7.43	9.29
冻融劈裂强度/MPa	5.65	5.71	5.47	6.35	6.34
TSR/%	64.4	67.6	60.2	85.5	68.2

图 6.1　基质沥青混合料冻融劈裂试验结果

图 6.1 结果显示，除 TH 沥青外，不同基质沥青混合料的 TSR 值相差不大。由于 TSR 之间的区分度不佳，冻融劈裂试验不适合用来评价基质沥青混合料抗水损坏性能。TH 沥青的原样劈裂强度相对较低，但是其 TSR 较大，一部分原因与

TH 沥青自身的性质有关。在成型 TH 冻融劈裂试件时，即发现相较于普通基质沥青混合料，TH 沥青混合料更“干”，因此在试件达到目标高度前，需要更多的压实次数，可能导致其孔隙率小于 7%，造成 TSR 值偏大。

6.2 线型 SBS 改性沥青混合料冻融劈裂试验表现

不同种类线型 SBS 改性沥青混合料冻融劈裂试验结果如图 6.2 所示。

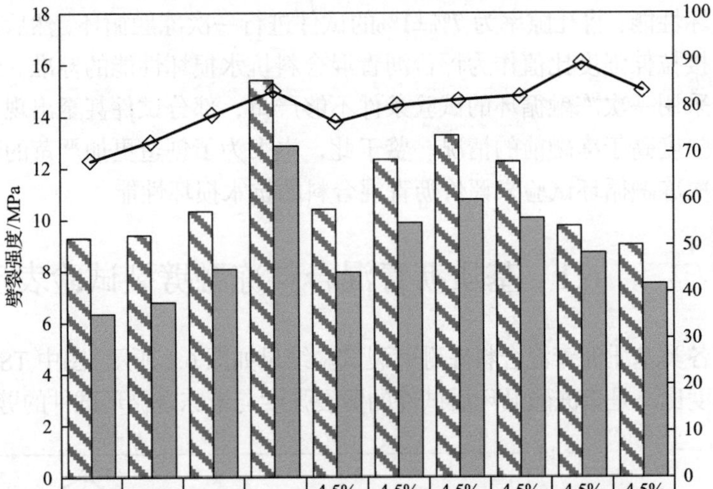

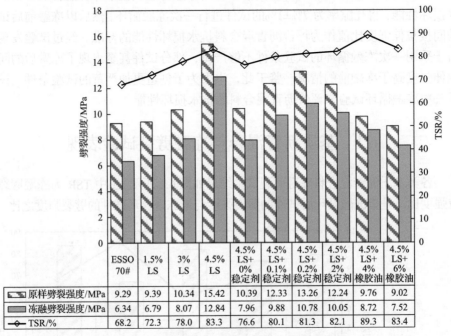

	ESSO 70#	1.5% LS	3% LS	4.5% LS	4.5% LS+ 0% 稳定剂	4.5% LS+ 0.1% 稳定剂	4.5% LS+ 0.2% 稳定剂	4.5% LS+ 2% 稳定剂	4.5% LS+ 4% 橡胶油	4.5% LS+ 6% 橡胶油
原样劈裂强度/MPa	9.29	9.39	10.34	15.42	10.39	12.33	13.26	12.24	9.76	9.02
冻融劈裂强度/MPa	6.34	6.79	8.07	12.84	7.96	9.88	10.78	10.05	8.72	7.52
TSR/%	68.2	72.3	78.0	83.3	76.6	80.1	81.3	82.1	89.3	83.4

图 6.2 线型 SBS 改性沥青混合料冻融劈裂试验结果

从图 6.2 中可以看出，随着线型 SBS 掺量的增加，TSR 值明显增大，这说明线型 SBS 的掺入提升了沥青混合料抗水损坏性能。图中也表明，加入稳定剂有利于增强沥青混合料的抗水损坏性能，但是当稳定剂掺量超过 0.2%后，稳定剂反而会削弱沥青混合料抗水损坏性能。另外，与拉拔试验评价的结果不同，冻融劈裂试验表明适量地掺入橡胶油能够提升沥青混合料的抗水损坏性能，这可能是因为橡胶油虽然会减弱沥青的黏附性，但是却能提升沥青的流动能力，增强拌和时对集料的裹覆和浸润作用。

6.3 不同掺量溶解性胶粉改性沥青混合料冻融劈裂试验表现

普通胶粉改性沥青因为内部存在较大颗粒，通常需要采用 ARAC 级配。溶解性胶粉改性沥青通常不存在大颗粒，因此配置沥青混合料时，采用与其他沥青种类一致的 AC-13 级配。不同掺量溶解性胶粉改性沥青混合料冻融劈裂试验结果如图 6.3 所示。

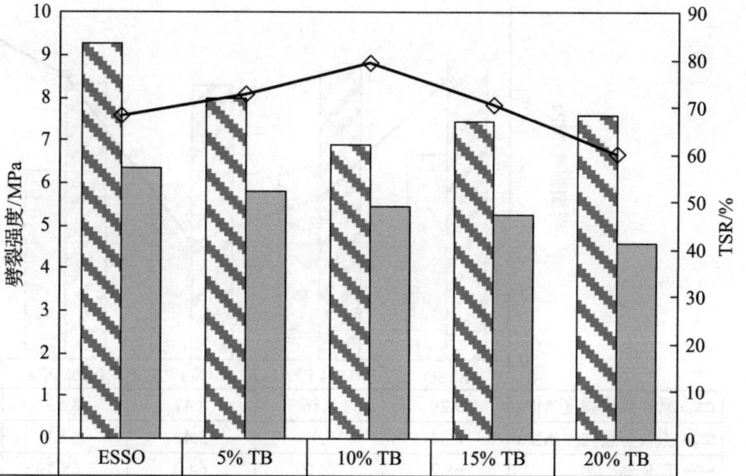

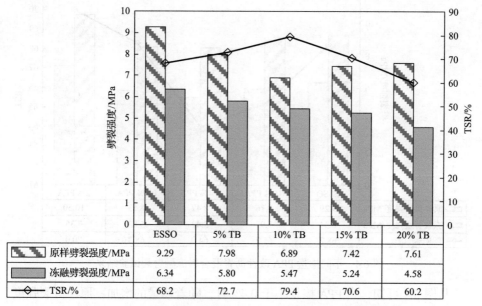

	ESSO	5% TB	10% TB	15% TB	20% TB
原样劈裂强度/MPa	9.29	7.98	6.89	7.42	7.61
冻融劈裂强度/MPa	6.34	5.80	5.47	5.24	4.58
TSR/%	68.2	72.7	79.4	70.6	60.2

图 6.3　不同掺量溶解性胶粉改性沥青混合料冻融劈裂试验结果

从图 6.3 中可以看出，溶解性胶粉改性沥青混合料的原样劈裂强度和冻融劈裂强度相对于基质沥青混合料对照组均有不同程度的下降，而当 TB 胶粉掺量超过 10%后，沥青混合料原样劈裂强度又出现了小幅的回升，这与溶解性胶粉沥青胶浆随着 TB 掺量增加黏附性一直下降相矛盾。这说明溶解性胶粉改性沥青混合料的强度不仅仅取决于对应的沥青胶浆与集料之间黏附性的大小，还与其他因素有关。

反观冻融劈裂试验结果，不难得出，在 TB 胶粉掺量低于 10%时，TB 胶粉的掺入反而有利于提高沥青混合料的抗水损坏性能。而前文溶解性胶粉改性沥青拉拔试验结果表明，TB 胶粉的掺入对沥青的黏附性均有不利影响。两者之间出现了明显的分歧：一方面，这可能是因为溶解性胶粉改性沥青混合料的抗水损坏性能不仅仅取决于沥青-集料之间的黏附性；另一方面，也有可能是冻融劈裂试验评价沥青混合料的抗水损坏性能不一定准确。

6.4　不同掺量 PPA 改性沥青混合料冻融劈裂试验表现

以 ESSO 70#为基质沥青，油石比为 4.7%，制备 PPA 掺量分别为 0%、0.2%、

0.4%、0.8%、2%的冻融劈裂试件，进行三次冻融循环后，测得原样劈裂强度、冻融劈裂强度并计算 TSR，如图 6.4 所示。

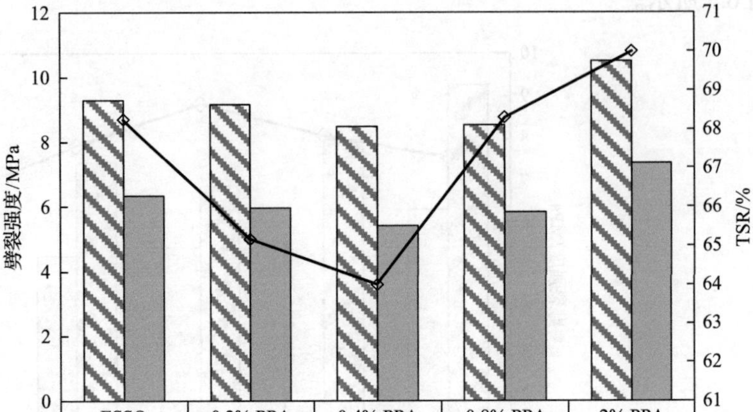

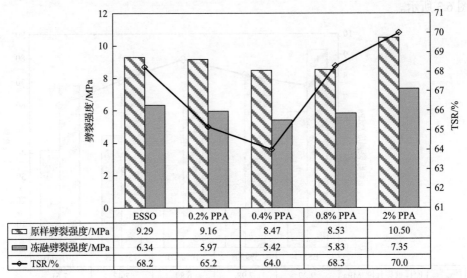

	ESSO	0.2% PPA	0.4% PPA	0.8% PPA	2% PPA
原样劈裂强度/MPa	9.29	9.16	8.47	8.53	10.50
冻融劈裂强度/MPa	6.34	5.97	5.42	5.83	7.35
TSR/%	68.2	65.2	64.0	68.3	70.0

图 6.4　不同掺量 PPA 改性沥青混合料冻融劈裂试验结果

从图 6.4 可知，当 PPA 掺量小于 0.4%时，随着掺量的增加，原样劈裂强度、冻融劈裂强度和 TSR 均变小，这与沥青拉拔强度的变化规律是完全相反的。造成这种结果的原因可能是不同掺量 PPA 改性沥青混合料抗水损坏性能与沥青黏附性相关度不高，也有可能是拉拔试验或冻融劈裂试验不适合用来评价不同掺量 PPA 改性沥青的水敏感性。具体是何种原因造成这种结果，将在后续章节中结合汉堡车辙试验结果进一步分析。

6.5　不同掺量岩沥青改性沥青混合料冻融劈裂试验表现

不同掺量岩沥青改性沥青混合料冻融劈裂试验结果如图 6.5 所示。从图中可以看出，随着岩沥青掺量的增加，原样劈裂强度和冻融劈裂强度均呈现先增大后减小的趋势，在岩沥青掺量为 12%时达到最大值。而由第 4 章可知沥青的黏附性随着岩沥青掺量的增加一直增加，存在一定矛盾。在岩沥青掺量不超过 12%时，岩沥青改性沥青混合料的 TSR 值均大于基质沥青，这说明岩沥青能够提高混合料的抗水损坏性能。但是当岩沥青掺量达到 20%时，TSR 值却出现了明显的下降，这可能是因为试件拌和过程中混合料中“白料”较多，导致混合料内部孔隙较容易连通，更容易受到“冻融”的影响。总体上来说，冻融劈裂试验在评价岩沥青时的规律性较差。

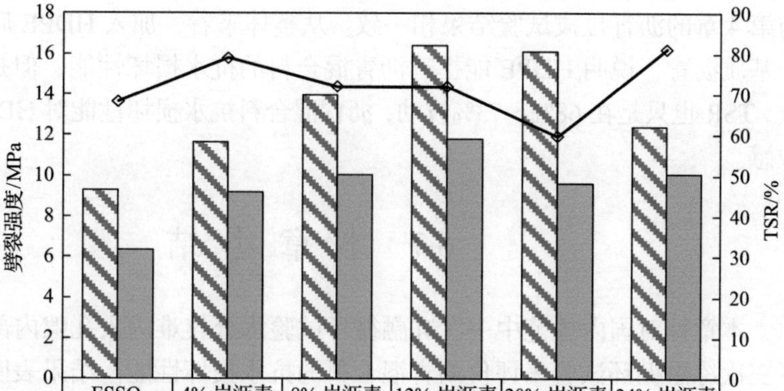

	ESSO	4% 岩沥青	8% 岩沥青	12% 岩沥青	20% 岩沥青	24% 岩沥青
原样劈裂强度/MPa	9.29	11.64	13.95	16.43	16.12	12.41
冻融劈裂强度/MPa	6.34	9.19	10.04	11.82	9.62	10.07
TSR/%	68.2	79.0	72.0	71.9	59.7	81.1

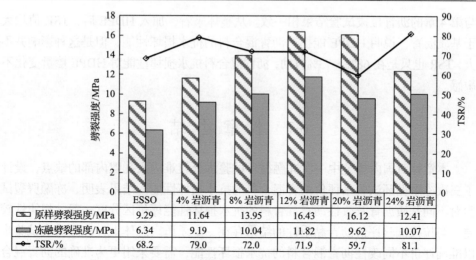

图 6.5　不同掺量岩沥青改性沥青混合料冻融劈裂试验结果

6.6　不同掺量 HDPE 改性沥青混合料冻融劈裂试验表现

采用湿法制备 2%、4%、6%、8% HDPE 改性沥青，级配采用 AC-13，油石比为 4.7%，旋转压实制作试件，进行冻融劈裂试验，试验结果如图 6.6 所示。

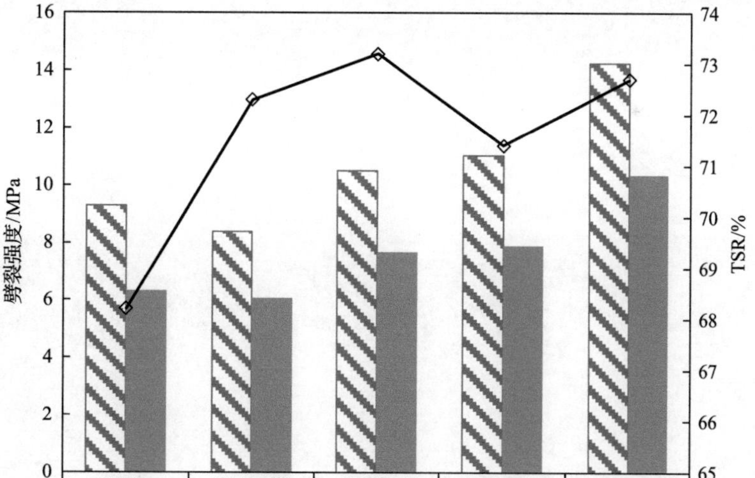

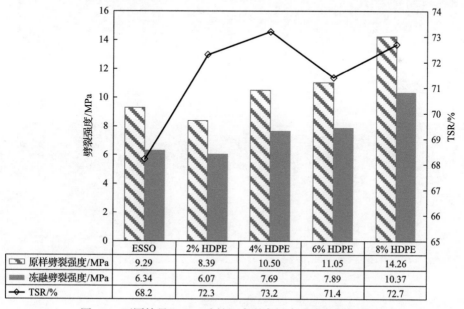

	ESSO	2% HDPE	4% HDPE	6% HDPE	8% HDPE
原样劈裂强度/MPa	9.29	8.39	10.50	11.05	14.26
冻融劈裂强度/MPa	6.34	6.07	7.69	7.89	10.37
TSR/%	68.2	72.3	73.2	71.4	72.7

图 6.6　不同掺量 HDPE 改性沥青混合料冻融劈裂试验结果

从图 6.6 中可以看出，HDPE 掺量越高，原样劈裂强度和冻融劈裂强度越高，与第 4 章的沥青拉拔试验结果相一致。从整体来看，加入 HDPE 后，TSR 值均大于基质沥青，说明 HDPE 能提升沥青混合料的抗水损坏性能，但是这种影响并不大，TSR 也只是在 68%～73%波动，沥青混合料抗水损坏性能对 HDPE 掺量变化不敏感。

6.7 本章小结

本章针对国内规范中一次冻融循环试验水分较难进入孔隙内部的缺点，设计了三次冻融循环试验来评价沥青混合料的抗水损坏性能。结果表明，冻融劈裂试验对不同基质沥青及改性沥青混合料的抗水损坏性能评价区分度一般，规律性较差，与拉拔试验评价沥青黏附性的结果存在一定矛盾。总体上，冻融劈裂试验难以准确评价不同改性沥青混合料的抗水损坏性能，需要采用更为准确的沥青混合料抗水损坏性能评价方法。

第 7 章　基于汉堡浸水车辙试验的沥青混合料抗水损坏性能研究

我国现有规范的沥青混合料抗水损坏评价方法为冻融劈裂试验，而研究表明冻融劈裂试验在评价改性沥青时区分度、规律性与准确性都较差。汉堡浸水车辙试验自 20 世纪 70 年代在德国汉堡被提出以来，因其能同时较为准确地评价沥青混合料的抗车辙变形与抗水损坏性能，受到了业内的广泛青睐与认可[187]。德国路面设计中，汉堡浸水车辙试验被作为最后的“校准验收”试验来完成最后的沥青混合料设计[188]。美国一项全国性调查报告表明，2007 年在美国 50 个州及 1 个特区中只有 2 个州要求在沥青混合料的设计中进行汉堡浸水车辙试验，而到了 2015 年，这个数字上升到了 21 个州，且预计未来会有更多的州对沥青混合料在汉堡浸水车辙试验中的性能评价有所要求[189]。

因此，本章将以汉堡浸水车辙试验为研究对象，研究内容根据研究时所采用数据的来源不同分为两部分：第一部分是基于作者在美国威斯康星大学麦迪逊分校访学一年期间，受 Bahia 教授的指导，对汉堡浸水车辙试验现行试验数据分析方法存在的若干问题进行了探讨，并依据高温黏塑性流动和水损坏在汉堡浸水车辙试验中的复合表现对现有分析方法提出了改进；第二部分是作者在国内同济大学期间采用汉堡浸水车辙试验评价多种基质沥青与改性沥青混合料的抗水损坏性能，并基于 CT 技术对汉堡浸水车辙试验的三阶段破坏演化规律进行探究。

7.1　现行汉堡浸水车辙试验数据分析方法的若干问题探讨

为了提高汉堡浸水车辙试验的准确性、可重复性，近年来大量的时间与资源被投入相关研究中，包括试验参数[190]、试验温度[191]、数据分析等。然而，仍然有些报告提出将汉堡浸水车辙试验结果与其他试验[192]或路用结果[190]联系起来时会出现问题。实际上，已经有研究指出，高温黏塑性流动和水损坏在汉堡浸水车辙试验中的复合表现问题是很难将沥青混合料的高温抗车辙性能与抗水损坏性能分离开来评价的主要原因[187,193]。因此，明晰高温黏塑性流动和水损坏在汉堡浸水车辙试验中是如何复合表现的，显得十分重要。

此外，在现在汉堡浸水车辙试验的 AASHTO T324 规范中[145]，提出了五个参数来评价沥青混合料的抗车辙性能与抗水损坏性能，见表 7.1。但是，对于这些与性能相关的试验参数指标没有明确的计算过程与计算方法[194]。

表 7.1 AASHTO T324 规范中的五个性能参数

参数	相关性能	定义
破坏次数(NPF)	抗车辙/抗水损坏综合性能	车辙深度至 20mm 时的轮碾次数
最大车辙深度(Rut_{max})	抗车辙/抗水损坏综合性能	试验停止时的车辙深度
蠕变斜率(CS)	抗车辙性能	蠕变阶段平均每次轮碾造成的车辙深度
剥落斜率(SS)	抗水损坏性能	剥落阶段平均每次轮碾造成的车辙深度
剥落拐点(SIP)	抗水损坏性能	表明试件开始发生剥落的轮碾次数，为蠕变斜率直线和剥落斜率直线的交点

美国的各个州交通厅选择了表 7.1 中的不同性能参数来评价沥青混合料的抗车辙性能与抗水损坏性能。例如，得克萨斯州交通厅仅仅选择了破坏次数与最大车辙深度这两个指标作为评价指标，而艾奥瓦州交通厅除这两个指标外，还选择了剥落拐点对沥青混合料的性能进行要求[194]。这五个性能参数中，破坏次数与最大车辙深度是各州最常用来评价试件抗车辙/抗水损坏综合性能的指标[195]。相比之下，近年来逐渐有研究提出由于高温黏塑性流动和水损坏在汉堡浸水车辙试验中的复合表现，采用蠕变斜率、剥落斜率和剥落拐点来评价沥青混合料的性能会存在问题[113,187,196]。

另外，为了获得表 7.1 的性能参数，各州之间的数据处理办法与计算方法也不尽相同，其中应用最为广泛的当属艾奥瓦州交通厅(Iowa DOT)的六次函数法[194]。因此，本书首先以 Iowa DOT 六次函数法为例，分析汉堡浸水车辙试验原始数据处理方法中存在的计算问题，随后探讨高温黏塑性流动和水损坏在汉堡浸水车辙试验中的复合表现问题。

7.1.1 Iowa DOT 六次函数法中的计算问题

1. 试验材料

在本节研究中，混合料级配有中等交通(medium traffic，MT)和重交通(heavy traffic, HT)两种设计级配，均根据美国威斯康星州交通厅的规范在室内制备完成。同时，选用花岗岩和石灰岩这两种在美国应用广泛、棱角性好、抗车辙能力高的代表性集料。此外，两种沥青为 S-28 与 V-28，S 表示标准交通(standard traffic)，V 表示特重交通(very heavy traffic)，两者的 PG 分级分别是 58-28 与 64-28。因此，本章涉及八种不同类型沥青混合料，以使研究对象性能表现范围较大、研究结果具有代表性，混合料的设计参数及体积参数见表 7.2。

表 7.2　混合料的设计参数及体积参数

混合料编号	集料类型	交通量等级	沥青类型	沥青用量/%	RAP 掺量/%	设计孔隙率/%	VMA/%	VFA/%
C-MT-S28	Cisler（花岗岩）	MT	S-28	5.6	18.2	3.6	15.9	76.2
C-MT-V28		MT	V-28	5.6	18.2	3.4	15.5	78.0
C-HT-S28		HT	S-28	5.7	7.1	4.8	17.5	72.3
C-HT-V28		HT	V-28	5.7	7.1	4.2	16.5	75.4
W-MT-S28	Waukesha（石灰岩）	MT	S-28	5.7	16.1	4.1	15.9	74.4
W-MT-V28		MT	V-28	5.7	16.1	4.2	16.2	75.0
W-HT-S28		HT	S-28	5.2	9.8	4.1	14.9	73.1
W-HT-V28		HT	V-28	5.2	9.8	4.5	15.2	70.6

注：VMA 为沥青混合料矿料间隙率；VFA 为沥青混合料有效沥青饱和度。

2. 试验方法

在 7.1 节和 7.2 节中的汉堡浸水车辙试验及汉堡干燥车辙试验均采用美国威斯康星大学麦迪逊分校改性沥青研究中心的 PMW 单轮车辙仪，如图 7.1(a)所示。汉堡浸水车辙试验具体方法与 2.4 节中国汉堡浸水车辙试验一致，不再赘述。对于汉堡干燥车辙试验，试验终止条件为轮碾 50000 次或试验达到 20mm 车辙深度(满足两者之一即终止试验)，采用空气浴加热并覆上铝制外壳以将温度保持在(50±1)℃，如图 7.1(b)所示。

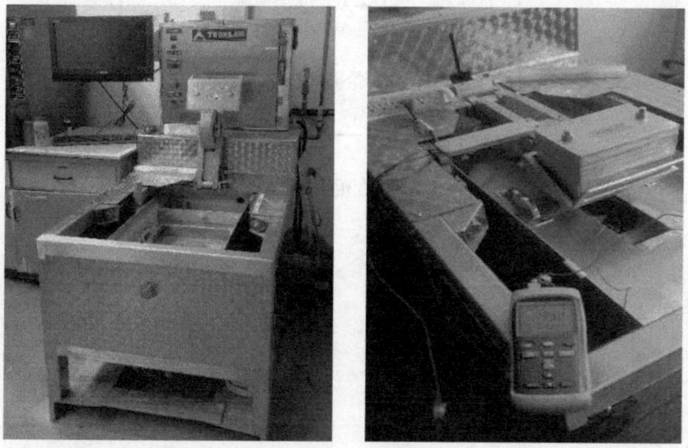

(a)　　　　(b)

图 7.1　PMW 单轮车辙仪

每种混合料采用三组平行试验，最终给出的曲线或数据均为三者平均值。

3. Iowa DOT 六次函数法介绍

在 Iowa DOT 规范中[197]，采用六次函数来拟合车辙深度随轮碾次数的变化曲线，将曲线末端一次导数最小值（称为剥落点）附近的数据（称为剥落范围）进行线性回归得到的直线斜率即为剥落斜率（SS），在剥落拐点之前曲线二次导数为 0（即曲线斜率绝对值最小的地方，称为蠕变点）附近的数据（称为蠕变范围）进行线性回归得到的直线斜率即为蠕变斜率（CS）。这两条拟合回归直线交点对应的轮碾次数即为剥落拐点（SIP）。剥落斜率与蠕变斜率的比值被用来定量判断试验中剥落是否发生以及剥落拐点是否能计算出来（若两条切线接近平行，则不会有交点）。美国有些州的交通厅明确要求这个比值要≥2.0 才能计算剥落拐点。以上汉堡浸水车辙数据的分析方法最初由 Iowa DOT 提出，随后被美国大部分州所采用[187]，其计算示意图如图 7.2 所示。

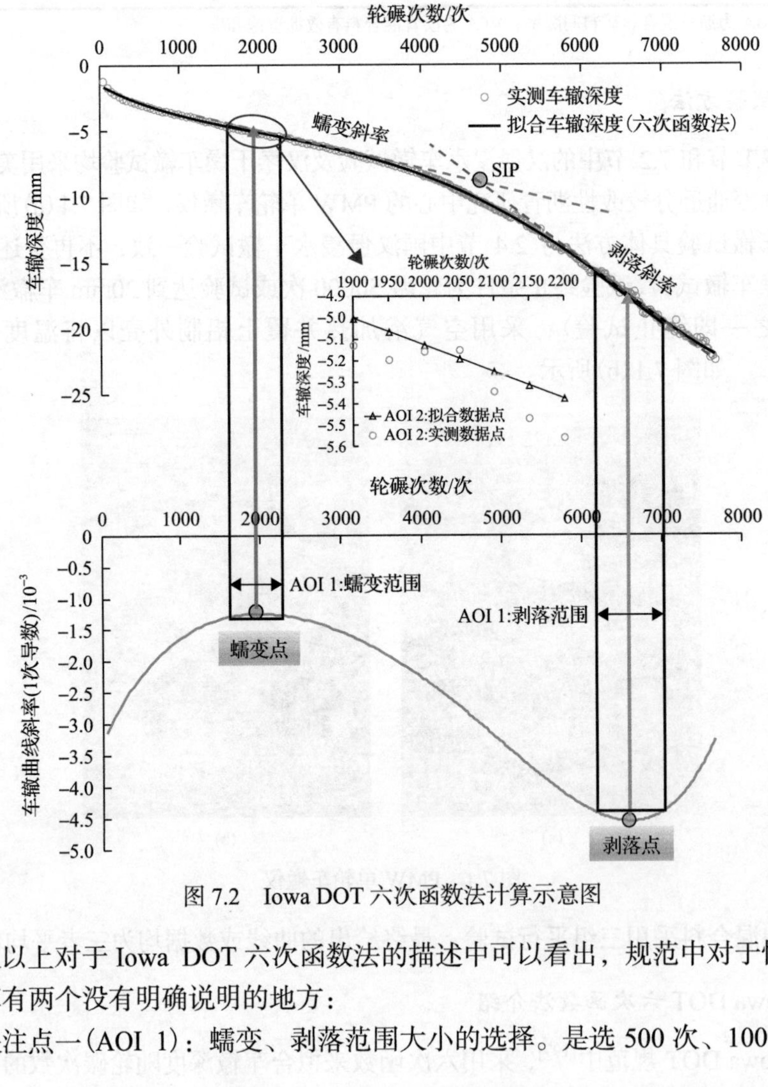

图 7.2　Iowa DOT 六次函数法计算示意图

从以上对于 Iowa DOT 六次函数法的描述中可以看出，规范中对于性能参数的计算有两个没有明确说明的地方：

关注点一（AOI 1）：蠕变、剥落范围大小的选择。是选 500 次、1000 次还是

2000 次轮碾对应的数据点进行线性回归，没有明确说明。

关注点二(AOI 2)：回归数据的选择。是选蠕变、剥落范围内的实测车辙深度还是六次函数拟合后的车辙深度进行线性回归，没有明确说明。

由于以上两点规范中没有明确说明，这会导致不同机构、不同试验人员对相同原始数据处理得到的性能参数有所不同。为了明确这种不确定性对汉堡浸水车辙试验计算出来的结果会有多大影响，本章选取这两个规范中没有明确规定的关注点进行研究。

4. 蠕变、剥落范围大小的选择对汉堡浸水车辙试验性能参数的影响

为了评价蠕变、剥落范围对最终汉堡浸水车辙试验性能参数的影响，随机选择 W-HT-S28 混合料并采用四个不同蠕变、剥落范围对原始数据进行处理，即 500 次、1000 次、1500 次及 2000 次轮碾范围内的数据，计算出的性能参数见表 7.3。上述 500 次轮碾范围是指对数据求回归直线斜率时，应选择[蠕变/剥落点–250 次轮碾，蠕变/剥落点+250 次轮碾]范围内的数据进行线性回归，其他范围以此类推。

表 7.3　不同蠕变、剥落范围内根据实测数据计算的性能参数

性能参数(根据实测车辙深度计算)	蠕变、剥落范围				最小值	最大值	协方差
	500 次	1000 次	1500 次	2000 次			
CS/(mm/次)	–0.0013	–0.0013	–0.0014	–0.0015	–0.0015	–0.0013	6.96
SS/(mm/次)	–0.0050	–0.0047	–0.0044	–0.0044	–0.0050	–0.0044	6.21
SIP/次	4906	4681	4700	4291	4291	4906	5.98

由表 7.3 可见，不同蠕变、剥落范围会对计算出的汉堡浸水车辙试验性能参数造成很大的影响，尤其是剥落斜率(SS)与剥落拐点(SIP)。选择 500 次蠕变、剥落范围与 2000 次蠕变、剥落范围计算出来的剥落拐点值相差了 615 次轮碾，考虑到该混合料的剥落拐点仅仅在 4500 次轮碾左右，这种不同蠕变、剥落范围的缺省势必会使得不同研究人员对同种混合料的性能评价有所差异。因此，本书推荐规范中应明确给出一个蠕变、剥落范围(如 1000 次轮碾)以减少这种人为选择因素的影响。

5. 回归数据的选择对汉堡浸水车辙试验性能参数的影响

为了评价回归数据的选择对最终汉堡浸水车辙试验性能参数的影响，随机选择 W-HT-S28 混合料，以 500 次轮碾为蠕变、剥落范围，分别采用实测车辙深度和六次函数来拟合车辙深度，进行线性回归，从而计算蠕变斜率、剥落斜率。以计算剥落斜率过程为例，基于实测车辙深度和六次函数拟合车辙数据的回归直线

如图 7.3 所示。

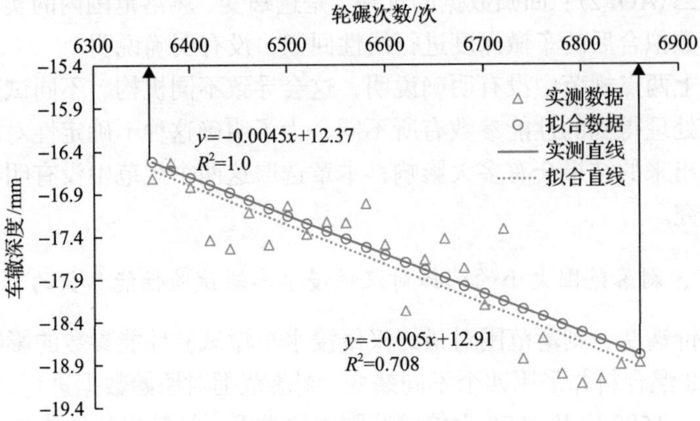

图 7.3 基于实测车辙深度和六次函数拟合车辙数据的回归直线

由图 7.3 可知，基于六次函数拟合车辙数据进行线性回归的直线拟合优度(1.0)要远高于基于实测车辙数据进行线性回归的直线拟合优度(0.708)，这是由于实测车辙数据因传感器敏感程度及剥落集料在轮子下移动等问题会出现不可避免的波动。图 7.4 给出了不同蠕变、剥落范围下对实测数据及拟合数据线性回归后的拟合优度。结果表明，拟合数据回归直线的拟合优度始终接近于 1，而实测数据回归直线的拟合优度会随着不同蠕变、剥落范围的增大而逐渐提高，这是由于较大的蠕变、剥落范围会抵消实测数据局部波动对回归结果的影响。

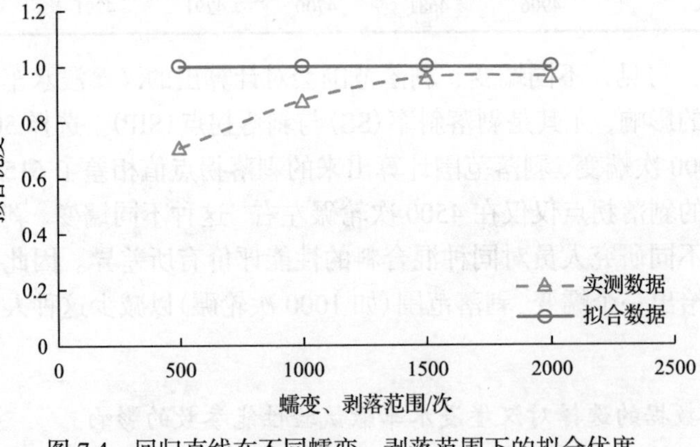

图 7.4 回归直线在不同蠕变、剥落范围下的拟合优度

表 7.4 还给出了不同蠕变、剥落范围内根据拟合数据计算的性能参数。对比表 7.4 与表 7.3 可以发现，采用拟合数据进行计算可以极大地减少蠕变、剥落范围对试验结果的影响，相比实测数据计算的 615 次剥落拐点极差，采用拟合数据计算的剥落拐点极差仅为 232 次。综上所述，考虑到减少因试验仪器本身或试件高度差

等问题造成的原始数据波动对试验结果的影响并抓住车辙曲线的整体变化趋势，本书建议采用六次函数拟合后的车辙深度来计算汉堡浸水车辙试验中的相关参数。

表 7.4　不同蠕变、剥落范围内根据拟合数据计算的性能参数

性能参数(根据拟合车辙深度计算)	蠕变、剥落范围				最小值	最大值	协方差
	500 次	1000 次	1500 次	2000 次			
CS/(mm/次)	−0.0013	−0.0013	−0.0013	−0.0013	−0.0013	−0.0013	0.00
SS/(mm/次)	−0.0045	−0.0045	−0.0045	−0.0044	−0.0045	−0.0044	1.12
SIP/次	4685	4611	4486	4453	4685	4453	2.52

7.1.2　汉堡浸水车辙试验中的复合表现问题

1. 后压密阶段在汉堡浸水车辙试验中的混淆作用

如 2.6 节所述，汉堡浸水车辙试验曲线可分为三个阶段：后压密阶段、蠕变阶段、剥落阶段[198]，其中后压密阶段一般认为是试验前 1000 次轮碾下的再压实阶段[188]。这一阶段试件在压实作用下孔隙率快速减小，这主要是与试件的初始孔隙率有关而非与试件本身的抗车辙性能或者抗水损坏性能有关[113]。尽管在汉堡浸水车辙试验中实验室制备的试件孔隙率都控制在 7%±1%，但是不同混合料由于沥青不同、集料不同、级配不同，其初始孔隙率仍然在 6%～8%变化，即使是同一类型混合料，因各种问题其孔隙率也会有所不同。图 7.5 给出了八种沥青混合料初始孔隙率与汉堡浸水车辙试验结果的关系。

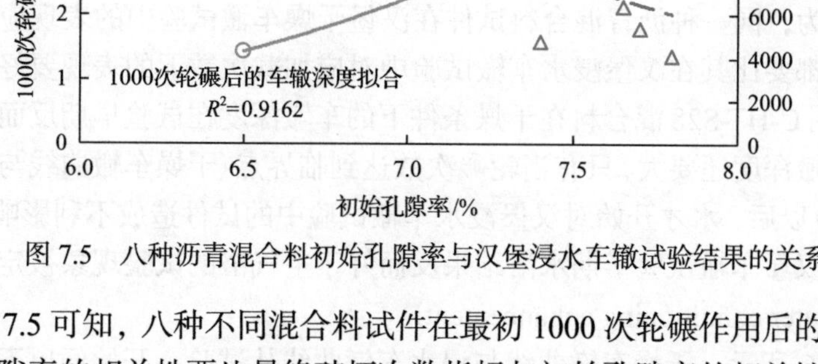

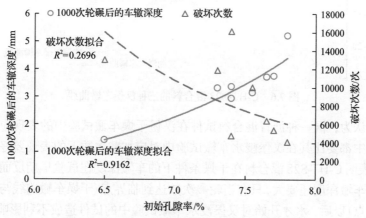

图 7.5　八种沥青混合料初始孔隙率与汉堡浸水车辙试验结果的关系

由图 7.5 可知，八种不同混合料试件在最初 1000 次轮碾作用后的车辙深度与其初始孔隙率的相关性要比最终破坏次数指标与初始孔隙率的相关性高得多。这表明试件在后压密阶段产生的变形在很大程度上受到试件初始孔隙率的影响。这八种混合料中，在后压密阶段产生最大车辙深度的是 W-MT-S28，达到了 5.2mm，其初始孔隙率为 7.8%，而对应最小车辙深度的是 W-MT-S28（1.4mm），其初始孔隙率为 6.5%。这意味着在后压密阶段不同初始孔隙率的试件所能产生的变形会差异很大（从 1.4mm 到 5.2mm），且考虑到最终允许变形也仅为 20mm，这种差异就不能忽略且势必会对最终计算出来的性能参数造成影响。为了减少试件初始孔隙率差异及后压密阶段对汉堡浸水车辙试验结果的混淆作用，本书建议将试验中与性能评价无关的最初 1000 次轮碾数据剔除后再进行性能参数计算。

2. 水在汉堡浸水车辙试验中的混淆作用

为了研究水在汉堡浸水车辙试验中的混淆作用，本书对八种不同沥青混合料均进行了汉堡干燥、浸水车辙试验。因此，对于任一种混合料，都会有一个浸水车辙曲线与干燥车辙曲线，将两曲线之间的差值绘制成随轮碾次数变化的曲线，称为差值车辙曲线。这种差值车辙曲线可以反映水对沥青混合料在汉堡浸水车辙试验中的影响作用[196]。图 7.6 给出了 C-HT-S28 混合料的三种汉堡车辙曲线。

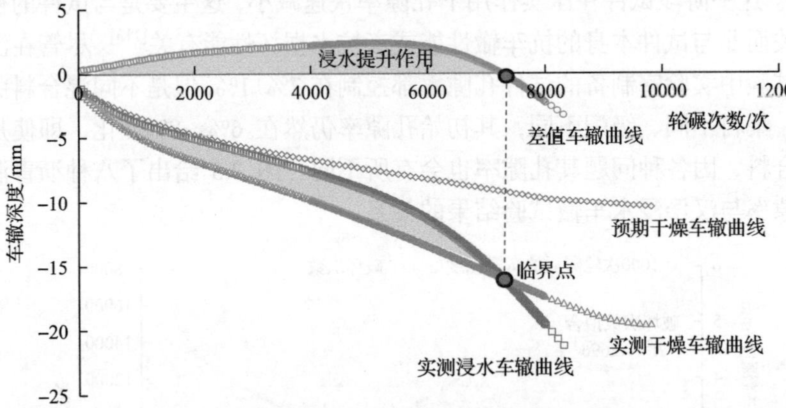

图 7.6 C-HT-S28 混合料的三种汉堡车辙曲线

一般认为，同一种沥青混合料试件在汉堡干燥车辙试验中的表现应该在整个试验过程中都要比其在汉堡浸水车辙试验中对应加载次数下的表现要好。然而，图 7.6 却表明 C-HT-S28 混合料在干燥条件下的车辙深度在试验早期反而要比浸水条件下的车辙深度还要大，只有当轮碾次数达到临界点（干燥车辙曲线与浸水车辙曲线的交点）以后，水才开始对汉堡浸水车辙试验中的试件造成不利影响。在本书中，这种在汉堡车辙试验早期水浴结果反而好于空气浴的试验现象被定义为浸水提升作用（water conditioning enhancement）。

如图 7.6 所示，干燥车辙曲线与浸水车辙曲线从试验一开始便以不同的斜率逐渐下降，这表明浸水提升作用在试验一开始就存在且势必会使得两条曲线的蠕变斜率计算结果有所不同。这种水的混淆作用将直接降低现有评价体系采用蠕变斜率评价沥青混合料抗车辙性能的有效性。同时，基于曲线斜率计算出的剥落斜率与剥落拐点也会受到不利影响。

为了验证汉堡浸水车辙试验中的浸水提升作用是偶然现象还是广泛存在，图 7.7 给出了八种沥青混合料的差值车辙曲线。

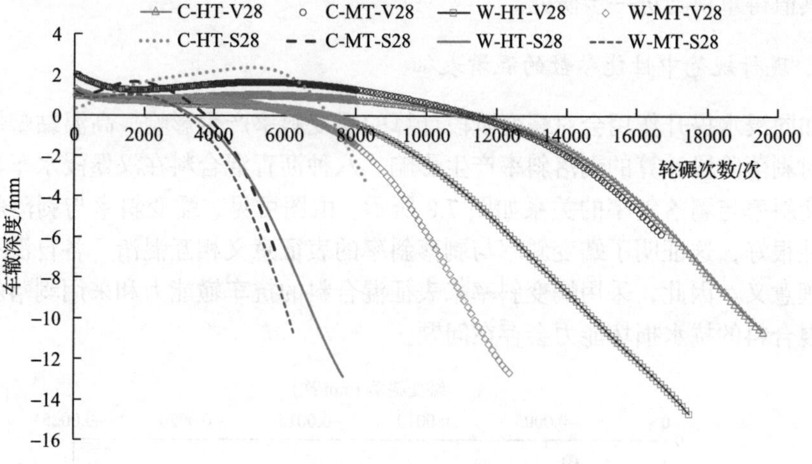

图 7.7　八种沥青混合料的差值车辙曲线

图 7.7 表明，本书涉及的八种沥青混合料均出现了上述的浸水提升作用。从某种程度上来说，临界点可以被用来评判某一混合料的浸水提升作用在汉堡浸水车辙试验中的强弱。临界点越大，表明需要更多的轮碾次数才能使得水开始展现出对混合料性能的衰减作用。如图 7.7 所示，八种沥青混合料的临界点互不相同，说明浸水提升作用受到沥青种类、集料类型及级配类型的影响，这会使得计算和对比不同沥青混合料在汉堡浸水车辙试验中的性能参数更为复杂。

如前所述，八种沥青混合料包含了两种沥青、两种集料及两种级配。为了研究这三者中哪个设计参数对汉堡浸水车辙试验中浸水提升作用的影响更大，本章采用敏感性分析的统计学手段，结果见表 7.5。表中第一列为三个混合料设计参数，第二列为设计参数的变化水平，第三列为因设计参数变化所导致的临界

表 7.5　临界点的敏感性分析

设计参数	变化水平	对应临界点的均值变化/次
沥青种类	V28-S28	+4687（从 S28 变到 V28）
集料类型	Cisler-Waukesha	+3385（从 Waukesha 变到 Cisler）
级配类型	MT-HT	−1128（从 HT 变到 MT）

点变化情况。

由表 7.5 可知，尽管均受到三种设计参数的影响，以临界点为表征的浸水提升作用主要受到沥青种类和集料类型的影响(即对应临界点的均值变化较大)。此外，表中的变化趋势也符合经验性规律：硬质沥青(V28)、花岗岩(Cisler)及特重交通对应的混合料级配(HT)的临界点较高，浸水提升作用更为明显。以上结果说明，汉堡浸水车辙试验中浸水提升作用是客观原因导致的，而非简单的试验误差，因此其值得重视与进一步研究。

3. 现行规范中性能参数的混淆表征

如同浸水提升作用会对蠕变阶段计算的蠕变斜率产生影响，高温黏塑性流动也会对剥落阶段计算的剥落斜率产生影响。八种沥青混合料在汉堡浸水车辙试验中蠕变斜率与剥落斜率的关系如图 7.8 所示。由图可见，蠕变斜率与剥落斜率的相关性很好，这证明了蠕变斜率与剥落斜率的表征意义相互混淆，各自没有明确的物理意义。因此，采用蠕变斜率来表征混合料的抗车辙能力和采用剥落斜率来表征混合料的抗水损坏能力会存在问题。

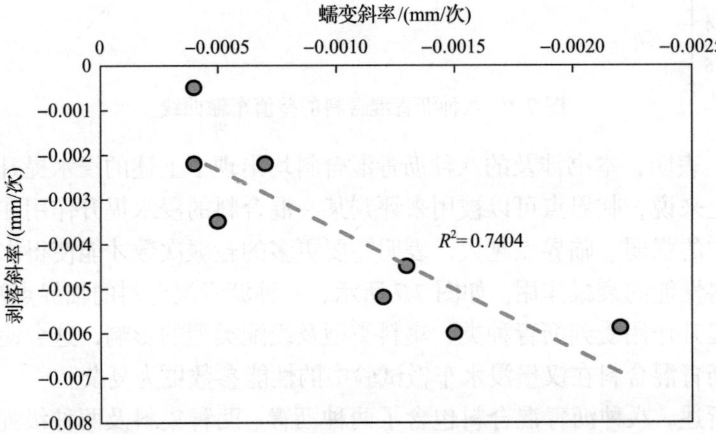

图 7.8　汉堡浸水车辙试验中蠕变斜率与剥落斜率的关系

实际上，采用蠕变斜率和剥落斜率这两个概念来评价沥青混合料的性能本身就存在问题。为了进一步研究蠕变斜率与剥落斜率的混淆表征，选择两种代表性混合料的浸水车辙曲线与干燥车辙曲线进行分析，如图 7.9 所示。

如图 7.9(a)浸水车辙曲线所示，W-MT-S28 混合料的蠕变斜率绝对值(0.0016)要大于 C-HT-S28 混合料的蠕变斜率绝对值(0.0012)，因此 C-HT-S28 混合料的高温抗车辙能力要好于 W-MT-S28 混合料。然而，根据图 7.9(a)中的干燥车辙曲线，W-MT-S28 混合料的高温抗车辙能力显然要更好。此外，图 7.9(a)还表明，浸水车辙曲线在蠕变阶段最开始是与干燥车辙曲线接近平行的，但是两者的斜率在蠕变阶段之后就显示出很大的差异。因此，在汉堡浸水车辙试验中根据线性回归求得的蠕变斜率并不能表征同样的试件在汉堡干燥车辙试验中最终的抗车辙表现(干燥车辙曲线一般以幂函数的形式出现[199])。

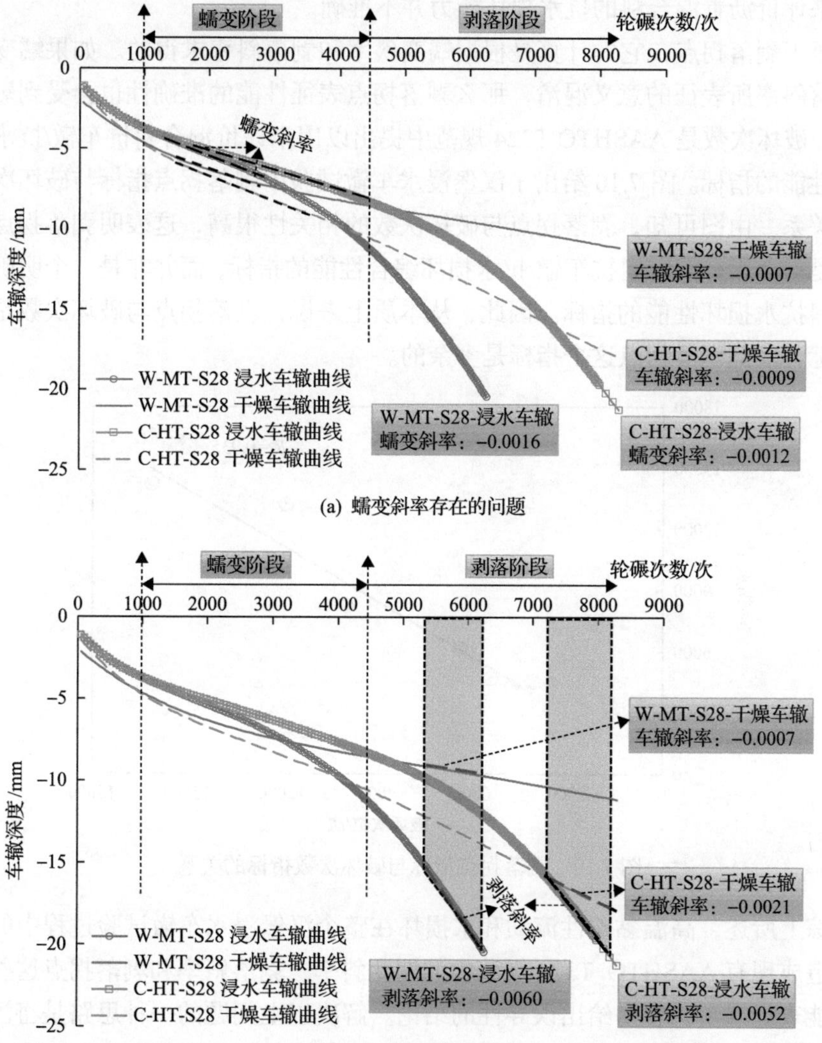

(a) 蠕变斜率存在的问题

(b) 剥落斜率存在的问题

图 7.9　两种代表性混合料的浸水车辙曲线与干燥车辙曲线

在剥落阶段，试件的变形由两部分组成：高温黏塑性流动和水损坏导致的变形。为了明确高温黏塑性流动在剥落阶段试件变形中所占比例，计算了干燥车辙曲线在对应剥落范围内的斜率，该斜率可以表征混合料的实际抗车辙能力。如图 7.9(b)所示，C-HT-S28 的车辙斜率和剥落斜率分别为−0.0021 和−0.0052，即高温黏塑性流动造成的变形占剥落斜率的 40.4%（0.0021/0.0052）。相比之下，W-MT-S28 高温黏塑性流动造成的变形仅占剥落斜率的 11.7%（0.0007/0.0060）。因此，对于不同的混合料，高温黏塑性流动对剥落斜率的贡献率有所不同，这会导致采用剥落斜率来评价沥青混合料的抗水损坏能力并不准确。

至于剥落拐点，它的计算是根据蠕变斜率和剥落斜率求得的。如果蠕变斜率和剥落斜率所表征的意义混淆，那么剥落拐点表征性能的准确性也会受到影响。此外，破坏次数是 AASHTO T324 规范中提出以用来评价混合料抗车辙/抗水损坏综合性能的指标。图 7.10 给出了汉堡浸水车辙试验中剥落拐点指标与破坏次数指标的关系。由图可知，剥落拐点与破坏次数的相关性很高，这表明剥落拐点实际上也是一个表征混合料抗车辙/抗水损坏综合性能的指标，而并非是一个明确表征混合料抗水损坏性能的指标。因此，从本质上来说，剥落拐点与破坏次数是类似的指标，因此剥落拐点这个指标是多余的。

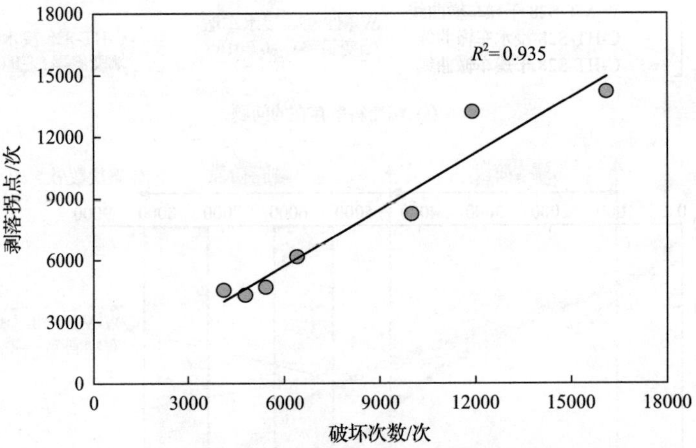

图 7.10　剥落拐点指标与破坏次数指标的关系

综上所述，高温黏塑性流动和水损坏在整个汉堡浸水车辙试验过程中的复合表现造成现有 AASHTO T324 规范中的蠕变斜率、剥落斜率和剥落拐点这些指标的性能表征混淆，容易给出误导性的结论。解决以上问题的一种思路是将汉堡浸水车辙试验中的高温黏塑性流动和水损坏变形分离开来，并用由高温变形/水损坏变形导致的最终车辙深度来表征混合料的抗车辙/抗水损坏能力，而不用原来通过线性回归求得的蠕变斜率/剥落斜率指标。

借鉴以上思路及考虑高温黏塑性流动和水损坏在汉堡浸水车辙试验中的复合表现，本书提出一种新的汉堡浸水车辙试验分析方法以将混合料的高温抗车辙能力与抗水损坏能力分离开来单独分析。

7.1.3　新汉堡浸水车辙试验分析方法介绍

新汉堡浸水车辙试验分析方法可以分为以下几个步骤。

(1)原始数据的拟合。

在试验进行 20000 次轮碾或试件达到 20mm 车辙深度后，将试验原始数据以轮碾次数为横坐标，车辙深度为纵坐标绘制成车辙曲线。采用式(7.1)所示的六次函数对曲线进行拟合：

$$\mathrm{RD}(N)=P_1\times N^6+P_2\times N^5+P_3\times N^4+P_4\times N^3+P_5\times N^2+P_6\times N+P_7 \quad (7.1)$$

式中，$\mathrm{RD}(N)$为拟合车辙深度；N为轮碾次数；P_i为拟合参数，为常量。拟合出的车辙曲线可分为两部分：第一部分为凹曲线，第二部分为凸曲线，曲线从凹曲线变为凸曲线的点在数学上称为拐点，如图 7.11 所示。拐点实际上是汉堡浸水车辙试验中试件开始发生快速性能衰减的关键节点[107]，为了获得曲线的拐点，可以对式(7.1)的二次偏导求零点，即

$$\frac{\partial^2\mathrm{RD}(N)}{\partial N^2}=30\times P_1\times N^4+20\times P_2\times N^3+12\times P_3\times N^2+6\times P_4\times N+2\times P_5=0 \quad (7.2)$$

(2)拟合数据的校正。

如前所述，应当将车辙曲线的前 1000 次车辙深度从拟合车辙曲线中剔除以减少后压密阶段对汉堡浸水车辙试验的混淆作用。将这种剔除数据的处理方法称为拟合数据的校正，并以分段函数的形式说明数据校正的过程，如式(7.3)所示，示意图如图 7.11 所示。

$$\mathrm{RD}(N)^*=\begin{cases}0, & N\leqslant 1000\\ \mathrm{RD}(N)-\mathrm{RD}(1000), & N>1000\end{cases} \quad (7.3)$$

式中，$\mathrm{RD}(N)^*$为校准后的拟合车辙深度；$\mathrm{RD}(1000)$为拟合车辙曲线在第 1000 次轮碾时对应的车辙深度。

(3)新参数的计算。

在本书中提出了 6 个新参数来评价汉堡浸水车辙试验中试件的性能。

① 破坏次数。在不考虑后压密阶段产生的车辙深度情况下，试件达到最大允许车辙深度(本书根据美国各州的经验[194]设定为 12.5mm)所经历的轮碾次数。破坏次数可根据式(7.4)计算：

$$\mathrm{NPF}=N_{12.5}-1000 \quad (7.4)$$

式中，$N_{12.5}$为试件达到 12.5mm 车辙深度时所经历的轮碾次数，可根据式(7.5)计算：

$$\mathrm{RD}(N)^* = -12.5 \tag{7.5}$$

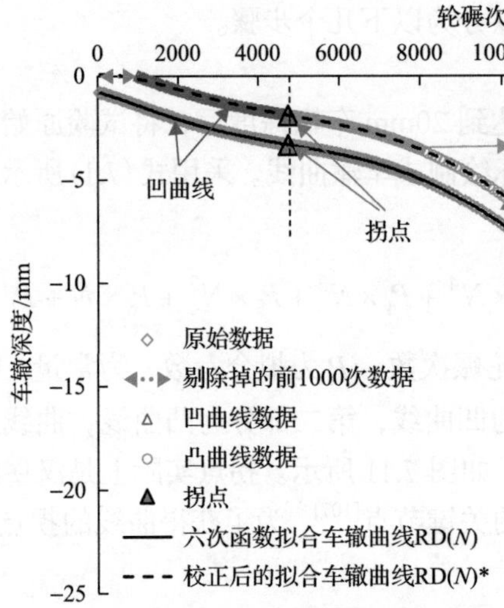

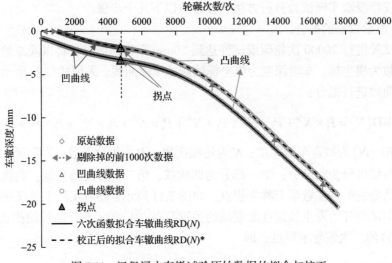

图 7.11 汉堡浸水车辙试验原始数据的拟合与校正

② 最大车辙深度 $\mathrm{Rut_{max}}$。当校准后的拟合车辙深度在 20000 次轮碾后（$\mathrm{RD(20000)^*}$）仍然没有达到 12.5mm 的车辙深度时，破坏次数会被赋值为 19000 次，同时可以按照式(7.6)计算最大车辙深度 $\mathrm{Rut_{max}}$：

$$\mathrm{Rut_{max}} = \mathrm{RD}(20000)^* = \mathrm{RD}(20000) - \mathrm{RD}(1000) \tag{7.6}$$

③ 黏塑性流动最终车辙深度 $\mathrm{RD_{final}^{vp}}$。试件最终车辙深度中因高温黏塑性流动造成的车辙深度。采用如式(7.7)所示的幂函数来进一步拟合校正后车辙曲线的凹曲线部分(即 1000 次轮碾至拐点之间的校正车辙曲线，如图 7.11 所示)。

$$\mathrm{RD^{vp}}(N) = aN^b + c \tag{7.7}$$

式中，$\mathrm{RD^{vp}}(N)$为 N 次轮碾造成的总变形中因高温黏塑性流动造成的车辙深度；a、b、c 均为拟合参数，为常量。通过非线性拟合确定 a、b、c 的数值后，就可以将校正车辙曲线拐点之后的高温黏塑性流动车辙深度预测出来，如图 7.12 所示。黏塑性流动最终车辙深度 $\mathrm{RD_{final}^{vp}}$ 可按式(7.8)计算：

$$\mathrm{RD_{final}^{vp}} = \mathrm{RD^{vp}}(\mathrm{NPF}+1000) = a(\mathrm{NPF}+1000)^b + c \tag{7.8}$$

④ 水损坏最终变形深度 $\mathrm{RD_{final}^{m}}$。试件最终车辙深度中因水损坏剥落造成的变形部分，可依据式(7.9)计算：

$$RD_{final}^{m}=\begin{cases}-12.5-RD_{final}^{vp}, & NPF<19000\\ Rut_{max}-RD_{final}^{vp}, & NPF=19000\end{cases} \tag{7.9}$$

⑤ 黏塑性流动变形速率(viscoplastic flow ratio，VR)。每经历 1000 次轮碾因高温黏塑性流动造成的车辙深度，按式(7.10)计算：

$$VR=\frac{RD_{final}^{vp}}{NPF}\times 1000 \tag{7.10}$$

⑥ 水损坏变形速率(moisture ratio，MR)。每经历 1000 次轮碾因水损坏剥落造成的变形，按式(7.11)计算：

$$MR=\frac{RD_{final}^{m}}{NPF}\times 1000 \tag{7.11}$$

以上各参数的计算示意图如图 7.12 所示。

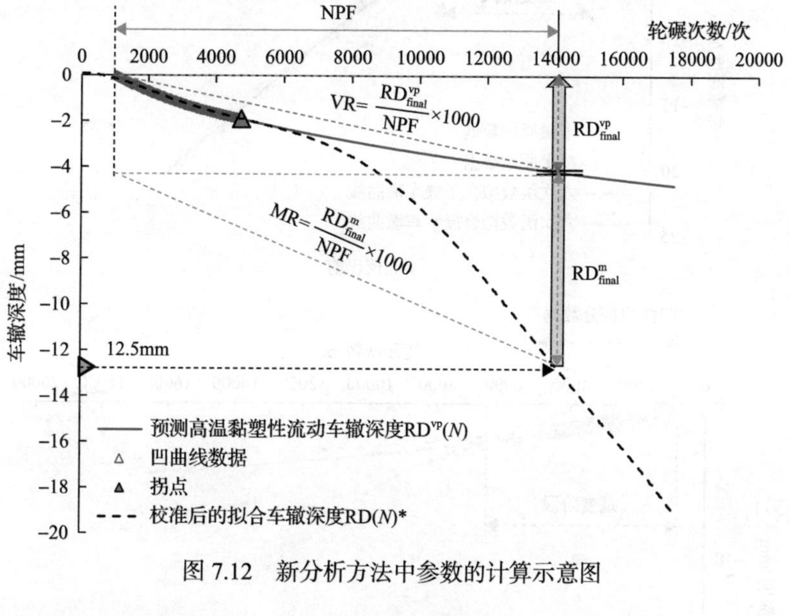

图 7.12　新分析方法中参数的计算示意图

7.1.4　新汉堡浸水车辙试验分析方法的有效性验证

本书提出的汉堡浸水车辙试验改进分析方法比原方法多出了拟合数据校正步骤，并提出了三对、六个新性能参数以评价沥青混合料在汉堡浸水车辙试验中的性能表现：破坏次数(记为 NPF-new，以与原方法中 NPF 区分)和最大车辙深度(Rut_{max})用来评价混合料抗车辙/抗水损坏的综合性能；黏塑性流动最终车辙深度

RD_{final}^{vp} 与水损坏最终变形深度 RD_{final}^{m} 的相关关系可用来评价混合料的车辙/水损坏敏感性；黏塑性流动变形速率 VR 与水损坏变形速率 MR 分别用来评价沥青混合料对车辙和水损坏的抵抗能力。本小节将对本书提出的拟合数据校正步骤和三对、六个新性能参数进行有效性验证。

1. 拟合数据校正步骤的必要性验证

如前所述，为了减少试件初始孔隙率差异及后压密阶段对汉堡浸水车辙试验结果的混淆作用，新分析方法中将最初 1000 次轮碾的数据剔除后再进行后续性能参数的计算，并将该步骤称为拟合数据的校正。为了验证该步骤的必要性，图 7.13 给出了校正前后 W-HT-V28 干燥车辙曲线与浸水车辙曲线的对比。

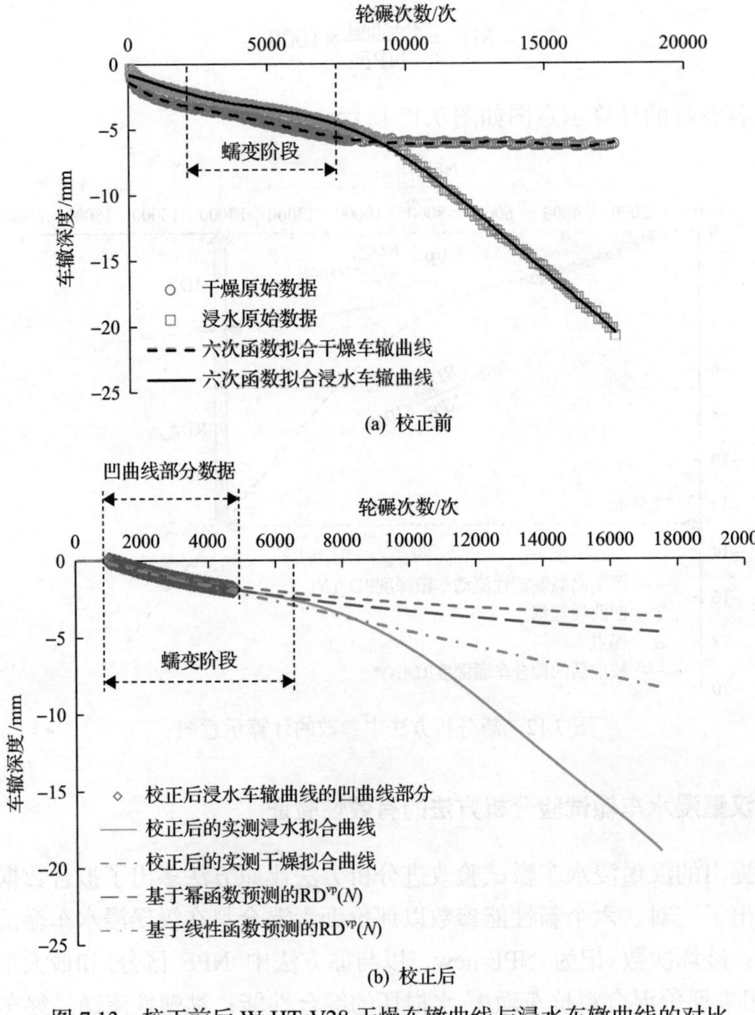

图 7.13　校正前后 W-HT-V28 干燥车辙曲线与浸水车辙曲线的对比

从图 7.13(a)可见，干燥车辙曲线与浸水车辙曲线从蠕变阶段一开始就展现出不同的变化趋势，因此如果仅仅试图用浸水车辙曲线的某一部分来表征混合料在干燥条件下的抗车辙能力会存在问题。相比之下，图 7.13(b)中经过校正后的实测浸水拟合曲线在蠕变阶段基本与校正后的实测干燥拟合曲线重合了，尤其是浸水拟合曲线中的凹曲线部分。这种高度重合是采用浸水车辙试验的数据去预测试件在干燥条件下抗车辙能力的前提条件。此外，图 7.13(b)还表明基于幂函数对浸水拟合曲线中凹曲线部分数据预测的高温黏塑性流动车辙深度 $RD^{vp}(N)$ 要比基于线性函数（$y = A \times N + B$）预测的高温黏塑性流动车辙深度 $RD^{vp}(N)$ 与实测干燥车辙拟合曲线更为接近。

对比图 7.13(a)与图 7.13(b)还可以发现，校正作用还可以减少浸水提升作用在汉堡浸水车辙试验中的影响。即通过校正后，同一试件在汉堡干燥车辙试验中产生的车辙深度始终要低于同样轮碾次数下在汉堡浸水车辙试验中产生的车辙深度。为了进一步证明拟合数据的校正步骤是否能降低汉堡浸水车辙试验中的浸水提升作用，八种沥青混合料的校正差值车辙曲线(即校正后的浸水车辙曲线与校正后的干燥车辙曲线差值)如图 7.14 所示。

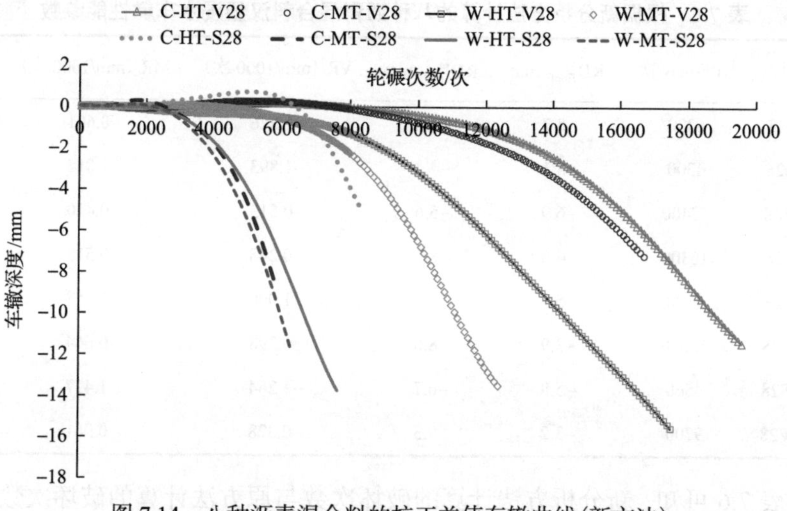

图 7.14　八种沥青混合料的校正差值车辙曲线(新方法)

对比图 7.14 和图 7.7，可以明显发现对八种沥青混合料在汉堡车辙试验中的数据进行校正后，即剔除最初 1000 次轮碾的数据后，汉堡浸水车辙试验中的浸水提升作用极大地削弱甚至消失了。该结果一方面验证了校正步骤的必要性，另一方面也说明了在后压密阶段中，沥青混合料在浸水条件和干燥条件下不同的再压实程度导致同样的试件在浸水条件下反而要比干燥条件下在试验初期表现好。

综上所述，新方法对拟合数据进行校正的步骤具有两个优点：①减少试件初始孔隙率差异及后压密阶段对汉堡浸水车辙试验结果的混淆作用；②削弱汉堡浸水车辙试验中的浸水提升作用，使得校正后的实测浸水拟合曲线与实测干燥拟合曲线在蠕变阶段基本重合，这是采用浸水车辙试验数据预测试件在干燥条件下抗车辙能力的前提条件。

2. 新参数 NPF-new 与 Rut_{max} 的有效性验证

破坏次数和最大车辙深度用来评价混合料抗车辙/抗水损坏的综合性能，破坏次数越大，最大车辙深度越小，则试件的综合性能越好。由于本书八种沥青混合料在 20000 次轮碾内的车辙深度均达到 20mm，获得的指标均为破坏次数而没有最大车辙深度，因此本书不涉及改进后最大车辙深度的讨论。与 AASHTO T324 规范中的破坏次数(NPF)相比，改进的破坏次数(NPF-new)在计算时剔除了受试件初始孔隙率影响较大的后压密阶段数据。表 7.6 给出了根据新分析方法计算的八种沥青混合料汉堡浸水车辙性能参数以及根据原方法计算的破坏次数以作对比。

表 7.6 根据新分析方法计算的八种沥青混合料汉堡浸水车辙性能参数

混合料	NPF-new/次	RD^{vp}_{final} /mm	RD^{m}_{final} /mm	VR/(mm/1000 次)	MR/(mm/1000 次)	NPF/次
C-HT-S28	6320	−8.7	−3.8	−1.376	−0.601	6377
C-MT-S28	4300	−8.1	−4.4	−1.893	−1.014	4073
C-MT-V28	13400	−6.9	−5.6	−0.513	−0.420	11892
C-HT-V28	16300	−4.0	−8.5	−0.248	−0.518	16143
W-HT-S28	5300	−5.3	−7.2	−1.000	−1.358	5395
W-HT-V28	13000	−3.9	−8.6	−0.298	−0.664	13172
W-MT-S28	4560	−5.8	−6.7	−1.264	−1.477	4774
W-MT-V28	9700	−3.2	−9.3	−0.328	−0.961	10093

由表 7.6 可知，新分析方法计算的破坏次数与原方法计算的破坏次数总体上没有很大差异。然而，对于 C-MT-V28 和 W-HT-V28 两种混合料，根据两种方法计算的破坏次数出现了差异，原方法计算的破坏次数表明 W-HT-V28(需 13172 次轮碾产生 12.5mm 车辙深度)的性能要比 C-MT-V28(需 11892 次轮碾产生 12.5mm 车辙深度)好，而新方法计算的破坏次数则表明 C-MT-V28(需 13400 次轮碾产生 12.5mm 车辙深度)的性能要比 W-HT-V28(需 13000 次轮碾产生 12.5mm 车辙深度)好。这种差异进一步证明了后压密阶段的初始车辙变形会对原计算方法的结果造成影响且应当被剔除掉。

3. 新参数 RD_{final}^{vp} 和 RD_{final}^{m} 的有效性验证

为了验证新方法提出的黏塑性流动最终车辙深度 RD_{final}^{vp} 是否能准确预测汉堡浸水车辙试验中最终车辙深度中因高温黏塑性流动造成的车辙深度，八种混合料在汉堡干燥车辙试验下的实测高温车辙深度与汉堡浸水车辙试验下的预测黏塑性流动最终车辙深度的关系如图 7.15 所示。

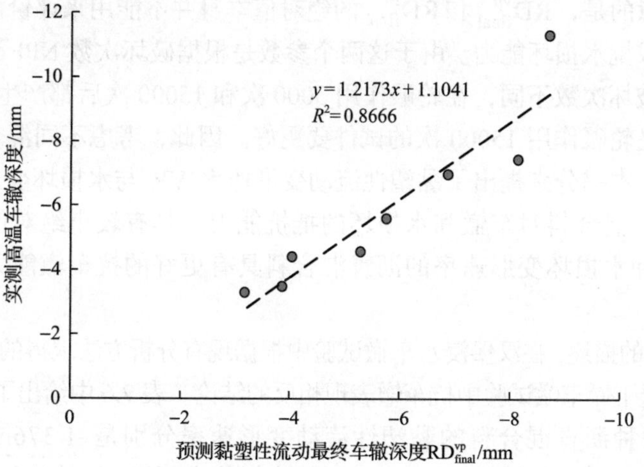

图 7.15　实测高温车辙深度与预测黏塑性流动最终车辙深度的关系

由图 7.15 可知，汉堡浸水车辙试验中的预测黏塑性流动最终车辙深度与汉堡干燥车辙试验中的实测高温车辙深度具有很高的相关性，表明预测准确。此外，由于水损坏最终变形深度 RD_{final}^{m} 是根据黏塑性流动最终车辙深度计算出来的（$RD_{final}^{vp}+RD_{final}^{m}=-12.5mm$），在 RD_{final}^{vp} 预测准确的前提下，RD_{final}^{m} 自然也能够准确预测。因此，新的汉堡浸水车辙试验方法能有效地将高温黏塑性流动和水损坏两个性能区分开来，并采用对应的性能指标进行表征。

实际上，黏塑性流动最终车辙深度 RD_{final}^{vp} 与水损坏最终变形深度 RD_{final}^{m} 这一组性能指标的相互关系还可以用来评价混合料的敏感性，是对高温车辙更为敏感还是对水损坏更为敏感。当 RD_{final}^{vp} 的绝对值大于 RD_{final}^{m} 的绝对值时，意味着该沥青混合料更容易发生车辙破坏(高温黏塑性流动导致的变形占最终车辙深度的 50%以上)；当 RD_{final}^{vp} 的绝对值小于 RD_{final}^{m} 的绝对值时，意味着该沥青混合料更容易发生水损坏(水损坏剥落导致的变形占最终车辙深度的 50%以上)。例如，表 7.6 中的 C-MT-V28 和 W-HT-V28 混合料的破坏次数很接近，分别是 13400 次和 13000 次，然而 C-MT-V28 的 $RD_{12.5}^{vp}$ 为−6.9mm，说明它是一种高温车辙敏感型的沥青混合料，W-HT-V28 的 $RD_{12.5}^{vp}$ 仅为−3.9mm，表明它是一种水损坏敏感型的沥青混合料。因此，尽管 C-MT-V28 和 W-HT-V28 混合料具有相近的破坏次数，但是 C-MT-V28 更适合用在多雨地区，而 W-HT-V28 更适合用在高温干燥地区。这也解释了为何现有分析方法下两种沥青混合料具有相近的破坏次数却在实际路面使用中表现出了截然不同的性能。

4. 新参数 VR 和 MR 的有效性验证

需要注意的是，RD_{final}^{vp} 和 RD_{final}^{m} 的绝对值本身并不能用来评价沥青混合料的抗车辙能力或抗水损坏能力。由于这两个参数是根据破坏次数 NPF 计算的，而不同混合料的破坏次数不同，在轮碾作用 3000 次和 15000 次后都产生 6mm 的车辙深度，显然是轮碾作用 15000 次的试件要更好。因此，考虑不同混合料的破坏次数有所不同，本书分别提出了黏塑性流动变形速率 VR 与水损坏变形速率 MR，用来评价沥青混合料对车辙和水损坏的抵抗能力。具有较小绝对值的黏塑性流动变形速率和水损坏变形速率的沥青混合料具有更好的抗车辙能力与抗水损坏能力。

如图 7.9 的描述，在汉堡浸水车辙试验中根据现有分析方法求得的蠕变斜率可能会给出与汉堡干燥车辙试验中抗车辙表现相反的结论。表 7.6 中给出了 C-HT-S28 和 W-HT-S28 两种沥青混合料的黏塑性流动变形速率分别是–1.376mm/1000 次和–1.000mm/1000 次，这表明 W-HT-S28 的抗车辙能力更好，该结论与图 7.9 中汉堡干燥车辙试验的评价结果一致。因此，相比于现有的蠕变斜率，新分析方法得出的黏塑性流动变形速率更能准确表征沥青混合料的高温抗车辙能力。

为了验证水损坏变形速率是否比原来的剥落斜率（SS）和剥落拐点（SIP）更能准确地评价沥青混合料的抗水损坏性能，本书选取三种矿粉与 S-28 沥青制备了三种沥青胶浆用于拉拔试验，即 S-28-Cisler 胶浆、S-28-Waukesha 胶浆和 S-28-Cisler + Blended Sand 胶浆。胶浆与不同集料底座（Waukesha（石灰岩）和 Cisler（花岗岩））的组合同汉堡浸水车辙试验中三种混合料所用的组合一致，即 C-HT-S28 为 S-28-Cisler 胶浆+Cisler 集料，W-HT-S28 为 S-28-Waukesha 胶浆+Waukesha 集料，C-MT-S28 为 S-28-Cisler+Blended Sand 胶浆+Cisler 集料。以上所有胶浆均按照矿粉与沥青体积比 4∶6 制备而成，拉拔仪采用美国威斯康星大学麦迪逊分校的 PATTI 拉拔仪，胶浆的拉拔试验方法可以详见参考文献[199]，在此不再赘述。在拉拔试验中，采用浸水后拉拔强度的损失百分率来评价胶浆的黏附性，如式（7.12）所示。

$$\text{Loss of POTS} = \frac{\text{POTS}_{dry} - \text{POTS}_{wet}}{\text{POTS}_{dry}} \times 100\% \tag{7.12}$$

式中，POTS_{dry} 为胶浆干燥条件下与集料的拉拔强度；POTS_{wet} 为胶浆浸水条件下与集料的拉拔强度。Loss of POTS 的值越大，表明胶浆的抗水损坏性能越差。

表 7.7 列出了拉拔试验及汉堡浸水车辙试验下三种混合料或对应胶浆的抗水损坏性能排序。结果表明，汉堡浸水车辙试验中三个表征沥青混合料抗水损坏性能的参数(剥落斜率 SS、剥落拐点 SIP、剥落斜率/蠕变斜率比值 SS/CS)对三种混合料的排序与拉拔试验的排序结果均不一致。此外，汉堡浸水车辙试验中依据这三个表征指标对三种混合料的排序本身就互不一致，这势必会造成研究人员的困扰。相比之下，新评价方法中的水损坏变形速率 MR 关于三种混合料抗水损坏性能的结论与拉拔试验结果一致。因此，水损坏变形速率要比原来的剥落斜率和剥落拐点指标能更准确地评价沥青混合料的抗水损坏性能。

表 7.7　拉拔试验及汉堡浸水车辙试验下三种混合料或对应胶浆的抗水损坏性能排序

混合料	拉拔试验		原性能参数						新性能参数	
	Loss of POTS /%	排序	SS /(mm/次)	排序	SIP /次	排序	SS/CS	排序	MR /(mm/1000 次)	排序
C-HT-S28	16.85	A	−0.0052	B	6189	A	4.33	C	−0.601	A
C-MT-S28	30.09	B	−0.0059	C	4549	C	2.68	A	−1.014	B
W-HT-S28	32.73	C	−0.0045	A	4685	B	3.46	B	−1.358	C

7.2　多种基质沥青与改性沥青混合料的汉堡浸水车辙试验表现

如前所述，汉堡浸水车辙试验是评价沥青混合料高温抗车辙和抗水损坏综合性能的试验，因此以下将以汉堡浸水车辙试验表现来表述沥青混合料在该试验下的性能评价结果。本节将采用 2.5 节中的汉堡浸水车辙试验评价多种基质沥青与改性沥青混合料的抗车辙与抗水损坏性能(分析将主要侧重于抗水损坏性能)，在验证汉堡浸水车辙试验区分度的同时探究改性剂及掺量对沥青混合料汉堡浸水车辙试验表现的影响规律。

虽然 7.1 节提出了现有分析方法存在的问题和新方法的优点，但本节仍然采用规范中推荐的 Iowa DOT 六次函数法进行分析，原因有以下两点：

(1)作者是先在国内根据现有规范采用汉堡浸水车辙试验评价并分析了多种基质沥青与改性沥青混合料的性能之后，才在美国威斯康星大学麦迪逊分校进行博士联合培养时对现有分析方法提出了改进；两者时间上有先后顺序，再采用新方法对原来国内的数据进行分析工作量很大，且国内并没有进行汉堡干燥车辙试验作为验证。

(2)虽然新分析方法有其优点，但尚未得到业内的广泛认可，因此采用规范中推荐的方法分析数据得出的结论更容易使业内人士理解与认可。

7.2.1 多种基质沥青混合料的汉堡浸水车辙试验表现

拉拔试验结果表明，无论是沥青的黏附性还是其黏附性自愈合性能都受到基质沥青产地、加工工艺的极大影响。本小节对七种不同来源的 70#基质沥青混合料进行了汉堡浸水车辙试验，试验结果如表 7.8 和图 7.16 所示。

表 7.8 七种 70#基质沥青混合料汉堡浸水车辙试验指标汇总

沥青	CS/(mm/1000 次)	SS/(mm/1000 次)	SS/CS	SIP/次
ESSO	1.364	3.128	2.29	4831
金山	1.706	2.827	1.66	na
塔河	0.731	1.929	2.64	4611
中海	1.142	2.360	2.07	5093
东海	1.183	3.268	2.76	3891
昆仑	0.983	1.532	1.56	na
SK	1.245	2.863	2.30	5486
均值	1.193	2.558	2.18	—

注：na 表示由于 SS/CS 小于 2.0，根据 Iowa DOT 的规范要求，无法算出 SIP。

从表 7.8 可知，不同基质沥青混合料在汉堡浸水车辙试验中表现差异较大。从剥落斜率来看，最差的东海沥青剥落斜率为 3.268mm/1000 次，最好的昆仑沥青剥落斜率为 1.532mm/1000 次，可见最好的基质沥青抗水损坏性能要高于最差的两倍以上。同理，从蠕变斜率来看，最差的金山沥青蠕变斜率为 1.706mm/1000 次，最好的塔河沥青蠕变斜率为 0.731mm/1000 次，两者的抗车辙性能也相差两倍之多。此外，从剥落拐点来看，SK 沥青具有最好的抗剥落能力，而东海沥青的抗剥落能力最差。对没有发生剥落拐点的金山与昆仑沥青来说，并不意味着其抗剥落能力就好，考虑前面提到的高温黏塑性流动和水损坏在汉堡浸水车辙试验中复合表现的情况，需要结合这七种基质沥青混合料的汉堡浸水车辙曲线来进一步对比它们的性能差异。

从图 7.16 可知，虽然金山与昆仑沥青都没有发生剥落拐点，但是两者性能差异很大，昆仑沥青性能是七种基质沥青中第二出色的，而金山沥青性能却要比那些发生剥落拐点的沥青还要差，是七种沥青中最差的。根据图 7.16，在七种基质沥青中汉堡浸水车辙试验结果最好的是塔河沥青与昆仑沥青，最差的是金山沥青和东海沥青。但是需要注意的是，塔河沥青性能出色是因为其抗车辙能力出色(CS=0.731mm/1000 次，七种沥青 CS 均值=1.193mm/1000 次)，而其抗剥落能力

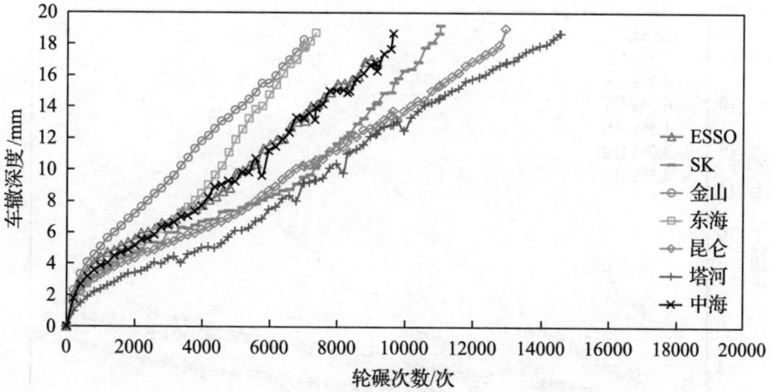

图 7.16　七种 70#基质沥青混合料汉堡浸水车辙曲线

(SS=1.929mm/1000 次)并没有比其他沥青(七种沥青 SS 均值=2.558mm/1000 次)优异太多。另一方面，东海沥青在汉堡浸水车辙试验中表现差是因为其抗水损坏性能差(SS=3.268mm/1000 次，七种沥青 SS 均值=2.558mm/1000 次)，实际上其抗车辙性能(CS=1.183mm/1000 次)与其他沥青非常接近(七种沥青 CS 均值=1.193mm/1000 次)。这说明对于汉堡浸水车辙试验的结果不能单一依靠某一指标进行判断，应当将这些指标结合起来，并与浸水车辙曲线联系在一起来评判。

由于本书评价的这七种 70#基质沥青均为原样沥青，汉堡浸水车辙试验对于它们性能表现的排序仅限于未经老化的前提下。实际上，根据工程经验，塔河沥青与昆仑沥青在加热后均会出现冒烟的情况，抗老化性能并不好[200]。这提醒我们，如果对七种沥青均进行长期老化后再进行汉堡浸水车辙试验，可能会得到不同的结果，那些具有较好抗老化性能的基质沥青(如 ESSO 沥青)会逐渐体现出优势来，而塔河沥青这类易老化的沥青就可能表现得不如未老化前那么出色了。由于对混合料试件进行长期老化模拟需要大量的工作量且不在本课题的研究范围内，本书还是对原样沥青进行汉堡浸水车辙试验分析，而在以后的工作中考虑老化对沥青混合料抗水损坏的影响。

7.2.2　多种改性沥青混合料的汉堡浸水车辙试验表现

1. SBS 改性沥青混合料的汉堡浸水车辙试验表现

本小节将采用汉堡浸水车辙试验评价不同掺量下线型、星型 SBS 改性沥青混合料的汉堡浸水车辙试验表现，以及稳定剂对 4.5%星型 SBS 改性沥青混合料汉堡浸水车辙试验表现的影响。

不同掺量下线型与星型 SBS 改性沥青混合料的汉堡浸水车辙曲线如图 7.17 所示。

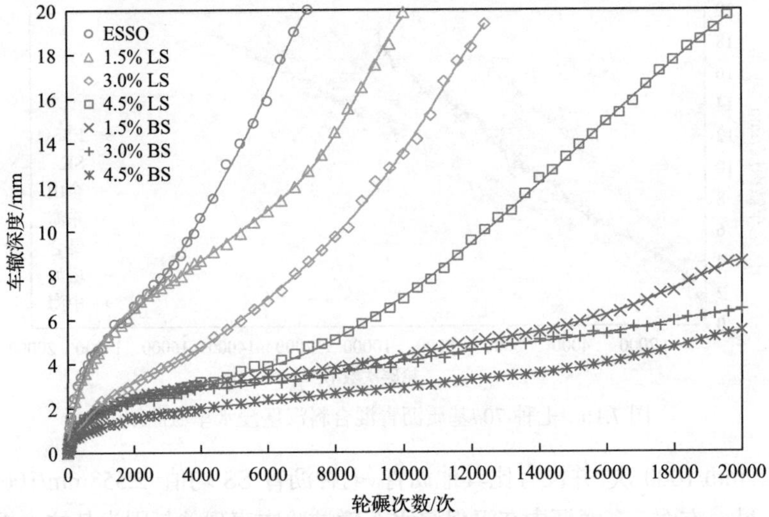

图 7.17　不同掺量下线型与星型 SBS 改性沥青混合料的汉堡浸水车辙曲线

由图 7.17 可见，随着线型 SBS(LS)和星型 SBS(BS)掺量的增加，混合料的抗车辙能力与抗水损坏能力均逐渐提高，这表明 SBS 类改性剂能够有效地提高沥青混合料的汉堡浸水车辙试验表现。相比之下，星型 SBS 比线型 SBS 对沥青混合料性能提升的效果更为明显，1.5%星型 SBS 改性沥青混合料要比 4.5%线型 SBS 改性沥青混合料的汉堡浸水车辙试验表现还要出色。

SBS 类改性剂对汉堡浸水车辙试验结果的改善作用可以归结于 SBS 类改性沥青良好的弹性性能[201]。SBS 的加入会使得沥青中形成弹性网络，进而提高沥青的黏度与劲度，这能改善混合料在车载作用下的弹性响应并限制沥青膜的移动。

SBS 类改性剂对汉堡浸水车辙试验结果的提高作用主要归结于 SBS 对沥青弹性性能的提高而非黏附性的提高，其原因主要有以下两点：

(1)第 3 章中的拉拔试验证明了星型 SBS 相比于线型 SBS 更不利于沥青与集料的黏附性，然而汉堡浸水车辙试验表明星型 SBS 比线型 SBS 对沥青混合料抗水损坏性能的提升效果更为明显。这是由于星型 SBS 能更好地改善基质沥青的弹性响应，且这种流变性能的改善弥补了星型 SBS 对沥青黏附性的不利影响。

(2)尽管图 7.17 中 4.5%星型 SBS 的剥落斜率要比 3.0%星型 SBS 的剥落斜率还要陡(较大的剥落斜率)，然而 4.5%星型 SBS 因其出色的抗车辙能力，其最终车辙深度还是低于 3.0%星型 SBS 的最终车辙深度，这是因为 4.5%星型 SBS 混合料的抗车辙能力得到了显著提高。

不同稳定剂掺量下 4.5% 星型 SBS 改性沥青混合料的汉堡浸水车辙曲线如图 7.18 所示。

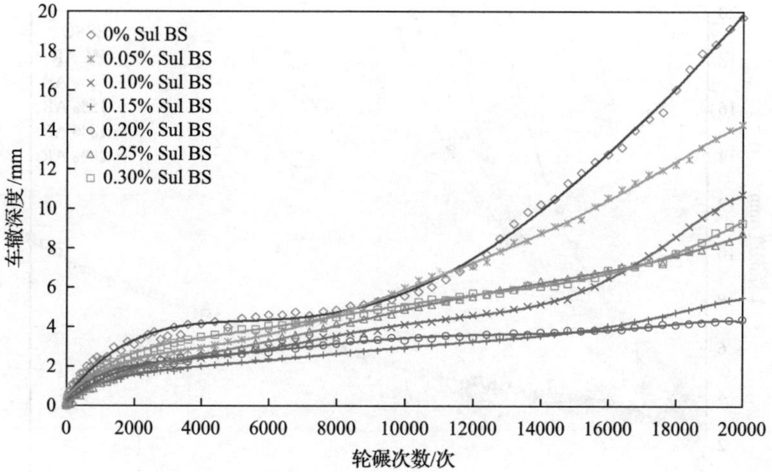

图 7.18 不同稳定剂掺量下 4.5%星型 SBS 改性沥青混合料的汉堡浸水车辙曲线

根据图 7.18 的曲线，没有掺加稳定剂的 4.5%星型 SBS 改性沥青混合料在汉堡浸水车辙试验中的表现比掺加稳定剂的表现都要差，这说明硫黄稳定剂能够改善星型 SBS 改性沥青混合料的抗车辙能力与抗水损坏能力。此外，图 7.18 还表明对于星型SBS改性沥青的汉堡浸水车辙试验表现,稳定剂存在一个最佳掺量范围，即 0.15%～0.20%。在最佳掺量下的 4.5%星型 SBS 改性沥青混合料在 50℃水浴下经历 20000 次钢轮轮碾后最终车辙深度仅为 4mm 左右,超过这个最佳掺量范围的稳定剂反而会损害其汉堡浸水车辙试验表现。这是因为虽然硫黄稳定剂可以促进 SBS 沥青内部形成稳定的网络结构并提升其黏度，但是过多的稳定剂会导致 SBS 改性沥青的黏度过大，导致沥青裹覆集料表面不充分，从而降低混合料的抗剥落能力。

2. 传统橡胶改性沥青混合料的汉堡浸水车辙试验表现

不同胶粉掺量下传统橡胶改性沥青混合料的汉堡浸水车辙曲线如图 7.19 所示。

由图 7.19 可知，传统橡胶改性沥青混合料中胶粉掺量存在一个不利范围：10%～18%，处于此范围内的橡胶改性沥青混合料在汉堡浸水车辙试验中表现得与基质沥青混合料差不多甚至更差。有趣的是，进一步将胶粉掺量增加到 20%会使混合料的抗车辙性能与抗水损坏性能有一个质的提升：在 20000 次轮碾后最大车辙深度仅为 10.52mm，这相比于基质沥青混合料或其他掺量的传统橡胶改性沥青已是一个非常小且可以接受的车辙深度。

造成以上结果的原因同样也可以从橡胶沥青的黏附性和弹性性能的角度来解释。对于传统橡胶沥青，有不少研究报道了其弹性性能出色[150]而黏附性存在不足[196]，且这两种性能之间存在某种平衡。当胶粉掺量较低时（≤15%），胶粉对抗

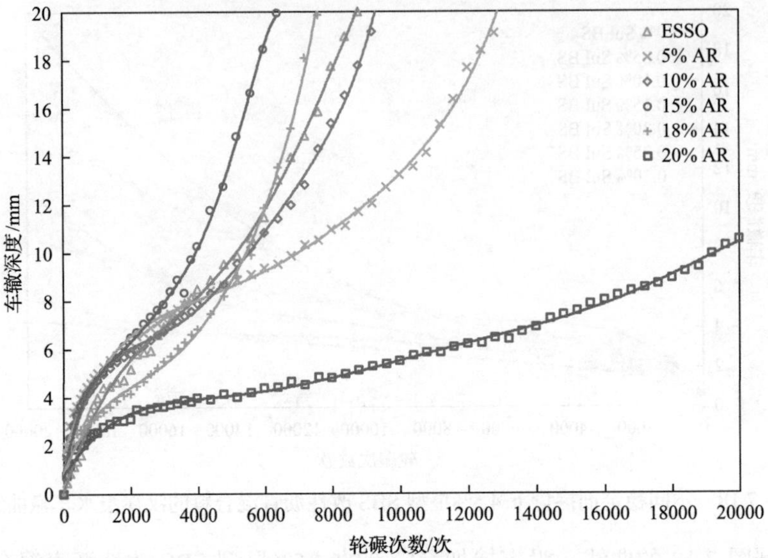

图 7.19　不同胶粉掺量下传统橡胶改性沥青混合料的汉堡浸水车辙曲线

水损坏的不利作用占主导地位，胶粉掺量的增加会损害混合料的汉堡浸水车辙表现。该作用可以在图 7.19 中观察到，当胶粉掺量≤15%时，各掺量下的浸水车辙曲线蠕变斜率都非常接近，是剥落斜率的差异导致汉堡浸水车辙试验表现的不同。当胶粉掺量较高时(≥18%)，胶粉对于沥青弹性响应、流变性能的提升占主导地位，胶粉掺量的增加会改善混合料的汉堡浸水车辙试验表现。而之所以 20%的橡胶改性沥青性能会发生质变可能是其中形成了连续、均匀的弹性网络结构，具体原因仍需要进一步研究。

3. *溶解性胶粉改性沥青混合料的汉堡浸水车辙试验表现*

不同胶粉掺量下溶解性胶粉改性沥青混合料的汉堡浸水车辙曲线如图 7.20 所示。

从图 7.20 可知，各胶粉掺量下的溶解性胶粉改性沥青混合料在汉堡浸水车辙试验中的表现均不如基质沥青混合料，因而溶解性胶粉改性沥青不利于混合料的抗车辙性能或抗水损坏性能。这是由于溶解性胶粉改性沥青的黏附性既不如基质沥青，其弹性性能也不如传统橡胶沥青那样出色。因此，如果想采用更为环保的溶解性胶粉改性技术，需要向其中加入其他改性剂进行复合改性以提高溶解性胶粉改性沥青的汉堡浸水车辙试验表现。

4. *岩沥青改性沥青混合料的汉堡浸水车辙试验表现*

不同掺量下岩沥青改性沥青混合料的汉堡浸水车辙曲线如图 7.21 所示。

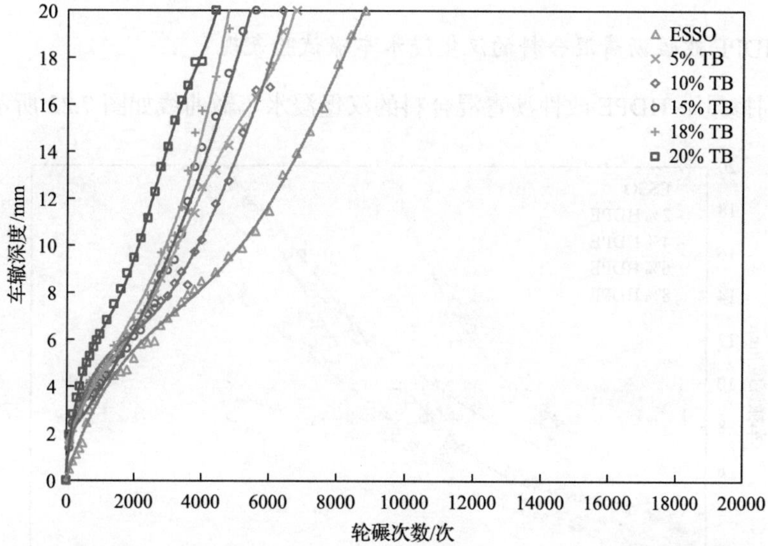

图 7.20　不同胶粉掺量下溶解性胶粉改性沥青混合料的汉堡浸水车辙曲线

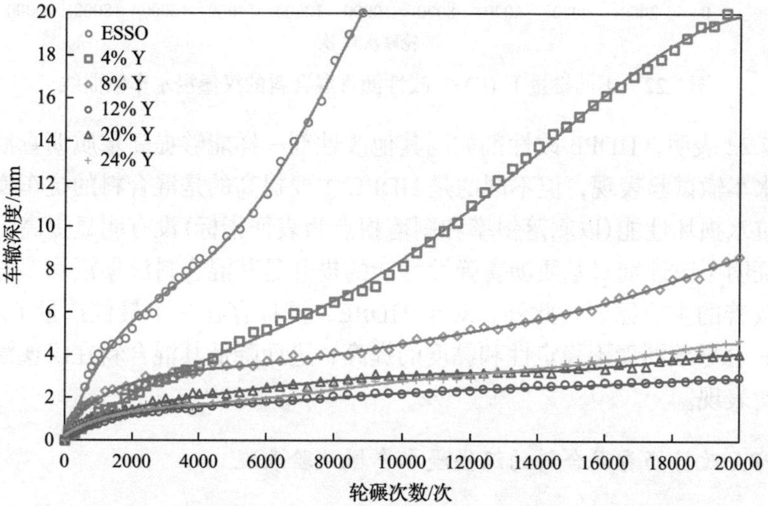

图 7.21　不同掺量下岩沥青改性沥青混合料的汉堡浸水车辙曲线

从图 7.21 可见，各掺量下的岩沥青改性沥青混合料均要比基质沥青混合料在汉堡浸水车辙试验中表现更好，因此岩沥青有利于提高混合料的抗车辙性能与抗水损坏性能。类似于 SBS 改性沥青中的稳定剂，岩沥青也存在一个最佳掺量 12%。岩沥青作为改性剂，一般认为其能较好地提高沥青混合料的劲度和抗剥落能力，过多的岩沥青会导致汉堡浸水车辙试验表现下降的原因可能是高掺量的岩沥青改性沥青黏度也较高，会影响沥青与集料的裹覆与黏附。在混合料的制备过程中也观察到在高掺量岩沥青改性沥青松散料中存在部分花白裸露的集料。

5. HDPE 改性沥青混合料的汉堡浸水车辙试验表现

不同掺量下 HDPE 改性沥青混合料的汉堡浸水车辙曲线如图 7.22 所示。

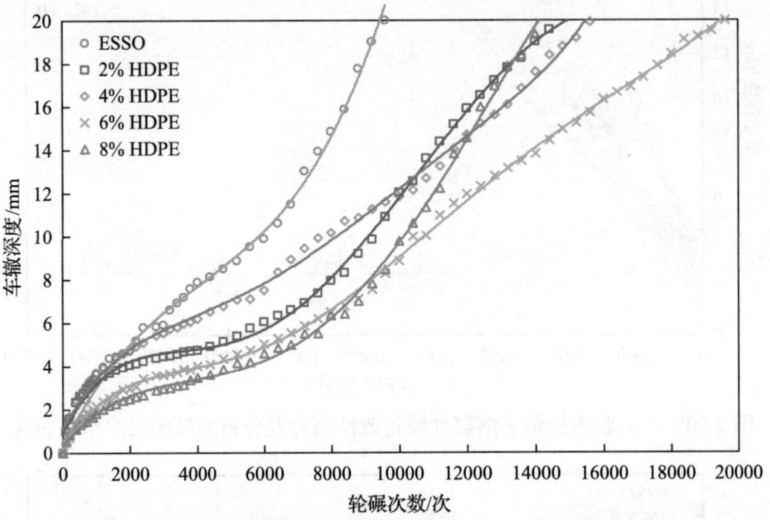

图 7.22　不同掺量下 HDPE 改性沥青混合料的汉堡浸水车辙曲线

图 7.22 表明，HDPE 改性剂如同其他改性剂一样能够提高基质沥青混合料的汉堡浸水车辙试验表现，但不同的是 HDPE 主要提高的是混合料的抗车辙性能，而对于抗水损坏性能(以剥落斜率和剥落拐点为表征指标)没有明显提高。这一现象再次证明了改性剂对基质沥青弹性性能的提升是其混合料汉堡浸水车辙试验表现得到改善的主要原因。此外，对于 HDPE，同样存在一个最佳掺量 6%，过多的 HDPE 会导致沥青不稳定性和黏度的提高，进而降低其混合料在汉堡浸水车辙试验中的表现。

6. PPA 改性沥青混合料的汉堡浸水车辙试验表现

不同掺量下 PPA 改性沥青混合料的汉堡浸水车辙曲线如图 7.23 所示。

从图 7.23 可以看出，PPA 虽然能够改善沥青混合料的汉堡浸水车辙试验表现，但这种改善效果并不明显，早期水损坏(对应较小的剥落拐点值)仍然存在。同样的，PPA 改性沥青混合料中也存在一个最佳掺量 0.8%。实际上，一方面 Copeland 等[80]研究表明，PPA 能很好地提高沥青与集料之间的黏附性；另一方面，Fee 等[202]的研究提出单一的 PPA 改性剂对沥青弹性性能的提升非常有限。因此，PPA 对混合料汉堡浸水车辙试验表现的有限提升可以解释为其普通的弹性性能，这再次证明了改性沥青的弹性性能是决定其混合料汉堡浸水车辙试验表现的关键因素。

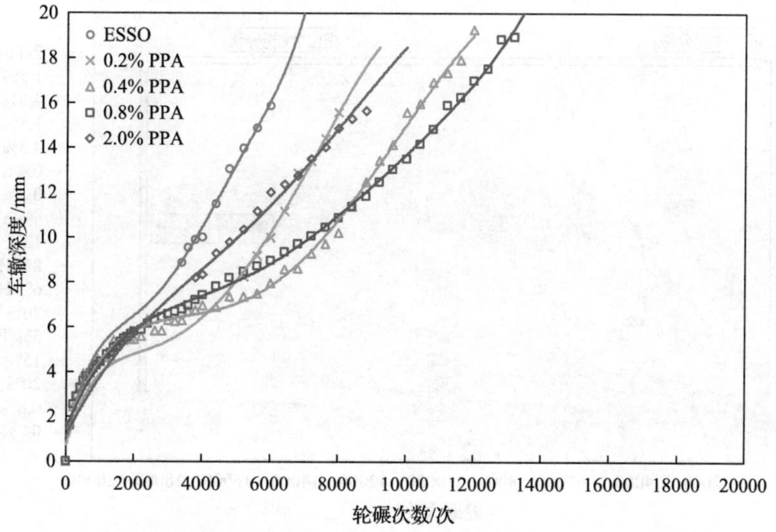

图 7.23　不同掺量下 PPA 改性沥青混合料的汉堡浸水车辙曲线

7. 各改性沥青混合料的汉堡浸水车辙试验表现

根据改性沥青混合料与基质沥青混合料的汉堡浸水车辙试验表现对比，本书设定了以下三个性能分级。

(1)第一性能分级：改性沥青混合料的破坏次数≥20000 次，此分级内的改性沥青混合料在进行 20000 次轮碾后车辙深度小于 20mm。

(2)第二性能分级：基质沥青混合料的破坏次数≤改性沥青混合料的破坏次数<20000 次，此分级内的改性沥青混合料虽然比基质沥青混合料在汉堡浸水车辙试验中表现更好，但在 20000 次轮碾后车辙深度达到了 20mm。

(3)第三性能分级：基质沥青混合料的破坏次数>改性沥青混合料的破坏次数，此分级内的改性沥青混合料汉堡浸水车辙试验表现劣于基质沥青混合料。

图 7.24 给出了不同改性沥青混合料在最佳与最差掺量下的汉堡浸水车辙曲线范围(即上限和下限)，其他任一掺量的改性沥青混合料汉堡浸水车辙曲线均会落在此范围内。从图中可以看出，从不到 4000 次轮碾就能形成 20mm 车辙深度的溶解性胶粉改性沥青到经历 20000 次轮碾后仅产生不到 4mm 车辙深度的岩沥青改性沥青，改性剂极大地改变了基质沥青混合料的汉堡浸水车辙试验表现。根据上述汉堡浸水车辙试验性能分级标准，各类改性剂可分为以下三个分级。

(1)第一性能分级：该分级内的改性剂能显著地改善沥青混合料的抗车辙性能和抗水损坏性能，包括星型 SBS 和岩沥青。

(2)第二性能分级：该分级内的改性剂能略微改善沥青混合料的汉堡浸水车辙试验表现，包括线型 SBS、HDPE 和 PPA。

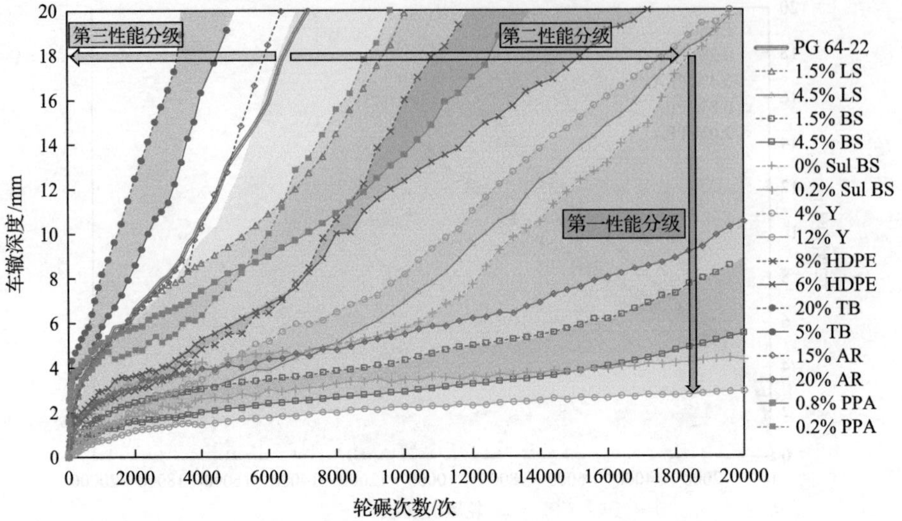

图 7.24　不同改性沥青混合料在最佳与最差掺量下的汉堡浸水车辙曲线

(3)第三性能分级：该分级内的改性剂会降低沥青混合料的抗车辙性能和抗水损坏性能，包括传统橡胶和溶解性胶粉。

7.3　基于 CT 技术的汉堡浸水车辙试验三阶段破坏演化规律研究

在汉堡浸水车辙试验方法提出时，Aschenbrener[198]就将沥青混合料在该试验中的破坏分为三个阶段：后压密阶段、蠕变阶段和剥落阶段。Chaturabong 和 Bahia[199]采用图像分析手段研究了汉堡干燥车辙试验中试件的破坏机理，而关于汉堡浸水车辙试验的破坏机理缺少深入研究。

由于研究手段的限制，关于汉堡车辙试验破坏机理的研究也大多局限于宏观性能上的衰减，并没有关注试件的微观结构演化规律。近 20 年来，图像分析技术，尤其是 CT 技术的应用，使得研究人员能从更小的尺度上研究沥青集料的微观结构变化、孔隙率分布、力学响应[203]。本小节将采用 CT 技术获得沥青混合料试件在汉堡浸水车辙试验中不同阶段的内部结构图像及不同尺寸孔隙的变化趋势，并利用 VGStudio MAX 2.1 软件重构试件的三维图像，探究试件在试验三阶段的破坏演化规律。

7.3.1　CT 试验方法

采用图 5.23 的 Y.CT Precision 2 高精度工业 CT 机对汉堡浸水车辙试验中每隔

一定轮碾次数后的试件进行扫描，以获得不同阶段的图像。采用 VGStudio MAX 2.1 软件获得汉堡浸水车辙试件的典型图像，如图 7.25 所示（试件在 CT 扫描台上是如图 7.25(b)所示竖着放置的，其俯视图如图 7.25(a)所示）。

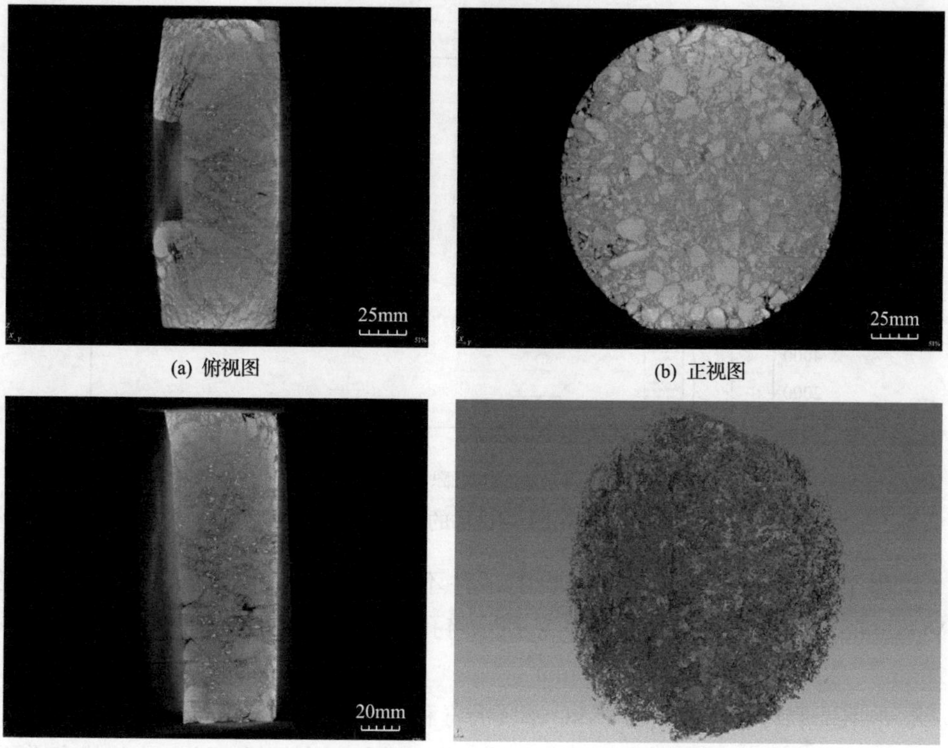

(a) 俯视图　　(b) 正视图

(c) 侧视图　　(d) 试件孔隙三维重构图

图 7.25　汉堡浸水车辙试件的典型 CT 图像

图 7.25 中的高亮点即试件中的闭口孔隙，软件能自动识别试件中不同大小的闭口孔隙，然后采用不同颜色标记出来并最终形成由试件各闭口孔隙构成的三维重构图(图 7.25(d))。软件能自动计算试件中闭口孔隙的体积、某一尺寸孔隙的数量和孔隙的分布情况，随后还能根据式(7.13)自动计算不同尺寸孔隙占整个试件体积的比例[204]。

$$孔隙率 = \frac{\sum N_i \times V_i}{V_{\text{total}}} \times 100\% \tag{7.13}$$

式中，N_i 为某一体积孔隙的数量；V_i 为孔隙的体积；V_{total} 为软件计算的试件总体积。Han 等[205]验证了采用 VGStudio MAX 2.1 软件对于沥青混合料孔隙率参数测量和计算的正确性。Zhang 等[206]研究表明，热拌沥青混合料的闭口孔隙体积在 0～150mm³ 范围内，且大部分集中在 0～50mm³。本书采用试件的孔隙率大小分布如图 7.26 所示。图 7.26 中孔隙的分布情况证明了 Zhang 等关于沥青混合料试件中孔隙大小集中分布的研究结论。

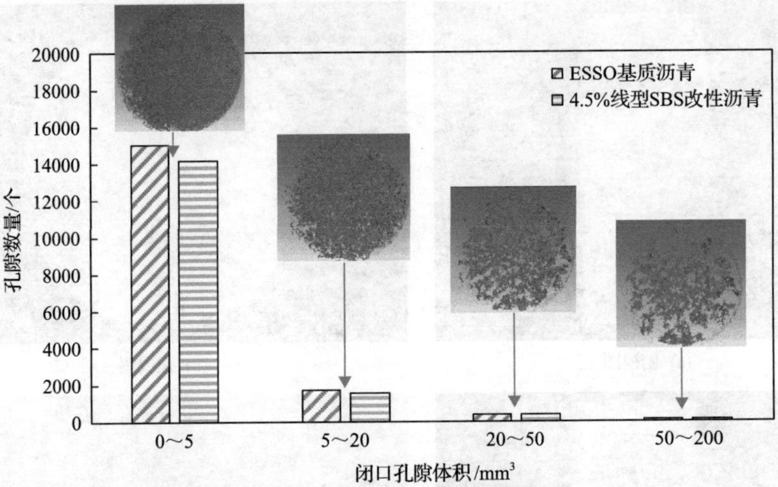

图 7.26　本书采用试件的孔隙率大小分布

为了研究汉堡浸水车辙试验中试件不同体积闭口孔隙的演化规律，在 VGStudio MAX 2.1 软件中按图 7.26 所示将孔隙体积分为 4 个范围：0～5mm³、5～20mm³、20～50mm³ 和 50～200mm³。

本书选取具有代表性的 ESSO 基质沥青和 4.5%线型 SBS 改性沥青混合料试件在汉堡浸水车辙试验中轮碾一定次数后，分别进行 6 次扫描。这 6 个扫描点需要涵盖试件从加载到破坏的三个阶段，因此先需要根据 ESSO 基质沥青和 4.5%线型 SBS 改性沥青的平均汉堡浸水车辙曲线各自选取六个具有代表性的扫描点，如图 7.27 所示。随后重新分别制备一组 ESSO 基质沥青混合料试件（实测孔隙率为 7.57%）和 4.5%线型 SBS 改性沥青混合料试件（实测孔隙率为 7.31%），将新试件放入汉堡车辙仪加载到扫描点对应的轮碾次数后，马上将试件从汉堡车辙仪中拿出并进行扫描，扫描后迅速将试件放回到汉堡车辙仪中，整个过程控制在 20min，然后将试件保温半小时（以达到 50℃的试验温度）后继续进行加载，最终完成图 7.27 中的六次间断加载与扫描。

由于试件在没有加载的这段时间内（20min+30min）会发生弹性变形部分的恢复及一定程度的自愈，这可能导致 CT 扫描的新试件与平均浸水车辙曲线中没有任何中断的三组重复试件试验表现有所不同。为此，用于 CT 扫描的新试件浸水车辙曲线也在图 7.27 中绘制出来以便于验证这种可能性。结果表明，由六个分段

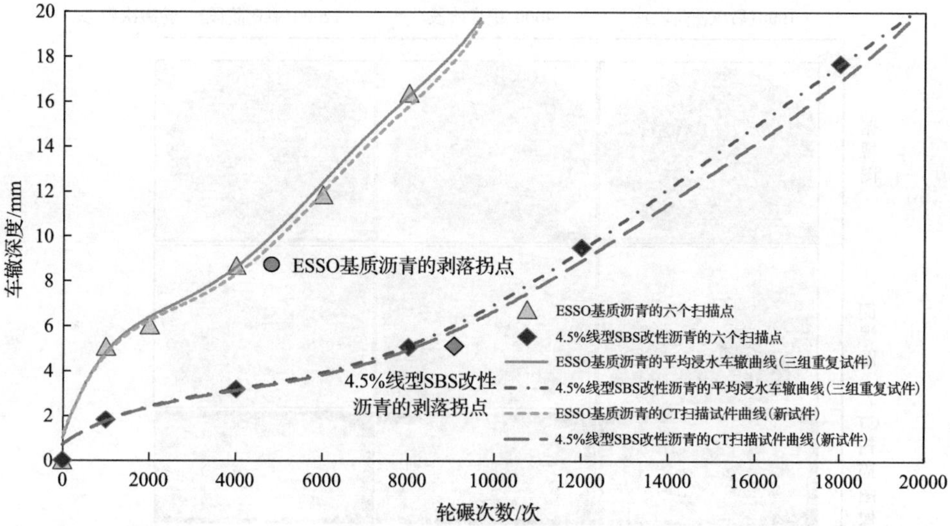

图 7.27　CT 扫描点的选择

曲线组成的新试件车辙曲线与用于确定扫描点的无间断平均车辙曲线基本吻合。因此两种试验方式中，试件的表现一致，新试件的 CT 扫描图像可以反映沥青混合料在汉堡浸水车辙试验中的破坏演化规律。

7.3.2　CT 扫描图像分析

图 7.28 展示了汉堡浸水车辙试验不同阶段试件的外观图像及 CT 扫描图像。

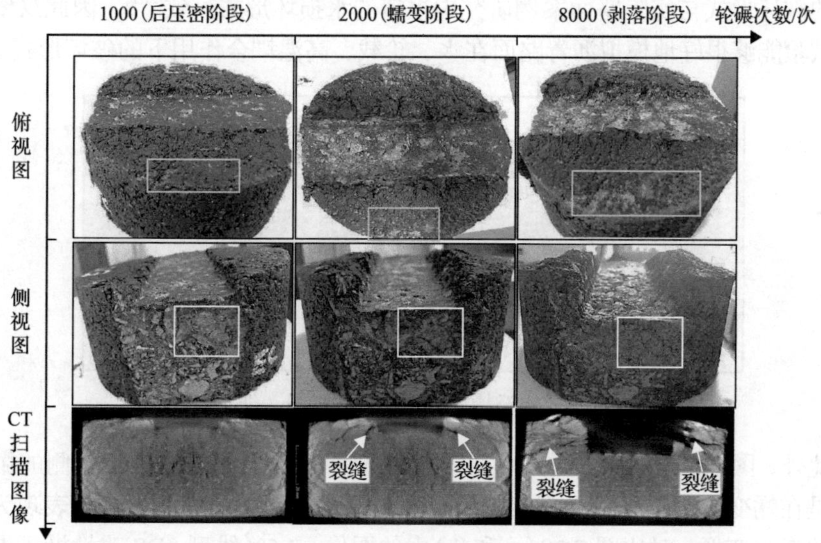

(a) ESSO基质沥青

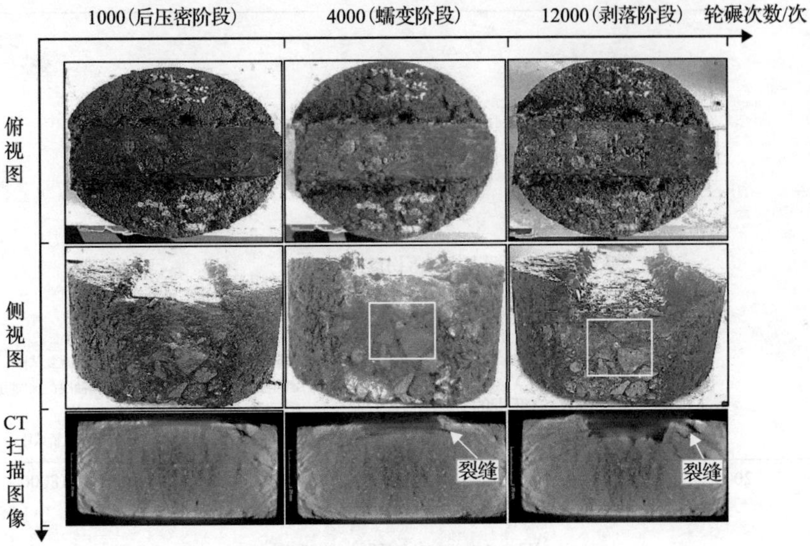

(b) 4.5%线型SBS改性沥青

图 7.28　汉堡浸水车辙试验不同阶段试件的外观图像及 CT 扫描图像

观察图 7.28(a)的俯视图可以发现，随着轮碾次数的增加，试件表面逐渐出现了白色斑点，这是因剥落引起的矿粉向上迁移的表象[207]。从图 7.28(a)和(b)的侧视图中均能观察到粗集料周围的沥青胶浆和细集料在轮碾作用下不断损失，即发生了集料-砂浆界面的剥落破坏。这些损失的矿粉、细集料和胶浆在每次试验结束后均能在车辙仪的水浴槽底部观察到，如图 7.29 所示。以上汉堡浸水车辙试验中试件的破坏形式与实际路面案例研究中报道的水损坏形式一致[207]，因此汉堡浸水车辙试验能够很好地模拟沥青路面在水、轮载、高温耦合作用下的破坏形式。

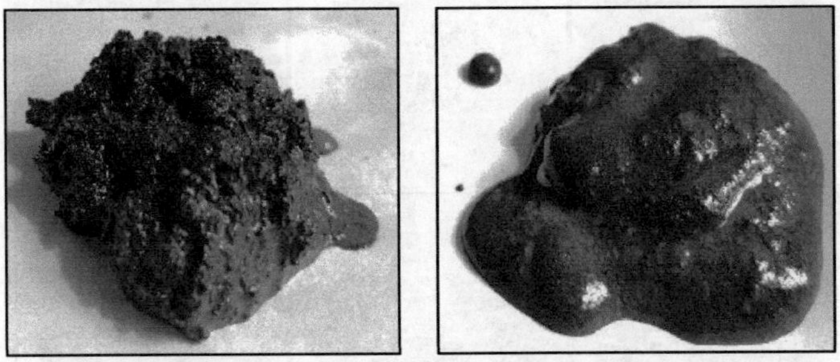

图 7.29　车辙仪水浴槽底部收集到的矿粉、细集料和胶浆

此外，图 7.28(a)和(b)中的 CT 扫描图像清晰地表明了轮迹带两侧的微裂缝主要是在蠕变阶段产生，在剥落阶段扩散，这造成骨架的失效推挤并表现为试件两侧的隆起变形。对比图 7.28(a)和(b)中的图像，4.5%线型 SBS 改性沥青混合料无论在剥落情况、车辙深度还是裂缝扩散程度上均要好于 ESSO 基质沥青混合料，

可见汉堡浸水车辙试验中试件的破坏情况与获得的浸水车辙曲线或性能指标表征的试件性能表现一致。

7.3.3　汉堡浸水车辙试验中试件的孔隙变化规律

如 7.3.1 节所述，采用 VGStudio MAX 2.1 软件对不同轮碾次数下的试件进行孔隙结构分析可以获得不同大小的孔隙随着轮碾次数的变化规律，ESSO 基质沥青与 4.5%线型 SBS 改性沥青试件的孔隙率演化情况如图 7.30 所示。

从图 7.30 可见，ESSO 基质沥青与 4.5%线型 SBS 改性沥青混合料试件经过 CT 扫描计算的初始总孔隙率(AV-total)与实测值很接近，可见采用 VGStudio MAX 2.1 软件计算的试件孔隙率是准确的。此外，图 7.30(a)和(b)均表明了汉堡浸水车辙试验中试件的孔隙率变化趋势与车辙曲线在三个阶段都存在很好的相关性。

(1)在后压密阶段最初的 1000 次轮碾中，试件的孔隙率迅速下降，这是由于集料骨架在钢轮的作用下会发生再次压密，Gerritsen 和 Jongeneel 在研究中对这种现象进行了充分描述[208]，并称它为 bedding。

(2)在蠕变阶段，试件的孔隙率变化曲线趋于平缓，该阶段既没有快速的车辙变形也没有显著的孔隙率变化。此阶段的变形主要是由试件在轮载作用下的永久高温剪切变形造成的，轮迹带两侧开始逐渐出现微裂缝，粗集料周围的矿粉、沥青胶浆和细集料在水力冲刷的作用下开始向集料表面迁移。

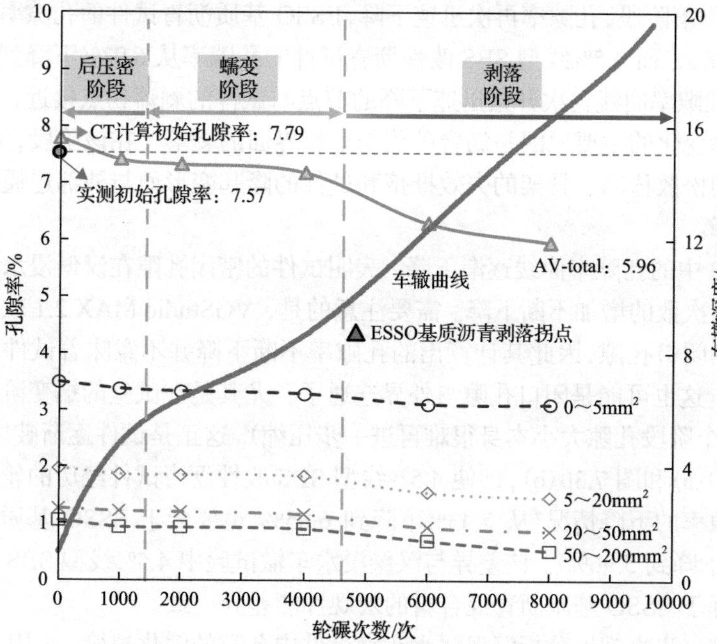

(a) ESSO基质沥青试件的孔隙率演化情况

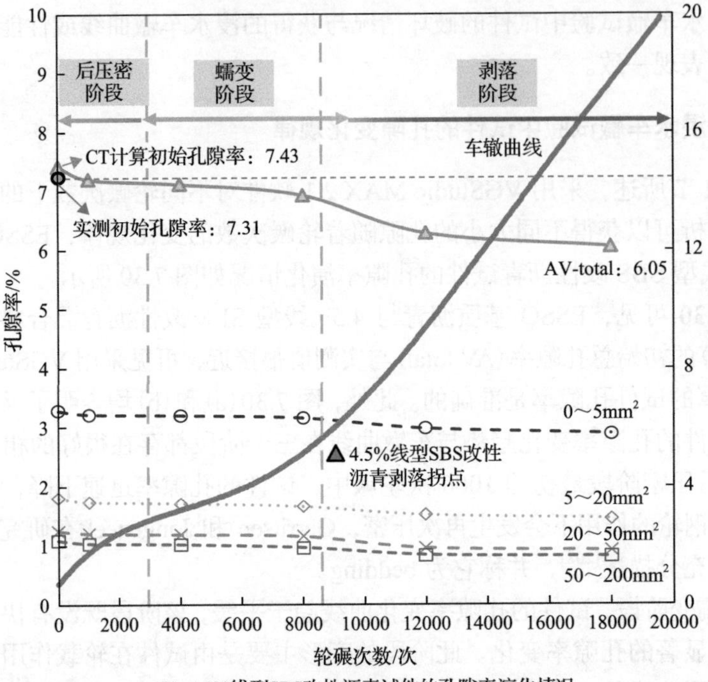

图 7.30　ESSO 基质沥青与 4.5%线型 SBS 改性沥青试件的孔隙率演化情况

(3)在剥落阶段，孔隙率再次迅速下降，ESSO 基质沥青试件的孔隙率从 7.18%下降到 5.96%，而 4.5%线型 SBS 改性沥青试件的孔隙率从 6.93%下降到 6.05%。图 7.30 中孔隙率曲线再次开始迅速下降的节点与试件的剥落拐点接近，这说明该阶段孔隙率变化的主要原因是沥青砂浆与集料界面的剥落。在该阶段，闭口孔隙因粗集料的松散移动、骨架的失效推挤和试件的隆起变形而与外部连通，造成孔隙率的下降。

图 7.30 中的孔隙率曲线逐渐下降，表明试件的密闭孔隙在汉堡浸水车辙试验中随着轮碾次数的增加不断下降。需要注意的是，VGStudio MAX 2.1 软件只能识别试件中的闭口孔隙，因此其计算出的孔隙率不断下降并不意味着试件中的孔隙就消失了，这也可能是闭口孔隙与外界连通了，尤其是在试验的蠕变阶段和剥落阶段(这两个阶段孔隙大小本身很难再进一步压缩)，这正是试件逐渐破坏的标志。对比图 7.30(a)和图 7.30(b)，即使 4.5%线型 SBS 改性沥青试件经历的轮碾次数更多，其孔隙率的下降情况(从 7.43%下降到 6.05%)也要低于 ESSO 基质沥青试件(从 7.79%下降到 5.96%)，该差异与汉堡浸水车辙试验中 4.5%线型 SBS 改性沥青混合料要好于 ESSO 基质沥青混合料的宏观性能差异一致。

为了进一步直观地分析汉堡浸水车辙试件中孔隙的演化规律，采用 VGStudio MAX 2.1 软件将试件各大小闭口孔隙重构成三维图，如图 7.31 所示。

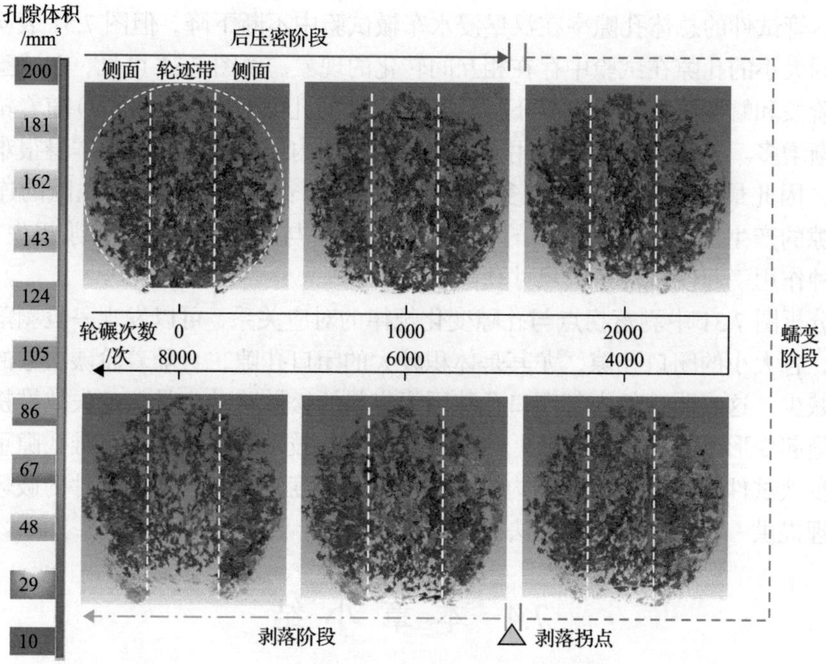

(a) ESSO基质沥青试件的三维孔隙重构图

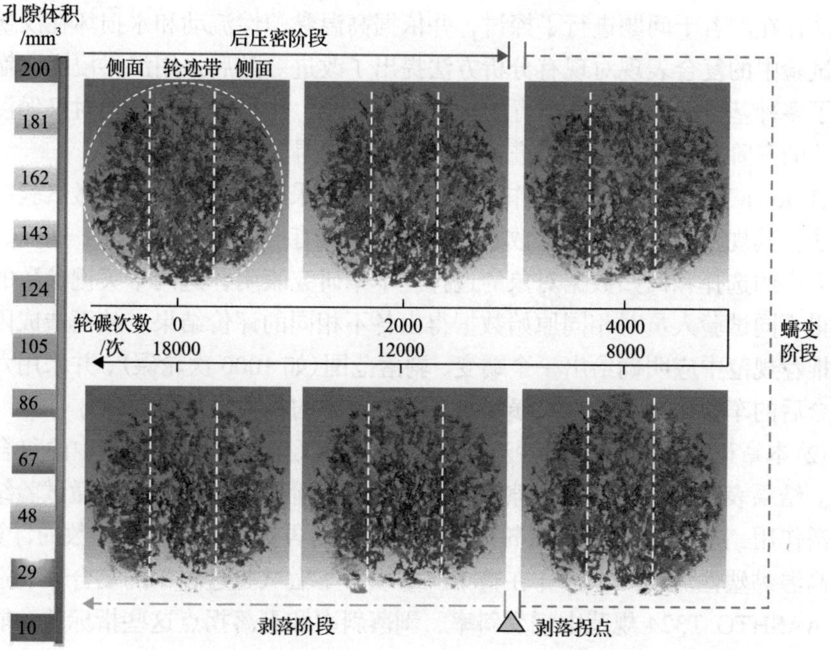

(b) 4.5%线型SBS改性沥青试件的三维孔隙重构图

图 7.31　ESSO 基质沥青和 4.5%线型 SBS 改性沥青试件的三维孔隙重构图

尽管试件的总体孔隙率在汉堡浸水车辙试验中不断下降，但图 7.31 表明，试件不同大小的孔隙在试验中存在相互间转化的现象。由图 7.31 可见，在试验的后压密阶段和蠕变阶段，轮迹带下试件最大尺寸的孔隙(162～200mm^3)随着轮载作用逐渐增多。在钢轮的反复作用下，轮迹带范围内试件的内部孔隙本身很难发生拓展，因此最大尺寸孔隙的增多主要有两个原因：两个独立密闭孔隙的连通及新孔隙的产生。前者与粗集料的移动有关，后者与因剥落造成的砂浆损失有关，这两种作用一起使试件中大尺寸孔隙增多。

分析图 7.31 中剥落拐点与孔隙变化规律的对应关系，可以发现一旦剥落拐点出现，各大小的闭口孔隙，尤其是体积较大的闭口孔隙，会随着轮碾次数的增加迅速减少，这表明试件内部闭口孔隙因粗集料的松散移动、骨架的失效推挤和试件的隆起变形不断与外界连通。因此，基于 CT 技术获得的试件三维孔隙重构图可以反映试件不同阶段内部结构的变化与损坏程度，从而为理解试件的破坏形式与机理提供一种直观的分析方法。

7.4　本 章 小 结

本章以汉堡浸水车辙试验为研究对象，对汉堡浸水车辙试验现行试验数据分析方法存在的若干问题进行了探讨，并依据高温黏塑性流动和水损坏在汉堡浸水车辙试验中的复合表现对现有分析方法提出了改进。随后采用汉堡浸水车辙试验评价了多种基质沥青与改性沥青的抗水损坏性能，并基于 CT 技术对汉堡浸水车辙试验的三阶段破坏演化规律进行了探究。可以得出以下结论：

(1) Iowa DOT 六次函数法作为被广泛认可与采用的汉堡浸水车辙试验数据分析方法，其规范中对于性能参数的计算有两个没有明确说明的地方：蠕变、剥落范围大小的选择和回归数据对象的选择。本章研究表明，这两个关键参数的缺省会使得不同试验人员对相同原始数据得出各不相同的评价结果，从而造成困扰。本书推荐规范中应明确给出一个蠕变、剥落范围(如 1000 次轮碾)，并采用六次函数拟合后的车辙深度来计算汉堡浸水车辙试验中的相关性能参数。

(2) 本章研究了高温黏塑性流动和水损坏在汉堡浸水车辙试验中的复合表现问题。结果表明，试件初始孔隙率差异及后压密阶段对汉堡浸水车辙试验结果存在混淆作用，应将最初 1000 次轮碾的数据剔除后再进行后续性能参数的计算。此外，高温黏塑性流动和水损坏在整个汉堡浸水车辙试验过程中的复合表现造成了现有 AASHTO T324 规范中蠕变斜率、剥落斜率和剥落拐点这些指标的性能表征混淆，容易给出误导性的结论。

(3) 考虑汉堡浸水车辙试验中的复合表现问题，本章建立了新的汉堡浸水车辙试验分析方法并提出了三对、六个新性能参数以评价沥青混合料在汉堡浸水车辙试验中的性能表现。采用破坏次数(NPF)和最大车辙深度(Rut_{max})评价混合料抗车辙/抗水损坏的综合性能；采用黏塑性流动最终车辙深度 RD_{final}^{vp} 与水损坏最终变形深度 RD_{final}^{m} 的相关关系评价混合料的车辙/水损坏敏感性；采用黏塑性流动变形速率 VR 与水损坏变形速率 MR 分别评价沥青混合料对高温车辙和水损坏的抵抗能力。对比新、老方法分析的汉堡浸水车辙试验性能参数与汉堡干燥车辙试验和拉拔试验结果的相关性，证明了新方法能将混合料的高温抗车辙能力与抗水损坏能力分离开来单独分析。

(4)不同基质沥青混合料在汉堡浸水车辙试验中的表现差异较大，七种基质沥青中汉堡浸水车辙试验结果最好的是塔河沥青与昆仑沥青，最差的是金山沥青和东海沥青。根据不同改性沥青在汉堡浸水车辙试验中的表现，各类改性剂可分为以下三个分级。

① 第一性能分级：该分级内的改性剂能显著地改善沥青混合料的抗车辙性能和抗水损坏性能，包括星型 SBS 和岩沥青。

② 第二性能分级：该分级内的改性剂能略微改善沥青混合料的汉堡浸水车辙试验表现，包括线型 SBS、HDPE 和 PPA。

③ 第三性能分级：该分级内的改性剂会降低沥青混合料的抗车辙性能和抗水损坏性能，包括传统橡胶和溶解性胶粉。

(5)观测了汉堡浸水车辙试验不同阶段试件的外观图像及 CT 扫描图像，发现汉堡浸水车辙试验中试件的破坏形式与实际路面案例研究中报道的水损坏形式一致，可以很好地模拟沥青路面在水、轮载、高温耦合作用下的破坏形式。利用 VGStudio MAX 2.1 软件分析了汉堡浸水车辙试验三阶段中不同尺寸孔隙的变化趋势并重构了试件的三维孔隙图像。结果表明，试件的内部孔隙率变化趋势与宏观车辙曲线存在很好的相关性，基于 CT 技术的三维孔隙重构图可以反映试件不同阶段内部结构的变化与损坏程度，从孔隙率变化曲线及不同大小孔隙转化趋势的角度理解并验证了汉堡浸水车辙试验中试件的三阶段破坏演化规律。

第 8 章　胶粉改性沥青与集料界面黏附性的评价与机理

前面的研究发现，随着胶粉的加入，沥青与集料的拉拔强度和黏附性均降低；汉堡浸水车辙试验进一步表明胶粉改性沥青的抗水损坏性能较差[209]。美国沥青专家 D'Angelo 指出：橡胶沥青通常需要较高的油石比(>7%)，当油石比不足时易出现松散、剥落问题。胶粉改性沥青的黏附性相比其他改性沥青有所欠缺，限制了胶粉改性沥青技术的进一步推广与应用。

2019 年，我国约产生废旧轮胎 3.3 亿条，折合重量逾 1000 万吨，因报废而产生废旧轮胎数目每年都在上涨，增长速度为 6%～8%。将废弃轮胎加工成橡胶粉，用作改性剂添加到沥青中，既可以缓解废旧轮胎带来的污染问题(图 8.1)，又可以有效地改进沥青的路用性能，多年来一直是国际上研究的热点。目前胶粉改性沥青已在美国大部分地区和全球逾 30 个国家中大规模使用，其中最常用的是橡胶沥青和溶解性胶粉改性沥青。现阶段对胶粉改性沥青的研究主要侧重于对高温、低温、疲劳这些性能的研究或从环保角度提出温拌技术和降低有害物排放方法，研究表明，胶粉改性沥青具有良好的高温稳定性、低温性能、疲劳性能[210,211]。学术界对胶粉改性沥青黏附性的研究较少，有多项研究指出胶粉改性沥青的黏附性存在不足[212]，也有研究指出橡胶粉的加入对沥青与集料黏附性的改善作用非常明显[213]。

图 8.1　废旧轮胎的污染问题

目前，业内虽从沥青和沥青混合料角度对胶粉沥青与集料体系的黏附性展开了多项研究，却未就某个方法达成统一认识。此外，胶粉改性沥青含有固体颗粒，具有高黏、高弹特性，因此并非所有试验方法都适合评价胶粉改性沥青的黏附性，常见的沥青与集料黏附机理也不能充分解释胶粉改性沥青的黏附性。没有一个合适的机理解析和科学准确的评价方法作为理论依据和技术支撑，则难以准确把握胶粉改性沥青的黏附性。

胶粉改性沥青黏附性存在不足的原因与胶粉颗粒在沥青中的“颗粒效应”与“吸收偏好”有关[214]：一方面，胶粉的“颗粒效应”会使胶粉固体颗粒具有一定的体积与力学效应，影响了沥青与集料界面的有效物理黏附；另一方面，胶粉的“吸收偏好”会使胶粉吸收沥青中的轻质组分，从而导致沥青官能团的改变，影响沥青与集料界面的化学吸附。此外，胶粉颗粒本身极性大于沥青，对水的吸附性也强于沥青，使得水分容易进入胶粉颗粒与沥青、集料的三相界面，从而造成黏附破坏。

以上两个黏附特性进一步导致胶粉改性沥青的黏附机理更为复杂。现有的沥青-集料黏附机理并不适用于胶粉改性沥青，有关胶粉反应机理的研究与现代化学分析手段的发展为研究胶粉改性沥青的黏附机理提供了手段。但要准确把握胶粉改性沥青的黏附机理，需要考虑胶粉的“颗粒效应”与“吸收偏好”。同时，胶粉改性沥青复杂的黏附特性也使得胶粉改性沥青缺乏合适的黏附性评价方法。现有的水煮法或冻融劈裂试验并不能准确评价胶粉改性沥青的黏附性，各种新方法的出现为胶粉改性沥青的黏附性评价提供了方法选择。而采用不同方法评价胶粉改性沥青的黏附性常会得到不同甚至矛盾的结论，因此应考虑胶粉改性沥青的黏附特性，对各方法进行改进与取舍。

缺少了黏附机理与科学的评价方法作为支撑，也难以对胶粉改性沥青的黏附性进行性能提升。现阶段的研究主要侧重于如何进一步提升胶粉改性沥青的高温、低温、疲劳这些已经比较出色的性能，或从环保角度提出温拌技术和降低有害物排放方法。在黏附性方面，研究人员从生产技术路线对比、胶粉选择、复合改性、混合料设计等方面对胶粉改性沥青的黏附性提升进行了有益尝试，证明了这些手段可以改善胶粉改性沥青的黏附性。在明晰机理与采用准确评价方法的基础上，胶粉改性沥青的黏附性可以得到进一步提升。

综上所述，本章专门针对胶粉改性沥青这一特定沥青，从胶粉在沥青中的“颗粒效应”与“吸收偏好”特性入手，先对各种黏附性评价方法进行改进与比选，建立符合胶粉改性沥青黏附性的评价方法；随后以推荐方法为性能评价依据，分析各影响因素的作用规律，探究胶粉改性沥青黏附性的提升方法。研究成果可以为推进胶粉改性沥青的高效化应用提供理论依据与技术支撑。

8.1 试验材料与试验方法

本章主要介绍本书所使用的各类试验材料的基本性质、沥青的制备方案、沥青的性质、试验方法以及对应的试验数据处理方法。

8.1.1 胶粉改性沥青

1. 原材料

本书采用的基质沥青为埃克森美孚公司生产的 70 号沥青(ESSO 70#)，SBS 改性剂为岳阳巴陵石化有限公司的 SBS1301-1(YH-791H)。使用的废旧胶粉主要由江阴市安强高耐磨粉橡胶有限公司提供，有 20 目、30 目、60 目、80 目四种粒径规模，其技术指标见表 8.1。

表 8.1 胶粉的技术指标

项目	加热减量/%	灰分/%	丙酮抽出物/%	橡胶烃质量分数/%	炭黑质量分数/%	铁质量分数/%	纤维质量分数/%	体积密度/(kg/m^3)	拉伸强度/MPa	扯断拉伸率/%
指标	0.48	7	8	55	29	0.02	0.00	333	17	526
技术标准	≤1	≤8	≤8	≥42	≥26	≤0.03	≤0.1	260～460	≥15	≥500

20 目、30 目、60 目、80 目胶粉的级配筛分结果见表 8.2。

表 8.2 不同目数胶粉的筛孔尺寸通过率 (单位：%)

目数	筛孔尺寸				
	1.18mm	0.60mm	0.30mm	0.15mm	0.075mm
20 目	99.7	61.0	2.4	1.0	0.2
30 目	100.0	81.6	3.2	1.4	0.4
60 目	100.0	99.8	49.3	9.3	1.5
80 目	100.0	100.0	99.6	70.2	8.0

此外，为探究不同来源胶粉对胶粉改性沥青黏附性的影响，本书还使用了山东产的 30 目胶粉、常州产的 30 目活化胶粉、四川产的 30 目脱硫胶粉。

2. 胶粉改性沥青方案及其制备工艺

本章涉及的所有改性沥青的基质沥青均为 ESSO 70#，胶粉掺量均为内掺，SBS 改性剂为外掺。

本章研究不同胶粉掺量、胶粉目数、胶粉来源、沥青加工工艺的橡胶沥青，每种沥青只有一种因素不同，本书的橡胶沥青默认配比为：胶粉掺量为 10%，胶粉目数为 30 目，胶粉来源为江阴，沥青加工工艺为 180℃下搅拌 60min。

本章 SBS 复合橡胶沥青是将不同掺量的 SBS 与 10%掺量的橡胶沥青复合改性，制备方法是橡胶沥青在 180℃左右加入 SBS 改性剂搅拌 1.5h，随后添加稳定剂再搅拌 0.5h；溶解性胶粉改性沥青为选用 30 目的江阴产胶粉，按不同的掺量加入 ESSO 70#基质沥青中，在 260℃下搅拌 6h 得到。

本章使用的部分沥青汇总见表 8.3。

表 8.3　本章使用的部分沥青汇总

沥青种类	配比	编号
基质沥青	ESSO 70#	ESSO
不同胶粉掺量橡胶沥青	5%胶粉	U5AR
	10%胶粉	U10AR
	15%胶粉	U15AR
	20%胶粉	U20AR
不同胶粉目数橡胶沥青	20 目胶粉	U20 目
	30 目胶粉	U30 目
	60 目胶粉	U60 目
	80 目胶粉	U80 目
不同胶粉来源橡胶沥青	常州活化胶粉	U 常州(活化)
	四川脱硫胶粉	U 四川(脱硫)
	江阴胶粉	U 江阴
	山东胶粉	U 山东
SBS 复合橡胶沥青	10% AR+1% SBS	10A+1S
	10% AR+2% SBS	10A+2S
	10% AR+3% SBS	10A+3S
溶解性胶粉改性沥青	5% TB	5TB
	10% TB	10TB
	15% TB	15TB
	20% TB	20TB

注：不同胶粉掺量的橡胶沥青是在实验室制备的，而其余沥青均在沥青加工厂制备。

对于不同生产工艺的橡胶沥青，其沥青改性方案及其制备工艺见表 8.4。

表 8.4　不同生产工艺的橡胶沥青汇总

搅拌温度，搅拌时间	编号	生产工艺
160℃，60min	U16.6	将基质沥青加热到 160℃，再加入胶粉搅拌 60min
180℃，60min	U18.6	将基质沥青加热到 180℃，再加入胶粉搅拌 60min
200℃，60min	U20.6	将基质沥青加热到 200℃，再加入胶粉搅拌 60min
180℃，30min	U18.3	将基质沥青加热到 180℃，再加入胶粉搅拌 30min
180℃，90min	U18.9	将基质沥青加热到 180℃，再加入胶粉搅拌 90min

注：U 指的是 Undrained，即未过筛的，U18.6 中的 18 指的是 180℃，6 指的是 60min；U30 目、U 江阴、U18.6 为同种沥青，取三个不同编号是为了探究不同因素的作用规律时能方便对比。

3. 过筛橡胶沥青制备工艺

本章在橡胶沥青样品的基础上制备过筛橡胶沥青，制备工艺为：将能自由流动的橡胶沥青倒在 0.075mm 筛网上，随后放入 170℃烘箱中静置 20min，使未降解胶粉与沥青分离，从筛孔中滴落的沥青即为过筛胶粉改性沥青，制备过程如图 8.2 所示。

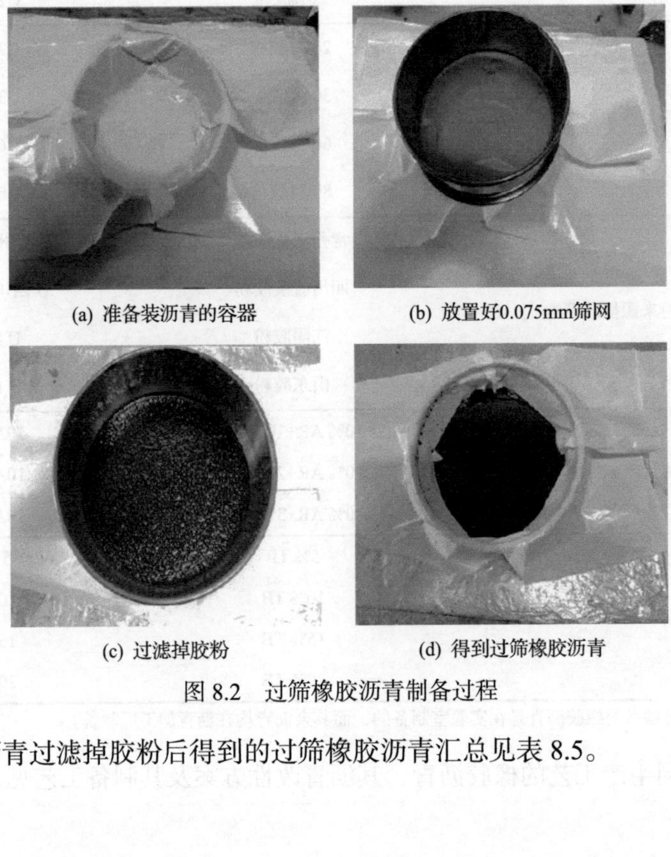

(a) 准备装沥青的容器　(b) 放置好0.075mm筛网

(c) 过滤掉胶粉　(d) 得到过筛橡胶沥青

图 8.2　过筛橡胶沥青制备过程

橡胶沥青过滤掉胶粉后得到的过筛橡胶沥青汇总见表 8.5。

表 8.5　过筛橡胶沥青汇总

未过筛	对应已过筛
U5AR	D5AR
U10AR	D10AR
U15AR	D15AR
U20AR	D20AR
U20 目	D20 目
U30 目	D30 目
U60 目	D60 目
U80 目	D80 目
U 江阴	D 江阴
U 山东	D 山东
U 常州(活化)	D 常州
U 四川(脱硫)	D 四川
U16.6	D16.6
U18.6	D18.6
U20.6	D20.6
U18.3	D18.3
U18.9	D18.9

注：U 指的是 Undrained，即未过筛的；D 指的是 Drained，即已过筛的；D30 目、D 江阴、D18.6 为同种沥青。

8.1.2　沥青的基本性质

1. 沥青的黏度分析

不同胶粉掺量的胶粉改性沥青的 135℃布氏旋转黏度如图 8.3 所示。从图中可以看出，随着胶粉掺量增加，溶解性胶粉改性沥青黏度增加。同时可见同等胶粉掺量的橡胶沥青的黏度远大于溶解性胶粉改性沥青，而橡胶颗粒彻底脱硫降解得到溶解性胶粉改性沥青，可知胶粉降解会使沥青黏度下降。

不同橡胶沥青的 177℃布氏旋转黏度如图 8.4 所示。胡苗等[215]曾用爱因斯坦方程来解释橡胶沥青的黏度，见式(8.1)。基于此方程，橡胶沥青可视为分散相(溶胀橡胶粉)分散在分散介质(沥青)中的胶体，因此胶体黏度主要由沥青的黏度和橡胶粉的体积浓度决定。

$$\eta_s' = \eta_e'\left(1 + 2.5C_v'\right) \tag{8.1}$$

式中，η_s'为分散系相对黏度；η_e'为沥青中分散介质相对黏度；C_v'为沥青中分散相体积浓度系数。

从图 8.4(a)可知，更多胶粉的加入会使橡胶沥青的黏度增加，这是橡胶粉的体积浓度显著增大的缘故。由图 8.4(b)可知，随着胶粉目数增加(胶粉粒径减小)，黏度先增大后减小，说明胶粉粒径减小会提高单位质量橡胶粉比表面积，增大溶胀率，进而增加溶胀的橡胶粉体积浓度。但是溶胀率增加也存在峰值，胶粉粒径太细，容易脱硫降解，反而削减了黏度。由图 8.4(c)可知，随着搅拌温度的提高，

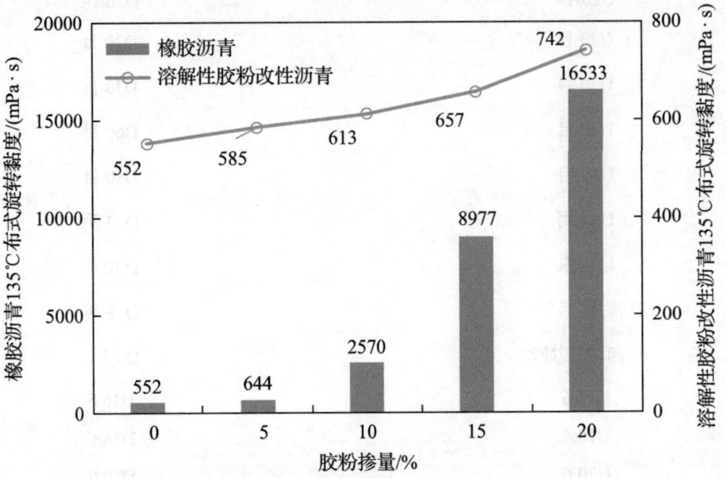

图 8.3　不同胶粉掺量的胶粉改性沥青的 135℃布氏旋转黏度

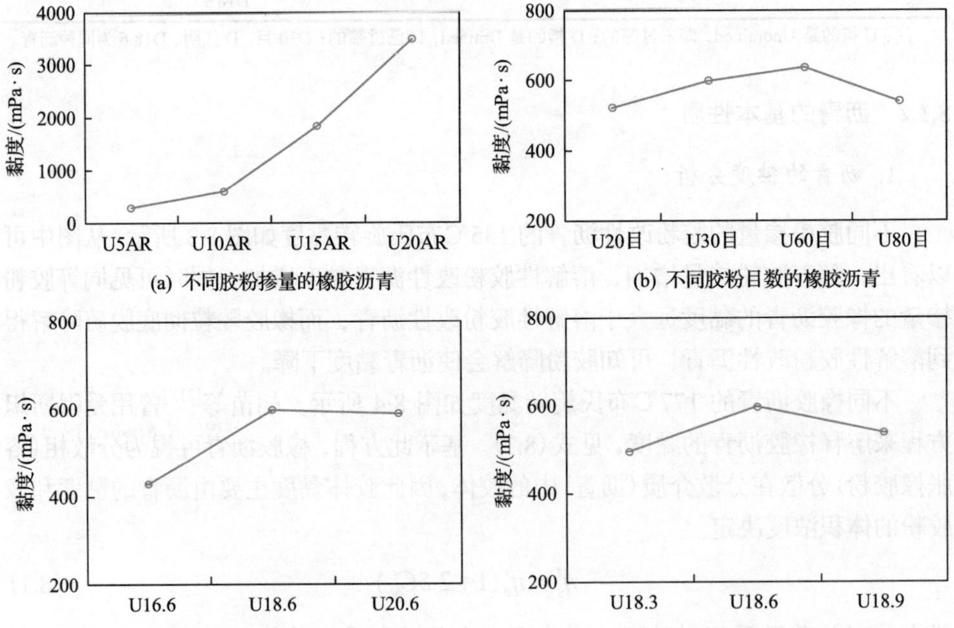

(a) 不同胶粉掺量的橡胶沥青　　(b) 不同胶粉目数的橡胶沥青

(c) 不同搅拌温度的橡胶沥青　　(d) 不同搅拌时间的橡胶沥青

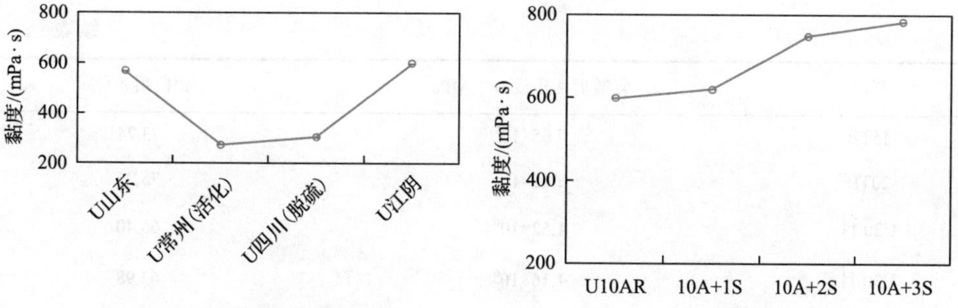

(e) 不同胶粉来源的橡胶沥青　(f) SBS复合橡胶沥青

图 8.4　不同橡胶沥青的 177℃布氏旋转黏度

黏度先提高后趋于不变，说明 160℃下未能使胶粉充分吸收沥青中的轻质组分，因此溶胀率低，橡胶粉体积浓度较小，温度升为 180～200℃，胶粉吸收沥青组分的效率达到最高，溶胀率较高，可以达到最好的改性效果；由图 8.4(d)可知，随着搅拌时间的延长，黏度先增加后降低，30min 的搅拌时间太短，胶粉不能充分吸收沥青组分从而未能达到最大的溶胀率，胶粉在 60min 时达到最大溶胀率，黏度最大，90min 时，胶粉开始降解，分散相体积浓度减小，黏度变小。由图 8.4(e)可知，常州活化胶粉和四川脱硫胶粉黏度低，可能是胶粉在预处理后容易降解的缘故。由图 8.4(f)可知，SBS 加入橡胶沥青后，黏度逐渐增大，这是因为 SBS 作为固体，加入沥青后增加了分散相体积浓度，此外 SBS 分散在沥青中并通过构建三维网状结构，使得改性沥青体系中分子的相对运动受到束缚。

因此，黏度可以表征胶粉在沥青中的反应状态，体现胶粉在沥青中溶胀和降解作用的强弱，胶粉的溶胀作用会提升沥青黏度，而降解作用会降低沥青黏度。

2. 沥青的模量、相位角分析

根据 DSR 时间扫描试验，得到部分胶粉改性沥青的模量和相位角，见表 8.6。

表 8.6　部分胶粉改性沥青的模量和相位角

样品	复数剪切模量$\|G^*\|$ /MPa	相位角 δ/(°)
ESSO	1.52×10^6	70.73
U5AR	1.47×10^6	67.51
U10AR	1.16×10^6	64.13
U15AR	7.57×10^5	60.07
U20AR	5.37×10^5	56.86
5TB	9.08×10^5	72.39
10TB	6.44×10^5	73.32

续表

样品	复数剪切模量$\|G^*\|$ /MPa	相位角 δ/(°)
15TB	5.65×10^5	73.24
20TB	3.62×10^5	75.25
U20 目	1.52×10^6	66.40
U30 目	1.16×10^6	63.98
U60 目	8.28×10^5	65.47
U80 目	1.07×10^6	63.85
D5AR	1.55×10^6	68.23
D10AR	1.72×10^6	66.88
D15AR	2.01×10^6	63.55
D20AR	1.52×10^6	65.68
D20 目	2.63×10^6	63.66
D30 目	1.98×10^6	66.88
D60 目	1.54×10^6	66.17
D80 目	2.00×10^6	66.16

由表 8.6 可见，不同胶粉掺量、目数的橡胶沥青与溶解性胶粉改性沥青的模量均比 ESSO 基质沥青小，这是因为在 25℃时，胶粉的模量小于沥青。过筛橡胶沥青的模量比 ESSO 基质高，主要是由于胶粉吸收了沥青中的轻质组分，使得沥青质等组分比例提高，从而提高了沥青的模量。相位角可表征沥青的黏弹性比例，较低的相位角意味着沥青具有更多的弹性。整体上，胶粉掺量越大、越细，则橡胶沥青的弹性越好；溶解性胶粉改性沥青的弹性随胶粉掺量的增加而减弱；过筛橡胶沥青的弹性优于未过筛的橡胶沥青。

8.1.3 集料

试验所用的集料类型与尺寸规格如下：玄武岩 1#，10～15mm；玄武岩 2#，5～10mm；石灰岩 3#，0～5mm；矿粉。集料和矿粉的密度测试结果见表 8.7。

8.1.4 混合料

本章溶解性胶粉改性沥青和基质沥青选用 AC-13 级配，油石比统一采用 5.0%，级配情况如表 8.8 和图 8.5 所示。

表 8.7　集料和矿粉的密度测试结果

集料规格	相对毛体积密度/(g/mm^3)	相对表观密度/(g/mm^3)	吸水率/%
玄武岩 1#(10～15mm)	2.7952	2.9576	1.9641
玄武岩 2#(5～10mm)	2.6906	2.9454	3.2162
石灰岩 3#(0～5mm)	2.6425	2.7529	1.5166
矿粉	—	2.712	—

表 8.8　AC-13 级配筛分及组成

材料名称		比例/%	筛孔尺寸的通过率/%									
			16mm	13.2mm	9.5mm	4.75mm	2.36mm	1.18mm	0.6mm	0.3mm	0.15mm	0.075mm
玄武岩 1#		100	100	78.71	7.24	0.42	0.36	0.36	0.36	0.36	0.28	0.22
玄武岩 2#		100	100	100	78.87	10.59	2.99	1.84	1.16	0.89	0.70	0.59
石灰岩 3#		100	100	100	100	98.23	67.12	49.94	35.53	26.84	23.14	14.97
矿粉		100	100	100	100	100	100	100	100	100	100	100
级配组成												
玄武岩 1#		20	20	15.74	1.45	0.08	0.07	0.07	0.07	0.07	0.06	0.04
玄武岩 2#		35	35	35	34.61	5.11	1.05	0.65	0.41	0.31	0.25	0.21
石灰岩 3#		44	44	44	44	43.22	29.53	21.97	15.63	11.81	10.18	6.59
矿粉		1	1.00	1.00	1.00	1.00	1.00	1.00	1.00	1.00	1.00	1.00
合成级配		100	100	95.74	74.05	49.41	31.65	23.69	17.11	13.19	11.48	7.83
AC-13 级配	上限		100	100	85	68	50	38	28	20	15	8
	下限		100	90	68	38	24	15	10	7	5	4
	中限		100	100	76.5	53	37	26.5	19	13.5	10	6

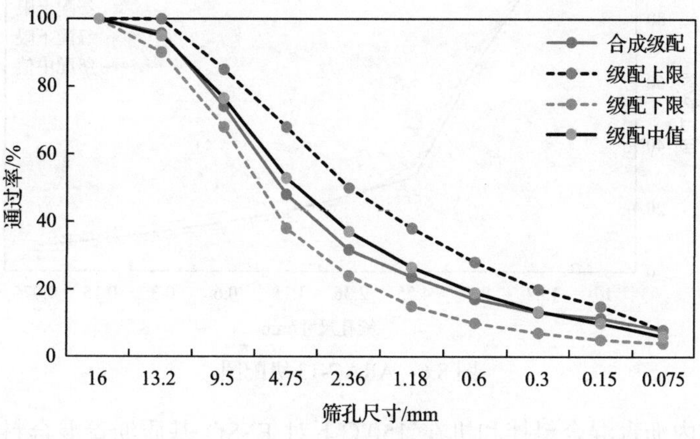

图 8.5　AC-13 级配图

对于橡胶沥青的适用级配，我国目前尚无统一规范，故参考河北省《废轮胎橡胶沥青及混合料技术标准》(DB13/T 1013—2009)中的 ARHM 13(D)级配[216]来调整本书的 ARAC-13 级配，油石比统一采用 6.5%，级配情况如表 8.9 和图 8.6 所示。

表 8.9 ARAC-13 级配筛分及组成

材料名称		比例/%	筛孔尺寸的通过率/%									
			16mm	13.2mm	9.5mm	4.75mm	2.36mm	1.18mm	0.6mm	0.3mm	0.15mm	0.075mm
玄武岩 1#		100	100	78.71	7.24	0.42	0.36	0.36	0.36	0.36	0.28	0.22
玄武岩 2#		100	100	100	78.87	10.59	2.99	1.84	1.16	0.89	0.70	0.59
石灰岩 3#		100	100	100	100	98.23	67.12	49.94	35.53	26.84	23.14	14.97
矿粉		100	100	100	100	100	100	100	100	100	100	100
级配组成												
玄武岩 1#		20	20	15.74	1.45	0.08	0.07	0.07	0.07	0.07	0.06	0.04
玄武岩 2#		51	51	51	50.42	7.44	1.52	0.94	0.59	0.45	0.36	0.30
石灰岩 3#		25	25	25	25	24.56	16.78	12.48	8.88	6.71	5.78	3.74
矿粉		4	4.00	4.00	4.00	4.00	4.00	4.00	4.00	4.00	4.00	4.00
合成级配		100	100	95.74	70.67	34.04	22.38	17.50	13.55	11.23	10.20	8.08
ARAC-13 级配	上限		100	100	71	35	28	23	19	15	12	10
	下限		100	95	62	25	20	15	12	10	8	6
	中限		100	97.5	66.5	30	24	19	15.5	12.5	10	8

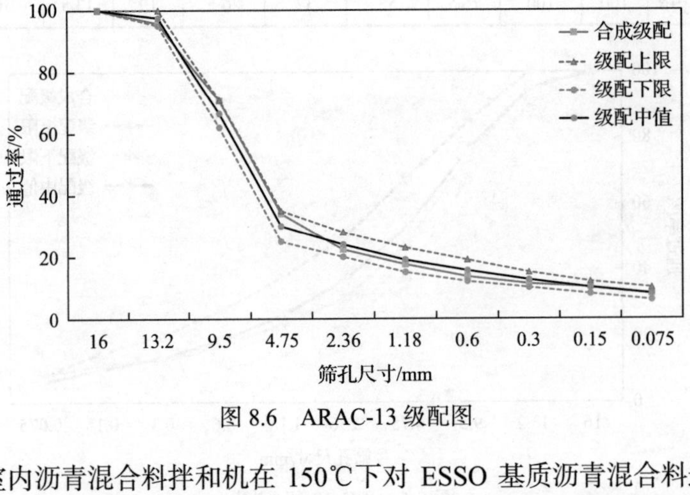

图 8.6 ARAC-13 级配图

采用室内沥青混合料拌和机在 150℃下对 ESSO 基质沥青混合料进行拌和，

在 170℃下对胶粉改性沥青混合料进行拌和。

8.1.5　主要试验方法

1. BBS 拉拔试验

根据第 4 章的内容，本章拉拔强度的测定方法如下。

(1)将拔头、石板用水洗净后与药匙、沥青放入 150℃烘箱中(胶粉改性沥青为 170℃)加热 60min，以融化沥青和完全蒸发石板水分。

(2)待加热完成，取出石板，置于平地，迅速地将硅胶圈放在石板上，并用药匙迅速地将加热好的沥青滴入硅胶圈中心处(图 8.7(a))，取出拔头盖在沥青上(图 8.7(b))。最后，在拔头上盖上质量、体积接近的石板，保证沥青均匀流淌(图 8.7(c))。

(3)将恒温恒湿箱温度设为 25℃，相对湿度设为 25%，随后将试件放入其中养生 1h；然后将压重和硅胶圈的试件撤去(图 8.7(d))，放在 40℃水浴箱中 48h；随后取出试件并放在同一恒温恒湿箱中养生 1h。浸水组养生情况为：1h(干燥)+48h(浸水)+1h(干燥)，而干燥对照组亦在同等干燥条件下养护 50h。

(4)用拉拔仪测定拔头与石板间的拉拔强度，每种沥青无论干燥还是浸水条件均为 6 个平行样。

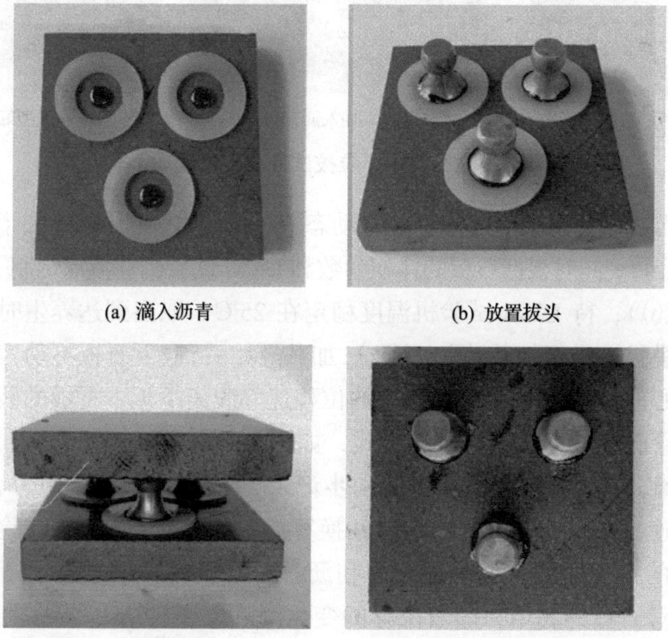

(a) 滴入沥青　(b) 放置拔头

(c) 放置压重　(d) 试件外观

图 8.7　BBS 拉拔试件成型过程

2. UTM 拉拔试验

UTM 拉拔试验是通过使用 UTM 试验机，以一定的加载速率将通过沥青黏固在一起的两块石板拉开，计算机会同步记录这一过程中时间与石板间黏结力的数值，提取数值进行分析可以判断不同沥青的黏附性差异。

UTM 拉拔试件成型方法为：①将尺寸为 100mm×50mm×10mm、表面经过 1000 抛光值磨光处理的玄武岩石板清洗干净，随后将石板、沥青、药匙放入 150℃烘箱中(胶粉改性沥青为 170℃)加热 60min，以融化沥青和完全蒸发石板水分；②取出石板，将厚度为 0.8mm、内部中空且预开边缝的硅胶圈对齐摊铺在石板上，将流动的沥青滴到硅胶圈的中空面积中并填满整平，使超过 0.8mm 厚度的沥青从边缝开口中流出；③将另一块石板对准盖住沥青，两块石板呈十字交叉，成型后的石板在设定温度为 25℃、相对湿度为 25%的恒温恒湿箱中养生 48h 后进行 UTM 拉拔试验。试件成型过程如图 8.8 所示，每种沥青成型三个平行样。

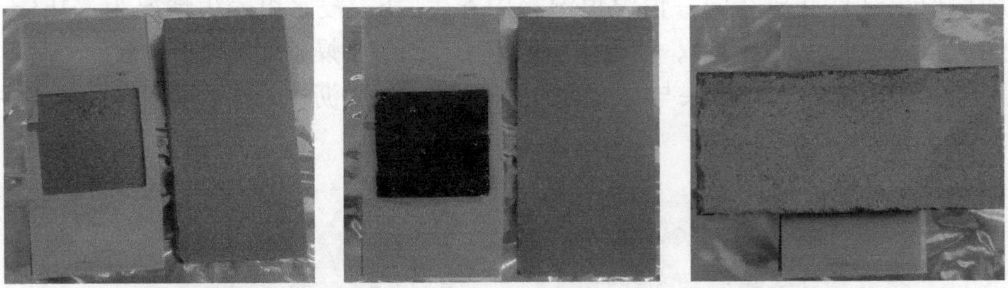

(a) 放置硅胶圈　　(b) 加入沥青　　(c) 成型好的试件

图 8.8　UTM 拉拔试件成型过程

本章选用 IPC 公司生产的 UTM-30 动态液压伺服多功能试验机，简称 UTM 试验机(图 8.9(a))；同时根据石板的体积参数和 UTM 试验机的特点定制了 UTM 拉拔模具(图 8.9(b))；待 UTM 试验机温度稳定在 25℃，取出到达养生时间的试件并固定在定制模具上进行加载(图 8.9(c))；加载开始后，底下石板不动，上板由 UTM 试验机的中心杆带动，以 0.2mm/min 的位移速率脱离下板，石板的破坏界面是黏附破坏与内聚破坏共存的混合破坏模式，如图 8.9(d)所示。

试验加载过程中 UTM 试验机将同步记录力-时间曲线(图 8.10)，由于 UTM 试验机加载速率是恒定的，可以将时间换算成位移，得到 UTM 试验机的加载力和上升位移的变化曲线。因为加载力和沥青对石板的黏结力是平衡力，所以也能得到沥青对石板的黏结力随着位移的变化图。典型黏结力-位移曲线如图 8.11 所示。从图中可以获得将石板分离开所需要克服的最大黏结力，将其称为峰值力；同时将力对位移进行积分可以计算出从对石板施加拉应力到石板彻底分离整个过程所耗费的能量(当石板间黏结力降至 0.01kN 时认为石板已彻底分离)，将其称为黏结功。

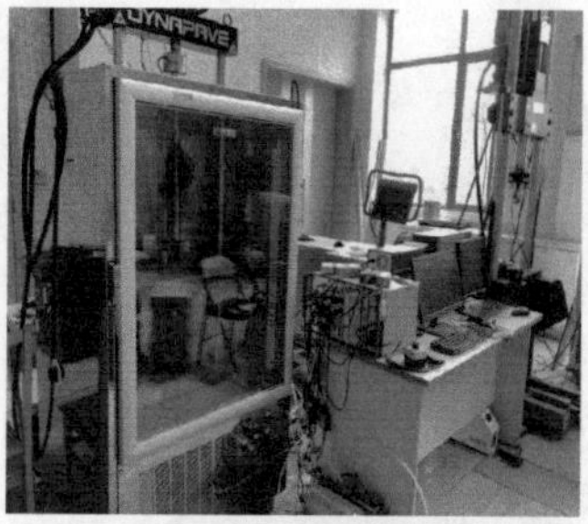

(a) UTM试验机

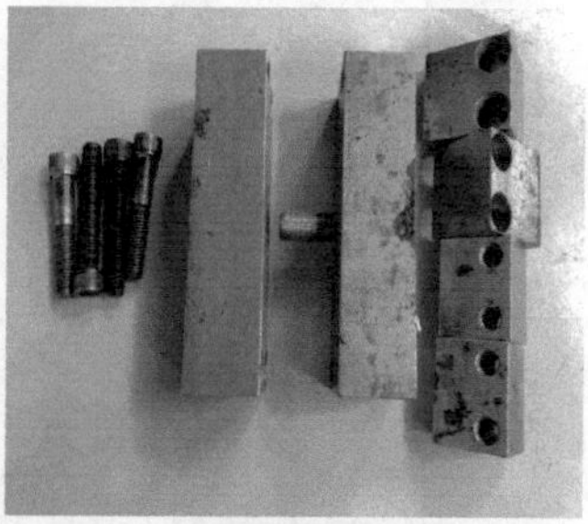

(b) 定制模具

(c) 试验加载

(d) 石板分离

图 8.9　UTM 拉拔试验过程

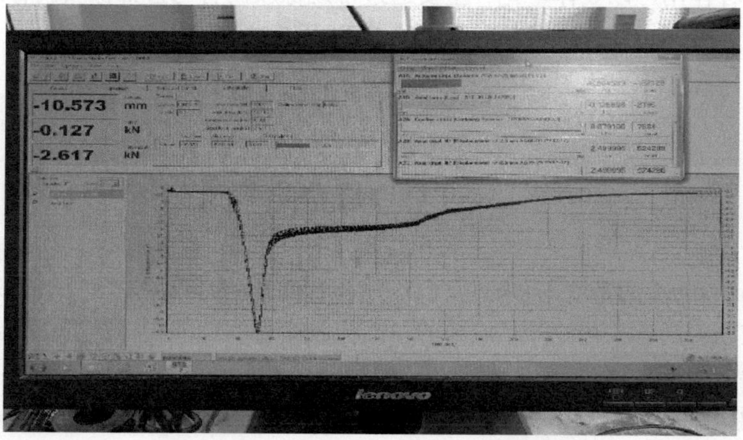

图 8.10　试验加载过程中的力-时间曲线

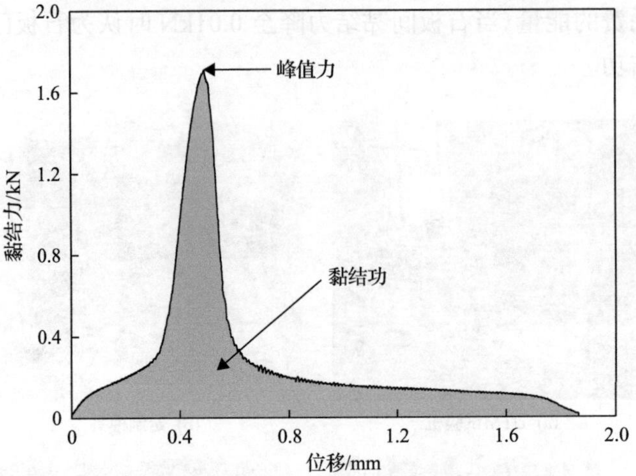

图 8.11　典型黏结力-位移曲线

8.2　基于 BBS 拉拔试验的胶粉改性沥青黏附性研究

8.2.1　胶粉改性沥青的颗粒效应、吸收偏好、降解作用

胶粉在沥青中的作用主要表现为两个方面：一是胶粉的颗粒效应(particle effect，PE)，指的是胶粉固体颗粒的体积和力学效应会影响沥青性质；二是交互作用(interaction effect，IE)，指胶粉会选择性吸收沥青中的芳香分等轻质组分。

这两种作用可以具体量化，主要通过常规橡胶沥青与过筛橡胶沥青的性能指标来确定。PE 和 IE 的计算方法见式(8.2)和式(8.3)[217,218]。

$$\mathrm{PE}=\frac{\mathrm{Undrained}-\mathrm{Drained}}{\mathrm{Base}} \tag{8.2}$$

$$\mathrm{IE}=\frac{\mathrm{Drained}-\mathrm{Base}}{\mathrm{Base}} \tag{8.3}$$

式中，Undrained 为常规的(未过筛的)橡胶沥青的性能指标数据；Drained 为按照过筛橡胶沥青制备工艺滤除了胶粉的过筛橡胶沥青的性能指标数据；Base 为基质沥青的性能指标数据。

由 IE 的含义和计算方法可知，IE 仅仅是反映胶粉单方面吸收沥青中的组分后，剩余的过筛橡胶沥青相对于基质沥青的性能变化。橡胶颗粒在沥青中主要发生的是溶胀作用，这是一种物理作用，表现为橡胶颗粒吸收了沥青中的某些组分造成了颗粒粒径增加、颗粒变软。这主要是一种橡胶颗粒的选择性吸收，而交互作用意思是互相、彼此交流互动，还涵盖胶粉本身与沥青的交互作用，因此若将 IE 直译为交互作用不够准确，故将 IE 翻译为吸收偏好更符合其本来含义。

溶解性胶粉改性沥青是由橡胶沥青在升高温度、延长时间后胶粉降解而制成。经研究，溶解性胶粉改性沥青的溶解度达 99%[152]，同时在本书的试验过程中，将溶解性胶粉改性沥青在 0.075mm 筛上过滤时，筛上基本没有颗粒存留，因此可以认为溶解性胶粉改性沥青不存在颗粒效应。

当前 IE 可表示胶粉对基质沥青的吸收作用，但是当前未有指标来评价从橡胶沥青到溶解性胶粉改性沥青这一过程中橡胶粉的自身成分和吸收成分释放到沥青中所引起的沥青性能变化。因此，本书提出降解作用(degradation effect，DE)来评价胶粉中自身和吸收的化学物质释放到沥青中所引起的沥青性能变化。DE 的计算方法为

$$\mathrm{DE} = \frac{\mathrm{TB} - \mathrm{Drained}}{\mathrm{Base}} \tag{8.4}$$

式中，TB 为溶解性胶粉改性沥青的性能指标数据；Drained 为过筛橡胶沥青的性能指标数据；Base 为基质沥青的性能指标数据。

下面将以 10%胶粉掺量的沥青浸水拉拔强度为例，结合图 8.12 示意图，阐述 PE、IE、DE 及衍生的指标 IE+DE、PE+IE 的计算方法，其中 ESSO、U10AR、D10AR、10TB 沥青的浸水拉拔强度分别为 1.77MPa、1.50MPa、2.58MPa、1.11MPa。

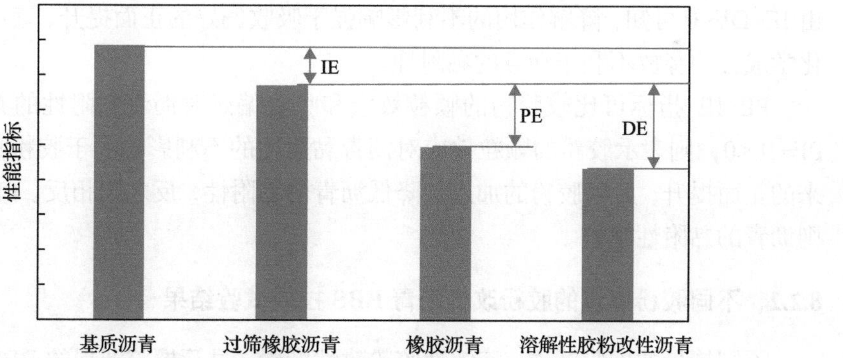

图 8.12 PE、IE、DE 的指标示意图

$$\mathrm{PE} = \frac{\mathrm{U10AR} - \mathrm{D10AR}}{\mathrm{ESSO}} = \frac{1.50 - 2.58}{1.77} = -0.61$$

$$\mathrm{IE} = \frac{\mathrm{D10AR} - \mathrm{ESSO}}{\mathrm{ESSO}} = \frac{2.58 - 1.77}{1.77} = 0.46$$

$$DE = \frac{10TB - D10AR}{ESSO} = \frac{1.11 - 2.58}{1.77} = -0.83$$

$$IE + DE = 0.46 + (-0.83) = -0.37$$

$$PE + IE = -0.61 + 0.46 = -0.15$$

拉拔强度越大表征沥青的黏附性越好，且结合 PE、IE、DE、IE+DE、PE+IE 的计算方法，可得以下结论：

PE<0，可知胶粉的颗粒效应不利于沥青与集料的黏附性，这是因为胶粉颗粒本身不具备黏附性，其存在占用了本该被沥青覆盖的集料表面积，降低了沥青与集料黏附的可能性。

IE>0，可知胶粉的吸收偏好有利于改善沥青的黏附性。这是因为沥青与集料的黏附力主要来源于沥青质与胶质，胶质和沥青质中含有较多的化学活性官能团的沥青酸、沥青酸酐等极性组分，这些极性组分会与集料表面发生极性吸附或化学吸附，一旦发生则不易脱落。据研究[40]，沥青质与胶质的单位集料吸收量是芳香分的 2～4 倍，是饱和分的 10～400 倍，随着沥青中的芳香分等轻质组分被胶粉吸收，沥青中的胶质与沥青质的比例相应提高，从而提高了沥青与集料的黏附力。

DE<0，可知降解作用不利于沥青与集料的黏附性，因为胶粉会导致沥青的低温劲度模量降低，其内部应力吸收能力变差，抗变形能力不足，同时胶粉分解的过程中会释放炭黑，阻碍沥青被集料表面孔隙吸附的过程。

IE+DE 可比较胶粉的降解作用和吸收偏好的共同作用对沥青黏附性的影响，由 IE+DE<0 可知，降解作用的不利影响强于吸收偏好的正面提升，表明胶粉自身化学成分的释放不利于沥青的黏附性。

PE+IE 指标可比较胶粉的颗粒效应和吸收偏好对沥青黏附性的共同影响。PE+IE<0，则表示胶粉的颗粒效应对沥青黏附性的不利影响大于胶粉吸收偏好带来的正面提升，此时胶粉的加入会降低沥青的黏附性，反之则相反。PE+IE 越小，则沥青的黏附性越差。

8.2.2　不同胶粉掺量的胶粉改性沥青 BBS 拉拔试验结果

不同掺量的橡胶沥青、溶解性胶粉改性沥青、过筛橡胶沥青的 BBS 拉拔试验结果如图 8.13 所示。

对比 ESSO、U5AR、U10AR、U15AR、U20AR 沥青，可知橡胶沥青的浸水拉拔强度小于基质沥青。随着胶粉掺量的增加，橡胶沥青的浸水拉拔强度无明显的变化规律，但在 15%胶粉掺量下，橡胶沥青取得最大的浸水拉拔强度和湿干比，获得最佳的黏附性。对比 ESSO、5TB、10TB、15TB、20TB 沥青，可知溶解性胶粉改性沥青的浸水拉拔强度和干燥拉拔强度、湿干比均小于基质沥青，且随着 TB

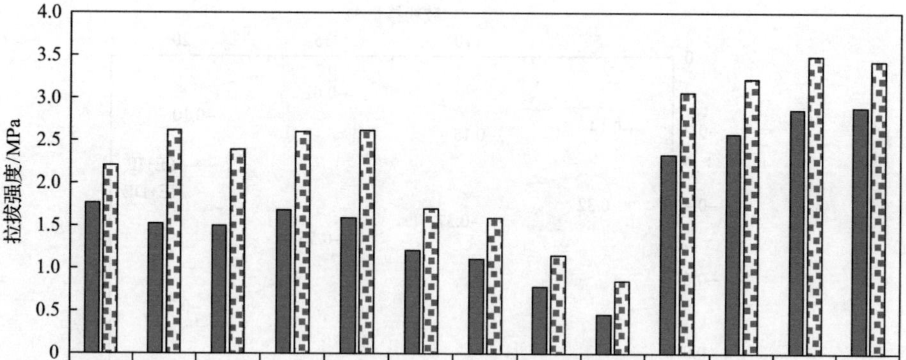

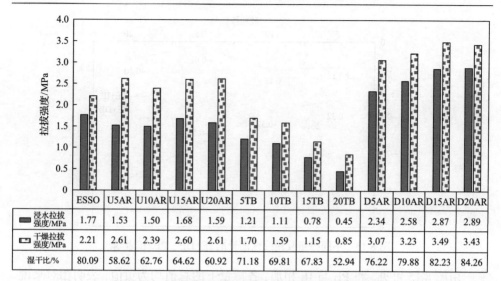

	ESSO	U5AR	U10AR	U15AR	U20AR	5TB	10TB	15TB	20TB	D5AR	D10AR	D15AR	D20AR
浸水拉拔强度/MPa	1.77	1.53	1.50	1.68	1.59	1.21	1.11	0.78	0.45	2.34	2.58	2.87	2.89
干燥拉拔强度/MPa	2.21	2.61	2.39	2.60	2.61	1.70	1.59	1.15	0.85	3.07	3.23	3.49	3.43
湿干比/%	80.09	58.62	62.76	64.62	60.92	71.18	69.81	67.83	52.94	76.22	79.88	82.23	84.26

图 8.13　不同掺量胶粉改性沥青 BBS 拉拔试验结果

胶粉掺量的提高而显著下降，表明 TB 胶粉掺量越多越不利于溶解性胶粉改性沥青的黏附性。过筛橡胶沥青的拉拔强度大于基质沥青，且随着胶粉掺量的增加而提高，证明了颗粒效应不利于橡胶沥青的黏附性。

不同掺量胶粉改性沥青的 PE、IE、DE 指标如图 8.14 所示。

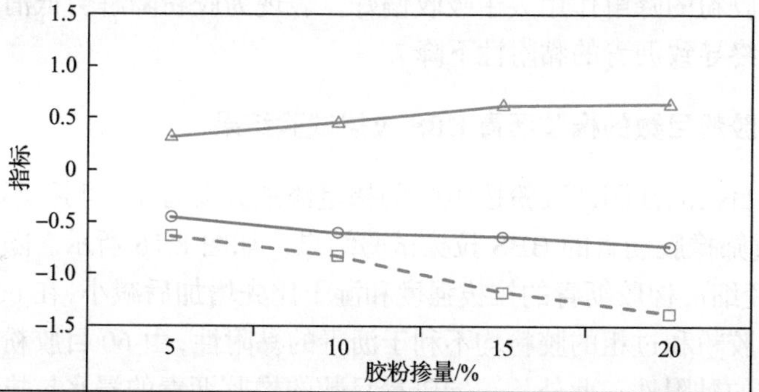

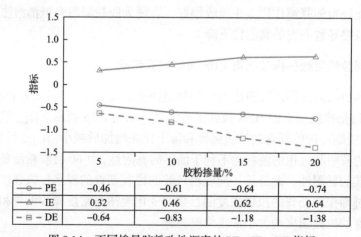

	5	10	15	20
PE	−0.46	−0.61	−0.64	−0.74
IE	0.32	0.46	0.62	0.64
DE	−0.64	−0.83	−1.18	−1.38

图 8.14　不同掺量胶粉改性沥青的 PE、IE、DE 指标

由图 8.14 可见，随着胶粉掺量逐渐提高，颗粒数量增多，PE 逐渐下降，不利影响扩大；参与吸收组分的颗粒数量也增多，IE 逐渐提高，正面提升效果愈发显著；此外，DE 也随着胶粉掺量的增加逐渐降低，有更多的颗粒脱硫降解，不利影响扩大。

图 8.15 为不同掺量胶粉改性沥青的 IE+DE、PE+IE 指标。

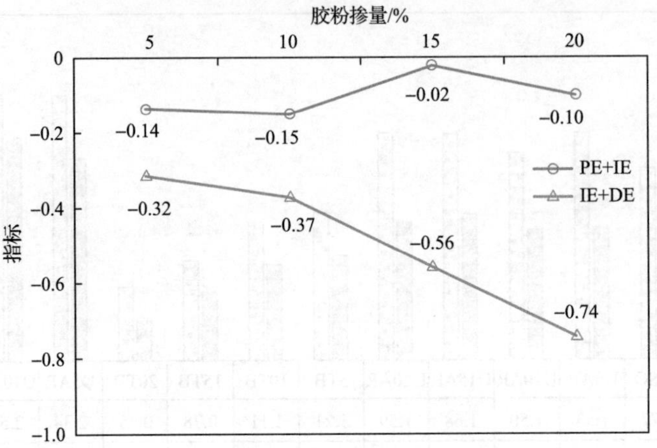

图 8.15　不同掺量胶粉改性沥青的 IE+DE、PE+IE 指标

由图 8.15 可见，将 PE 与 IE 相加，各掺量下的总值均为负值，表明相对来说，颗粒效应大于吸收偏好，体现为橡胶沥青的黏附性在各胶粉掺量下均低于基质沥青。PE 和 IE 虽均为单调变化趋势，但是在不同掺量下的变化幅度不同，使得 PE+IE 在 15%掺量处取得最大值。不同掺量的胶粉改性沥青的 IE+DE 均小于 0，表明胶粉降解导致的自身化学成分释放不利于沥青的黏附性，且相同掺量下的 IE+DE<PE+IE，表明溶解性胶粉改性沥青的黏附性能不如基质沥青以及相同掺量的橡胶沥青，因此胶粉的降解作用大于吸收偏好，表现为胶粉降解会抵消溶胀吸收的有利作用，最终导致沥青的黏附性下降。

8.2.3　不同胶粉目数的橡胶沥青 BBS 拉拔试验结果

取不同目数的江阴产胶粉按 10%的掺量添加到沥青中，测得不同胶粉目数的橡胶沥青/过筛橡胶沥青的 BBS 拉拔试验结果，如图 8.16 所示。随着胶粉目数的增加（胶粉变细），橡胶沥青的拉拔强度和湿干比先增加后减小，在 60 目达到最大，表明过细的胶粉和过粗的胶粉均不利于沥青的黏附性，由 60 目胶粉制备的橡胶沥青拥有最佳的黏附性；此外，不同胶粉目数的橡胶沥青的浸水拉拔强度均小于基质沥青；过筛橡胶沥青的拉拔强度随目数的变化规律与常规橡胶沥青相同，但过筛橡胶沥青的拉拔强度均大于常规橡胶沥青。

不同胶粉目数橡胶沥青的 PE、IE、PE+IE 指标如图 8.17 所示。图 8.17 表明，PE 均小于 0 且随胶粉目数增加而增大，说明随着胶粉变细，颗粒效应的不利影响逐渐降低，符合宏观规律，这也体现出 PE 指标能够较好地表征胶粉颗粒的颗粒效应。此外，IE 随胶粉目数增加先增大后减小，在 60 目时达到最大。这是因为胶粉颗粒变细，单位质量橡胶粉的比表面积增大，从而扩大胶粉与沥青的接触面积，有利于胶粉吸收沥青组分；但是胶粉太细容易脱硫降解，使得发生吸收偏好的胶粉数量减少，使 IE 值降低。在 60 目时，胶粉取得与沥青接触面积和参与吸收的颗粒数量的平衡，此时 IE 最大。相对 PE 来说，IE 随着胶粉目数变化波动较大，60 目胶粉制备的橡胶沥青 IE 值显著大于其余沥青，故此时 PE+IE 最大，表现为 60 目橡胶沥青黏附性最好。

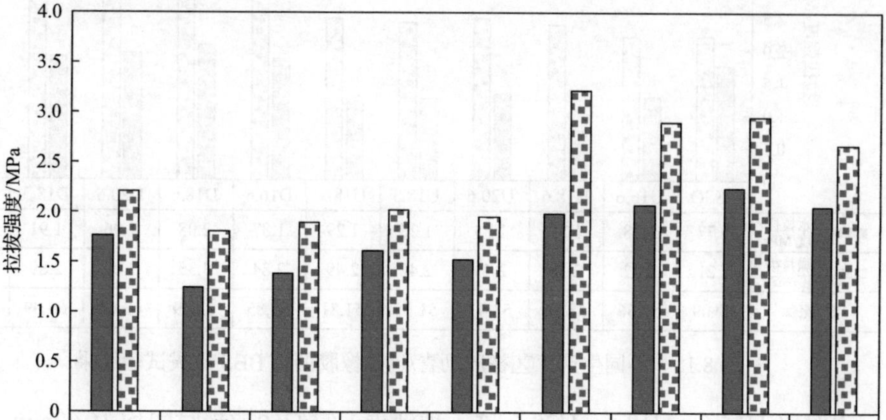

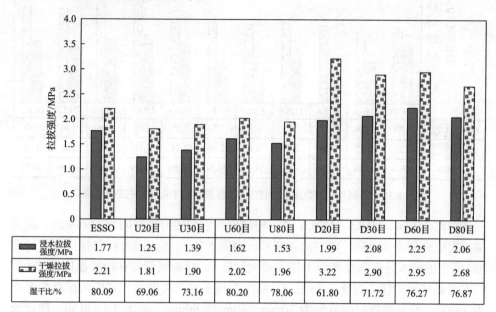

	ESSO	U20目	U30目	U60目	U80目	D20目	D30目	D60目	D80目
浸水拉拔强度/MPa	1.77	1.25	1.39	1.62	1.53	1.99	2.08	2.25	2.06
干燥拉拔强度/MPa	2.21	1.81	1.90	2.02	1.96	3.22	2.90	2.95	2.68
湿干比/%	80.09	69.06	73.16	80.20	78.06	61.80	71.72	76.27	76.87

图 8.16　不同胶粉目数的橡胶沥青/过筛橡胶沥青 BBS 拉拔试验结果

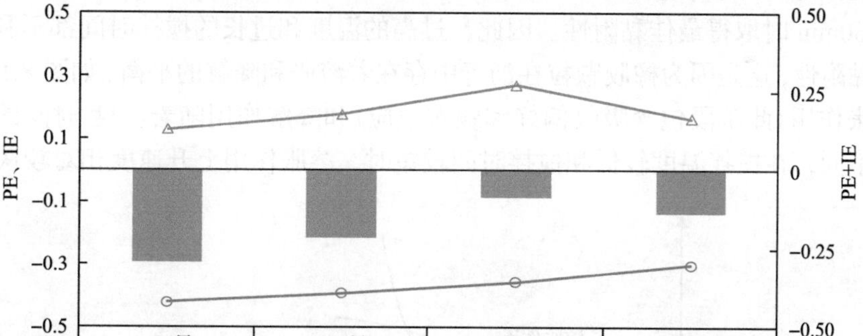

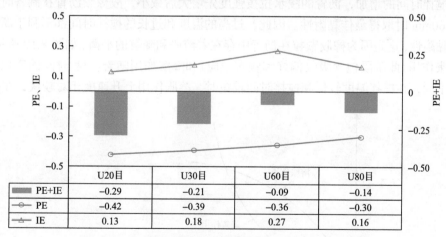

	U20目	U30目	U60目	U80目
PE+IE	−0.29	−0.21	−0.09	−0.14
PE	−0.42	−0.39	−0.36	−0.30
IE	0.13	0.18	0.27	0.16

图 8.17　不同胶粉目数橡胶沥青的 PE、IE、PE+IE 指标

8.2.4　不同生产工艺的橡胶沥青 BBS 拉拔试验结果

取 30 目的江阴产胶粉按 10%的掺量添加到沥青中，测得不同生产工艺的橡

胶沥青/过筛橡胶沥青 BBS 拉拔试验结果如图 8.18 所示。

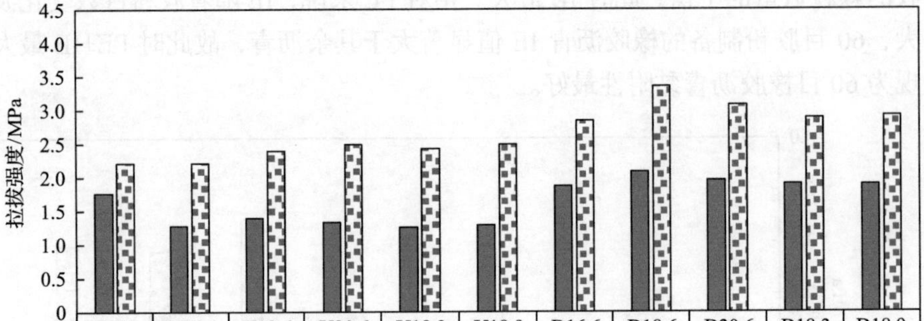

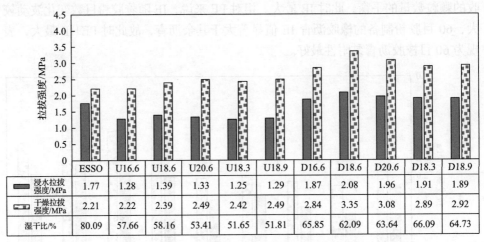

	ESSO	U16.6	U18.6	U20.6	U18.3	U18.9	D16.6	D18.6	D20.6	D18.3	D18.9
浸水拉拔强度/MPa	1.77	1.28	1.39	1.33	1.25	1.29	1.87	2.08	1.96	1.91	1.89
干燥拉拔强度/MPa	2.21	2.22	2.39	2.49	2.42	2.49	2.84	3.35	3.08	2.89	2.92
湿干比/%	80.09	57.66	58.16	53.41	51.65	51.81	65.85	62.09	63.64	66.09	64.73

图 8.18　不同生产工艺橡胶沥青/过筛橡胶沥青 BBS 拉拔试验结果

对比 U16.6、U18.6、U20.6 这三种沥青，它们的搅拌时间均为 60min，但是搅拌温度分别为 160℃、180℃、200℃，由图 8.18 可知，随着胶粉搅拌温度的增加，沥青的浸水拉拔强度和湿干比先增大后减小，故橡胶沥青在搅拌温度为 180℃时取得最佳黏附性。对比 U18.3、U18.6、U18.9 这三种沥青，它们的搅拌温度均为 180℃，但是搅拌时间分别为 30min、60min、90min，由图 8.18 可知，随着胶粉搅拌时间的增加，沥青的浸水拉拔强度先增大后减小，故橡胶沥青在制备时间为 60min 时取得最佳黏附性。因此，过高的温度和过长的搅拌时间都不利于沥青的黏附性，这是因为橡胶颗粒在沥青中存在着溶胀和降解的平衡，如图 8.19 所示。溶胀作用(此阶段包含吸收偏好和颗粒效应)和降解作用随着温度/时间的变化速度不同，在搅拌温度较低和搅拌时间较短时，溶胀作用上升速度相对较快；在搅

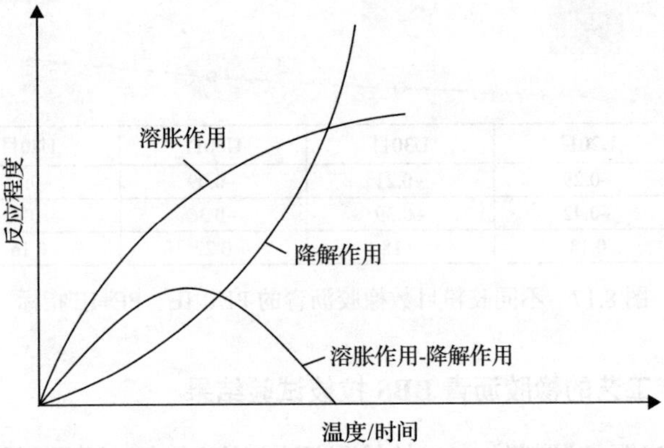

图 8.19　溶胀作用和降解作用随温度/时间的变化情况

拌温度过高和时间较长时，降解作用快速上升而溶胀作用上升缓慢。因此存在一个适宜的搅拌温度和搅拌时间，使得溶胀作用和降解作用的差值最大，此时胶粉的颗粒效应和吸收偏好特性也最大，而降解作用还没完全抵消吸收偏好的正向提高作用，表现为沥青在此时的平衡点下取得最好的黏附性。

综上可知，搅拌温度过高和搅拌时间过长会导致胶粉降解作用增强，从而损害橡胶沥青的黏附性，在制备温度为 180℃、制备时间为 60min 时，橡胶沥青取得最佳黏附性。过筛橡胶沥青亦呈现出相同的规律，但其拉拔强度远大于未过筛的橡胶沥青。

不同生产工艺橡胶沥青的 PE、IE、PE+IE 指标如图 8.20 所示。

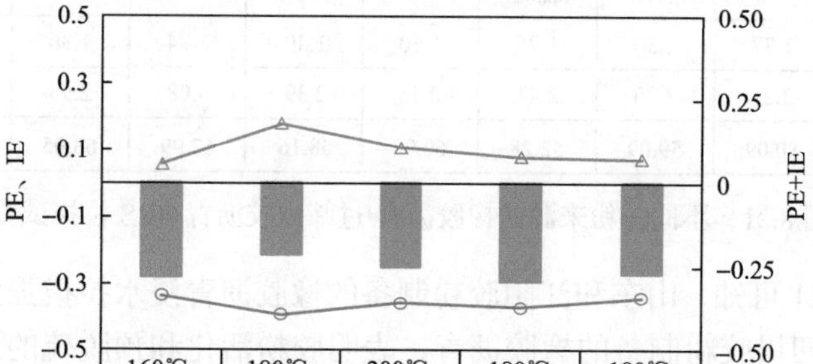

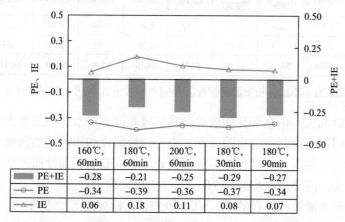

	160℃，60min	180℃，60min	200℃，60min	180℃，30min	180℃，90min
PE+IE	−0.28	−0.21	−0.25	−0.29	−0.27
PE	−0.34	−0.39	−0.36	−0.37	−0.34
IE	0.06	0.18	0.11	0.08	0.07

图 8.20　不同生产工艺橡胶沥青的 PE、IE、PE+IE 指标

在搅拌温度 180℃、搅拌时间 60min 时，IE>0 且数值最大，PE<0 且数值最小，即|PE|最大。因此存在一个最佳温度与时间，当制备温度太低和时间太短时，胶粉不能充分吸收沥青中的轻质组分而造成 IE 较小，沥青溶胀率较小而造成|PE|较小；当制备温度太高和时间太久时，容易使得胶粉降解，从而使得胶粉颗粒体积减小，数量减少，造成|PE|、IE 均较小。

从 IE 和 PE 数值的变化规律来看，它们均随着生产工艺、时间变化存在一个最佳掺量。相对 IE 来说，PE 对生产工艺的变化不甚敏感，不同生产工艺的 PE 均在−0.36 左右。由于降解作用主要会抵消吸收偏好的正面提升效果，因此 IE 对生产工艺变化敏感，180℃、60min 生产工艺下沥青的 IE 取得最大值。故在 180℃、60min 生产工艺下，沥青 PE+IE 最大，获得最佳黏附性。

8.2.5　不同胶粉来源的橡胶沥青 BBS 拉拔试验结果

取 30 目不同产地的胶粉加入沥青中，山东和江阴的胶粉为普通胶粉，常州胶粉为活化胶粉，四川胶粉为脱硫胶粉。不同胶粉来源的橡胶沥青/过筛橡胶沥青

BBS 拉拔试验结果如图 8.21 所示，其中框中的是使用预处理胶粉的沥青。

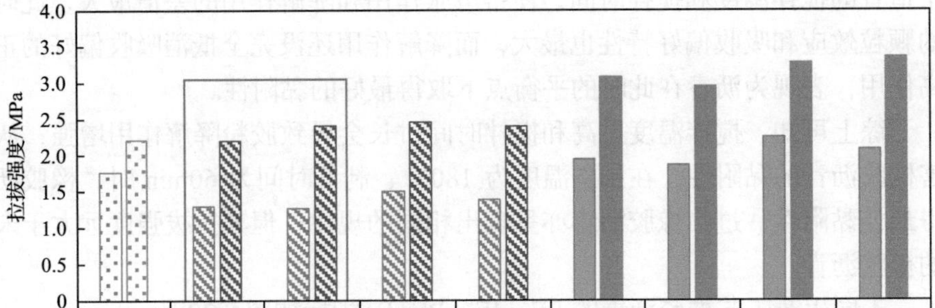

	ESSO	U常州(活化)	U四川(脱硫)	U山东	U江阴	D常州	D四川	D山东	D江阴
浸水拉拔强度/MPa	1.77	1.30	1.26	1.50	1.39	1.94	1.86	2.25	2.08
干燥拉拔强度/MPa	2.21	2.20	2.41	2.46	2.39	3.08	2.95	3.27	3.35
湿干比/%	80.09	59.09	52.28	60.98	58.16	62.99	63.05	68.81	62.09

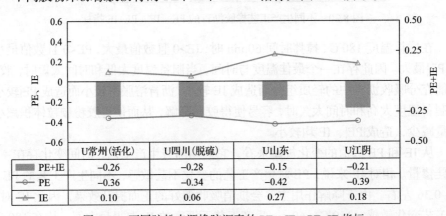

图 8.21　不同胶粉来源的橡胶沥青/过筛橡胶沥青 BBS 拉拔试验结果

由图 8.21 可知，山东和江阴胶粉制备的橡胶沥青浸水拉拔强度大于经过预处理的常州和四川胶粉制备的橡胶沥青，表明胶粉活化和预脱硫的预处理方法均不利于橡胶沥青的黏附性。这可能与经过预处理后的胶粉表面性质改变，容易在沥青中降解相关，需要进一步分析 PE、IE 等指标来确定。

不同胶粉来源橡胶沥青的 PE、IE、PE+IE 指标如图 8.22 所示。

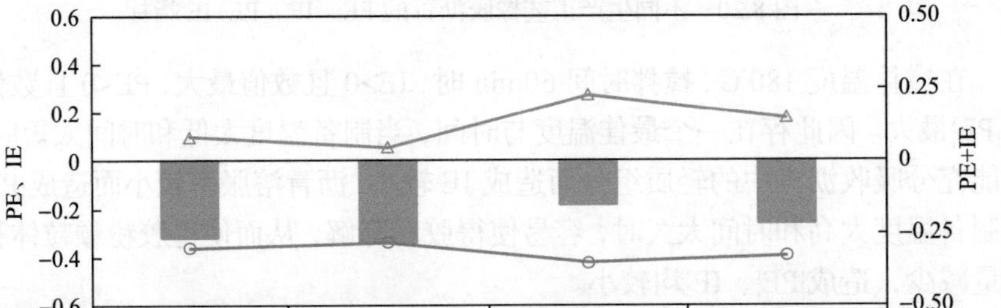

	U常州(活化)	U四川(脱硫)	U山东	U江阴
PE+IE	−0.26	−0.28	−0.15	−0.21
PE	−0.36	−0.34	−0.42	−0.39
IE	0.10	0.06	0.27	0.18

图 8.22　不同胶粉来源橡胶沥青的 PE、IE、PE+IE 指标

由图 8.22 知，相比普通胶粉，活化和预脱硫胶粉制备的橡胶沥青|PE|较小，颗粒效应的不利影响有所减弱，这可能是由于胶粉颗粒在预处理后更容易发生降解，导致胶粉颗粒粒径变小。另外，预处理胶粉的 IE 显著减小，这是由于预处理后的胶粉更容易发生降解作用，而非简单的物理溶胀，而降解的负面效果抵消了吸收偏好的正面黏附性提升效果，表现为 IE 显著减小(在橡胶沥青中，吸收偏好

和降解作用共同组成了 IE，即交互作用）。相比普通胶粉，活化和脱硫胶粉制备的改性沥青 PE+IE 绝对值较大，因为降解作用抵消了吸收偏好的正面提升效果，即减小 IE 值，使得颗粒效应的负面效果更为突出，最终使得经过活化和脱硫胶粉制备的胶粉改性沥青黏附性均差于未经处理的胶粉改性沥青。

8.2.6　SBS 复合橡胶沥青 BBS 拉拔试验结果

SBS 复合橡胶沥青的 BBS 拉拔试验结果如图 8.23 所示。由图可知，SBS 对沥青黏附性的改善作用在较高掺量时(2%以上)才显示出来,SBS 掺量较少时(1%)反而不利于橡胶沥青的黏附性。

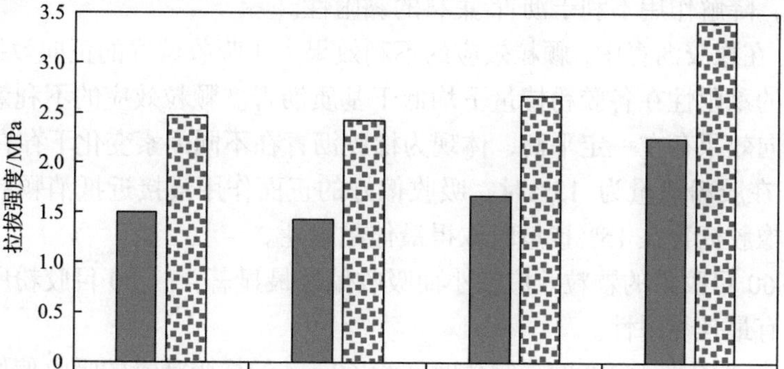

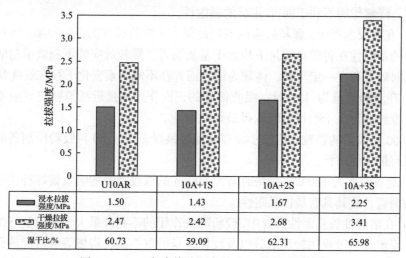

	U10AR	10A+1S	10A+2S	10A+3S
浸水拉拔强度/MPa	1.50	1.43	1.67	2.25
干燥拉拔强度/MPa	2.47	2.42	2.68	3.41
湿干比/%	60.73	59.09	62.31	65.98

图 8.23　SBS 复合橡胶沥青的 BBS 拉拔试验结果

出现这种现象的原因如下：SBS 改性剂本身没有黏附性，加入沥青后会造成不同程度的团聚现象，使得沥青黏度上升，沥青难以渗入孔隙中，在减少了沥青与石板黏结面积的同时也降低了沥青在孔隙中胶凝硬化后所产生的机械咬合力，因此较低掺量的 SBS 会损害橡胶沥青的黏附性。另外，SBS 改性剂会吸收沥青中的饱和分和芳香分，提高沥青质等大分子的比例，从而提高沥青的黏附力。当 SBS 掺量⩾2%时，SBS 的吸收作用对黏附性的正面提升效果大于黏结面积减少、机械咬合力缺失的不利影响，因此 SBS 复合橡胶沥青的黏附性提升。

8.2.7　本节结论

本节采用 BBS 拉拔试验对橡胶沥青、溶解性胶粉改性沥青、过筛橡胶沥青的黏附性进行了分析，将胶粉的颗粒效应、吸收偏好、降解作用分离并主要从这三个角度对胶粉沥青的黏附性展开解释。此外，本节研究了胶粉掺量、胶粉目数、沥青生产工艺等因素对沥青黏附性的影响规律，并探讨了橡胶沥青黏附性的提升方案，主要得到以下结论：

(1)将胶粉与沥青的交互作用机理解耦为三大指标进行分别评价：颗粒效应、吸收偏好、降解作用。采用 PE 指标反映胶粉固体颗粒的体积和力学效应导致的沥青性能变化，采用 IE 指标表征胶粉的选择性吸收沥青中芳香分等轻质组分导致的沥青性能变化，采用 DE 指标来评价胶粉中自身和吸收的化学物质释放到沥青中所引起的沥青性能变化。

(2)橡胶颗粒在沥青中主要发生的是物理的溶胀作用，以颗粒效应和吸收偏好为主(存在一定的降解作用)，其中颗粒效应不利于沥青-集料的黏附性，吸收偏好则能提升沥青-集料的黏附性。而在溶解性胶粉改性沥青中，以吸收偏好和降解作用为主，降解作用不利于沥青-集料的黏附性。

(3)在橡胶沥青中，颗粒效应的不利效果大于吸收偏好的正向效果，体现为橡胶沥青的黏附性在各胶粉掺量下均低于基质沥青。颗粒效应的不利效果与吸收偏好的正向效果存在一定平衡，体现为橡胶沥青在不同因素变化下存在最优参数。

① 在胶粉掺量为 15%时，吸收偏好的正面作用最接近抵消颗粒效应不良影响，故橡胶沥青在 15%掺量时取得最佳黏附性。

② 60 目胶粉的颗粒效应较小而吸收偏好最显著，故 60 目胶粉所制备的橡胶沥青拥有最佳黏附性。

③ 制备温度为 180℃、制备时间为 60min 的橡胶沥青的吸收偏好特性显著强于其余沥青，故其具有最佳黏附性。

(4)在溶解性胶粉改性沥青中，胶粉降解作用的不利效果大于吸收偏好的正向效果，降解会把吸收的轻质组分以及胶粉本身的重金属、炭黑等物质释放到沥青中，导致溶解性胶粉改性沥青的黏附性差于基质沥青以及相同掺量的橡胶沥青。

(5)促进胶粉降解的技术路线均会导致沥青的黏附性下降。

① 制备温度过高、时间过长，容易促进胶粉在沥青中降解，而降解作用会抵消乃至超过吸收偏好的正面提升效果，从而降低胶粉改性沥青的黏附性。

② 粒径过细、经过活化和脱硫手段预处理的胶粉容易在沥青中降解，使得经过活化和脱硫胶粉制备的胶粉改性沥青黏附性均差于未经处理的胶粉改性沥青。

(6)SBS 与橡胶沥青复合改性的方法可有效改善橡胶沥青的黏附性，但这种效果需要 SBS 掺量⩾2%时才比较明显。

8.3　基于 UTM 拉拔试验的胶粉改性沥青黏附性研究

BBS 拉拔试验能够测量沥青的黏附力，但所得的指标比较单一，未能对力-位移曲线进行绘制，无法体现沥青-石板黏结体系抵抗外力做功的能力。当加载速率一定时，沥青可能在较短位移内即达到较大拉拔强度随后迅速衰减，也可能在较长的位移内即缓慢达到较小的拉拔强度随后缓慢衰减。这种情况下，较难判断沥青黏附性的优劣。在实际的路面行驶过程中，研究沥青-集料的黏附性应考虑两个因素，一是石料可经受多大的力而不脱落，二是沥青在荷载作用的情况下能产生多大变形而不与石料脱离。

针对 BBS 拉拔试验的不足和实际路用中研究黏附性要考虑的两个因素，本书自主设计了 UTM 拉拔试验来获得沥青拉拔破坏过程的力-位移曲线，据此确定沥青的峰值力和黏附功，从而进一步评价沥青的黏附性。峰值力是将石板分离开所需要克服的最大黏附力，黏附功表征沥青黏附破坏全过程所耗费的能量，是力对位移(即沥青变形量)的积分。峰值力越大，表明沥青与集料的一次性黏附力越大；黏附功越大，表明需要更多的能量将沥青从集料界面剥落开来。

8.3.1　不同胶粉掺量的胶粉改性沥青 UTM 拉拔试验结果

不同胶粉掺量的胶粉改性沥青 UTM 拉拔试验结果如图 8.24 所示。

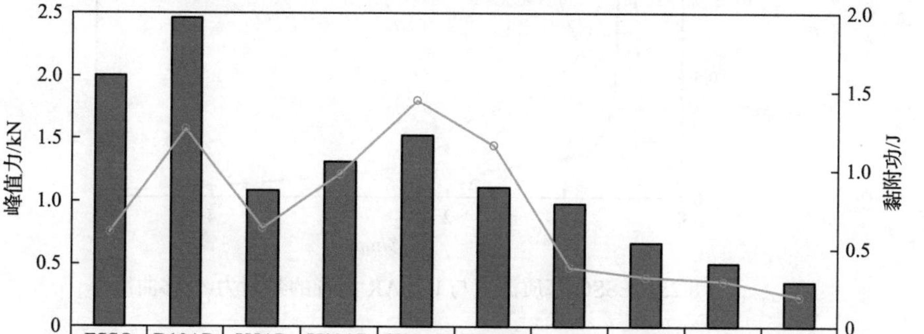

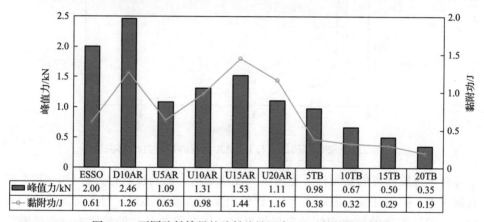

	ESSO	D10AR	U5AR	U10AR	U15AR	U20AR	5TB	10TB	15TB	20TB
峰值力/kN	2.00	2.46	1.09	1.31	1.53	1.11	0.98	0.67	0.50	0.35
黏附功/J	0.61	1.26	0.63	0.98	1.44	1.16	0.38	0.32	0.29	0.19

图 8.24　不同胶粉掺量的胶粉改性沥青 UTM 拉拔试验结果

溶解性胶粉改性沥青的峰值力和黏附功均小于 ESSO 沥青，且胶粉掺量越高，下降幅度越大，因此胶粉掺量越多越不利于溶解性胶粉改性沥青的黏附性。对于橡胶沥青，随着胶粉掺量的增加，峰值力和黏附功均先增大后减小，沥青的峰值力和黏附功在 15%胶粉掺量时达到最大，表征 U15AR 沥青具备最佳黏附性。

对比 ESSO 基质沥青和橡胶沥青的 UTM 拉拔试验结果，可以发现 ESSO 基质沥青峰值力大于橡胶沥青。然而，较大的峰值力并不能完全说明 ESSO 基质沥青的黏附性优于橡胶沥青，还需要结合黏附功来综合考虑。可以看到，ESSO 基质沥青的黏附功远小于橡胶沥青，这说明 ESSO 基质沥青黏附破坏全过程所耗费的能量少于橡胶沥青。

ESSO 基质沥青与橡胶沥青的峰值力与黏附功规律不一致的原因需从力-位移

曲线中找寻，ESSO 基质沥青和 U20AR 沥青的黏附力-位移曲线如图 8.25 所示。可以看到，相比基质沥青，橡胶沥青峰值力较小，但橡胶沥青到达峰值力时所需位移(即沥青变形量)更大，且橡胶沥青到达峰值力后，黏附功衰减缓慢，橡胶沥青即使已经产生了较大变形，仍能黏结石板并承受更大的变形，因此橡胶沥青的力-位移曲线面积更大。可以说，橡胶沥青出色的抗变形能力能使得橡胶沥青的黏附功大于基质沥青。

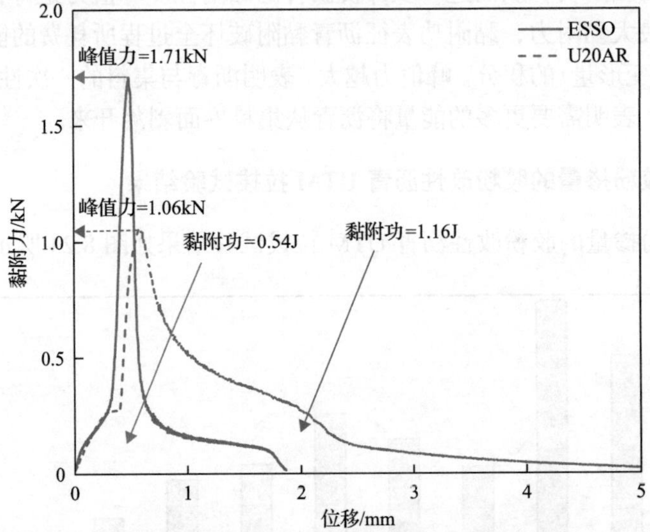

图 8.25　ESSO 基质沥青与 U20AR 沥青的黏附力-位移曲线

对于橡胶沥青的黏附性，室内试验往往是从力的角度进行分析(如 AFM 微观黏附力、拉拔强度、黏附力等)，评价出来的性能并不好。但在实际的路用表现中，橡胶沥青的抗水损坏效果仍算良好，因此需要从功的角度去理解橡胶沥青的黏附性。

结合 ESSO、U10AR、D10AR、10TB 沥青的 UTM 拉拔试验结果，计算得到 10%胶粉掺量的胶粉改性沥青的 PE、IE、DE 指标如图 8.26 所示。

由图 8.26 可知，峰值力和黏附功的 PE<0、DE<0、IE>0，这说明无论从力还是从功的角度出发，均证明胶粉的颗粒效应和降解作用不利于胶粉改性沥青的黏附性，而吸收偏好能提升胶粉改性沥青的黏附性，UTM 拉拔试验分析结果与 BBS 拉拔试验分析结果一致。

8.3.2　不同胶粉目数的橡胶沥青 UTM 拉拔试验结果

不同胶粉目数橡胶沥青的 UTM 拉拔试验结果如图 8.27 所示。

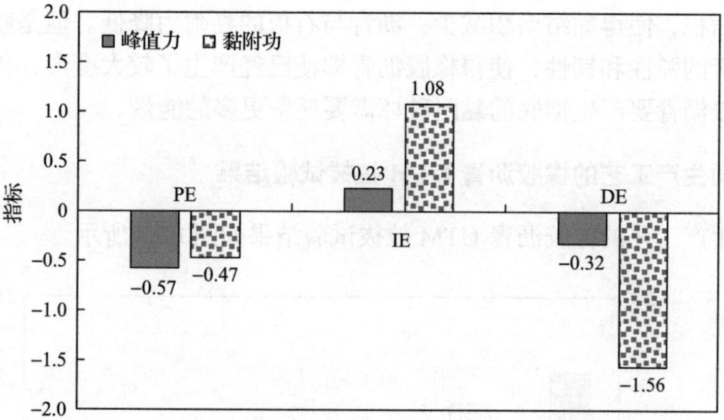

图 8.26　10%胶粉掺量的胶粉改性沥青的 PE、IE、DE 指标

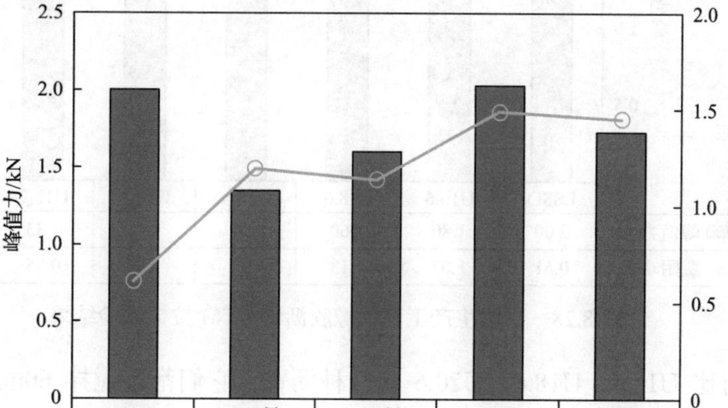

	ESSO	U20目	U30目	U60目	U80目
峰值力/kN	2.00	1.35	1.60	2.03	1.73
黏附功/J	0.61	1.19	1.13	1.49	1.45

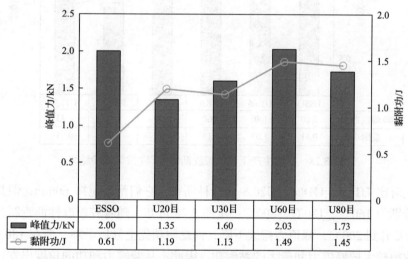

图 8.27　不同胶粉目数的橡胶沥青 UTM 拉拔试验结果

峰值力和黏附功呈现出接近的变化规律，整体上都是随着胶粉变细，沥青的峰值力和黏附功先上升后下降。当胶粉目数为 60 目时，沥青的峰值力和黏附功达到最大值，表明由 60 目胶粉制备的橡胶沥青拥有最佳的黏附性。可能的原因是原本胶粉颗粒变细，单位质量橡胶粉的比表面积增大，会扩大胶粉与沥青的接触面积，有利于胶粉吸收沥青轻质组分，提升沥青的黏附效果。但由 U80 目沥青的黏度小于 U60 目沥青可知，过细的胶粉容易在沥青中脱硫降解，这反而会损害沥青的黏附效果。60 目胶粉具有显著的吸收偏好特性同时还不易降解，因此由 60 目胶粉制备的橡胶沥青具备最佳黏附性。

对比基质沥青和橡胶沥青的 UTM 拉拔试验结果可知，基质沥青峰值力大于橡胶沥青，黏附功小于橡胶沥青，原因可归于橡胶颗粒挤占了原本是沥青与石板相接触的面积，使得黏结面积减少，沥青与石板的黏附力降低。但是胶粉同时也改善了沥青的弹性和韧性，使得橡胶沥青即使已经产生了较大变形，仍能黏结石板，故橡胶沥青要产生彻底的黏附破坏需要耗费更多的能量。

8.3.3　不同生产工艺的橡胶沥青 UTM 拉拔试验结果

不同生产工艺的橡胶沥青 UTM 拉拔试验结果如图 8.28 所示。

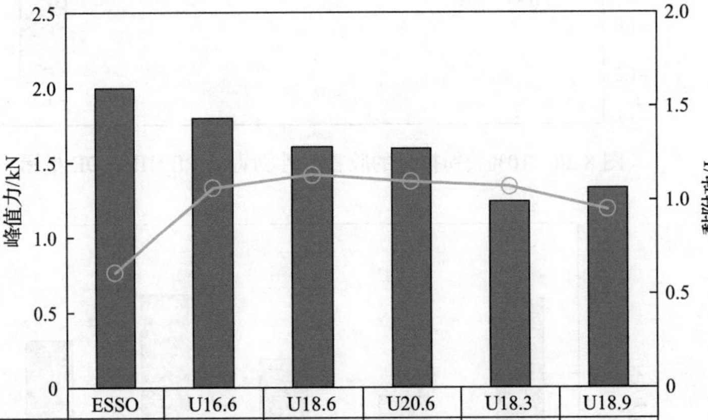

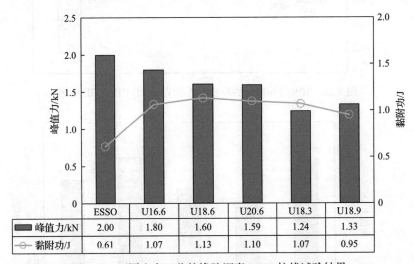

	ESSO	U16.6	U18.6	U20.6	U18.3	U18.9
峰值力/kN	2.00	1.80	1.60	1.59	1.24	1.33
黏附功/J	0.61	1.07	1.13	1.10	1.07	0.95

图 8.28　不同生产工艺的橡胶沥青 UTM 拉拔试验结果

先对比 U16.6、U18.6、U20.6 这三种沥青，它们都是搅拌 60min，但是搅拌温度分别为 160℃、180℃、200℃。由图 8.28 可知，随着胶粉改性沥青制备温度从 160℃升到 200℃，峰值力持续下降，而黏附功先上升后下降，故在 180℃时，沥青取得较大的峰值力和最大的黏附功。因此，从兼顾力和功的角度出发，可知 180℃是较适宜的搅拌温度。再对比 U18.3、U18.6、U18.9 这三种沥青，它们的搅拌温度均为 180℃，但是搅拌时间分别为 30min、60min、90min。从图 8.28 可以清楚地看到，U18.6 的峰值力、黏附功均大于 U18.3 和 U18.9，表明橡胶沥青在制备时间为 60min 时取得最佳黏附性。因此，在制备温度为 180℃、制备时间为 60min 时，橡胶沥青取得最佳黏附性。对比基质沥青和橡胶沥青的 UTM 拉拔试验结果可知，基质沥青峰值力大于橡胶沥青，黏附功小于橡胶沥青，原因不再赘述。

8.3.4　不同胶粉来源的橡胶沥青 UTM 拉拔试验结果

不同胶粉来源的橡胶沥青 UTM 拉拔试验结果如图 8.29 所示。

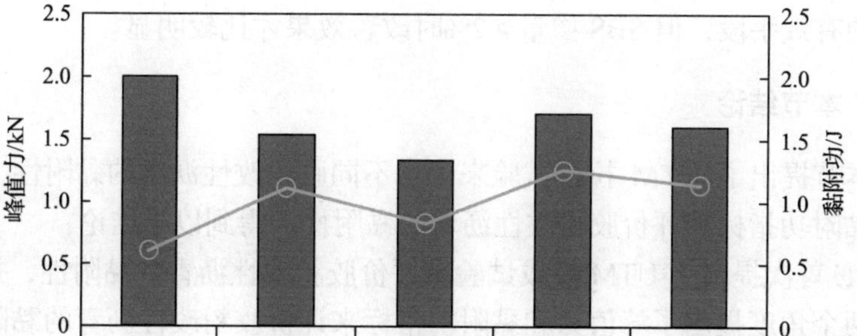

	ESSO	U常州(活化)	U四川(脱硫)	U山东	U江阴
峰值力/kN	2.00	1.53	1.33	1.71	1.60
黏附功/J	0.61	1.11	0.83	1.25	1.13

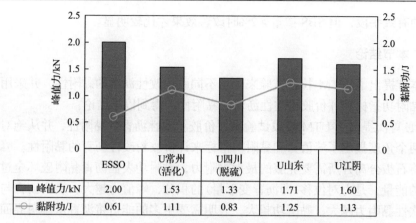

图 8.29　不同胶粉来源的橡胶沥青 UTM 拉拔试验结果

对于不同胶粉来源的橡胶沥青，峰值力和黏附功的变化规律均为：U 山东>U 江阴>U 常州(活化)>U 四川(脱硫)。可能是因为胶粉经过活化和预脱硫的预处理手段后，容易在沥青中降解，从而损害橡胶沥青的黏附性。U 四川(脱硫)沥青峰值力最低，黏附功最小、这可能与沥青模量较小、弹性较差有关，实际使用中确实发现 U 四川(脱硫)沥青较软，容易挤压变形。

8.3.5　SBS 复合橡胶沥青 UTM 拉拔试验结果

SBS 复合橡胶沥青 UTM 拉拔试验结果如图 8.30 所示。

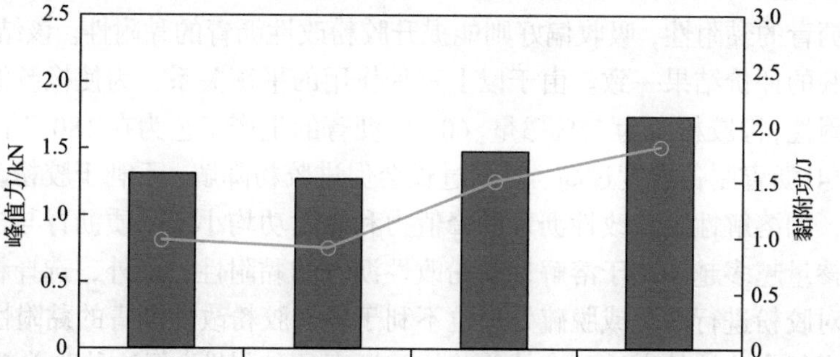

	U10AR	10A+1S	10A+2S	10A+3S
峰值力/kN	1.31	1.27	1.48	1.74
黏附功/J	0.98	0.91	1.51	1.82

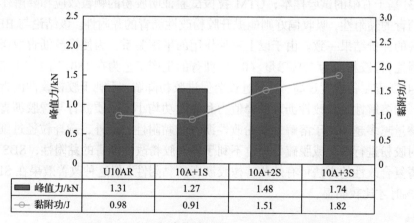

图 8.30　SBS 复合橡胶沥青 UTM 拉拔试验结果

当 SBS 掺量为 1%时，橡胶沥青的峰值力和黏附功均有所下降；当 SBS 掺量≥2%时，橡胶沥青的峰值力和黏附功均有显著提升，相比 U10AR 沥青，10A+2S 沥青的峰值力提升了 13%，黏附功提升了 54.1%，10A+3S 沥青的峰值力提升了 32.8%，黏附功提升了 85.7%。这表明 SBS 复合橡胶沥青确实是改善橡胶沥青黏附性的有效手段，但 SBS 掺量≥2%时改善效果才比较明显。

8.3.6 本节结论

本节提出了 UTM 拉拔试验来评价不同胶粉改性沥青的黏附性，并采用峰值力和黏附功指标来评价胶粉改性沥青的黏附性。得到以下结论：

(1)首次提出了 UTM 拉拔试验来评价胶粉改性沥青的黏附性，并从绝对值和能量两个角度提出了峰值力和黏附功指标来评价胶粉改性沥青的黏附性。峰值力是指将石板分离开所需要克服的最大黏附力，黏附功表征沥青黏附破坏全过程所耗费的能量，是力对位移(即沥青变形量)的积分，峰值力越大，表明沥青与集料的一次性黏附力越大；黏附功越大，表明需要更多的能量将沥青从集料界面剥落开来。

(2)橡胶沥青峰值力小于基质沥青，黏附功大于基质沥青，表现为橡胶沥青虽然与集料界面黏附强度不高，但可以承受更大的变形，有利于在实际服役过程中与集料反复黏附，该结论解释了为什么在工程应用中橡胶沥青的抗水损坏表现优于普通基质沥青。峰值力小是由于橡胶颗粒挤占了原本是沥青与石板相接触的面积，使得黏附面积减少，导致沥青与石板的黏附力降低；但是胶粉改善了沥青的弹性和韧性，使得橡胶沥青即使已经产生了较大变形，仍能黏附石板，故橡胶沥青要产生彻底的黏附破坏需要耗费更多的能量。结合橡胶沥青在实际路面中的表现，我们可能需要从功的角度来理解与评价橡胶沥青的黏附性。

(3)基于有限的试验样本，UTM 拉拔试验证明胶粉的颗粒效应和降解作用不利于沥青的黏附性，吸收偏好则能提升胶粉改性沥青的黏附性。该结论与 BBS 拉拔试验的评价结果一致。由于以上三种作用的平衡关系，为使橡胶沥青取得良好的黏附性，橡胶粉应为 15%掺量、60 目，沥青的生产工艺为在 180℃下搅拌 60min。

(4)沥青制备温度过高、时间过长会促进胶粉降解，不利于胶粉改性沥青的黏附性，如溶解性胶粉改性沥青的峰值力和黏附功均小于基质沥青与橡胶沥青，且胶粉掺量越多越不利于溶解性胶粉改性沥青的黏附性；此外，选择粒径过细的胶粉、对胶粉进行活化或脱硫处理也不利于提升胶粉改性沥青的黏附性；SBS 与橡胶沥青复合改性的方法可有效改善橡胶沥青的黏附性，但这种改善效果在 SBS 掺量≥2%时才比较明显。

8.4 胶粉改性沥青混合料抗水损坏性能研究

沥青的路用性能终究是以混合料的形式反映在路面上的，因此对于胶粉改性沥青混合料抗水损坏性能的检验同样至关重要。本章主要采用汉堡车辙试验对胶粉改性沥青混合料的抗水损坏性能进行检测。

本节先以汉堡浸水车辙曲线来大致判断胶粉改性沥青混合料的抗车辙/抗水损坏性能优劣，再采用 AASHTO T324 规范中推荐的 Iowa DOT 六次函数法和本书提出的新分析方法深入分析汉堡车辙试验结果。本书选择的评价指标见表 8.10，且剥落斜率 SS、水损坏变形速率 MR、黏塑性流动变形速率 VR 指标数值越小表示其对应的性能越好。

表 8.10　汉堡浸水车辙试验评价指标

方法来源	参数(含义)	单位	相关性能	定义	参数值与性能联系
AASHTO T324	SS(剥落斜率)	mm/1000 次	抗水损坏	剥落阶段每经历 1000 次轮碾所导致的车辙深度	值越小性能越好
	SIP(剥落拐点)	次	抗水损坏	首次发生剥落时的轮碾次数	值越大性能越好
本书提出的新分析方法	MR(水损坏变形速率)	mm/1000 次	抗水损坏	每经历 1000 次轮碾因水损坏剥落导致的车辙深度	值越小性能越好
	VR(黏塑性流动变形速率)	mm/1000 次	高温抗车辙	每经历 1000 次轮碾因高温黏塑性流动导致的车辙深度	值越小性能越好

8.4.1　不同胶粉掺量的胶粉改性沥青混合料汉堡浸水车辙试验结果

不同胶粉掺量的橡胶沥青混合料汉堡浸水车辙曲线如图 8.31 所示。

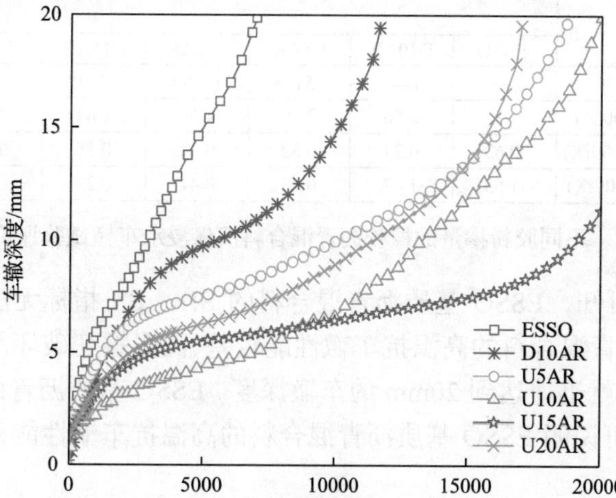

图 8.31　不同胶粉掺量的橡胶沥青混合料汉堡浸水车辙曲线

橡胶沥青混合料的破坏次数均大于基质沥青，表明橡胶沥青混合料具有更好的抗车辙/抗水损坏综合性能，但基质沥青和橡胶沥青混合料抗水损坏性能孰优孰劣需进一步分析。橡胶沥青混合料的汉堡浸水车辙试验表现随胶粉掺量的增加抗车辙/抗水损坏综合性能先提高后下降，在 15%掺量时取得最大值，因此胶粉掺量为 15%时，橡胶沥青混合料抗车辙/抗水损坏综合性能最强，可见胶粉掺量过多会影响橡胶沥青混合料的抗水损坏性能。

对比 U10AR 和 D10AR 沥青混合料的车辙曲线，可发现未过筛的 U10AR 的汉堡浸水车辙试验综合表现优于过筛后的 D10AR，也就说明橡胶沥青混合料中，橡胶颗粒有利于橡胶沥青混合料的抗车辙/抗水损坏综合性能，这是由于橡胶颗粒能够为混合料提供优良的弹性性能以抵抗变形与剥落，这一结果与拉拔试验相反。因此，不能将沥青的黏附性与其混合料抗水损坏性能进行直接等效。

不同胶粉掺量的橡胶沥青混合料汉堡浸水车辙试验评价指标如图 8.32 所示。图中 SIP 与 SS 是 AASHTO T324 规范采用的指标，MR、VR 是按本书提出的汉堡浸水车辙试验新分析方法计算所得指标。

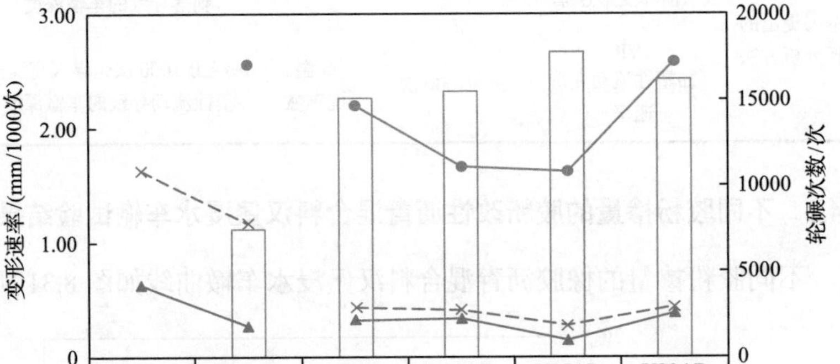

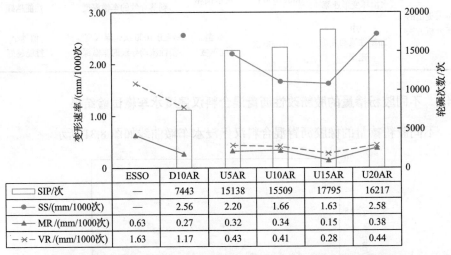

	ESSO	D10AR	U5AR	U10AR	U15AR	U20AR
SIP/次	—	7443	15138	15509	17795	16217
SS/(mm/1000次)	—	2.56	2.20	1.66	1.63	2.58
MR /(mm/1000次)	0.63	0.27	0.32	0.34	0.15	0.38
VR /(mm/1000次)	1.63	1.17	0.43	0.41	0.28	0.44

图 8.32　不同胶粉掺量的橡胶沥青混合料汉堡浸水车辙试验评价指标

由图 8.32 可知，ESSO 基质沥青混合料的 SIP、SS 指标无法测定，这是因为 ESSO 基质沥青混合料的高温抗车辙性能较差，高温蠕变破坏严重使得试件还没出现水损剥落就迅速达到 20mm 的车辙深度。ESSO 基质沥青的 VR 值显著大于其余沥青，亦可说明 ESSO 基质沥青混合料的高温抗车辙性能显著劣于橡胶沥青混合料。

对比 U5AR、U10AR、U15AR、U20AR 沥青混合料试验结果，可知随着胶粉掺量增加，橡胶沥青混合料的 SIP 先增大后减小，MR、SS 基本先减小后增大，均在 15%掺量时取得极值，表明胶粉掺量为 15%时，橡胶沥青混合料取得最佳抗水损坏性能。此外易知橡胶沥青混合料的 MR 值均小于基质沥青混合料，表明橡胶沥青混合料的抗水损坏性能优于基质沥青混合料。但是值得注意的是，相比基质沥青混合料，橡胶沥青混合料 VR 值的下降幅度明显比 MR 值要大，表明橡胶沥青混合料高温抗车辙性能的提升效果比抗水损坏性能显著。

对比 U10AR 和 D10AR 沥青混合料的试验表现，发现 VR 指标相差最为悬殊，D10AR 沥青混合料汉堡浸水车辙试验表现在经过胶粉筛除后下降较多的原因是其高温性能下降较多，可见颗粒效应有利于橡胶沥青混合料的高温抗车辙性能。而橡胶的颗粒效应不利于混合料的抗水损坏性能，但相比之下，颗粒效应对高温抗车辙性能的正面提升要比对抗水损坏性能的不利效应更为明显，最终显示为橡胶沥青在胶粉筛除后，汉堡浸水车辙试验表现显著下降。

8.4.2　不同胶粉掺量的溶解性胶粉改性沥青混合料汉堡浸水车辙试验结果

不同胶粉掺量的溶解性胶粉改性沥青混合料汉堡浸水车辙曲线如图 8.33 所示。溶解性胶粉改性沥青混合料的破坏次数小于基质沥青，且整体上随着胶粉掺量的提高而逐渐减小，表明胶粉掺量越多，越不利于溶解性胶粉改性沥青混合料的抗车辙/抗水损坏性能。

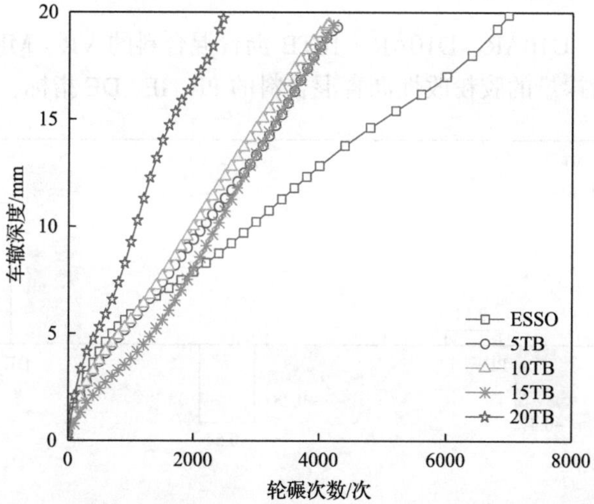

图 8.33　不同胶粉掺量的溶解性胶粉改性沥青混合料汉堡浸水车辙曲线

不同胶粉掺量的溶解性胶粉改性沥青混合料的汉堡浸水车辙试验评价指标如图 8.34 所示。与 ESSO 基质沥青同理，由于溶解性胶粉改性沥青混合料的高温抗车辙性能较差，曲线无明显的剥落阶段，故 5TB、20TB 沥青混合料的 SIP、SS 指标也无法获得。对比 MR 指标，可发现胶粉掺量越高，溶解性胶粉改性沥青混合料的 MR 指标越大，表明胶粉掺量越高越不利于溶解性胶粉改性沥青混合料的抗水损坏性能。此外，通过对比 ESSO 基质沥青与溶解性胶粉改性沥青混合料的 MR 和 VR 值，可以看出溶解性胶粉改性沥青混合料的抗水损坏性能和高温抗车辙性能均劣于基质沥青混合料。

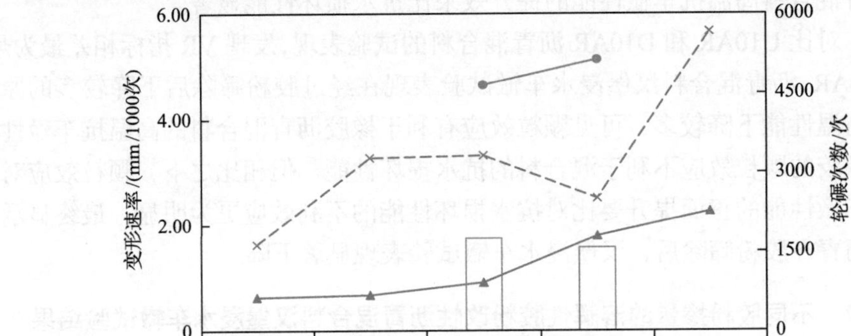

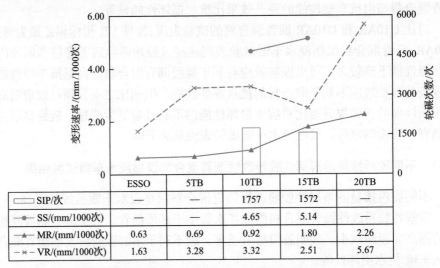

	ESSO	5TB	10TB	15TB	20TB
SIP/次	—	—	1757	1572	—
SS/(mm/1000次)	—	—	4.65	5.14	—
MR/(mm/1000次)	0.63	0.69	0.92	1.80	2.26
VR/(mm/1000次)	1.63	3.28	3.32	2.51	5.67

图 8.34 不同胶粉掺量的溶解性胶粉改性沥青混合料的汉堡浸水车辙试验评价指标

结合 ESSO、U10AR、D10AR、10TB 沥青混合料的 VR、MR 试验结果，计算得到 10%胶粉掺量的胶粉改性沥青混合料的 PE、IE、DE 指标，如图 8.35 所示。

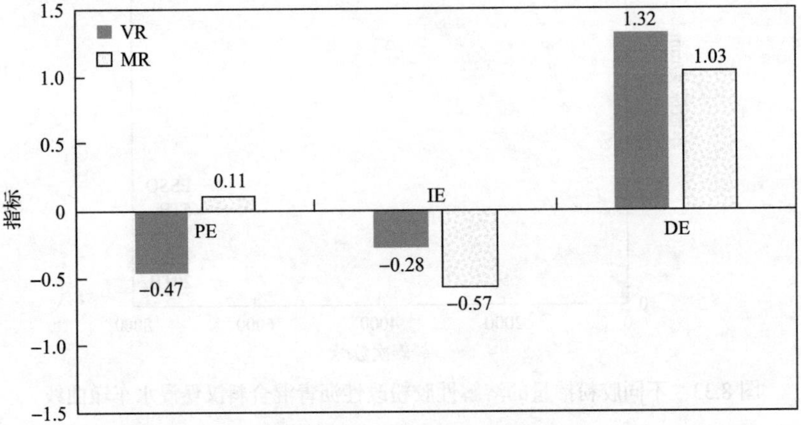

图 8.35 10%胶粉掺量的胶粉改性沥青混合料的 PE、IE、DE 指标

浸水拉拔强度、峰值力、黏附功、TSR 等指标的值越大，表明沥青混合料的性能越好，但 MR、VR 值越小表明沥青混合料的性能越好，因此结合 PE、IE、DE 的计算方法，可知当 PE、IE、DE 小于 0 时，所表征的意义与前文所述均相反，即这些指标为负值时表明该效应具有正向提升效果。因此，基于 VR、MR 计算得

到的 PE>0 时，表明颗粒效应不利于沥青混合料的抗车辙/抗水损坏性能；IE<0 时，表明吸收偏好利于沥青混合料的抗车辙/抗水损坏性能；DE>0 时，表明降解作用不利于沥青混合料的抗车辙/抗水损坏性能。由图 8.35 中基于 VR 计算得到的 PE、IE、DE 可知，颗粒效应和吸收偏好都能正面提升胶粉改性沥青混合料的高温抗车辙性能，降解作用不利于胶粉改性沥青混合料的高温抗车辙性能。由基于 MR 计算得到的 PE、IE、DE 可知，颗粒效应和降解作用不利于胶粉改性沥青混合料的抗水损坏性能，吸收偏好则能起到正面提升的作用，这与 PE、IE、DE 对沥青黏附性的影响相同。此外，相比之下，|PE–VR|>|PE–MR|，这解释了橡胶沥青在汉堡浸水车辙试验中抗水损坏/抗高温车辙复合性能表现优于基质沥青的主要原因是颗粒效应大大提升了其高温抗车辙性能，掩盖了其对抗水损坏性能的不利影响，同时也表明不能将沥青的黏附性与其混合料的汉堡浸水车辙试验表现进行等效。

8.4.3　不同胶粉目数的橡胶沥青混合料汉堡浸水车辙试验结果

不同胶粉目数的橡胶沥青混合料汉堡浸水车辙曲线如图 8.36 所示。

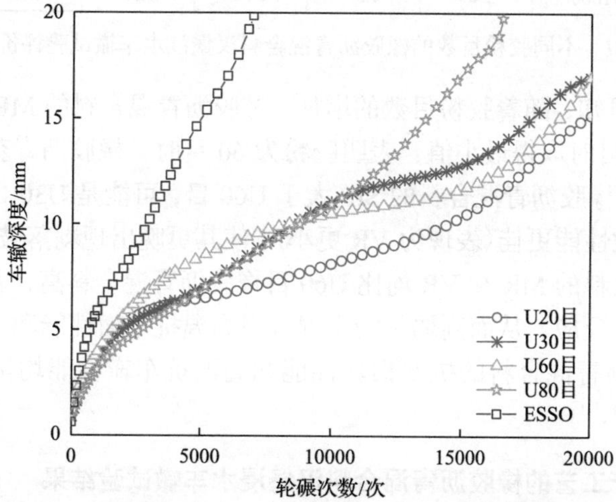

图 8.36　不同胶粉目数的橡胶沥青混合料汉堡浸水车辙曲线

从图 8.36 可以看出，U20 目～U60 目橡胶沥青混合料的最大车辙深度比较接近，无明显的差异，但 U80 目橡胶沥青混合料未到达 20000 次轮碾时车辙深度就已达 20mm，表明并非胶粉越细，沥青混合料抗车辙/抗水损坏性能越好。从图 8.36 中还可以看到，U80 目橡胶沥青混合料的蠕变斜率明显大于其余橡胶沥青混合料，因此可能是高温抗车辙性能不足导致 U80 目橡胶沥青混合料汉堡浸水车辙试验表现较差。此外易知橡胶沥青混合料抗车辙/抗水损坏综合性能优于基质沥青混合料。

不同胶粉目数的橡胶沥青混合料汉堡浸水车辙试验评价指标如图 8.37 所示。

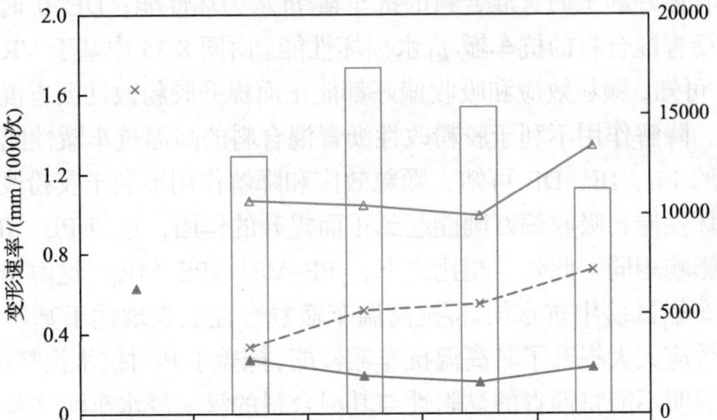

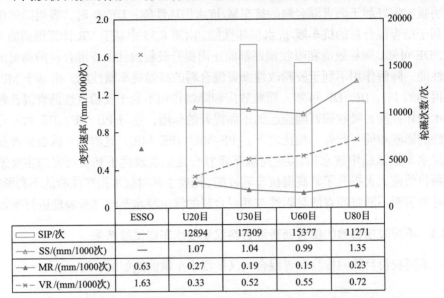

	ESSO	U20目	U30目	U60目	U80目
SIP/次	—	12894	17309	15377	11271
SS/(mm/1000次)	—	1.07	1.04	0.99	1.35
MR/(mm/1000次)	0.63	0.27	0.19	0.15	0.23
VR/(mm/1000次)	1.63	0.33	0.52	0.55	0.72

图 8.37　不同胶粉目数的橡胶沥青混合料汉堡浸水车辙试验评价指标

由图 8.37 可知，随着胶粉目数的增加，橡胶沥青混合料的 MR、SS 先减小再增大，均在 60 目时取得最小值，表明胶粉为 60 目时，橡胶沥青获得最佳抗水损坏性能。U30 目橡胶沥青混合料的 SIP 大于 U60 目，可能是 U30 目橡胶沥青混合料的高温抗车辙性能更佳(表现为 VR 更小)，使其更晚出现剥落破坏的缘故。U80 目橡胶沥青混合料的 MR 和 VR 均比 U60 目橡胶沥青混合料高，表明过细的胶粉易发生脱硫降解反应，从而削弱了沥青混合料高温抗车辙性能和抗水损坏性能。此外易知橡胶沥青混合料的抗水损坏性能和高温抗车辙性能均优于基质沥青混合料。

8.4.4　不同生产工艺的橡胶沥青混合料汉堡浸水车辙试验结果

不同生产工艺的橡胶沥青混合料汉堡浸水车辙曲线如图 8.38 所示。

对比 U18.3、U18.6、U18.9 沥青，发现橡胶沥青混合料的抗车辙/抗水损坏综合性能随着沥青制备时间的增加呈先升高后降低的变化趋势，说明 60min 为合适的搅拌时间。对比 U16.6、U18.6、U20.6 沥青，可知随着温度的升高，橡胶沥青混合料的抗车辙/抗水损坏综合性能逐渐提高。综合对比，橡胶沥青在 200℃下搅拌 60min 可取得最佳的抗车辙/抗水损坏综合性能(该结果与沥青试验中最佳生产参数 180℃下搅拌 60min 存在一定差异)。此外易知橡胶沥青混合料抗车辙/抗水损坏综合性能优于基质沥青混合料。

不同生产工艺的橡胶沥青混合料汉堡浸水车辙试验指标如图 8.39 所示。

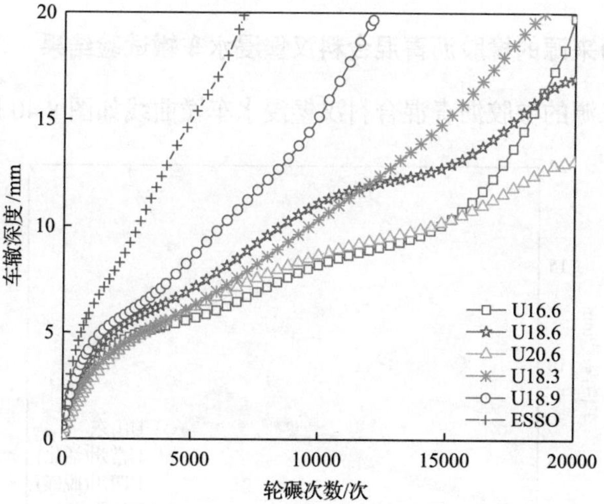

图 8.38　不同生产工艺的橡胶沥青混合料汉堡浸水车辙曲线

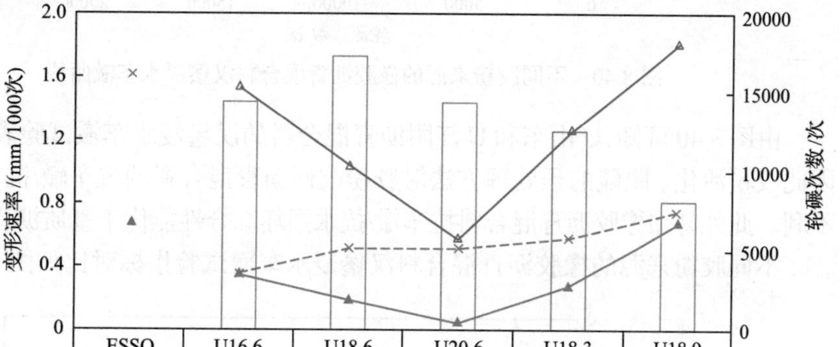

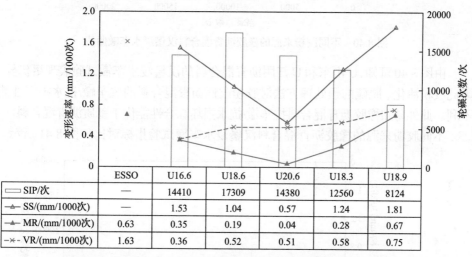

	ESSO	U16.6	U18.6	U20.6	U18.3	U18.9
SIP/次	—	14410	17309	14380	12560	8124
SS/(mm/1000次)	—	1.53	1.04	0.57	1.24	1.81
MR/(mm/1000次)	0.63	0.35	0.19	0.04	0.28	0.67
VR/(mm/1000次)	1.63	0.36	0.52	0.51	0.58	0.75

图 8.39　不同生产工艺的橡胶沥青混合料汉堡浸水车辙试验指标

由 U18.3、U18.6、U18.9 沥青的试验指标可知，随着沥青搅拌时间的延长，橡胶沥青混合料的 SIP 先增大后减小，MR、SS 先减小后增大，表明橡胶沥青的搅拌时间为 60min，其混合料可获得最佳的抗水损坏性能。由 U16.6、U18.6、U20.6 沥青的试验指标可知，随着沥青搅拌温度的提高，MR、SS 逐渐减小，表明在 200℃搅拌的沥青混合料抗水损坏性能最佳；但 SIP 先增大后减小，却又表明最佳搅拌温度为 180℃。因此，为取得最佳的抗水损坏性能，橡胶沥青的搅拌温度应为 180～200℃，进一步精确温度需结合其余试验指标进行对比分析。此外易知橡胶沥青混合料抗车辙/抗水损坏综合性能优于基质沥青混合料。

8.4.5　不同胶粉来源的橡胶沥青混合料汉堡浸水车辙试验结果

不同胶粉来源的橡胶沥青混合料汉堡浸水车辙曲线如图 8.40 所示。

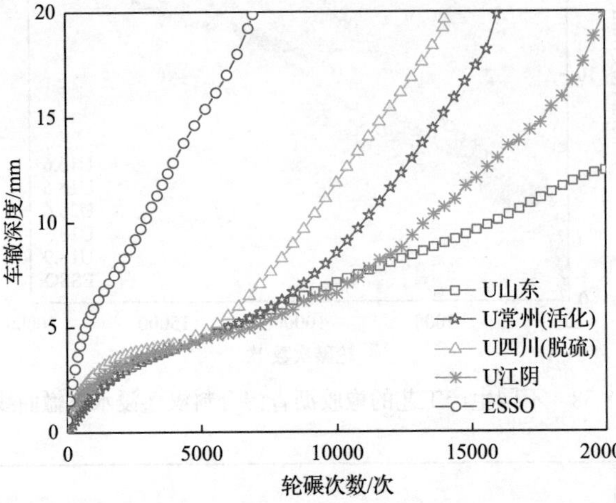

图 8.40　不同胶粉来源的橡胶沥青混合料汉堡浸水车辙曲线

由图 8.40 可知，U 山东和 U 江阴沥青混合料的汉堡浸水车辙试验表现更优异，因此胶粉活化、脱硫的预处理方法对胶粉改性沥青混合料的抗车辙/抗水损坏性能不利。此外易知橡胶沥青混合料抗车辙/抗水损坏综合性能优于基质沥青混合料。

不同胶粉来源的橡胶沥青混合料汉堡浸水车辙试验指标对比如图 8.41 所示。

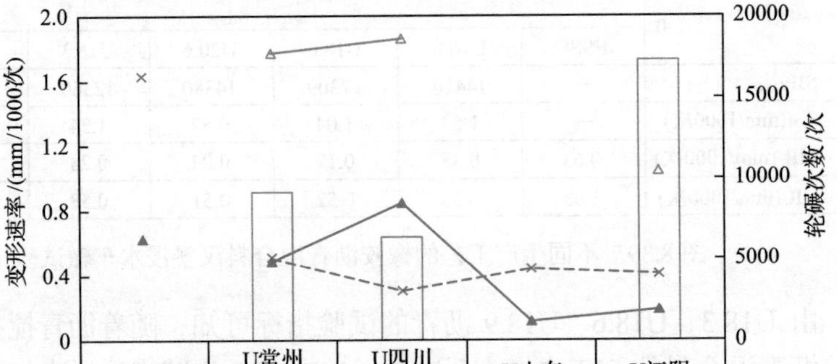

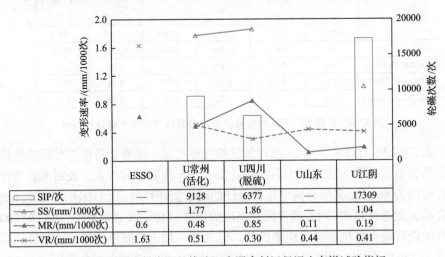

	ESSO	U常州(活化)	U四川(脱硫)	U山东	U江阴
SIP/次	—	9128	6377	—	17309
SS/(mm/1000次)	—	1.77	1.86	—	1.04
MR/(mm/1000次)	0.6	0.48	0.85	0.11	0.19
VR/(mm/1000次)	1.63	0.51	0.30	0.44	0.41

图 8.41　不同胶粉来源的橡胶沥青混合料汉堡浸水车辙试验指标

由图 8.41 可知，山东产胶粉制备的橡胶沥青混合料的汉堡浸水车辙曲线没有呈现出典型的后压密、蠕变、剥落三阶段，其蠕变斜率和剥落斜率接近平行，难以区分，故未能获得 U 山东沥青混合料的 SIP 和 SS 值。

U 山东、U 江阴沥青混合料的 MR 值小于 U 常州(活化)和 U 四川(脱硫)沥青混合料，U 江阴沥青混合料的 SS 值也小于 U 常州(活化)和 U 四川(脱硫)沥青混合料，因此山东和江阴产的胶粉制备的橡胶沥青混合料的抗水损坏性能明显优于常州(活化)和四川(脱硫)胶粉制备的橡胶沥青混合料。同时可看到这四种橡胶沥青混合料 MR 值的差异明显大于 VR 值，这表明胶粉活化、脱硫的预处理方法主要是不利于橡胶沥青混合料的抗水损坏性能，对高温抗车辙性能的影响不显著。

8.4.6　SBS 复合橡胶沥青混合料汉堡浸水车辙试验结果

SBS 复合橡胶沥青混合料的汉堡浸水车辙曲线如图 8.42 所示。

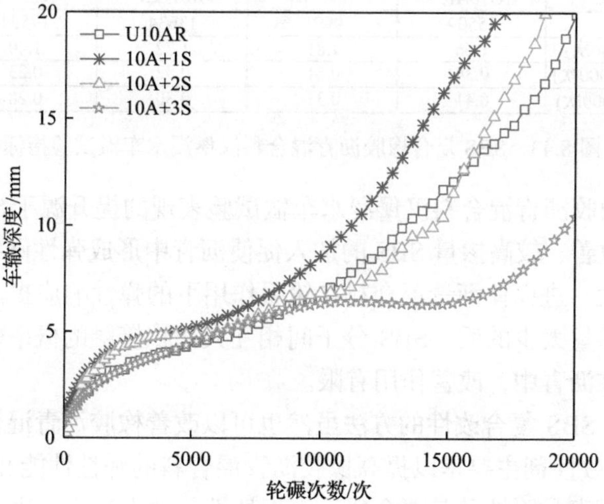

图 8.42　SBS 复合橡胶沥青混合料的汉堡浸水车辙曲线

由图 8.42 可知，SBS 对橡胶沥青抗车辙/抗水损坏性能的改善作用在较高掺量时(3%)才比较显著。SBS 掺量较少时(1%～2%)反而不利于 SBS 复合橡胶沥青混合料的汉堡浸水车辙试验表现，这可能是由于当 SBS 掺量较小时，自身未形成完善、紧密的交联网络，并影响了胶粉颗粒在沥青中的均匀分布，导致橡胶沥青在与较低 SBS 掺量复合时性能有所下降。

SBS 复合橡胶沥青混合料汉堡浸水车辙试验指标如图 8.43 所示。

由图 8.43 可知，只有 SBS 掺量为 3%时，SBS 复合橡胶改性沥青混合料的 SIP、MR、SS 指标才全优于纯橡胶沥青混合料，表明 SBS 对橡胶沥青抗水损坏性能的改善作用在较高掺量时(3%)才比较显著，当 SBS 掺量在 1%～2%时反而不利于 SBS 复合橡胶沥青混合料的抗水损坏性能。此外，不同掺量的 SBS 改性剂均显著降低了橡胶沥青混合料的 VR 值，这表明 SBS 改性剂对橡胶沥青混合料高温抗车辙性能的提升更多。

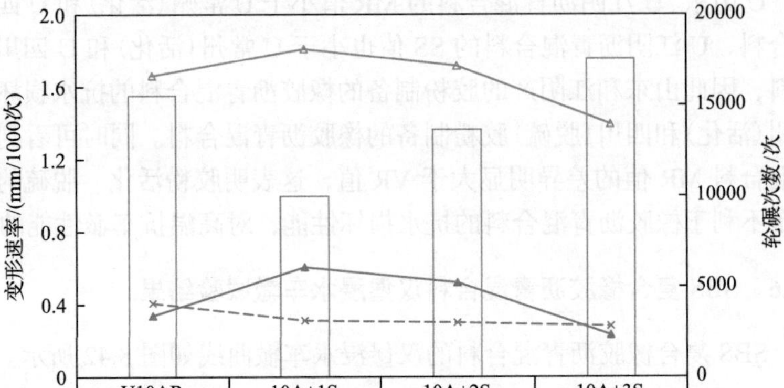

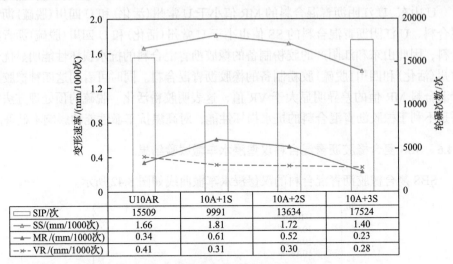

	U10AR	10A+1S	10A+2S	10A+3S
SIP/次	15509	9991	13634	17524
SS/(mm/1000次)	1.66	1.81	1.72	1.40
MR /(mm/1000次)	0.34	0.61	0.52	0.23
VR /(mm/1000次)	0.41	0.31	0.30	0.28

图 8.43　SBS 复合橡胶沥青混合料汉堡浸水车辙试验指标

SBS 复合橡胶沥青混合料汉堡浸水车辙试验表现的提升源于 SBS 改性剂对沥青弹性性能的改善，较高掺量 SBS 的加入促使沥青中形成弹性网络，使得沥青的黏度与劲度增大，进而使沥青混合料在轮碾作用下的弹性响应提高及沥青膜的移动受限。但是掺量太少的话，SBS 分子间相互大面积接触的概率较低，只能以微团的形式分散在沥青中，改善作用有限。

综上所述，SBS 复合改性的方法虽然也可以改善橡胶沥青混合料的抗水损坏性能,但是SBS改性剂主要是以提高橡胶沥青混合料的弹性性能和高温性能为主,专门提升橡胶沥青黏附性及其混合料抗水损坏性能的方法仍需进一步研究。

8.4.7　本节结论

本节采用汉堡浸水车辙试验对胶粉改性沥青混合料的抗水损坏性能进行了评价，得到以下结论：

(1)橡胶沥青混合料的高温抗车辙性能和抗水损坏性能均优于基质沥青混合料。为使橡胶沥青混合料的抗水损坏性能最佳，橡胶颗粒应为 15%掺量、60 目，沥青的生产工艺为在 180～200℃下搅拌 60min。胶粉掺量过多、胶粉过细、搅拌时间过长均不利于橡胶沥青混合料的抗水损坏性能。

(2)由基于黏塑性流动变形速率 VR 计算得到的 PE、IE、DE 可知，颗粒效应和吸收偏好都能正面提升沥青混合料的高温抗车辙性能，降解作用不利于沥青混合料的高温抗车辙性能。由基于水损坏变形速率 MR 计算得到的 PE、IE、DE 可知，颗粒效应和降解作用不利于胶粉改性沥青混合料的抗水损坏性能，吸收偏好

则能起到正面提升的作用，这与 PE、IE、DE 对沥青黏附性的影响相同。此外，相比之下，|PE–VR|>|PE–MR|，这解释了橡胶沥青在汉堡浸水车辙试验中抗水损坏/抗高温车辙复合表现优于基质沥青的主要原因是颗粒效应大大提升了其高温抗车辙性能，掩盖了其对抗水损坏性能的不利影响，同时也表明不能将沥青的黏附性与其混合料的汉堡浸水车辙试验表现进行等效。

(3)胶粉改性沥青生产温度过高、时间过长(如溶解性胶粉改性沥青)、胶粉目数过细，会损害其制备的沥青混合料的高温抗车辙性能和抗水损坏性能；胶粉活化和脱硫的预处理手段不利于提升橡胶沥青混合料的抗水损坏性能，但对高温抗车辙性能的影响不显著；SBS 复合改性的方法虽然在 SBS 掺量⩾3%时可以改善橡胶沥青混合料的抗水损坏性能，但是总体而言，SBS 改性剂主要是以提高橡胶沥青混合料的弹性性能和高温性能为主。

(4)基于有限的试验样本，发现颗粒效应不利于沥青混合料抗水损坏性能，但能提升高温抗车辙性能，吸收偏好可正面提升沥青混合料的抗水损坏性能和高温抗车辙性能，降解作用不利于沥青混合料的抗水损坏性能和高温抗车辙性能。

8.5　胶粉改性沥青黏附性评价方法的对比分析

前述几节分别采取了不同的试验,同种试验也采取了多种指标来评价沥青的黏附性或混合料的抗水损坏性能，得到了多种因素对胶粉改性沥青黏附性及其混合料抗水损坏性能的影响规律，然而经不同试验指标所得的规律并不完全一致。本节以沥青种类为变量，对四种评价方法和多种评价指标进行逐一检验与对比，从中确定最能精准评价沥青黏附性和混合料抗水损坏性能的试验方法及试验指标。

以往人们常将沥青的黏附性不足理解为沥青混合料发生水损坏的主要原因[219]。但是对于胶粉改性沥青，它的改性机理复杂，胶粉在对沥青黏附性产生影响的同时，也在改变沥青的弹性性能、流变性能、黏度等，多种性能均已发生变化，此时再用沥青的黏附性来预测其混合料的抗水损坏性能可能存在问题。因此，本节探讨沥青黏附性和其混合料抗水损坏性能的内在联系，同时探讨胶粉改性沥青弹性、模量的变化对混合料抗水损坏性能的影响。

本节基于比选后确定的评价指标，总结不同因素对胶粉改性沥青黏附性及其混合料抗水损坏性能的影响规律。

8.5.1　BBS 拉拔试验、UTM 拉拔试验、汉堡浸水车辙试验对比

本书使用 BBS 拉拔试验、UTM 拉拔试验来评价胶粉改性沥青的黏附性，使用汉堡浸水车辙试验评价沥青混合料的抗水损坏性能。在前面分析中可知，胶粉

改性沥青的黏附性规律与其混合料的抗水损坏性能规律不完全一致。但是现实中由于试验条件的束缚或为了提高试验效率，希望能够通过更为方便的沥青胶结料黏附性测试来预测道路在实际使用中抗水损坏表现。要想通过室内试验达到上述目的，一方面需要找出能准确评价沥青混合料抗水损坏性能的试验，二是需要找出与抗水损坏性能最相关的黏附试验及指标。

沥青胶结料层面选取 BBS 拉拔试验的浸水拉拔强度、湿干比，UTM 拉拔试验选取峰值力、黏附功，混合料层面选取汉堡浸水车辙试验的 MR(水损坏变形速率)、SIP(剥落拐点)、SS(剥落斜率)指标进行交叉的双边置信水平为 0.05 的皮尔逊相关性分析，结果见表 8.11。

表 8.11　皮尔逊相关分析结果

指标	MR	SIP	SS	峰值力	黏附功	浸水拉拔强度	湿干比
MR	1.00						
SIP	−0.82	1.00					
SS	0.83	−0.74	1.00				
峰值力	−0.64	0.40	−0.60	1.00			
黏附功	−0.62	0.62	−0.57	0.60	1.00		
浸水拉拔强度	−0.68	0.39	−0.28	0.79	0.69	1.00	
湿干比	−0.18	−0.12	0.22	0.41	0.12	0.45	1.00

1) 沥青胶结料层面

从表 8.11 可以看出，湿干比与其余指标相关系数普遍偏低，同时考虑到湿干比是比值，其大小与干燥拉拔强度大小直接相关，并非单纯地评价沥青的黏附性，因此 BBS 拉拔试验的湿干比不适合评价沥青黏附性。

BBS 拉拔试验和 UTM 拉拔试验均为评价胶粉改性沥青黏附性的方法，两者的试验原理均为通过一定的加载速率将沥青与石料垂直受力后分离。由表 8.11 可知，BBS 拉拔试验的浸水拉拔强度与 UTM 拉拔试验的峰值力和黏附功相关系数分别为 0.79 和 0.69，均为强相关关系，故两种试验可以起到良好的相互印证作用。但值得注意的是，峰值力、黏附功与汉堡浸水车辙试验的 MR、SIP、SS 等指标相关程度更高，且 UTM 拉拔试验更从“功”这个新角度来评价沥青的黏附性。因此，从更强的相关性和更多样的评价角度来考虑，UTM 拉拔试验比 BBS 拉拔试验更适合评价胶粉改性沥青的黏附性。

峰值力是将石板分离开所需要克服的最大黏附力，是从力的角度对沥青黏附性进行评价。而黏附功表征从对紧紧黏附的两块石板施加拉应力到石板相互分离这一过程所耗费的能量，表征沥青黏附破坏全过程所耗费的能量。黏附功的大小与沥青抗变形能力息息相关，而沥青的抗变形能力又是沥青延展性、弹性、塑性、黏结强度等因素的综合体现。因此，峰值力与黏附功所表征意义不同，评价角度不同，都不可或缺，评价胶粉改性沥青黏附性时需要综合考虑这两个指标。

2) 混合料层面

对比汉堡浸水车辙试验的 MR、SS、SIP 三个指标与黏附指标的相关性，发现 MR 指标与浸水拉拔强度、峰值力、黏附功的相关系数更高。同时相比 MR 指标，SS 和 SIP 指标在计算及获取过程中存在一些不科学的地方：①在理论计算上具有蠕变范围和剥落范围不清、回归数据指定不清楚的弊病；②在实际通过 DWT 汉堡浸水车辙试验分析软件获取的过程中，需要手动调整直线的起终点使其契合蠕变、剥落阶段的斜率，存在人为因素影响大的弊端；③在美国某些州的数据分析指南中需要蠕变斜率/剥落斜率>2 时才能求得剥落拐点，而溶解性胶粉改性沥青混合料高温抗车辙性能较差，破坏中往往以高温变形为主，蠕变阶段和剥落阶段很难区分，蠕变斜率与剥落斜率接近平行，无法求得剥落拐点和剥落斜率。因此，MR 指标更适合用来评价胶粉改性沥青混合料的抗水损坏性能。

8.5.2　沥青性质与沥青混合料抗水损坏性能的关系

由上述的相关性分析结果可知，UTM 拉拔试验的峰值力与黏附功适合评价沥青黏附性，汉堡浸水车辙试验的 MR(水损坏变形速率)指标适合评价沥青混合料的抗水损坏性能，且峰值力、黏附功与 MR 指标均具有较显著的负相关关系。本节分别将峰值力、黏附功与 MR 进行线性拟合，以进一步明确沥青黏附性与混合料抗水损坏性能的关系，拟合结果如图 8.44 所示。

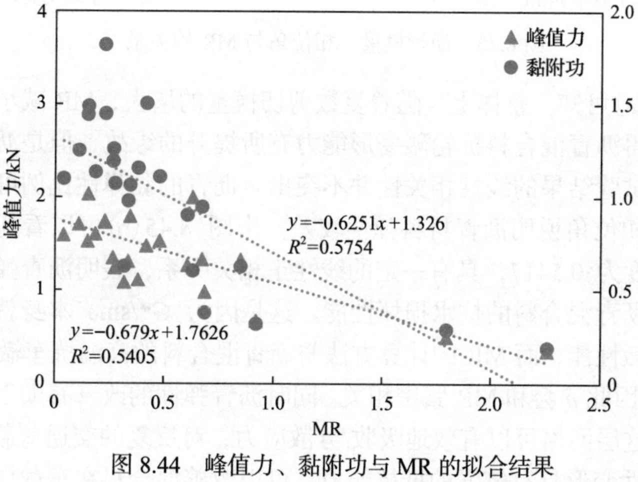

图 8.44　峰值力、黏附功与 MR 的拟合结果

由图 8.44 可知，峰值力和 MR 的拟合优度为 0.5405，黏附功和 MR 的拟合优

度为 0.5754，因此胶粉改性沥青的黏附性和混合料抗水损坏性能强相关。胶粉改性沥青在 UTM 拉拔试验中峰值力和黏附功越大，其对应的混合料在汉堡浸水车辙试验中的 MR 越小，表明混合料的抗水损坏性能越好。值得注意的是，黏附功和 MR 的拟合优度较大，这是因为黏附功和胶粉改性沥青混合料的汉堡浸水车辙试验表现均考虑到了沥青的弹性、延展性等因素。这启发我们既要从力的角度又要重点从功的角度来评价胶粉改性沥青的黏附性。

此外，沥青的弹性性能、模量和沥青混合料的抗水损坏性能可能有一定的相关性。胶粉颗粒加入沥青后，最显著的效果就是提升了沥青的弹性性能，而高弹性的改性沥青能显著提高沥青混合料抗水损坏性能[220]。此外，沥青的模量和内聚性能具有较强的相关性，而沥青混合料的水损坏中，有部分破坏为沥青内聚破坏，故沥青模量与混合料抗水损坏性能之间可能存在联系。因此，本节将沥青的复数剪切模量$|G^*|$、相位角 δ 与沥青混合料 MR 指标进行回归分析，以探索沥青模量、弹性对沥青混合料抗水损坏性能的影响，结果如图 8.45 所示。

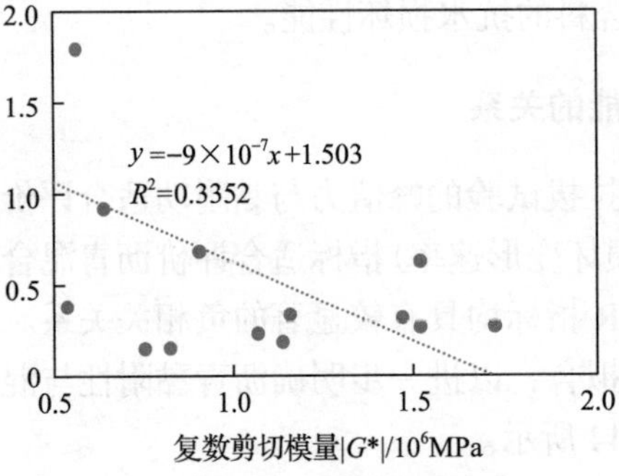

(a) $|G^*|$与MR的关系

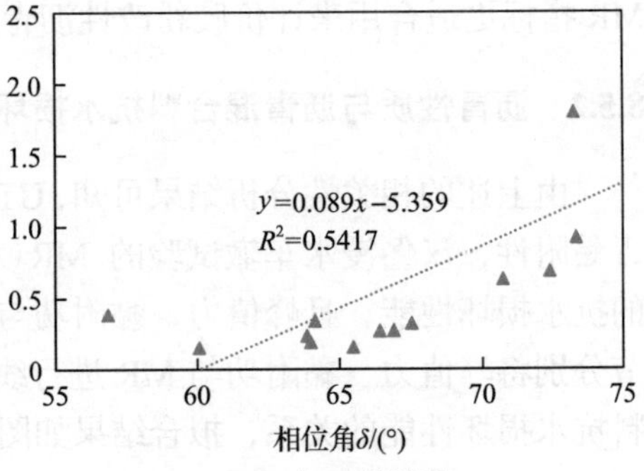

(b) δ与MR的关系

图 8.45　沥青模量、相位角与 MR 的关系

由图 8.45(a)可知，整体上，随着复数剪切模量的增大，MR 减小，这可能是模量增大，使得沥青混合料抗轮碾变形能力有所提升的缘故，但是沥青的模量与汉堡浸水车辙试验结果的线性相关性并不突出。沥青的黏弹性比例可通过相位角来表示，较高相位角说明沥青材料弹性较差。由图 8.45(b)可以看到，相位角与 MR 的拟合优度为 0.5417，具有一定的线性正相关关系，表明沥青弹性性能的改善有助于提高沥青混合料的抗水损坏性能。这是因为 $G^*/\sin\delta$ 本身就可以评价沥青的高温抗车辙性能，而 MR 的计算方法与沥青混合料的高温抗车辙性能(VR 指标)紧密相关，因此 δ 会和 MR 紧密相关。同时沥青弹性的改善有助于在沥青中形成弹性网络，这层网络可以有效地吸收/分散应力，对反复的交通荷载、环境荷载等因素下的塑性变形具有较强的抵抗能力，可以改善混合料在车载作用下的弹性响应并限制沥青膜的移动，从而提升混合料的汉堡浸水车辙试验表现。

8.5.3　多种因素对胶粉改性沥青黏附性及其混合料抗水损坏性能的影响

采用 UTM 拉拔试验的峰值力、黏附功评价沥青的黏附性，采用汉堡浸水车辙试验的 MR 指标评价沥青混合料的抗水损坏性能，多种因素对胶粉改性沥青黏附性及其混合料抗水损坏性能的影响汇总见表 8.12。

表 8.12　不同胶粉改性沥青性能参数

对比因素	样品	峰值力/kN	黏附功/J	MR /(mm/1000 次)	主要结论(对黏附性及抗水损坏性能影响)
—	ESSO	2.00	0.61	0.63	
胶粉过滤	D10AR	2.46	1.26	0.27	颗粒效应不利于提高性能，吸收偏好提升性能
生产工艺溶解性胶粉	5TB	0.98	0.38	0.69	
	10TB	0.67	0.32	0.92	
	15TB	0.50	0.29	1.80	
	20TB	0.30	0.19	2.26	最不利掺量
胶粉掺量	U5AR	1.09	0.63	0.32	
	U10AR	1.31	0.98	0.34	
	U15AR	1.53	1.44	0.15	最佳掺量
	U20AR	1.11	1.16	0.38	
生产工艺温度、时间	U16.6	1.80	1.07	0.35	避免长时间、高温导致的降解
	U18.6	1.60	1.13	0.19	
	U20.6	1.59	1.10	0.04	
	U18.3	1.24	1.07	0.28	
	U18.9	1.33	0.95	0.67	
胶粉目数	U20 目	1.35	1.19	0.27	
	U30 目	1.60	1.13	0.19	
	U60 目	2.03	1.49	0.15	最佳目数
	U80 目	1.73	1.45	0.23	
胶粉来源	U 常州(活化)	1.53	1.11	0.48	胶粉活化、脱硫的预处理手段不利于提高性能
	U 四川(脱硫)	1.33	0.83	0.85	
	U 江阴	1.60	1.13	0.19	
	U 山东	1.71	1.25	0.11	

续表

对比因素	样品	峰值力/kN	黏附功/J	MR /(mm/1000 次)	主要结论(对黏附性及抗水损坏性能影响)
沥青性能提升	U10AR	1.31	0.98	0.34	
	10A+1S	1.27	0.91	0.61	
	10A+2S	1.48	1.51	0.52	
	10A+3S	1.74	1.82	0.23	3%SBS 掺量，提升性能

8.5.4 本节结论

(1)汉堡浸水车辙试验广受业内认可，评价指标多样，能较准确地区分不同胶粉改性沥青混合料的抗水损坏性能，故将其定为基准试验。BBS 拉拔试验和 UTM 拉拔试验原理相似，其中 UTM 拉拔试验与汉堡浸水车辙试验相关度更高，且能从功的角度评价沥青的黏附性，因此 UTM 拉拔试验更适合评价胶粉改性沥青的黏附性。

(2)UTM 拉拔试验的峰值力、黏附功分别从力和功的角度来评价胶粉改性沥青的黏附性；汉堡浸水车辙试验的 MR 计算及分析过程更科学，结果合理有规律，因此适合评价胶粉改性沥青混合料的抗水损坏性能。

(3)胶粉改性沥青的黏附性不能等价于混合料的抗水损坏性能，改性沥青的黏附性、弹性、模量等因素均会对胶粉改性沥青混合料的抗水损坏性能产生影响。沥青黏附功是沥青延展性、弹性、塑性、黏结强度等因素的综合体现，因此评价胶粉改性沥青黏附性时需要同时考虑其抗拉强度绝对值及其抵抗破坏所需要消耗的功。

(4)系统分析了各因素对胶粉改性沥青黏附性及其混合料抗水损坏性能的影响规律，为使橡胶沥青取得良好的黏附性和抗水损坏性能，橡胶粉应为 15%掺量、60 目。沥青制备温度过高、时间过长，胶粉粒径过细、胶粉活化或脱硫的预处理手段均不利于胶粉改性沥青的黏附性及其混合料的抗水损坏性能；SBS 与橡胶沥青复合改性的方法可有效改善橡胶沥青的黏附性，但改善效果在 SBS 掺量≥3%时才比较明显。

8.6 本章小结

本章从胶粉的颗粒效应与吸收偏好特性入手，对 BBS 拉拔试验、UTM 拉拔试验、汉堡浸水车辙试验各种黏附性评价方法进行了改进与比选，建立了符合胶粉改性沥青黏附性的评价方法；随后通过筛分试验将胶粉改性沥青中的颗粒效应、吸收偏好与降解作用解耦开来进行分析，明晰各影响因素的作用规律，探究胶粉改性沥青黏附性的提升方法。

(1)采用筛分试验与 BBS 拉拔试验将胶粉改性沥青的颗粒效应、吸收偏好、降解作用进行解耦研究。结果表明，橡胶颗粒在沥青中主要发生的是物理的溶胀作用，颗粒效应的不利效果大于吸收偏好的正向效果。而在溶解性胶粉改性沥青中，胶粉降解作用的不利效果大于吸收偏好的正向效果。最终沥青胶结料的黏附性排序为：基质沥青>橡胶沥青>溶解性胶粉改性沥青。

(2)首次提出了UTM 拉拔试验评价胶粉改性沥青的黏附性，并从绝对值和能量两个角度提出了峰值力和黏附功指标来评价胶粉改性沥青的黏附性。结果表明，橡胶沥青峰值力小于基质沥青(与 BBS 拉拔试验结果一致)，但黏附功大于基质沥青，表现为橡胶沥青虽然与集料界面黏结强度不高，但可以承受更大的变形，有利于在实际服役过程中与集料的反复黏结。结合橡胶沥青在实际路面中的表现，该结果揭示了需要从功的角度来理解与评价橡胶沥青的黏附性，而并非仅从单次的黏结强度来评价。

(3)冻融劈裂试验测得的不同因素影响下的各胶粉改性沥青混合料的测试结果较接近，难以准确区分性能差异，同时评价出来的沥青混合料的抗水损坏性能和沥青黏附性能的规律有较大差异。而相比之下，汉堡车辙试验可以较好地模拟路面的实际使用情况，相比 AASHTO T324 规范的现有分析方法，本书提出的新分析方法中的 MR 指标能够将胶粉改性沥青混合料的高温塑性流动(采用 VR 评价)与抗水损坏性能分离开来评价，结果更为合理与准确。

(4)探究了胶粉掺量、目数、生产工艺等因素对黏附性/抗水损坏性能的影响，发现其作用机制是以上因素变化导致胶粉改性沥青中颗粒效应、吸收偏好与降解作用三者平衡关系变化，因此存在最佳的胶粉掺量、目数及生产工艺。

① 在胶粉掺量为 15%时，吸收偏好的正面作用最接近抵消颗粒效应不良影响，故橡胶沥青在 15%掺量时取得最佳黏附性。

② 60 目胶粉的颗粒效应较小而吸收偏好最显著，故 60 目胶粉制备的橡胶沥青具有最佳黏附性。

③ 制备温度为 180℃、制备时间为 60min 的橡胶沥青的吸收偏好特性显著强于其余沥青，此时具有最佳黏附性。

(5)由基于黏塑性流动变形速率 VR 计算得到的 PE、IE、DE 可知，颗粒效应和吸收偏好都能正面提升沥青混合料的高温抗车辙性能，降解作用不利于沥青混合料的高温抗车辙性能。由基于水损坏变形速率 MR 计算得到的 PE、IE、DE 可知，颗粒效应和降解作用不利于胶粉改性沥青混合料的抗水损坏性能，吸收偏好则能起到正面提升的作用，这与 PE、IE、DE 对沥青黏附性的影响相同。此外，相比之下，|PE–VR|>|PE–MR|，这解释了橡胶沥青在汉堡浸水车辙试验中抗水损

坏/抗高温车辙复合表现优于基质沥青的主要原因是颗粒效应大大提升了其高温抗车辙能力，掩盖了其对抗水损坏性能的不利影响，同时也表明不能将沥青的黏附性与其混合料的汉堡浸水车辙试验表现进行等效。

(6)通过对比发现，凡是促进胶粉降解的技术路线均会导致沥青的黏附性下降。

① 制备温度过高、时间过长，容易促进胶粉在沥青中降解，而降解作用会抵消乃至超过吸收偏好的正面提升效果，从而降低胶粉改性沥青的黏附性，其中溶解性胶粉改性沥青黏附性较差也正是因为此原因。

② 粒径过细、经过活化和脱硫手段预处理的胶粉容易在沥青中降解，使得经过活化和脱硫胶粉制备的胶粉改性沥青黏附性均差于未经处理的胶粉改性沥青。

(7)SBS 复合胶粉改性沥青可以改善沥青的黏附性及其混合料的抗水损坏性能，且改善效果在 SBS 掺量≥3%时才比较明显，这是由于 SBS 主要提升了沥青的弹性和高温性能，专门提升胶粉改性沥青黏附性的方法仍需进一步研究。

(8)将胶粉与沥青的交互作用机理解耦为三大指标(颗粒效应、吸收偏好、降解作用)分别进行评价。采用 PE 指标反映胶粉固体颗粒的体积和力学效应导致的沥青性能变化，采用 IE 指标表征胶粉的选择性吸收沥青中芳香分等轻质组分导致的沥青性能变化，采用 DE 指标来评价胶粉中自身和吸收的化学物质释放到沥青中引起的沥青性能变化。整体来说，上述三种作用对胶粉改性沥青黏附性的影响规律与强弱排序为：降解作用的负效应>橡胶颗粒的负效应>吸收偏好的正效应。

(9)沥青性能与混合料性能表现分析表明，胶粉改性沥青的黏附性不能等价于混合料的抗水损坏性能，改性沥青的黏附性、弹性、模量等因素均会对胶粉改性沥青混合料的抗水损坏性能产生影响。沥青黏附功是沥青延展性、弹性、塑性、黏结强度等因素的综合体现，因此评价胶粉改性沥青黏附性时需要同时考虑其抗拉强度绝对值及其抵抗破坏所做能需要消耗的功。

第9章 关联分析与内在联系

为了弥补基质沥青路用性能上的不足、满足日益增多的交通量需求及重交通增长、适应因温室效应不断严峻的高温天气，大量的改性剂和添加剂被用来生产种类繁多的改性沥青。然而，多样化和复杂化的沥青改性体系会给沥青与集料体系浸水表现的评价带来两个主要问题。

(1)某些试验方法不一定适用于改性沥青。各种试验方法在它们提出伊始，研究者可能并没有考虑用它们来评价各种改性沥青的黏附性或其混合料抗水损坏性能。这导致采用不同方法评价同一改性沥青的黏附性经常会得到矛盾甚至相反的结论。

(2)沥青的黏附性，尤其是改性沥青的黏附性不能与其混合料抗水损坏性能等价。人们常常用剥落来描述混合料中沥青与集料界面黏结强度不足的现象，并将沥青的黏附性不足理解为沥青混合料发生水损坏的主要原因[219]。对于改性沥青，添加剂的改性机理复杂，对沥青黏附性造成影响的同时，也改变了沥青的高温流变、低温抗裂、中温疲劳、抗老化等各方面性能，此时再用改性沥青的黏附性变化去预测其混合料的抗水损坏性能可能会存在问题。

因此，本书从三个层次选取三种具有代表性与研究前景的评价方法进行对比分析：一是与热力学、多相界面吸附机理联系紧密的表面能试验；二是物理意义明确且设备便携性好、试验方法简单、直观的拉拔试验(本章指 BBS 拉拔试验)；三是广受认可、作为基准试验的汉堡浸水车辙试验。本章以改性剂种类为变量，对以上三种评价方法进行逐一检验与对比，明晰这三种方法评价各类改性沥青的适用性并最终从评价改性沥青的角度提出评价方法选择建议。另外，分别从基质沥青与改性沥青的角度探究沥青性能与其混合料抗水损坏性能的内在联系，解析沥青黏附性与其混合料抗水损坏性能的等价问题，并为基于沥青混合料抗水损坏性能的改性沥青性能评价体系与改性方案提供建议。

9.1 表面能试验、拉拔试验、汉堡浸水车辙试验的对比

本节将以改性剂种类为变量，对表面能试验、拉拔试验、汉堡浸水车辙试验进行逐一检验与对比，三种试验的性能评级参数见表 9.1。对于各参数的计算与物理意义在 2.6 节已有详细描述。同时，以下分析将用“浸水表现”的概念来泛指

沥青与集料体系在浸水后的性能表现情况，包括沥青的黏附性、水敏感性，以及沥青混合料的抗水损坏性能。

表 9.1 表面能试验、拉拔试验、汉堡浸水车辙试验的性能评级参数

试验方法	指标		评级性能	影响规律
拉拔试验	POTS		黏附性	+
表面能试验	前进过程参数	后退过程参数		
	$\gamma_{B\text{-}A}^{LW}$、$\gamma_{B\text{-}A}^{+-}$、$\gamma_{B\text{-}A}$、$W_{AB\text{-}A}$	$\gamma_{B\text{-}R}^{LW}$、$\gamma_{B\text{-}R}^{+-}$、$\gamma_{B\text{-}R}$、$W_{AB\text{-}R}$	黏附性	+
	$\left\|W_{ABW\text{-}A}^{wet}\right\|$	$\left\|W_{ABW\text{-}R}^{wet}\right\|$	抗剥落	−
	$ER_{1\text{-}A}$、$ER_{2\text{-}A}$	$ER_{1\text{-}R}$、$ER_{2\text{-}R}$	抗剥落	+
汉堡浸水车辙试验	SIP、NPF		抗水损坏	+
	CS、SS、Rut_{max}		抗水损坏	−

注：+(−)表示该指标值越大，其评价的性能就越好(差)。-A 表示前进过程获取的参数，-R 表示后退过程获取的参数。

在本节中，表面能试验、拉拔试验、汉堡浸水车辙试验的各性能参数被分为两大类：合适指标与不合适指标。在分析的过程中，指标合适与否的准则如下所示。

(1)合适指标。

① 能够区分出不同掺量下各改性沥青之间的性能差异。

② 评价的结果合理有规律。

③ 对于某一改性剂的评价结果应当与经验、实际使用结果一致。

(2)不合适指标。

① 不能区分不同掺量下各改性沥青之间的性能差异。

② 评价的结果不合理，给出误导性结论。

③ 对于该改性沥青，该方法不适用，无法获得指标。

需要注意的是，没有划分到这两类指标中的性能参数是指其评价结果无规律或者没有提供一个有意义的结果。

9.1.1 SBS 类改性沥青浸水表现各评价方法对比

表面能试验、拉拔试验、汉堡浸水车辙试验评价 SBS 类改性沥青浸水表现的性能指标结果见表 9.2。

表 9.2 表明，在表面能试验中，基于后退法获得的表面能参数要比前进法获

得的表面能参数更能表征 SBS 类改性沥青的浸水表现。对比表 9.2 中星型 SBS 在不同试验下的评价结果，可以发现拉拔试验和表面能试验中的大部分指标表明星型 SBS 不利于沥青的黏附性。而汉堡浸水车辙试验却给出了星型 SBS 能很好地提高沥青混合料抗水损坏性能的结果，可见沥青层次的评价结果与混合料层次的评价结果存在矛盾。考虑到实际路面的性能监测报告中星型 SBS 改性沥青路面具有较好的抗水损坏表现[221]，本书将汉堡浸水车辙试验的性能指标划分为合适指标，而将与其矛盾的拉拔试验与表面能试验划分为不合适指标。因此，相对于拉拔试验与表面能试验，汉堡浸水车辙试验能够提供更多有意义的性能参数。

表 9.2　SBS 类改性沥青的三种试验评价结果汇总

沥青类别	聚合物掺量/%	合适指标							不合适指标	
		拉拔试验	表面能试验		汉堡浸水车辙试验				表面能试验	
		POTS/MPa	$\lvert W_{ABW-R}^{wet} \rvert$/(erg/cm²)	ER_{1-R}	SIP/次	NPF/次	CS/(mm/1000 次)	SS/(mm/1000 次)	ER_{1-A}	ER_{2-R}
线型 SBS	0	2.81	2.67	30.507	4831	8319	1.364	3.128	1.334	0.705
	1.5	2.03	18.79	4.675	5489	9747	1.186	2.261	1.467	0.531
	3.0	2.53	14.76	6.256	8359	17071	0.566	1.660	1.378	0.471
	4.5	**2.79**	**1.66**	**51.111**	**9067**	**18530**	**0.555**	**1.372**	**1.356**	**0.312**

沥青类别	聚合物掺量/%	合适指标					不合适指标			
		表面能试验	汉堡浸水车辙试验				拉拔试验	表面能试验		
		W_{AB-R}/(erg/cm²)	SIP/次	Rut_{max}/mm	CS/(mm/1000 次)	SS/(mm/1000 次)	POTS/MPa	γ_{B-A}/(erg/cm²)	ER_{1-A}	ER_{1-R}
星型 SBS	0	81.464	4831	na	1.364	3.128	2.81	9.106	30.507	0.720
	1.5	82.507	13812	6.44	0.204	0.425	1.57	8.917	23.869	0.689
	3.0	89.500	15167	5.49	0.159	0.305	1.51	9.063	10.504	0.710
	4.5	**94.729**	**15489**	**3.91**	**0.154**	**0.409**	**1.37**	**8.611**	**5.645**	**0.700**

注：加粗表示各改性剂最佳掺量下的评价结果，na 表示未获得该数据，下同。

实际上，星型 SBS 对沥青黏附性的不利影响在其他研究中也有报道[183]，被划分到不合适指标的性能参数并不意味着它们的评价结论就是错的。“不合适”的概念仅仅是为了提醒道路工作者在单独利用该指标来预测该改性沥青混合料在实际路面中的抗水损坏状况可能会出现问题，甚至可能会出现误导性的结论。

综上所述，星型 SBS 对基质沥青的浸水表现影响可以总结为：对沥青的黏附性有不利影响，但其混合料仍然能够提供很好的抗水损坏性能。由此可见，改性沥青黏附性并不能等价于沥青混合料的抗水损坏性能，这两者之间的内在联系将在 9.2 节中详细讨论。

9.1.2　橡胶类改性沥青浸水表现各评价方法对比

表面能试验、拉拔试验、汉堡浸水车辙试验评价橡胶类改性沥青浸水表现的性能指标结果见表 9.3。

表 9.3　橡胶类改性沥青的三种试验评价结果汇总

沥青类别	胶粉掺量/%	合适指标					不合适指标
		汉堡浸水车辙试验				拉拔试验	表面能试验
		SIP/次	NPF/次	CS/(mm/1000 次)	SS/(mm/1000 次)	POTS/MPa	所有指标
橡胶沥青	0	4831	8319	1.364	3.128	2.81	na
	5	9410	13219	0.591	2.264	1.52	na
	10	4939	9159	1.013	2.663	0.91	na
	15	4239	6143	1.591	5.274	0.85	na
	18	5250	7631	1.180	4.946	0.75	na
	20	**15379**	**20000+**	**0.229**	**0.906**	**0.69**	na
沥青类别	胶粉掺量/%	合适指标					不合适指标
		汉堡浸水车辙试验				拉拔试验	表面能试验
		SIP/次	NPF/次	CS/(mm/1000 次)	SS/(mm/1000 次)	POTS/MPa	所有指标
溶解性胶粉改性沥青	0	4831	8319	1.364	3.128	2.81	变异性较大
	5	2822	6560	1.604	3.249	2.10	
	10	2647	6021	1.810	3.717	1.78	
	15	2601	5532	1.970	4.232	1.19	
	18	2451	4787	2.146	4.869	0.60	
	20	**2245**	**4208**	**2.858**	**5.368**	**0.50**	

由表 9.3 可见，拉拔试验与表面能试验都不能用于评价传统橡胶沥青的黏附性。这是由于拉拔试验与表面能试验都要求沥青试件表面均匀，而橡胶沥青中的

胶粉颗粒太大会影响两种试验的评价结果[222]。尽管溶解性胶粉改性沥青中的胶粉颗粒要比传统橡胶沥青中的胶粉颗粒小得多，但是由于表面能试验在计算试件表面与已知标准溶液的表面张力时假定试件的表面是完全均匀、平滑的[68]，因此表面能试验也不适用于评价溶解性胶粉改性沥青的黏附性(试验结果变异性很大)。相比之下，作为沥青混合料层次的汉堡浸水车辙试验则无须考虑胶粉颗粒大小对试验的影响并可以较好地评价橡胶类改性沥青的浸水表现。

9.1.3　其他类改性沥青浸水表现各评价方法对比

表面能试验、拉拔试验、汉堡浸水车辙试验评价其他类改性沥青浸水表现的性能指标结果见表 9.4。

表 9.4　其他类改性沥青的三种试验评价结果汇总

沥青种类	改性剂掺量/%	合适指标						不合适指标		
		拉拔试验	表面能试验	汉堡浸水车辙试验				表面能试验		
		POTS/MPa	W_{AB-R}/(erg/cm^2)	SIP/次	NPF/次	CS/(mm/1000 次)	SS/(mm/1000 次)	W_{AB-A}/(erg/cm^2)	ER_{1-A}	$\left\|W^{wet}_{ABW-R}\right\|$/(erg/cm^2)
HDPE	0	2.81	81.464	4831	8319	1.364	3.128	41.248	1.334	2.670
	2	2.55	95.071	7449	14318	0.572	1.900	33.809	1.275	11.922
	4	2.63	108.301	9154	18315	0.569	1.319	32.192	1.213	13.219
	6	**3.36**	**112.433**	**9880**	**19815**	**0.553**	**1.289**	**34.812**	**1.290**	**9.934**
	8	3.96	104.201	9395	15634	0.700	1883	37.316	1.281	15.780

沥青种类	改性剂掺量/%	合适指标							不合适指标	
		拉拔试验	表面能试验		汉堡浸水车辙试验				表面能试验	
		POTS/MPa	ER_{1-R}	ER_{2-R}	SIP/次	Rut_{max}/mm	CS/(mm/1000 次)	SS/(mm/1000 次)	W_{AB-A}/(erg/cm^2)	ER_{2-A}
岩沥青	0	2.81	30.507	0.705	4831	20+	1.364	3.128	41.248	0.745
	4	2.78	6.216	0.709	10395	14.539	0.554	1.191	46.204	0.722
	8	2.92	45.312	0.914	14379	8.619	0.177	0.801	30.132	0.639
	12	**4.49**	**108.469**	**10.712**	na	**2.924**	**0.099**	na	**32.581**	**0.656**
	20	5.22	60.243	0.993	na	4.313	0.102	na	31.301	0.617
	24	5.89	2.402	0.375	13467	4.802	0.153	0.437	29.289	0.600

续表

沥青种类	改性剂掺量/%	合适指标					不合适指标
		拉拔试验	汉堡浸水车辙试验				表面能试验
		POTS /MPa	SIP /次	NPF /次	CS/(mm /1000 次)	SS/(mm /1000 次)	所有指标
PPA	0	2.81	4831	8319	1.364	3.128	na
	0.2	2.83	4787	9540	0.749	2.762	na
	0.4	3.31	7328	12120	0.677	2.353	na
	0.8	**3.10**	**7419**	**13480**	**0.681**	**1.602**	na
	2.0	2.87	7736	10320	1.307	2.425	na

在表面能试验 PPA 改性沥青试件的制备过程中，可以观察到当 PPA 改性沥青加热到 150℃时，沥青内部会出现很多气泡。这种气泡会导致试件的表面不平整从而影响表面张力的计算。因此，吊板法不适合用于测量 PPA 改性沥青的表面能。

综合分析表 9.2～表 9.4 中的数据，可以得到如下结论：

(1)汉堡浸水车辙试验可以较为准确地评价沥青混合料的抗水损坏性能。基于汉堡浸水车辙试验获得的蠕变斜率(CS)、剥落斜率(SS)以及剥落拐点(SIP)性能参数指标对于各改性沥青的评价结果与工程经验和实际路用情况基本一致。同时，汉堡浸水车辙试验还能区分出细微改性剂掺量变化下的混合料性能差异，甚至 0.2%PPA 掺量的变化对沥青混合料性能的影响也能识别出来。因此，汉堡浸水车辙试验可以作为评价沥青混合料浸水表现的基准试验。

(2)拉拔试验能够方便地评价改性沥青与集料的拉拔强度。对于那些非高掺量改性沥青，拉拔试验中的拉拔强度(POTS)指标评价结果基本与汉堡浸水车辙试验结果一致。因此，拉拔试验可以在沥青胶结料层次作为简单有效的筛选试验以减少混合料试验的工作量。

(3)表面能试验中，基于后退法获得的表面能参数相对于基于前进法获得的表面能参数更能准确评价沥青的黏附性。表 9.2～表 9.4 中对于不同改性沥青，表面能试验的合适指标在不断变化，没有一个恒定的表面能参数指标能评价各种改性沥青的黏附性，这会使得各改性沥青之间的横向比较更为复杂化。因此，道路工作者在单独使用表面能试验来对不同改性沥青进行黏附性排序时应当谨慎地对待评价结果，最好结合其他试验一同评价。

9.2　沥青性能与其混合料抗水损坏性能的内在联系

本节将分别从基质沥青与改性沥青的角度探究沥青性能与其混合料抗水损坏性能的内在联系。

9.2.1　基质沥青性能与其混合料抗水损坏性能的内在联系

采用IBM SPSS统计学软件对基质沥青的沥青性能(包括红外光谱的官能团指数、表面能试验中的表面能参数、拉拔试验中的拉拔强度)与其混合料抗水损坏性能(汉堡浸水车辙试验数据)进行皮尔逊相关性分析，以探求两者之间的内在联系。结果表明，基质沥青的表面能参数与其混合料抗水损坏性能之间没有直接联系，而沥青的黏附性和某些官能团指数与混合料的抗水损坏性能存在一定的关系，以下将对它们分别进行阐述。

1. 基质沥青黏附性与其混合料抗水损坏性能的内在联系

本小节对比了 7 种基质沥青拉拔试验中的拉拔强度(POTS)、潮湿拉拔强度与干燥拉拔强度的比值(Wet/Dry)与汉堡浸水车辙试验中的剥落斜率(SS)、剥落斜率/蠕变斜率比值(SS/CS)的关系，发现基质沥青拉拔试验的 Wet/Dry 与汉堡浸水车辙试验的 SS/CS 存在一定关系，如图 9.1 所示。

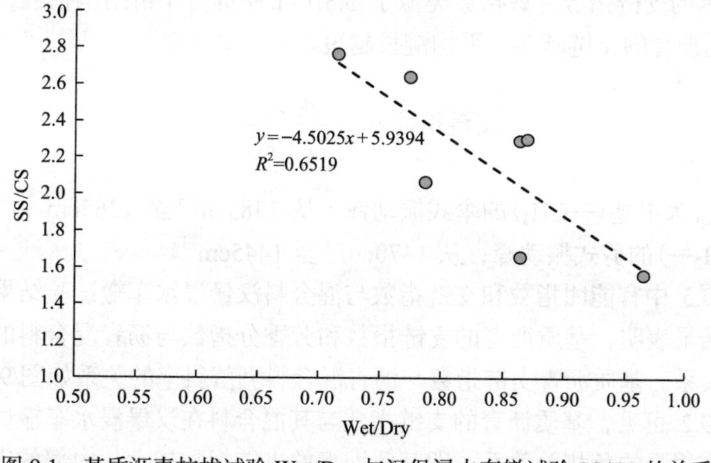

图 9.1　基质沥青拉拔试验 Wet/Dry 与汉堡浸水车辙试验 SS/CS 的关系

由图 9.1 可见，基质沥青在拉拔试验中的 Wet/Dry 越高，其混合料在汉堡浸水车辙试验中 SS/CS 就越低，反映出混合料的水敏感性越低，抗水损坏性能就越好。因此，基质沥青与集料界面的拉拔强度在有水状态下的衰减情况与其混合料的抗水损坏性能之间存在一定的关系。

2. 基质沥青官能团与其混合料抗水损坏性能的内在联系

由于基质沥青的性能与其化学组成有密切的联系，为了从沥青本身化学构成的角度对沥青混合料的抗水损坏性能进行分析，本书采用红外光谱的方式对 7 种基质沥青进行了官能团指数测定，考察的特征峰位置与对应沥青官能团的关系结果见表 9.5。红外光谱的试验方法与数据处理方法可参见文献[152]，在此不再赘述。

表 9.5　特征峰位置与对应沥青官能团

峰位/cm^{-1}	谱峰归属	对应沥青官能团
700	聚苯乙烯 C═C 的伸缩振动	聚苯乙烯(SBS 主要成分)
724	亚甲基链段 $\leftarrow CH_2 \rightarrow_n$ $(n \geqslant 4)$ 协同振动	脂肪的长链(饱和分)
814	苯环的伸缩振动	芳香分指数
965	丁二烯 C═C 的伸缩振动	聚丁二烯
1380	甲基(—CH_3)的伞式振动	脂肪的支链(饱和分)
1460	亚甲基(—CH_2—)的剪式振动	脂肪的长链(饱和分)
1600	非对称苯环的呼吸振动	苯环、羧基

为了研究沥青分子链长结构与混合料抗水损坏性能的关系，本书还定义了如式(9.1)所示的支链指数，该指数类似于 5.3.1 节中的分子链结构指数，指数的值越大，表明沥青的支链越多，平均链长越短。

$$\text{支链指数} = \frac{A_{1380}}{A_{1380} + A_{1460}} \tag{9.1}$$

式中，A_{1380} 为甲基(—CH_3)的伞式振动锋，从 1385cm^{-1} 至 1365cm^{-1}；A_{1460} 为亚甲基(—CH_2—)的剪式振动峰，从 1470cm^{-1} 至 1445cm^{-1}。

将表 9.5 中官能团指数和支链指数与混合料汉堡浸水车辙试验结果进行相关性分析，结果表明，基质沥青的支链指数和芳香分指数与沥青混合料的剥落斜率存在一定关系。基质沥青支链指数与沥青混合料剥落斜率的关系如图 9.2 所示。

由图 9.2 可见，基质沥青的支链指数与其混合料在汉堡浸水车辙试验中的剥落斜率存在很强的负相关关系，即基质沥青的支链指数越大，内部的支链越多，其混合料的剥落斜率就越小，宏观上抗剥落的能力就越好。这表明平均链长短的基质沥青具有更好的抗水损坏能力，该规律与 5.3.1 节中基质沥青分子链长度对沥青自愈合性能的影响规律相反。Bhasin 等[181]采用分子动力学模拟软件证明了沥青的支链越少，沥青在分子层次的流动性和扩散性就越好。然而，本书的研究表明，沥青分子的这种高流动性并不利于其混合料的汉堡浸水车辙试验表现。因为这会使得沥青膜和沥青胶浆在水、轮载、高温耦合作用下更容易发生移动，从而促进车辙和剥落的发生。

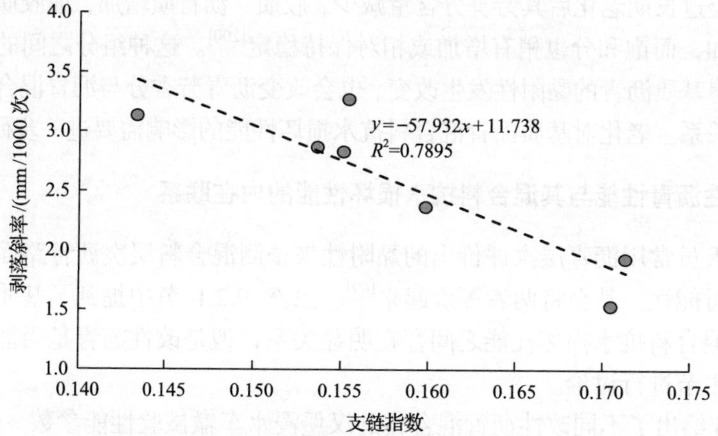

图 9.2　基质沥青支链指数与沥青混合料剥落斜率的关系

图 9.3 给出了基质沥青芳香分指数与沥青混合料剥落斜率的关系，两者的拟合优度达到 0.9255，可见基质沥青的芳香分指数与其混合料的剥落斜率之间存在很高的相关性。结果表明，基质沥青中的芳香分越多，其混合料的抗水损坏性能就越差，该结论与 Wei 等[223]从沥青表面能角度提出的芳香分不利于沥青黏附性的结论一致。有趣的是，有研究也提出了沥青中的芳香分能促进沥青分子的扩散从而有利于沥青的自愈合性能。因此，基质沥青分子的高流动性被再次证明会降低沥青混合料的汉堡浸水车辙试验表现。

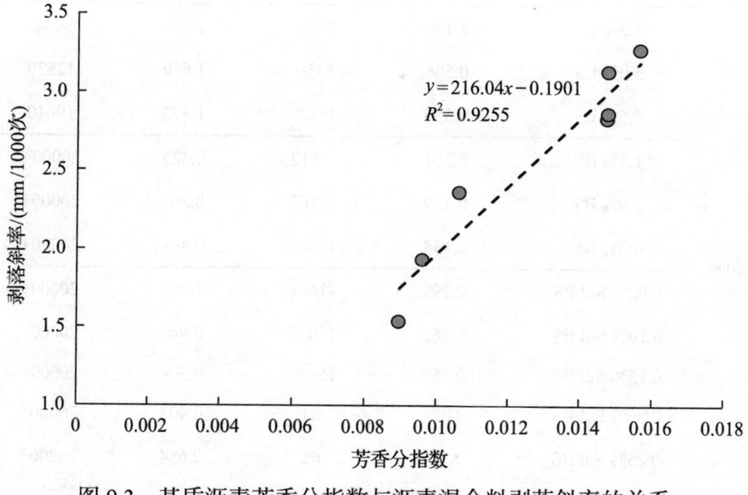

图 9.3　基质沥青芳香分指数与沥青混合料剥落斜率的关系

需要注意的是，本小节提出的基质沥青芳香分与沥青混合料抗水损坏性能的关系仅限于未经老化的基质沥青。由于沥青中饱和分等轻质组分不稳定，沥青质等大分子较稳定，沥青老化过程中依次由饱和分、芳香分变成胶质及沥青质，导致基质沥青在经过长期老化后其芳香分含量减少，胶质、沥青质增加，或胶质与沥青质的总量增加，而饱和分也稍有增加或相对保持稳定[200]。这种组分之间的相互转换势必会使得基质沥青的黏附性发生改变，也会改变沥青芳香分与沥青混合料抗水损坏性能的关系。老化对基质沥青混合料抗水损坏性能的影响需要进一步研究。

9.2.2 改性沥青性能与其混合料抗水损坏性能的内在联系

研究人员常用沥青层次评价出的黏附性来预测混合料层次沥青路面发生水损坏的潜在可能性，甚至将两者等价起来[69]。虽然 9.2.1 节中提到了基质沥青的黏附性与其混合料抗水损坏性能之间存在明显关系，但是改性沥青是否能延伸这个结论将在本节进行讨论。

表 9.6 给出了不同改性沥青混合料的汉堡浸水车辙试验性能参数。由表可见，不同改性沥青混合料的蠕变斜率、剥落斜率、剥落拐点差异很大，可见改性剂对沥青混合料汉堡浸水车辙试验表现影响很大。对于大部分改性剂，其加入能提高沥青混合料的抗车辙性能或抗水损坏性能(较低的 CS 和 SS 值)。如果能明晰改性沥青性能与其混合料汉堡浸水车辙试验表现的关系，将为业内人士理解改性沥青的改性机理并为高温、多雨地区路面的材料选择提供依据。

表 9.6 不同改性沥青混合料的汉堡浸水车辙试验性能参数

沥青种类	沥青编号	CS/(1000 次/mm)	SIP/次	SS/(1000 次/mm)	NPF/次	注释
基质沥青	ESSO	1.364	4831	3.128	6980	对照组
SBS 改性沥青	1.5% LS	1.186	5489	2.261	9960	—
	3.0% LS	0.566	8359	1.660	12520	—
	4.5% LS	0.555	9067	1.372	19640	—
	1.5% BS	0.204	13812	0.425	20000+	—
	3.0% BS	0.159	15167	0.305	20000+	—
	4.5% BS	0.154	15489	0.409	20000+	—
	0.05% Sul BS	0.299	11644	1.085	20000+	—
	0.10% Sul BS	0.261	15031	0.949	20000+	—
	0.15% Sul BS	0.159	15489	0.509	20000+	最佳掺量
	0.20% Sul BS	0.224	na	0.408	20000+	
	0.25% Sul BS	0.374	na	0.684	20000+	—
	0.30% Sul BS	0.273	17688	0.593	20000+	—

续表

沥青种类	沥青编号	CS/(1000 次/mm)	SIP/次	SS/(1000 次/mm)	NPF/次	注释
岩沥青改性沥青	4% Y	0.554	4831	1.191	19280	—
	8% Y	0.177	10395	0.801	20000+	—
	12% Y	0.099	na	na	20000+	最佳掺量
	20% Y	0.102	na	na	20000+	—
	24% Y	0.153	13467	0.437	20000+	—
HDPE 改性沥青	2% HDPE	0.572	7449	1.900	14460	—
	4% HDPE	0.569	9154	1.319	15620	—
	6% HDPE	0.553	9880	1.289	18840	最佳掺量
	8% HDPE	0.700	9395	1.883	14200	—
溶解性胶粉改性沥青	5% TB	1.604	2882	3.249	6660	最佳掺量
	10% TB	1.810	2647	3.717	6020	—
	15% TB	1.970	2601	4.232	5660	—
	18% TB	2.146	2451	4.869	4840	—
	20% TB	2.858	2245	5.368	4800	—
传统橡胶沥青	5% AR	0.591	9410	2.264	13000	—
	10% AR	1.013	4939	2.663	9340	不利掺量
	15% AR	1.591	4239	5.274	6160	
	18% AR	1.180	5250	4.946	7600	
	20% AR	0.229	15379	0.906	20000+	—
PPA 改性沥青	0.2% PPA	0.749	4787	2.762	9540	—
	0.4% PPA	0.677	7328	2.353	12120	—
	0.8% PPA	0.681	7419	1.602	13480	最佳掺量
	2.0% PPA	1.307	7236	2.425	10320	—
统计值	最小值	0.099	2245	0.305	4800	—
	最大值	2.858	17688	5.368	20000+	—
	均方差	0.670	5169	1.505	—	—
	平均值	0.759	9341	2.024	—	—

注：na 表示未获得该数据，“—”表示无意义值，“20000+”表示大于 20000 次轮碾。

本书将可能影响改性沥青混合料汉堡浸水车辙试验表现的改性沥青性能因素分为三类。

(1)拉拔试验测量的沥青与集料之间的初始拉拔强度(POTS)，以及会影响沥青裹覆和初始拉拔强度形成的沥青黏度。

(2)表征在重复水作用、外荷载循环作用下沥青与集料界面再黏结能力的黏附性自愈合率(HI)。

(3)采用 DSR 测量的沥青流变性能，包括 PG 高温连续分级温度以及多应力蠕变恢复试验(MSCR)3.2kPa 应力水平下的弹性恢复率 R3.2 指标。

表 9.7 给出了各改性沥青的沥青性能指标汇总。

表 9.7　各改性沥青的沥青性能指标汇总

沥青编号	高温 PG 分级 /℃	愈合率 HI /%	拉拔强度 POTS /MPa	135℃布氏旋转黏度 /(Pa·s)	弹性性能	
					R0.1/%	R3.2/%
ESSO	63.3	41.4	2.66	na	1.0	0
1.5% LS	64.8	26.6	2.03	na	11.4	4.9
3.0% LS	68.6	25.3	2.53	na	24.3	12.8
4.5% LS	73.3	25.3	2.79	na	74.5	74.2
1.5% BS	65.2	27.2	1.87	na	19.6	5.8
3.0% BS	69.3	24.5	1.57	na	47.5	27.7
4.5% BS	74.7	28.1	1.51	na	98.9	93.7
0.05% Sul BS	72.6	17.2	1.28	2.7	37.6	3.9
0.10% Sul BS	73.1	19.1	1.44	3.0	86.5	30.2
0.15% Sul BS	74.7	26.6	1.51	3.2	98.9	93.7
0.20% Sul BS	74.8	17.1	1.49	3.4	99.1	96.2
0.25% Sul BS	75.4	14.9	1.40	4.1	99.5	98.9
0.30% Sul BS	76.8	10.2	1.27	5.2	99.7	99.1
4% Y	68.4	41.4	3.14	0.8	4.7	0.4
8% Y	71.9	29.0	3.36	2.1	9.8	1.4
12% Y	75.8	18.8	4.60	3.2	16.2	3.7
20% Y	80.9	0	5.47	5.2	25.1	12.3
24% Y	87.0	0	6.17	8.9	31.9	21.9
2% HDPE	67.8	43.9	2.55	0.7	na	na
4% HDPE	71.3	24.6	2.63	1.6	na	na
6% HDPE	75.1	22.2	3.36	3.1	na	na
8% HDPE	78.4	20.0	3.96	3.8	na	na
5% AR	na	40.1	1.52	na	na	na
10% AR	na	41.4	0.91	na	na	na
15% AR	na	72.0	0.85	na	na	na
18% AR	na	63.1	0.75	na	na	na
20% AR	na	30.9	0.69	na	na	na

续表

沥青编号	高温 PG 分级 /℃	愈合率 HI /%	拉拔强度 POTS /MPa	135℃布氏旋转黏度 /(Pa·s)	弹性性能	
					R0.1/%	R3.2/%
5% TB	na	34.4	2.10	na	na	na
10% TB	na	34.6	1.78	na	na	na
15% TB	na	23.6	1.19	na	na	na
18% TB	na	22.4	0.60	na	na	na
20% TB	na	22.6	0.50	na	na	na
0.2% PPA	66.3	26.1	2.83	na	2.1	0.0
0.4% PPA	66.6	31.1	3.31	na	4.5	0.3
0.8% PPA	67.9	29.3	3.10	na	8.7	1.0
2.0% PPA	68.0	24.4	2.87	na	7.8	0.9
最小值	63.3	0	0.50	0.70	1.00	0
最大值	87.0	72.0	6.17	8.90	99.70	99.10
均方差	5.4	13.9	1.33	1.97	38.62	39.37
平均值	72.0	27.5	2.24	3.34	39.81	29.78

注：na 表示未获得该数据。

本节同样采用了 IBM SPSS 统计学软件对表 9.7 中改性沥青性能和表 9.6 中改性沥青混合料汉堡浸水车辙试验结果进行了皮尔逊相关性分析。结果表明，表 9.7 中的改性沥青性能没有一项与混合料的汉堡浸水车辙试验性能指标存在明显的相关性。这样的结果也在意料之中，因为很难用沥青的某一性能指标来预测沥青混合料的性能表现。虽然统计学的分析表明沥青性能指标与其混合料没有明确关系，但是仍可以对它们之间进行半定量的分析。需要指出的是，由于时间和沥青供给的问题，有些沥青的某些性能指标并没有测试。

1. 改性沥青黏附性和黏附性自愈合与混合料汉堡浸水车辙试验表现的关系

将表 9.7 中的拉拔强度与愈合率同表 9.6 中的剥落拐点进行回归分析，结果如图 9.4 所示。

由图 9.4 可见，基于拉拔试验的沥青拉拔强度或黏附性自愈合率与沥青混合料的汉堡浸水车辙试验评价结果没有直接关系。此外，愈合率与剥落拐点存在负相关关系(拟合优度为 0.3093)可能是因为愈合率高的沥青大多是软质沥青，而软质沥青由于其高流动性会在高温水浴下的汉堡浸水车辙试验中表现一般。

对比表 9.7 中岩沥青、PPA 与 HDPE 改性沥青的拉拔强度与表 9.6 中三种改性沥青混合料的汉堡浸水车辙试验结果可以发现，比基质沥青高的拉拔强度(≥2.66MPa)对应着比基质沥青混合料好的汉堡浸水车辙试验表现。但是对于星型

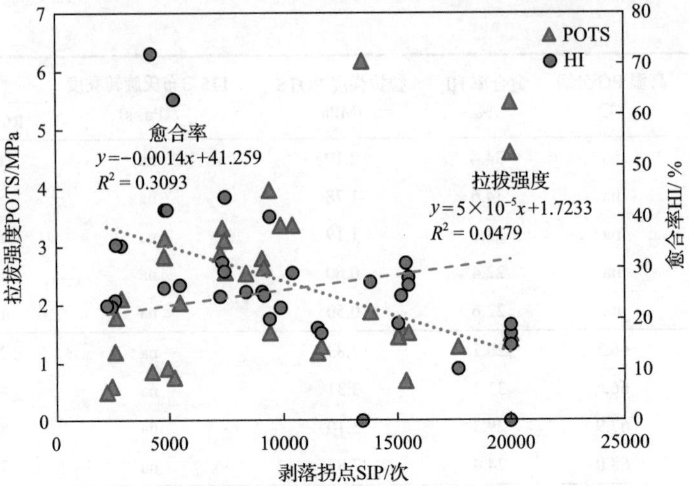

图 9.4　改性沥青拉拔强度与愈合率与剥落拐点的关系

SBS 改性沥青(包括掺了不同硫黄稳定剂用量的星型 SBS)，其拉拔强度比基质沥青对照组更低(处于 1.0～2.0MPa)，但是它们的混合料仍然具有出色的汉堡浸水车辙试验表现，甚至比那些高于基质沥青拉拔强度的 PPA 和 HDPE 改性沥青还要好。但是，当改性沥青的拉拔强度进一步降低到 1.0MPa 以下(传统橡胶沥青和溶解性胶粉改性沥青)，即使它们被认为具有很好的弹性网络和流变学性能[224]，它们混合料的汉堡浸水车辙试验结果还是很差。因此，改性沥青的黏附性在混合料抗水损坏性能中起着根本性因素的作用。为了确保混合料具有较好的汉堡浸水车辙试验表现，对于改性沥青与集料的拉拔强度可能存在一个接近于 1.0MPa 的最小值要求。当改性沥青的拉拔强度高于该最小值时，其汉堡浸水车辙试验表现主要由其他因素决定。

此外，对比表 9.7 中橡胶沥青与 ESSO 基质沥青的愈合率与表 9.6 中两种沥青混合料的汉堡浸水车辙试验结果可以发现，高黏附性自愈合性能(≥40%)并不能确保其混合料出色的汉堡浸水车辙试验表现。对于大多数改性沥青，其愈合率大于 15%已经足够保证其混合料在汉堡浸水车辙试验中有较好的表现。而当改性沥青的愈合率进一步降低到 15%以下(0.25%和 0.30%硫黄掺量下的 4.5%星型 SBS 改性沥青)，甚至没有愈合能力时(20%和 24%的岩沥青改性沥青)，其混合料汉堡浸水车辙试验表现反而比其他低掺量下的同种改性沥青混合料表现要差。因此，为了确保改性沥青混合料的汉堡浸水车辙试验表现不因过度改性而下降，对于改性沥青与集料的黏附性自愈合率也存在一个最小值要求(接近于 15%)。黏附性自愈合率高于该最小值的改性沥青，其混合料汉堡浸水车辙试验表现不一定就出色，因此改性沥青的黏附性自愈合在混合料抗水损坏性能中起着必要性因素的作用。

需要指出的是，汉堡浸水车辙试验中严苛的试验条件会使得沥青混合料试件很难进行愈合，这可能是黏附性自愈合率与汉堡浸水车辙试验结果相关性不高的原因。在实际情况中，路面在不断的干湿循环下能够发生更高程度的自愈合，这会使得黏附性自愈合在路面抗水损坏中起到更为重要的作用。这一点在将来的研究中需要进一步探究。

2. 改性沥青流变性能与混合料汉堡浸水车辙试验表现的关系

采用聚合物对沥青改性的目的之一就是提高沥青的流变性能。多应力蠕变恢复试验(multiple stress creep and recovery, MSCR)是 D'Angelo 在 Bahia 开发的重复蠕变和恢复试验(repeated creep and recovery test, RCRT)基础上改进得到的新试验方法，主要用来评价沥青胶结料的高温性能及弹性响应[225]。该试验在 AR1500ex 上进行，转子选取和间隙设置与用于 PG 分级的 DSR 时间扫描试验相同，沥青均经过 RTFO 老化、两次平行试验。试验方法参考 AASHTO TP70-13，首先在 0.1kPa 应力下实施 20 次蠕变恢复循环周期，紧接着在 3.2kPa 应力下实施 10 次蠕变恢复循环周期(具体方法见规范[226])。本书选取 3.2kPa 应力水平下的恢复率 R3.2 作为分析改性沥青弹性性能的指标，恢复率 R3.2 越大表明沥青的弹性性能越好。虽然恢复率 R3.2 一般被用来评价聚合物改性沥青的弹性恢复能力，但是已有研究指出该指标同样也能表征非聚合物改性沥青的弹性性能[227]。表 9.7 给出了不同改性沥青的恢复率 R3.2，总体上来说，SBS 改性沥青的恢复率要好于非聚合物改性沥青(岩沥青与 PPA)。

由于 PG 分级的车辙因子 $G^*/\sin d$ 与恢复率 R3.2 经常用来表征沥青混合料的抗车辙能力，图 9.5 给出了高温 PG 分级和恢复率 R3.2 与汉堡浸水车辙试验中蠕变斜率的关系。结果表明，无论是车辙因子 $G^*/\sin d$ 还是恢复率 R3.2，改性沥青

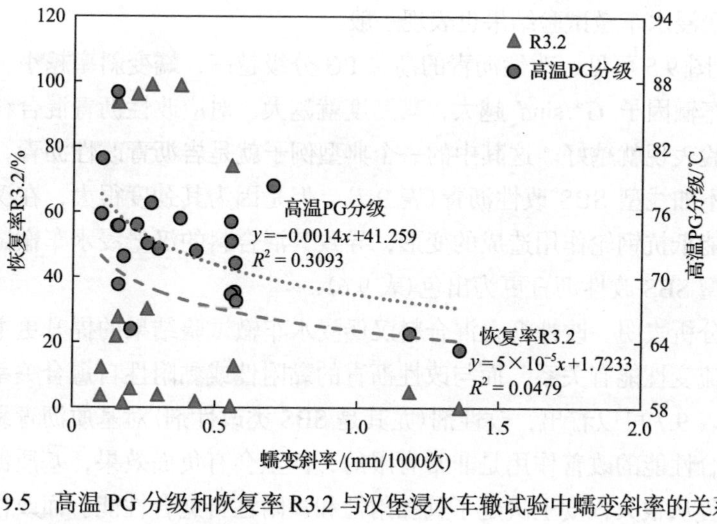

图 9.5　高温 PG 分级和恢复率 R3.2 与汉堡浸水车辙试验中蠕变斜率的关系

的流变性能指标与其混合料的汉堡浸水车辙试验结果没有明显关系，可见汉堡浸水车辙试验也不是单纯反映混合料抗车辙能力的试验，它考察的是混合料在水、高温、荷载作用下的复合表现。因此，难以仅用沥青的某一性能指标来预测其混合料的汉堡浸水车辙试验表现。

进一步对比表 9.7 中改性沥青的高温 PG 分级和恢复率 R3.2 与表 9.6 中混合料的汉堡浸水车辙试验结果，可以观察到如下现象：

⑴如表 9.7 所示，虽然星型 SBS 改性沥青的拉拔强度要小于线型 SBS 改性沥青，但是星型 SBS 改性沥青混合料的抗车辙与抗剥落表现仍然要比线型 SBS 改性沥青混合料好。这得益于星型 SBS 改性沥青出色的弹性性能：其恢复率 R3.2 要远高于同掺量下线型 SBS 改性沥青。

⑵当 4.5%星型 SBS 改性沥青中硫黄稳定剂的掺量从 0%增加到 0.05%、从 0.05%增加到 0.10%、从 0.10%增加到 0.15%时，可以观察到它的弹性恢复率与汉堡浸水车辙试验表现均有三次对应的显著提升。由于 0.15%硫黄稳定剂掺量下的 4.5%星型 SBS 改性沥青中已经形成了稳定的弹性网络且恢复率 R3.2 接近 100%，进一步增加硫黄稳定剂一方面对沥青弹性性能的提升有限，另一方面反而会提升沥青的黏度甚至造成凝胶反应。这就解释了为何 0.15%硫黄稳定剂掺量下的 4.5%星型 SBS 改性沥青混合料在汉堡浸水车辙试验中具有最佳表现。

⑶表 9.7 中 PPA 改性沥青的拉拔强度以及其他研究表明[80]，PPA 能够较好地提高沥青与集料的拉拔强度。但是在汉堡浸水车辙试验中，PPA 改性沥青混合料的表现相对于基质沥青混合料并没有提升很多。这是因为 PPA 改性沥青的弹性恢复能力与基质沥青相差无几，PPA 改性剂并不能显著提高沥青的弹性性能，从而导致其汉堡浸水车辙试验结果也表现一般。

⑷由图 9.5 可见，改性沥青的高温 PG 分级越高，蠕变斜率越小。这说明改性沥青的车辙因子 $G^*/\sin d$ 越大，其劲度就越大，对应改性沥青混合料的汉堡浸水车辙试验表现就越好。这其中的一个典型例子就是岩沥青改性沥青，虽然它的弹性性能不如线型 SBS 改性沥青（表 9.7），但是因为其劲度很大，在汉堡浸水车辙试验中能抵抗钢轮作用造成的变形，导致其混合料的汉堡浸水车辙试验表现反而要比线型 SBS 改性沥青更为出色（表 9.6）。

以上分析表明，改性沥青混合料汉堡浸水车辙试验结果的提升更主要的是与其改善的流变性能有关系，而与改性沥青的黏附性或黏附性自愈合关系不大。实际上，从表 9.7 可以看出，改性剂（尤其是 SBS 类改性剂）对基质沥青黏附性或黏附性自愈合性能的改善作用是非常有限的，甚至会有负面效果，基质沥青的来源与生产过程从很大程度上决定了其黏附性和黏附性自愈合性能。而改性剂对沥青性能的影响是全方位的，流变性能的改善效果抵消了改性沥青黏附性或黏附性自愈合方面的不足，使其混合料在有水状态下的性能表现反而较为出色。因此，基质沥青的流变性能才是改性剂真正作用的地方，改善了的流变性能(弹性和劲度)是确保改性沥青混合料具有出色汉堡浸水车辙试验表现的决定性因素。

3. 改性沥青黏度与混合料汉堡浸水车辙试验表现的关系

7.2.2 节关于多种改性沥青混合料汉堡浸水车辙试验表现的讨论表明了对改性剂来说，掺量越高并不意味着其汉堡浸水车辙试验表现越好。在分析该现象时，作者将最佳掺量存在的原因归结为高掺量改性沥青的黏度问题。为了验证这个观点，三类不同改性沥青的黏度与其混合料汉堡浸水车辙试验结果的关系绘制在图 9.6 中。需要注意的是，图 9.6 中 HDPE 改性沥青混合料的破坏次数(NPF)被除以 1000，这是为了使其量级与最大车辙深度(Rut_{max})保持一致，以方便绘在同一个次坐标轴上。

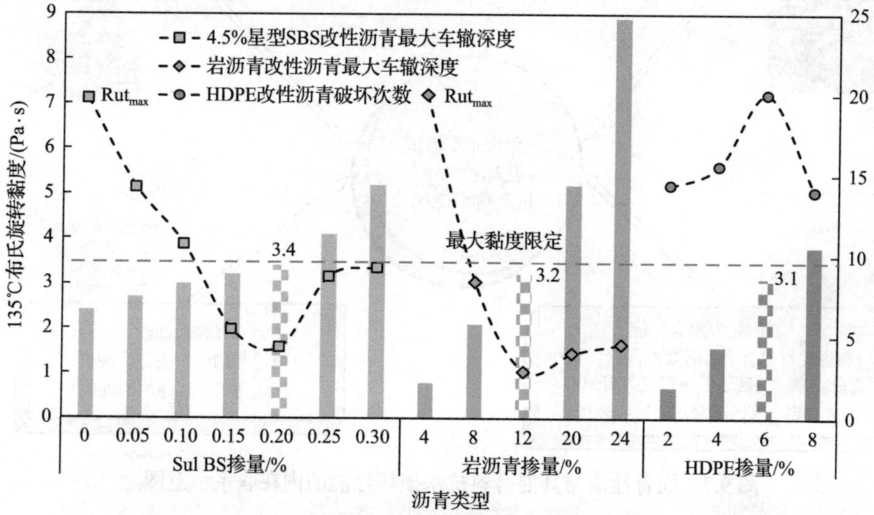

图9.6　改性沥青的黏度与其混合料汉堡浸水车辙试验结果的关系

由图 9.6 可见，改性沥青的黏度随着改性剂掺量的增加而不断增大。当改性剂掺量较低时，改性沥青混合料的汉堡浸水车辙试验表现随着改性剂掺量的增加而逐渐提升。而当改性沥青的黏度超过某个上限后，混合料汉堡浸水车辙试验表现会随着改性剂掺量的进一步增加而出现衰减的趋势。基于本书的有限数据，确保改性沥青混合料保持出色汉堡浸水车辙试验表现的最大允许 135℃布氏旋转黏度为3.5Pa·s左右，该值接近于美国 SHRP 对沥青提出的 3.0Pa·s 黏度上限要求[228]。因此，当采用高掺量改性沥青以提高沥青抗车辙性能或其他路用性能时，应当注意改性剂对沥青黏度的影响。改性沥青的黏度过大会使得在拌和时沥青无法充分裹覆在集料表面，从而影响沥青与集料的初始拉拔强度。针对此黏度限制，可以考虑增加沥青用量，采用温拌技术，提高拌和温度和压实温度以解决过高黏度对沥青与集料拉拔强度形成带来的不利影响。

9.2.3　沥青性能与其混合料抗水损坏性能内在联系的探讨

9.2.2 节的研究表明，即使采用同样的级配与集料，改性沥青性能之间的差异使得不同改性沥青混合料的汉堡浸水车辙试验表现仍然千差万别。图 9.7 为沥青性能与其混合料抗水损坏性能的内在联系示意图。

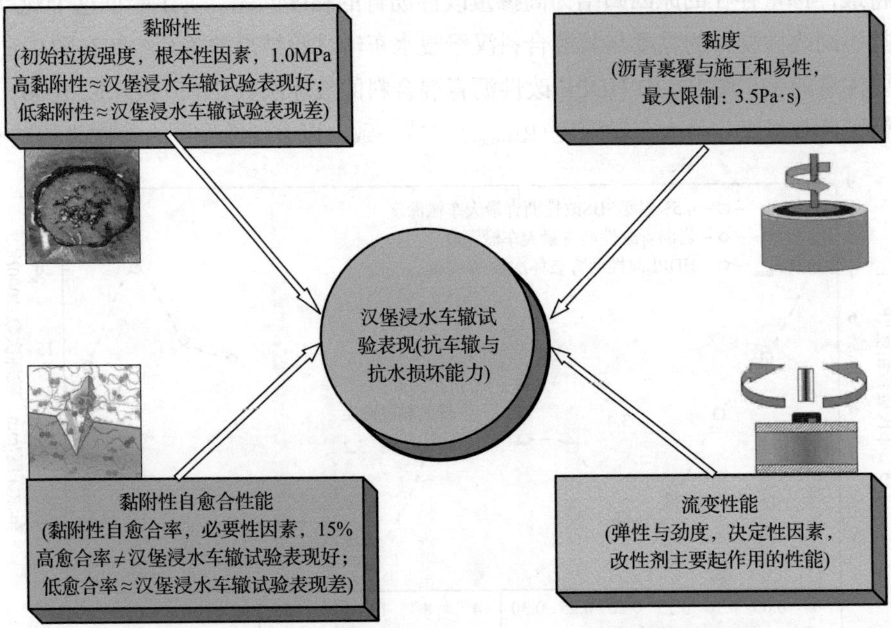

图 9.7　沥青性能与其混合料抗水损坏性能的内在联系示意图

如图 9.7 所示，改性沥青的黏附性、黏附性自愈合性能、流变性能与黏度在其混合料抗水损坏性能中起着不同的作用。为确保沥青混合料具有良好的汉堡浸水车辙试验表现，沥青的黏附性为根本性因素，其初始拉拔强度宜≥1.0MPa；黏附性自愈合性能为必要性因素，其愈合率宜≥15%；因沥青改性而得到改善的沥青流变性能为决定性因素，又可分为沥青弹性性能和劲度模量两方面的提升；而对于黏度，高掺量改性沥青的 135℃布氏旋转黏度不宜超过 3.5Pa·s。

以上这四种沥青性能的组合使得不同改性沥青的汉堡浸水车辙试验表现各不相同。以下给出了不同沥青性能组合的代表性改性沥青混合料。

(1) 黏附性、黏附性自愈合性能，黏度满足要求，流变性能差，如基质沥青。

(2) 黏附性、流变性能好，黏度不满足要求，黏附性自愈合性能差，如 0.25%和 0.30%硫黄稳定剂掺量下的 4.5%星型 SBS、20%和 24%岩沥青。

(3) 黏附性自愈合性能、流变性能好，黏度满足要求，黏附性差，如溶解性胶粉改性沥青与传统橡胶改性沥青。

(4) 黏附性自愈合性能、黏附性好，黏度满足要求，流变性能出色。

① 弹性性能出色(柔性好)：星型 SBS 改性沥青、20%橡胶改性沥青(弥补了其黏附性的不足，产生了性能质变)。

② 高劲度模量(刚性大)：12%岩沥青。

因此，改性沥青混合料的性能表现是由多方面沥青性能决定的，改性沥青的黏附性不等价于其混合料的抗水损坏性能。这解释了为何仅仅采用某一种沥青性能来预测其混合料的性能表现经常会得到矛盾的、误导性的结论。

基于以上分析，本书提出了如图 9.8 所示的基于沥青混合料抗水损坏性能的改性沥青性能评价体系与改性方案建议。

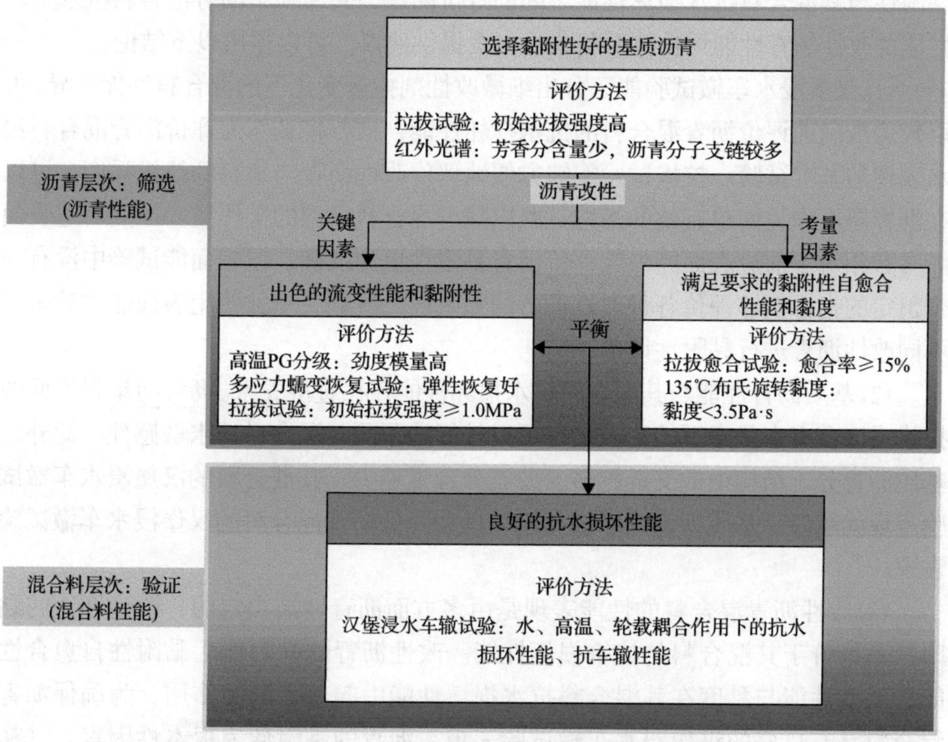

图 9.8　基于沥青混合料抗水损坏性能的改性沥青性能评价体系与改性方案建议

在沥青层次，以拉拔试验为主要筛选手段，首先应选择具有黏附性好的基质沥青，在对基质沥青进行改性的过程中，改性剂一方面会影响沥青的流变性能和黏附性，另一方面也会影响沥青的黏附性自愈合性能和黏度。这两方面之间需要达到一定的平衡，以良好的流变性能和黏附性为关键因素，同时考虑沥青的黏附性自愈合性能和黏度应满足限定条件。在沥青混合料层次，以汉堡浸水车辙试验为验证试验，评价混合料在水、高温、轮载耦合作用下的抗水损坏性能、抗车辙性能。

9.3　本 章 小 结

本章选取表面能试验、拉拔试验和汉堡浸水车辙试验这三种具有代表性与研究前景的评价方法进行了对比分析。首先以改性剂种类为变量，对以上三种评价方法进行了逐一检验与对比，明晰了这三种方法评价各类改性沥青的适用性，并最终从评价改性沥青的角度提出评价方法选择建议。其次分别从基质沥青与改性沥青的角度探究了沥青性能与其混合料抗水损坏性能之间的内在联系，解析沥青黏附性与其混合料抗水损坏性能之间的等价问题，并为基于沥青混合料抗水损坏性能的改性沥青性能评价体系与改性方案提供建议。可以得出以下结论：

(1)汉堡浸水车辙试验能区分出细微改性剂掺量变化下的混合料性能差异，可以较为准确地评价沥青混合料的抗水损坏性能，推荐将其作为评价沥青混合料浸水表现的基准试验。拉拔试验能够方便地评价改性沥青与集料的拉拔强度，可以在沥青层次作为简单有效的筛选试验以减少混合料试验的工作量。虽然后退表面能参数相对于前进表面能参数评价沥青黏附性更为准确，但表面能试验中没有一个恒定的指标能够评价各种改性沥青的黏附性，应避免单独使用表面能试验来对不同改性沥青进行黏附性评价。

(2)基质沥青性能与其混合料抗水损坏性能存在直接关系。沥青与集料界面的拉拔强度在有水状态下的衰减情况可以较好地预测其混合料的水敏感性。此外，基质沥青分子结构中的支链越多，芳香分含量越少，其混合料的汉堡浸水车辙试验表现就越好。基质沥青分子的高流动性会降低沥青混合料的汉堡浸水车辙试验表现。

(3)改性沥青混合料的性能表现是由多方面沥青性能决定的，改性沥青的黏附性不等价于其混合料的抗水损坏性能。改性沥青的黏附性、黏附性自愈合性能、流变性能与黏度在其混合料抗水损坏性能中起着不同的作用，为确保沥青混合料具有良好的汉堡浸水车辙试验表现，沥青的黏附性为根本性因素，其初始拉拔强度宜≥1.0MPa；黏附性自愈合性能为必要性因素，其愈合率宜≥15%；因沥青改性而得到改善的沥青流变性能为决定性因素，又可分为沥青弹性性能和劲度模量两方面的提升；而对于黏度，高掺量改性沥青的135℃布氏旋转黏度不宜超过 3.5Pa·s。

(4)提出了基于沥青混合料抗水损坏性能的改性沥青性能评价体系与改性方案建议。在沥青层次，以拉拔试验为主要筛选手段，首先应选择具有黏附性好的基质沥青，在对基质沥青进行改性的过程中，改性剂一方面会影响沥青的流变性能和黏附性，另一方面也会影响沥青的黏附性自愈合性能和黏度。这两方面之间需要达到一定平衡，以良好的流变性能和黏附性为关键因素，同时考虑沥青的黏附性自愈合性能和黏度应满足限定条件。在沥青混合料层次，以汉堡浸水车辙试验为验证试验，评价混合料在水、高温、轮载耦合作用下的抗水损坏性能、抗车辙性能。

第10章 结论与展望

本书以改性沥青黏附性与混合料抗水损坏性能为研究对象，从评价方法、机理分析及性能分级等角度展开研究。本书首先研究了水煮法及冻融劈裂试验两种我国规范的现行方法，针对其不足建立了采用拉拔试验评价沥青与集料黏附性和黏附性自愈合性能的方法，改进了汉堡浸水车辙试验分析方法，对比了表面能试验与以上两种方法评价各类改性沥青的适用性，并最终从评价改性沥青的角度提出评价方法选择建议。在此基础上进一步探究了沥青与集料界面行为的机理与表达，明晰了各影响因素作用规律，对不同改性沥青及其混合料进行了性能分级，并专门针对黏附性存在不足的胶粉改性沥青展开研究，明晰其黏附性不足的原因与改进方法。此外，本书还探讨了沥青性能与其混合料抗水损坏性能之间的内在联系，解析沥青黏附性与其混合料抗水损坏性能之间的等价问题，并为基于沥青混合料抗水损坏性能的改性沥青性能评价体系与改性方案提供建议。本书可为缓解路面水损坏的沥青评价方法及材料优选提供理论依据与技术支撑。

10.1 主要结论

1. 评价方法的探究及比较

(1)采用统计学手段对现行规范中的水煮法用于评价沥青与集料黏附性的准确性与有效性进行了分析。结果表明，水煮法的区分性存在不足，不同沥青的评级结果基本在一个等级。此外，贡献率分析表明试验本身的误差会掩盖自变量对试验结果的真实影响，因此其准确性也存在问题。在此基础上，本书提出了新的超声波水浸法用于评价沥青与集料的黏附性，该方法能够将超声波的能量释放到沥青与集料的交界面，促使沥青从集料表面剥落，从而模拟实际动水压力作用。研究表明，超声波水浸法相对于传统的水煮法具有更好的区分性与准确性，然而还是存在人为的主观因素，需要与其他定量评价方法配合起来进行沥青黏附性的评价。

(2)建立了拉拔试验评价沥青与集料黏附性的方法。验证了加载速率与沥青膜厚度对拉拔试验的影响具有等效关系，最终推荐以加载速率 0.7MPa/s、沥青膜厚度 0.2mm 为试验条件。探究了水、集料类型与集料表面酸碱度、沥青相位角、沥青模量、沥青老化程度等条件对沥青与集料黏附性的影响规律。结果表明，水在沥青与集料拉拔强度的形成与衰减中起到了重要作用，确保路面早期在干燥条件下铺筑是使其具有良好抗水损坏性能的前提条件之一。

(3)建立了拉拔试验评价沥青与集料黏附性自愈合性能的方法，明晰了包含水在内的诸多因素对沥青黏附性自愈合的影响规律。结果表明，水对沥青与集料界面黏附性自愈合具有双重作用。沥青的黏附性自愈合性能随着愈合温度的提高而增强。计算机断层扫描技术进一步证实了愈合温度相对愈合时间对沥青与集料界面拉拔强度的恢复更为重要。而老化对基质沥青与改性沥青黏附性自愈合性能的影响有所不同。老化在多次破坏-愈合循环的视角下会降低基质沥青的黏附性自愈合性能，长期老化则提高了4.5%线型SBS改性沥青的黏附性自愈合性能。

(4)在沥青混合料抗水损坏性能评价方法方面，针对国内规范中一次冻融循环试验水分较难进入孔隙内部的缺点，本书设计了三次冻融循环试验来评价沥青混合料的抗水损坏性能。结果表明，冻融劈裂试验对不同基质沥青及改性沥青混合料的抗水损坏性能评价区分度一般，规律性较差，与拉拔试验评价沥青黏附性的结果存在一定的矛盾。总体上，冻融劈裂试验难以准确评价不同改性沥青混合料的抗水损坏性能，需要采用更为准确的沥青混合料抗水损坏性能评价方法。

(5)对汉堡浸水车辙试验现行试验数据分析方法存在的若干问题进行了探讨。考虑高温黏塑性流动和水损坏在汉堡浸水车辙试验中的复合表现问题，本书建立了新的汉堡浸水车辙试验分析方法，并提出了三对、六个新性能参数以评价沥青混合料在汉堡浸水车辙中的性能表现：采用破坏次数(记为NPF-new，以与原方法中NPF区分)和最大车辙深度(Rut_{max})来评价混合料抗车辙/抗水损坏的综合性能；用黏塑性流动最终车辙深度RD_{final}^{vp}与水损坏最终变形深度RD_{final}^{m}的相关关系来评价混合料的车辙/水损坏敏感性；用黏塑性流动变形速率VR与水损坏变形速率MR分别评价沥青混合料对于车辙和水损坏的抵抗能力。对比新、旧方法分析的汉堡浸水车辙试验性能参数与汉堡干燥车辙试验和胶浆拉拔试验结果的相关性，证明了新方法能将混合料的高温抗车辙能力与抗水损坏能力分离开单独分析。

(6)以改性剂种类为变量对表面能试验、拉拔试验和汉堡浸水车辙试验进行了逐一检验与对比，明晰了这三种方法评价各类改性沥青的适用性并最终从评价改性沥青的角度提出评价方法选择建议。汉堡浸水车辙试验能区分出细微改性剂掺量变化下的混合料性能差异，可以较为准确地评价沥青混合料的抗水损坏性能，推荐将其作为评价沥青混合料浸水表现的基准试验。拉拔试验则能方便地评价改性沥青与集料的黏附性，可以在沥青层次作为简单有效的筛选试验以减少混合料试验的工作量。虽然后退表面能参数相对于前进表面能参数评价沥青黏附性更为准确，但表面能试验中没有一个恒定的指标能够评价各种改性沥青的黏附性，应避免单独使用表面能试验来对不同改性沥青进行黏附性评价。

(7) 提出了基于沥青混合料抗水损坏性能的改性沥青性能评价体系与改性方案建议。在沥青层次，以拉拔试验为主要筛选手段，首先应选择具有黏附性好的基质沥青，在对基质沥青进行改性的过程中，改性剂一方面会影响沥青的流变性能和黏附性，另一方面也会影响沥青的黏附性自愈合性能和黏度。这两方面之间需要达到一定平衡，以良好的流变性能和黏附性为关键因素，同时考虑沥青的黏附性自愈合性能和黏度应满足限定条件。在沥青混合料层次，以汉堡浸水车辙试验为验证试验，评价混合料在水、高温、轮载耦合作用下的抗水损坏性能、抗车辙性能。

2. 机理研究的重要结果

(1) 通过红外光谱官能团分析、CT 技术对沥青与集料界面黏附性自愈合机理进行了探究。根据 CT 扫描获得的沥青自愈合进程细观图像分析，提出了三个愈合机理来解释沥青与集料界面黏附性自愈合行为：聚集、移动与圆润化。红外光谱官能团的分析结果表明，基质沥青黏附性自愈合性能与分子链结构指数呈明显的负相关关系，即基质沥青的分子链结构指数越低，平均链长越长，支链越少，其黏附性自愈合性能越好。但分子链结构指数并不适用于改性沥青，为此本书提出了 135℃布氏旋转黏度可以作为预测改性沥青及基质沥青黏附性自愈合性能的常规评价指标。沥青的黏度越大，沥青的黏附性自愈合性能就越低。

(2) 利用 CT 扫描技术分析了汉堡浸水车辙试验三阶段中不同尺寸孔隙的变化趋势并重构了试件的三维孔隙图像。结果表明，试件的内部孔隙率变化趋势与宏观车辙曲线存在很好的相关性，基于 CT 技术的三维孔隙重构图可以反映试件不同阶段内部结构的变化与损坏程度，从孔隙率变化曲线及不同大小孔隙转化趋势的角度理解并验证了汉堡浸水车辙试验中试件的三阶段破坏演化规律。

3. 改性沥青黏附性及其混合料抗水损坏性能的分级与联系

(1) 基于拉拔试验评价了多种基质沥青与改性沥青的黏附性，验证了拉拔试验具有高区分度且探究了改性剂及掺量对沥青黏附性的影响规律。结果表明，即使同为 70#基质沥青，产地不同的基质沥青黏附性也有所差异。与基质沥青相比，岩沥青、HDPE、PPA、高掺量的线型 SBS 均能提高基质沥青的黏附性，而星型 SBS、橡胶沥青、溶解性胶粉改性沥青及温拌剂 SAK 均不利于基质沥青的黏附性。

(2) 基于拉拔试验评价了多种基质沥青与改性沥青的黏附性自愈合性能。与基质沥青相比，低掺量的 HDPE 与岩沥青能提高基质沥青的黏附性自愈合性能，而线型 SBS、星型 SBS、溶解性胶粉改性沥青及 PPA 均不利于基质沥青的黏附性自愈合性能。基质沥青的产地与生产工艺是决定改性沥青黏附性自愈合性能的关键因素，改性剂对基质沥青黏附性自愈合性能的提高是有限的且无论什么类型的改性剂，增加改性剂掺量均不利于沥青的黏附性自愈合性能。

(3)针对胶粉改性沥青易发生黏附失效问题，将胶粉改性沥青中的颗粒效应、吸收偏好与降解作用三大机制解耦开来进行分析，建立了符合胶粉改性沥青黏附性的评价方法，发现胶粉改性沥青的黏附性不能等价于其混合料的抗水损坏性能，需要结合黏附功、弹性等因素进行综合评价。在黏附失效防治方面探究了胶粉掺量、目数、生产工艺等因素对黏附性/抗水损坏性能的影响，发现其作用机制是颗粒效应、吸收偏好与降解作用三者平衡关系变化，因此存在最佳参数。提出了基于黏附性的胶粉改性沥青生产建议：高温溶解或胶粉预处理等促进胶粉溶解的生产技术路线会降低胶粉改性沥青的黏附性，可考虑加入SBS进行复合改性以提高胶粉改性沥青的黏附性。

(4)采用汉堡浸水车辙试验评价了多种基质沥青与改性沥青的抗水损坏性能。不同基质沥青混合料在汉堡浸水车辙试验中表现差异较大，七种基质沥青中汉堡浸水车辙试验结果最好的是塔河沥青与昆仑沥青，最差的是金山沥青和东海沥青。根据不同改性沥青在汉堡浸水车辙试验中的表现，各类改性剂可分为以下三个分级。

① 第一性能分级：该分级内的改性剂能显著地改善沥青混合料的抗车辙性能和抗水损坏性能，包括星型SBS和岩沥青。

② 第二性能分级：该分级内的改性剂能略微改善沥青混合料的汉堡浸水车辙试验表现，包括线型SBS、HDPE和PPA。

③ 第三性能分级：该分级内的改性剂会降低沥青混合料的抗车辙性能和抗水损坏性能，包括传统橡胶沥青和溶解性胶粉改性沥青。

(5)改性沥青混合料的性能表现是由多方面沥青性能决定的，改性沥青的黏附性不等价于其混合料的抗水损坏性能。改性沥青的黏附性、黏附性自愈合性能、流变性能与黏度在其混合料抗水损坏性能中起着不同的作用：为确保沥青混合料具有良好的汉堡浸水车辙试验表现，沥青的黏附性为根本性因素，其初始拉拔强度宜≥1.0MPa；黏附性自愈合性能为必要性因素，其愈合率宜≥15%；因沥青改性而得到改善的沥青流变性能为决定性因素，具体可分为沥青弹性性能和劲度模量两方面的提升；而对于黏度，高掺量改性沥青的135℃布氏旋转黏度不宜超过3.5Pa·s。

10.2 创新点

(1)评价了我国规范中评价沥青黏附性的水煮法与冻融劈裂试验，指出了现行方法存在的不足，并提出了有针对性的改进建议。针对现有方法的不足，建立了拉拔试验评价沥青与集料界面黏附性和黏附性自愈合性能的方法。在混合料层面改进了汉堡浸水车辙试验分析方法，并提出了三对、六个新性能参数以将混合料的高温抗车辙能力与抗水损坏能力分离开单独评价。

(2)在机理上，基于 CT 技术提出了三个沥青-集料界面黏附性自愈合行为的机理解释：聚集、移动与圆润化。从孔隙率变化曲线及不同大小孔隙转化趋势的角度理解并验证了沥青混合料在水-热耦合作用下的三阶段破坏演化规律。

(3)针对胶粉改性沥青易发生黏附失效问题，从胶粉颗粒效应与吸收偏好这两个材料特性对胶粉改性沥青黏附性的影响规律为切入点，并进一步分析溶解性胶粉改性沥青中的降解作用，建立了符合胶粉改性沥青复杂物化特性的黏附性评价体系，首次从黏附功的角度评价胶粉改性沥青的黏附行为，从方法上探究如何准确评价胶粉改性沥青的黏附性及其混合料的抗水损坏性能。

(4)基于表面能试验、拉拔试验及汉堡浸水车辙试验对多种改性沥青及其混合料进行了性能分级，探究了沥青性能与其混合料抗水损坏性能的内在联系，最终从沥青混合料抗水损坏角度为改性沥青性能评价体系与改性方案提供建议。

10.3 进一步研究与展望

(1)沥青-集料的黏附性、沥青混合料的抗水损坏性能不仅与沥青的性质相关，还与集料的性质以及混合料的级配紧密相关。本书的集料种类和级配比较单一，使得试验结果缺乏普适性，后续可以从集料、级配的角度开展研究。

(2)本书提出了考虑高温黏塑性流动和水损坏在汉堡浸水车辙试验中复合表现的新汉堡浸水车辙试验分析方法。可以采用新方法对各种改性沥青混合料的汉堡浸水车辙试验数据进行再次分析，并与原汉堡浸水车辙试验结果进行对比以验证新方法的有效性。

(3)本书基于拉拔试验与汉堡浸水车辙试验半定量分析提出的沥青与集料初始拉拔强度宜大于 1.0MPa 和黏附性自愈合性能应大于 15%的要求，这需要更多的改性沥青样本以及实际路面性能观测结果来进一步验证。同时，本书关于集料对沥青黏附性影响规律的研究有所不足，需要进一步研究。

(4)进一步定量探究改性沥青性能与混合料抗水损坏性能之间的内在联系，验证本书提出的沥青黏附性、黏附性自愈合性能、流变性能与黏度在其混合性能中所起到的作用。最终提出一个经验公式以利用改性沥青的性能来预测其混合料在水、高温、轮载耦合作用下的路用性能表现。

(5)本书的大部分结论都是基于汉堡浸水车辙试验。然而，汉堡浸水车辙试验是一个相对严苛的沥青混合料抗水损坏性能、抗车辙性能评价试验。这会造成两个主要问题：第一是弱化了诸如黏附性自愈合在内的某些沥青性能对沥青混合料抗水损坏性能的影响；第二是汉堡浸水车辙试验评价结果与实际路面抗水损坏性能使用结果不一致。在汉堡浸水车辙试验中表现出色的沥青混合料在实际路面中也会表现良好，而在汉堡浸水车辙试验中表现一般或者不好的沥青混合料并不意味着其在路面上也表现不好。针对这个问题，可以考虑在汉堡浸水车辙试验中引入一定的荷载间歇及干湿循环来更好地模拟实际的路面工况。

(6)本书在未对混合料进行长期老化的条件下对各基质沥青及改性沥青混合料抗水损坏性能进行了分级并讨论了沥青性能与其混合料抗水损坏性能的内在联系，因此有关混合料抗水损坏性能的结论仅限于原样沥青。老化对基质沥青及改性沥青混合料抗水损坏性能的影响需要进一步研究。

参 考 文 献

[1] Maupin G W. Assessment of stripped asphalt pavement[J]. Journal of Transportation Research Record, 1989, 1228: 17-21.

[2] Little D N, Jones Iv D R. Chemical and mechanical processes of moisture damage in hot-mix asphalt pavements[C]//Moisture Sensitivity of Asphalt Pavements—A National Seminar, Sacramento, 2003.

[3] Birgisson B, Roque R, Page G C. Evaluation of water damage using hot mix asphalt fracture mechanics[J]. Journal of the Association of Asphalt Paving Technologists, 2003, 72: 424-462.

[4] Hefer A W. Adhesion in bitumen-aggregate systems and quantification of the effects of water on the adhesive bond[D]. College Station: Texas A&M University, 2005.

[5] Curtis C W, Ensley K, Epps J. Fundamental properties of asphalt-aggregate interactions including adhesion and absorption[R]. Washington DC: Strategic Highway Research Program, National Highway Research Council, 1993.

[6] Petersen J C. A review of the fundamentals of asphalt oxidation: Chemical, physicochemical, physical property, and durability relationships[R]. Washington DC: Transportation Research Board, 2009.

[7] 周卫峰. 沥青与集料界面粘附性研究[D]. 西安: 长安大学, 2002.

[8] McCann M, Sebaaly P. Quantitative evaluation of stripping potential in hot-mix asphalt, using ultrasonic energy for moisture-accelerated conditioning[J]. Transportation Research Record, 2001, 1767(1): 48-49.

[9] Sun Y H, Wu S P, Liu Q T, et al. The healing properties of asphalt mixtures suffered moisture damage[J]. Construction and Building Materials, 2016, 127: 418-424.

[10] Kim Y R, Little D N, Benson F C. Chemical and mechanical evaluation on healing mechanism of asphalt concrete[J]. Journal of the Association of Asphalt Paving Technologists, 1990, 59: 240-275.

[11] 杨劲. 高粘度改性剂对排水沥青混合料水稳定性能影响[D]. 重庆: 重庆交通大学, 2015.

[12] Majidzadeh K, Brovold F N. Effect of water on bitumen-aggregate mixtures[R]. Washington DC: Highway Research Board(HRB), National Research Council, 1968.

[13] Tarrer A R, Wagh V. The effect of the physical and chemical characteristics of the aggregate on bonding[R]. Washington DC: Strategic Highway Research Program, National Research Council, 1991.

[14] Fromm H J. The mechanisms of asphalt stripping from aggregate surfaces[J]. Journal of the Association of Asphalt Paving Technologists, 1974, 43: 191-223.

[15] Shah B D. Evaluation of moisture damage within asphalt concrete mixes[D]. College Station: Texas A&M University, 2003.

[16] Kiggundu B M, Roberts F L. The success/failure of methods used to predict the stripping propensity in the performance of bituminous pavement mixtures[R]. Washington DC: National Center for Asphalt Technology, 1988.

[17] 兰宏. 沥青路面水损害行为及机理研究[D]. 西安: 长安大学, 2011.

[18] Terrel R L, Al-Swailmi S. Final report on water sensitivity of asphalt-aggregate mixtures test development[R]. Washington DC: Strategic Highway Research Program, National Research Council, 1994.

[19] Cheng D X, Little D, Lytton R L, et al. Use of surface free energy properties of the asphalt-aggregate system to predict moisture damage potential (with discussion) [J]. Journal of the Association of Asphalt Paving Technologists, 2002, 71: 59-88.

[20] 罗志刚, 凌建明, 周志刚, 等. 沥青混凝土路面层间孔隙水压力计算[J]. 公路, 2005, 50(11): 86-89.

[21] Wei J. Study on the surface free energy of asphalt, aggregate and moisture diffusion in asphalt binder[D]. Beijing: China University of Petroleum, 2009.

[22] Vasconcelos K L, Bhasin A, Little D N. Measurement of water diffusion in asphalt binders using the FTIR-ATR technique[C]//Transportation Research Board Meeting, Washington DC, 2010.

[23] Masad E, Al Omari A, Chen H C. Computations of permeability tensor coefficients and anisotropy of asphalt concrete based on microstructure simulation of fluid flow[J]. Computational Materials Science, 2007, 40(4): 449-459.

[24] Vasconcelos K L, Bhasin A, Little D N. History dependence of water diffusion in asphalt binders[J]. International Journal of Pavement Engineering, 2011, 12(5): 497-506.

[25] Figueroa A S, Velasquez R, Reyes F A, et al. Effect of water conditioning for extended periods on the properties of asphalt binders[J]. Transportation Research Record, 2013, 2372(1): 34-45.

[26] Rice J M. Relationship of aggregate characteristics to the effect of water on bituminous paving mixtures[J]. ASTM Special Technical Publication, 1959, (240): 18.

[27] Stuart K D. Moisture damage in asphalt mixtures-state-of-the-art[R]. Washington DC: Federal Highway Administration, 1990.

[28] Curtis C W, Baik J, Jeon Y W. Adsorption of asphalt and asphalt functionalities onto aggregates precoated with antistripping agents[J]. Transportation Research Record, 1990, 1269(1): 48-55.

[29] Scott J A N. Adhesion and disbonding mechanisms of asphalt used in highway construction and maintenance[J]. Journal of the Association of Asphalt Paving Technologists, 1978, 47: 19-43.

[30] Clough R H, Martinez J E. Research on bituminous pavements using the sand equivalent test[R]. Washington DC: Highway Research Board Bulletin, 1961.

[31] Ishai I, Craus J. Effect of filler on aggregate-bitumen adhesion properties in bituminous mixtures[J]. Journal of the Association of Asphalt Paving Technologists, 1972, 41: 228-258.
[32] Balghunaim F A. Improving adhesion characteristics of bituminous mixtures by washing dust-contaminated coarse aggregates[J]. Transportation Research Record, 1991, 1323(1): 134-142.
[33] Kandhal P S, Parker J R F. Aggregate tests related to asphalt concrete performance in pavements[R]. Washington DC: NCHRP, 1998.
[34] Jamieson I L, Moulthrop J S, Jones D R. SHRP results on binder-aggregate adhesion and resistance to stripping[J]. Journal of Central South University of Technology, 1995, 18(1): 108-115.
[35] Bagampadde U, Isacsson U, Kiggundu B M. Influence of aggregate chemical and mineralogical composition on stripping in bituminous mixtures[J]. International Journal of Pavement Engineering, 2005, 6(4): 229-239.
[36] Bagampadde U, Isacsson U, Kiggundu B M. Impact of bitumen and aggregate composition on stripping in bituminous mixtures[J]. Materials and Structures, 2006, 39(3): 303-315.
[37] Masad E, Little D, Sukhwani R. Sensitivity of HMA performance to aggregate shape measured using conventional and image analysis methods[J]. Road Materials and Pavement Design, 2004, 5(4): 477-498.
[38] 陈实, 雷宇, 李刚, 等. 集料与沥青的性质对沥青与集料粘附性的影响[J]. 中外公路, 2010, 30(6): 226-230.
[39] 郝培文. 沥青的酸值对沥青混合料水稳定性的影响[J]. 石油炼制与化工, 1995, 26(8): 19-22.
[40] 张雷. 沥青组分对沥青与集料粘附性影响的研究[J]. 北方交通, 2009, (1): 44-46.
[41] 张争奇, 张卫平, 李平. 沥青混合料粉胶比[J]. 长安大学学报(自然科学版), 2004, 24(5): 7-10.
[42] 周卫峰, 张秀丽, 原健安, 等. 基于沥青与集料界面粘附性的抗剥落剂的开发[J]. 长安大学学报(自然科学版), 2005, 25(2): 16-20.
[43] 赵可, 原健安. 聚合物改性沥青与矿料的粘附性研究[J]. 中国公路学报, 2000, 13(2): 8-12.
[44] Bagampadde U, Isacsson U, Kiggundu B M. Classical and contemporary aspects of stripping in bituminous mixes[J]. Road Materials and Pavement Design, 2004, 5(1): 7-43.
[45] Hanz A, Bahia H, Kanitpong K, et al. Test method to determine aggregate/asphalt adhesion properties and potential moisture damage[R]. Madison: University of Wisconsin-Madison, 2007.
[46] 封晨辉. 沥青材料的粘度与粘附性研究[D]. 西安: 长安大学, 2003.
[47] 丹尼斯. 沥青混合料水稳定性评价方法研究[D]. 西安: 长安大学, 2007.
[48] 康玉芳. 沥青粘附性机理与评价方法[J]. 黑龙江交通科技, 2007, 30(12): 36-38.

[49] 彭余华, 王林中, 于玲. 沥青与集料粘附性试验新方法[J]. 沈阳建筑大学学报(自然科学版), 2009, 25(2): 282-285.

[50] Kennedy T W, Roberts F, Lee K. Evaluating moisture susceptibility of asphalt mixtures using the texas boiling test[J]. Transportation Research Record, 1984, 968(1): 45-54.

[51] Parker F, Gharaybeh F. Evaluation of tests to assess stripping potential of asphalt concrete mixtures[J]. Transportation Research Record, 1988, 1171(1): 18-26.

[52] 张宏超. 活化沥青混合料水稳定性的实验室评价[D]. 上海: 同济大学, 1999.

[53] Ling C, Hanz A, Bahia H. Evaluating moisture susceptibility of cold-mix asphalt[J]. Transportation Research Record, 2014, 2446(1): 60-69.

[54] Solaimanian M, Harvey J, Tahmoressi M, et al. Test methods to predict moisture sensitivity of hot-mix asphalt pavements[C]//Moisture Sensitivity of Asphalt Pavements—A National Seminar, Sacramento, 2003.

[55] 宋艳茹, 张玉贞. 沥青粘附性能评价方法综述[J]. 石油沥青, 2005, 19(3): 1-6.

[56] 董文姣. 集料形貌对沥青—集料黏附性影响研究[D]. 扬州: 扬州大学, 2013.

[57] Scholz T V, Terrel R L, Al-Joaib A, et al. Water sensitivity: Binder validation[R]. Washington DC: National Research Council, 1994.

[58] Endersby V A, Griffin R L, Sommer H J. Adhesion between asphalts and aggregates in the presence of water[J]. Journal of the Association of Asphalt Paving Technologists, 1947, 16: 411-451.

[59] Thelen E. Surface energy and adhesion properties in asphalt systems[C]//The Thirty Seventh Annual Meeting of the Highway Research Board, Washington DC, 1958.

[60] Fowkes F M. Attractive forces at interfaces[J]. Journal of Industrial and Engineering Chemistry, 1964, 56(12): 40-52.

[61] Ardebrant H, Pugh R J. Wetting studies on silicate minerals and rocks used in bituminous highways[J]. Colloids and Surfaces, 1991, 58(1-2): 111-130.

[62] Bose A. Measurement of work of adhesion between asphalt and rock[R]. Kingston: University of Rhode Island, 2002.

[63] Elphingstone G M. Adhesion and cohesion in asphalt-aggregate systems[D]. College Station: Texas A&M University, 1997.

[64] 肖庆一, 郝培文, 徐鸥明, 等. 沥青与矿料粘附性的测定方法[J]. 长安大学学报(自然科学版), 2007, 27(1): 19-22.

[65] 韩森, 刘亚敏, 徐鸥明, 等. 材料特性对沥青-集料界面粘附性的影响[J]. 长安大学学报(自然科学版), 2010, 30(3): 6-9, 70.

[66] 王元元, 岳定民, 史朝辉, 等. 基于表面能评价沥青-石料界面粘结性能的研究[J]. 中外公路, 2013, 33(3): 247-250.

[67] 张平，杨侣珍. 基于表面能理论的沥青与集料粘附及剥落机理分析[J]. 公路工程，2013, 38(4): 187-190.

[68] Luo R, Zhang D R, Zeng Z, et al. Effect of surface tension on the measurement of surface energy components of asphalt binders using the Wilhelmy plate method[J]. Construction and Building Materials, 2015, 98: 900-909.

[69] Ensley E K, Petersen J C, Robertson R E. Asphalt-aggregate bonding energy measurements by microcalorimetric methods[J]. Thermochimica Acta, 1984, 77(1-3): 95-107.

[70] Little D N, Bhasin A. Using surface energy measurements to select materials for asphalt pavement[R]. Washington DC: Texas Transportation Institute, 2006.

[71] 袁峻，董文姣，钱武彬，等. 基于超声波的沥青-集料粘附性试验方法研究[J]. 科学技术与工程, 2013, 13(5): 1388-1391.

[72] 王勇. 基于表面能理论的沥青与集料粘附性研究[D]. 长沙：湖南大学, 2010.

[73] Vuorinen M, Hartikainen O P. A new ultrasonic method for measuring stripping resistance of bitumen on aggregate[J]. Road Materials and Pavement Design, 2001, 2(3): 297-309.

[74] 柳永行，范耀华，张昌祥. 石油沥青[M]. 北京：石油工业出版社, 1984.

[75] ASTM D4541. Standard test method for pull-off strength of coatings using portable adhesion testers[S]. West Conshohocken: ASTM International, 2009.

[76] AASHTO TP-91. Standard method of test for determining asphalt binder strength by means of the binder bond strength (BBS) test[S]. Washington DC: American Association of State Highway and Transportation Officials, 2011.

[77] Youtcheff J, Williams R C, Branthaver J. Evaluation of relationships between moisture sensitivity of paving asphalts, modified asphalt binders, and asphalt components, and their chemistries[C]//American Chemical Society-Fuel Division, Symposium, Seattle, 1998.

[78] Kanitpong K, Bahia H. Role of adhesion and thin film tackiness of asphalt binders in moisture damage of HMA[J]. Journal of the Association of Asphalt Paving Technologists, 2003, 72: 502-528.

[79] Kanitpong K, Bahia H. Relating adhesion and cohesion of asphalts to the effect of moisture on laboratory performance of asphalt mixtures[J]. Transportation Research Record, 1991, 1901(1): 33-43.

[80] Copeland A, Youtcheff J, Shenoy A. Moisture sensitivity of modified asphalt binders: Factors influencing bond strength[J]. Transportation Research Record, 2007, 1998(1): 18-28.

[81] Wasiuddin N M, Saltibus N E, Mohammad L N. Novel moisture-conditioning method for adhesive failure of hot-and warm-mix asphalt binders[J]. Transportation Research Record, 2011, 2208(1): 108-117.

[82] Canestrari F, Cardone F, Graziani A, et al. Adhesive and cohesive properties of asphalt-

aggregate systems subjected to moisture damage[J]. Road Materials and Pavement Design, 2010, 11(s1): 11-32.

[83] Mogawer W S, Austerman A J, Bahia H U. Evaluating the effect of warm-mix asphalt technologies on moisture characteristics of asphalt binders and mixtures[J]. Transportation Research Record, 2011, 2209(1): 52-60.

[84] Alavi M Z, Hajj E Y, Hanz A, et al. Evaluating adhesion properties and moisture damage susceptibility of warm-mix asphalts[J]. Transportation Research Record, 2012, 2295(1): 44-53.

[85] Aguiar-Moya J P, Loria-Salazar L, Salazar J, et al. Evaluation of adhesion properties of costa rican asphalt mixtures using the bitumen bond strength (BBS) and contact angle measurement tests[C]//TRB Annual Meeting, Washington DC, 2013.

[86] Aguiar-Moya J P, Salazar-Delgado J, Baldi-Sevilla A, et al. Effect of aging on adhesion properties of asphalt mixtures using the bitumen bond strength and surface energy measurement tests[J]. Transportation Research Record, 2015, 2505(1): 57-65.

[87] Canestrari F, Ferrotti G, Cardone F, et al. Innovative testing protocol for evaluation of binder-reclaimed aggregate bond strength[J]. Transportation Research Record, 2014, 2444(1): 63-70.

[88] Chaturabong P, Bahia H U. Effect of moisture on the cohesion of asphalt mastics and bonding with surface of aggregates[J]. Road Materials and Pavement Design, 2018, 19(3): 741-753.

[89] 弥海晨，徐鹏，郭峰．HTC-08 型透层油层间粘结性能评价[J]．交通标准化，2012，40(3)：65-69.

[90] 田健君．基于薄层罩面的层间材料粘结效果评价[D]．上海：同济大学, 2014.

[91] Horgnies M, Darque-Ceretti E, Fezai H, et al. Influence of the interfacial composition on the adhesion between aggregates and bitumen: Investigations by EDX, XPS and peel tests[J]. International Journal of Adhesion and Adhesives, 2011, 31(4): 238-247.

[92] Blackman B R K, Cui S, Kinloch A J, et al. The development of a novel test method to assess the durability of asphalt road-pavement materials[J]. International Journal of Adhesion and Adhesives, 2013, 42(1): 1-10.

[93] Cui S, Blackman B R K, Kinloch A J, et al. Durability of asphalt mixtures: Effect of aggregate type and adhesion promoters[J]. International Journal of Adhesion and Adhesives, 2014, 54(5): 100-111.

[94] 黄涛．昌樟高速公路水损害综合处治技术研究[D]．长沙：长沙理工大学, 2006.

[95] Parker F, Wilson M S. Evaluation of boiling and stress pedestal tests for assessing stripping potential of alabama asphalt concrete mixtures[J]. Transportation Research Record, 1986, 1096(1): 90-99.

[96] Hallberg S. The adhesion of bituminous binders and aggregates in the presence of water[D].

Stockholm: National Highway Research Institute, 1950.

[97] Choubane B, Page G, Musselman J. Effects of water saturation level on resistance of compacted hot-mix asphalt samples to moisture-induced damage[J]. Transportation Research Record, 2001, 1723(1): 97-106.

[98] Bausano J P. Development of a new test procedure to evaluate the moisture susceptibility of hot mix asphalt[D]. Ames: Iowa State University, 2006.

[99] Birgisson B, Roque R, Page G C. The development of a new moisture conditioning procedure for hot mix asphalt[J]. Transportation Research Record, 2007, 2001(1): 46-55.

[100] Khosla N, Birdsall B, Kawaguchi S. Evaluation of moisture susceptibility of asphalt mixtures: Conventional and new methods[J]. Transportation Research Record, 2000, 1728(1): 43-51.

[101] 易军艳, 冯德成, 王广伟, 等. 超声波测试方法在沥青混合料冻融试验中的应用[J]. 公路交通科技, 2009, 26(11): 6-10.

[102] 田盛鼎, 刘朝晖. 沥青混合料冲刷冻融试验设计和抗水损害性能指标试验研究[J]. 中外公路, 2009, 29(4): 217-224.

[103] Bahia H U, Ahmad S. Evaluation and correlation of lab and field tensile strength ratio (TSR) procedures and values in assessing the stripping potential of asphalt mixes[R]. Madison: Wisconsin Department of Transportation, 1999.

[104] Airey G D, Collop A C, Zoorob S E, et al. The influence of aggregate, filler and bitumen on asphalt mixture moisture damage[J]. Construction and Building Materials, 2008, 22(9): 2015-2024.

[105] Buchanan M S, Vernon M M. Laboratory accelerated stripping simulator for hot mix asphalt[R]. Washington DC: Federal Highway Administration, 2005.

[106] Mallick R B, Pellandâ R, Hugo F. Use of accelerated loading equipment for determination of long term moisture susceptibility of hot mix asphalt[J]. International Journal of Pavement Engineering, 2005, 6(2): 125-136.

[107] Chen X W, Huang B S. Evaluation of moisture damage in hot mix asphalt using simple performance and superpave indirect tensile tests[J]. Construction and Building Materials, 2008, 22(9): 1950-1962.

[108] 姜旺恒, 张肖宁, 李智. 基于动水压力模拟试验的沥青混合料水损坏力学机理[J]. 中国公路学报, 2011, 24(4): 21-25.

[109] 曾俊, 肖高霞, 罗志刚. 沥青混合料水稳定性试验评价方法综述[J]. 公路交通技术, 2011, 27(1): 40-46.

[110] Tandon V, Vemuri N, Nazarian S, et al. A comprehensive evaluation of environmental conditioning system[J]. Journal of the Association of Asphalt Paving Technologists, 1997, 66: 11-51.

[111] Mathews D H, Colwill D M, Yüge R. Adhesion tests for bituminous materials[J]. Journal of Chemical Technology and Biotechnology, 1965, 15(9): 423-431.

[112] Schram S, Williams R C. Ranking of HMA moisture sensitivity tests in Iowa[R]. Des Moines: Iowa Department of Transportation, 2012.

[113] Yin F, Arambula E, Lytton R, et al. Novel method for moisture susceptibility and rutting evaluation using hamburg wheel tracking test[J]. Transportation Research Record, 2014, 2446(1): 1-7.

[114] 齐琳，沙爱民，陈凯. 沥青混合料水稳定性汉堡车辙试验研究[J]. 武汉理工大学学报, 2009, 31(8): 42-45.

[115] 栗培龙，张争奇，李洪华，等. 沥青混合料汉堡车辙试验方法[J]. 交通运输工程学报, 2010, 10(2): 30-35.

[116] 延西利，梁春雨. 沥青与石料间的剪切粘附性研究[J]. 中国公路学报, 2001, 14(4): 25-27.

[117] 张祥，徐鸣遥，王珏，等. 沥青与石料之间粘结强度的试验研究[J]. 中外公路, 2013, 33(6): 255-259.

[118] Walubita L F, Hugo F, Martin A E. Indirect tensile fatigue performance of asphalt after MMLS3 trafficking under different environmental conditions[J]. Journal of the South African Institute of Civil Engineering, 2002, 44(3): 1-5.

[119] Little D N, Jones D R. Chemical and mechanical mechanisms of moisture damage in hot mix asphalt pavements[R]. Dallas: Texas A&M University, 2002.

[120] Birgisson B, Roque R, Page G. Performance-based fracture criterion for evaluation of moisture susceptibility in hot-mix asphalt[J]. Transportation Research Record, 2004, 1891(1): 55-61.

[121] Cho D W, Bahia H. Effects of aggregate surface and water on rheology of asphalt films[J]. Transportation Research Record, 2007, 1988(1): 10-17.

[122] Poulikakos L D, Partl M N. A multi-scale fundamental investigation of moisture induced deterioration of porous asphalt concrete[J]. Construction and Building Materials, 2012, 36(4): 1025-1035.

[123] Sousa P, Kassem E, Masad E, et al. New design method of fine aggregates mixtures and automated method for analysis of dynamic mechanical characterization data[J]. Construction and Building Materials, 2013, 41(1): 216-223.

[124] Zhou F, Hu S, Li H S, et al. Improving fracture resistance measurement in asphalt binder specification with verification on asphalt mixture cracking performance[R]. Washington DC: Federal Highway Administration, 2014.

[125] Shakiba M, Al-Rub R, Darabi M, et al. Continuum coupled moisture-mechanical damage model for asphalt concrete[J]. Transportation Research Record, 2013, 2372(1): 72-82.

[126] Gong M, Yang J, Wei J, et al. Characterization of adhesion and healing at the interface between

asphalt binders and aggregate using atomic force microscopy[J]. Transportation Research Record, 2015, 2506(1): 100-106.

[127] 苗英豪. 气候对公路的影响及公路气候区划方案研究[D]. 西安: 长安大学, 2006.

[128] 李海军, 黄晓明. SHRP 沥青性能分级量度的探讨[J]. 公路交通科技, 2006, 23(2): 36-38.

[129] 陈华鑫, 王秉纲. SBS 改性沥青车辙因子的改进[J]. 同济大学学报(自然科学版), 2008, 36(10): 5.

[130] 艾长发, 黄恒伟, Rahoman A, 等. 基于熵权的 TOPSIS 钢桥面防水黏结材料组合体系优选分析[J]. 中国公路学报, 2020, 33(3): 53-63.

[131] 宋洋, 刘金明, 王小庆, 等. 湿热环境下沥青路面层间剪切强度与差异改性[J]. 辽宁工程技术大学学报(自然科学版), 2021, 40(4): 333-340.

[132] 刘朝晖, 柳力, 史进, 等. 路面结构抗裂层沥青新材料研发及性能评价[J]. 公路交通科技, 2013, 30(9): 1-7.

[133] 赵永祯, 李梦, 王选仓, 等. 基于聚类分析改性沥青混合料性能分级研究[J]. 建筑材料学报, 2014, 17(3): 437-445.

[134] Zhang F, Muhammad Y, Liu Y, et al. Measurement of water resistance of asphalt based on surface free energy analysis using stripping work between asphalt-aggregate system[J]. Construction and Building Materials, 2018, 176: 422-431.

[135] Florida Department of Transportation. Standard specifications for road and bridge construction[S]. Tallahassce: Florida Department of Transportation, 2010.

[136] 高川. 橡胶沥青混合料疲劳性能研究[D]. 上海: 同济大学, 2008.

[137] van Oss C J, Chaudhury M K, Good R J. Interfacial Lifshitz-van der Waals and polar interactions in macroscopic systems[J]. Chemical Reviews, 1988, 88(6): 927-941.

[138] Harkins W D, Cheng Y C. The orientation of molecules in surfaces. VI. cohesion, adhesion, tensile strength, tensile energy, negative surface energy, interfacial tension, and molecular attraction[J]. Journal of the American Chemical Society, 1921, 43(1): 35-53.

[139] 张德润. 沥青路面材料表面自由能测试的理论模型与方法研究[D]. 武汉: 武汉理工大学, 2017.

[140] 程传煊. 表面物理化学[M]. 北京: 科学技术文献出版社, 1995.

[141] 王元元. 表面能在评价沥青与集料粘附性中的应用研究[D]. 重庆: 重庆交通大学, 2012.

[142] 汪立龙. 基于表面自由能的沥青与矿料粘附效应研究[D]. 西安: 长安大学, 2013.

[143] Cong L, Wang Q, Cao L. Rutting resistance ability related to asphalt-aggregate bonding based on surface energy analysis[C]//Geo-Shanghai, Shanghai, 2014.

[144] Cheng D X, Little D, Lytton R, et al. Surface energy measurement of asphalt and its application to predicting fatigue and healing in asphalt mixtures[J]. Transportation Research Record, 2002, 1810(1): 44-53.

[145] AASHTO T324-11. Standard method of test for hamburg wheel-track testing of compacted hot mix asphalt (HMA)[S]. Washington DC: American Association of State Highway and Transportation Officials, 2011.

[146] Miller T. Development of bond strength test for improved characterization of asphalt emulsion[D]. Madison: University of Wisconsin-Madison, 2010.

[147] Santagata F A, Cardone F, Canestrari F, et al. Modified PATTI test for the characterization of adhesion and cohesion properties of asphalt binders[C]//International Conference on Maintenance and Rehabilitation of Pavements and Technological Control, Washington DC, 2009.

[148] 张恒龙，史才军，余剑英，等. 多聚磷酸对不同沥青的改性及改性机理研究[J]. 建筑材料学报, 2013, 16(2): 255-260.

[149] Bonemazzi F, Giavarini C. Shifting the bitumen structure from sol to gel[J]. Journal of Petroleum Science and Engineering, 1999, 22(1-3): 17-24.

[150] 黄卫东，李彦伟，杜群乐. 橡胶沥青及其混合料的研究与应用[M]. 北京：人民交通出版社, 2013.

[151] California Department of Transportation. Asphalt Rubber Usage Guide[M]. Sacramento: California Department of Transportation, 2006.

[152] 唐乃膨. 溶解性胶粉改性沥青的反应机理与流变性能研究[D]. 上海：同济大学, 2017.

[153] 柴冲冲. TB 改性沥青及其混合料的评价及研究[D]. 上海：同济大学, 2013.

[154] 黄卫东，吕泉，柴冲冲. Terminal Blend 胶粉改性沥青的复合改性研究[J]. 建筑材料学报, 2016, 19(1): 111-118.

[155] 黄卫东，吕泉，柴冲冲. TB+SBS 复合改性沥青的性能[J]. 建筑材料学报, 2016, 19(3): 522-527.

[156] Chsner A. Handbook of Adhesion Technology[M]. Berlin: Springer Science & Business Media, 2011.

[157] Ayar P, Moreno-Navarro F, Rubio-Gámez M C. The healing capability of asphalt pavements: A state of the art review[J]. Journal of Cleaner Production, 2016, 113: 28-40.

[158] Read J, Whiteoak D. The Shell Bitumen Handbook[M]. 5th ed. London: Thomas Telford, 2003.

[159] Qiu J, van de Ven M, Wu S, et al. Evaluating self healing capability of bituminous mastics[J]. Experimental Mechanics, 2012, 52(8): 1163-1171.

[160] Lytton R L, Chen C W, Little D N. Fundamental properties of asphalts and modified asphalts—Task K: Microdamage healing in asphalt and asphalt concrete[R]. Washington DC: UC Department of Transportation, 1998.

[161] 中华人民共和国交通运输部. 公路沥青路面设计规范(JTG D50—2017)[S]. 北京：人民交通出版社, 2017.

[162] Good R J, van Oss C J. The Modern Theory of Contact Angles and the Hydrogen Bond

Components of Surface Energies[M]. Berlin: Springer, 1992.

[163] Canestrari F, Virgili A, Graziani A, et al. Modeling and assessment of self-healing and thixotropy properties for modified binders[J]. International Journal of Fatigue, 2015, 70(1): 351-360.

[164] 孙大权, 林添坂. 改性剂对沥青自愈合能力的影响[J]. 公路, 2015, 60(4): 224-228.

[165] Little D N, Bhasin A. Exploring Mechanism of Healing in Asphalt Mixtures and Quantifying Its Impact[M]. Berlin: Springer, 2007.

[166] Qiu J, van de Ven M, Molenaar A. Crack-healing investigation in bituminous materials[J]. Journal of Materials in Civil Engineering, 2012, 25(7): 864-870.

[167] Lee H J, Daniel J S, Kim Y R. Continuum damage mechanics-based fatigue model of asphalt concrete[J]. Journal of Materials in Civil Engineering, 2000, 12(2): 105-112.

[168] Carpenter S, Shen S. Dissipated energy approach to study hot-mix asphalt healing in fatigue[J]. Transportation Research Record, 2006, 1970(1): 178-185.

[169] Sun D Q, Lin T B, Zhu X Y, et al. Indices for self-healing performance assessments based on molecular dynamics simulation of asphalt binders[J]. Computational Materials Science, 2016, 114: 86-93.

[170] Wen G A, Zhang Y, Zhang Y X, et al. Rheological characterization of storage-stable SBS-modified asphalts[J]. Polymer Testing, 2002, 21(3): 295-302.

[171] Kök B V, Yilmaz M, Guler M. Evaluation of high temperature performance of SBS+ Gilsonite modified binder[J]. Fuel, 2011, 90(10): 3093-3099.

[172] Shen, S H, Sutharsan T. Quantification of cohesive healing of asphalt binder and its impact factors based on dissipated energy analysis[J]. Road Materials and Pavement Design, 2011, 12(3): 525-546.

[173] Bazin P, Saunier J. Deformability, fatigue, and healing properties of asphalt mixes[C]// Proceedings of the 2nd International Conference on the Structural Design of Asphalt Pavements, Ann Arbor, 1967.

[174] Raithby K D, Sterling A B. The effect of rest periods on the fatigue performance of a hot-rolled asphalt under repeated loading[J]. Journal of the Association of Asphalt Paving Technologists, 1970, 39: 134-152.

[175] de Gennes P G. Reptation of a polymer chain in presence of fixed obstacles[J]. Journal of Chemical Physics, 1971, 55(2): 572-579.

[176] Wool R P, O'Connor K M. A theory crack healing in polymers[J]. Journal of Applied Physics, 1981, 52(10): 5953-5963.

[177] Kim Y H, Wool R P. A theory of healing at a polymer-polymer interface[J]. Macromolecules, 1983, 16(7): 1115-1120.

[178] Phillips M C. Multi-step models for fatigue and healing, and binder properties involved in healing[C]//Eurobitume Workshop on Performance Related Properties for Bituminous Binders, Luxembourg, 1998.

[179] Bommavaram R, Bhasin A, Little D. Determining intrinsic healing properties of asphalt binders: Role of dynamic shear rheometer[J]. Transportation Research Record, 2009, 2126(1): 47-54.

[180] Schapery R A. On the mechanics of crack closing and bonding in linear viscoelastic media[J]. International Journal of Fracture, 1989, 39(1-3): 163-189.

[181] Bhasin A, Bommavaram R, Greenfield M L, et al. Use of molecular dynamics to investigate self-healing mechanisms in asphalt binders[J]. Journal of Materials in Civil Engineering, 2011, 23(4): 485-492.

[182] Lesueur D. The colloidal structure of bitumen: Consequences on the rheology and on the mechanisms of bitumen modification[J]. Advances in Colloid and Interface Science, 2009, 145(1): 42-82.

[183] Polacco G, Filippi S, Merusi F, et al. A review of the fundamentals of polymer-modified asphalts: Asphalt/polymer interactions and principles of compatibility[J]. Advances in Colloid and Interface Science, 2015, 224: 72-112.

[184] Little D N. An analysis of the mechanism of microdamage healing based on the application of micromechanics first principles of fracture and healing[J]. Journal of the Association of Asphalt Paving Technologists, 1999, 68: 501-542.

[185] Kim B, Roque R. Evaluation of healing property of asphalt mixtures[J]. Transportation Research Record, 2006, 1970(1): 84-91.

[186] Norambuena-Contreras J, Garcia A. Self-healing of asphalt mixture by microwave and induction heating[J]. Materials and Design, 2016, 106: 404-414.

[187] Swiertz D, Ling C, Teymourpour P, et al. Use of the Hamburg wheel-tracking test to characterize asphalt mixtures in cool weather regions[J]. Transportation Research Record, 2017, 2633(1): 9-15.

[188] Yildirim Y, Jayawickrama P W, Hossain, et al. Hamburg wheel-tracking database analysis. Texas Department of Transportation and Federal Highway Administration[R]. Washington DC: Federal Highway Administration, 2007.

[189] Mohammad L N, Elseifi M A, Raghavendra A, et al. NCHRP web-only document 219: Hamburg wheel-track test equipment requirements and improvements to AASHTO T 324[R]. Washington DC: Transportation Research Board of the National Academies, 2015.

[190] Walubita L F, Faruk A N M, Zhang J, et al. The Hamburg rutting test—Effects of HMA sample sitting time and test temperature variation[J]. Construction and Building Materials, 2016, 108:

22-28.

[191] Izzo R P, Tahmoressi M. Use of the Hamburg wheel-tracking device for evaluating moisture susceptibility of hot-mix asphalt[J]. Journal of the Transportation Research Record, 1999, 1681(1): 76-85.

[192] Workie A B. Comparison between AASHTO T283 test and Hamburg wheel track test methods to determine moisture sensitivity of hot mix asphalt(HMA)[D]. Stillwater: Oklahoma State University, 2013.

[193] Tsai B W, Coleri E, Harvey J T, et al. Evaluation of AASHTO T324 Hamburg-wheel track device test[J]. Construction and Building Materials, 2016, 114: 248-260.

[194] Mohammad L N, Elseifi M, Cao W, et al. Evaluation of various Hamburg wheel-tracking devices and AASHTO T 324 specification for rutting testing of asphalt mixtures[J]. Road Materials and Pavement Design, 2017, 18(s4): 128-143.

[195] Walubita L F, Faruk A N M, Lee S I, et al. HMA shear resistance, permanent deformation, and rutting tests for texas mixes: Final Year-2 Report[R]. Dallas: Texas A&M Transportation Institute, 2014.

[196] Lu Q. Investigation of conditions for moisture damage in asphalt concrete and appropriate laboratory test methods[R]. Dallas: University of California Transportation Center, 2005.

[197] Iowa Department of Transportation. Moisture sensitivity testing of asphalt mixtures[EB/OL]. http://www.iowadot. gov/erl/current/IM/content/319.htm[2019-12-05].

[198] Aschenbrener T. Evaluation of Hamburg wheel-tracking device to predict moisture damage in hot-mix asphalt[J]. Transportation Research Record, 1995, 1492(1): 103-205.

[199] Chaturabong P, Bahia H U. The evaluation of relative effect of moisture in Hamburg wheel tracking test[J]. Construction and Building Materials, 2017, 153: 337-345.

[200] 陈华鑫, 陈拴发, 王秉纲. 基质沥青老化行为与老化机理[J]. 合成材料老化与应用, 2009, 38(1): 13-19.

[201] Chen J S, Liao M C, Shiah M S. Asphalt modified by styrene-butadiene-styrene triblock copolymer: Morphology and model[J]. Journal of Materials in Civil Engineering, 2002, 14(3): 224-229.

[202] Fee D, Maldonado R, Reinke G, et al. Polyphosphoric acid modification of asphalt[J]. Transportation Research Record, 2010, 2179 (1): 49-57.

[203] Ma T, Zhang D Y, Zhang Y, et al. Effect of air voids on the high-temperature creep behavior of asphalt mixture based on three-dimensional discrete element modeling[J]. Materials and Design, 2016, 89: 304-313.

[204] Wang L B, Frost J D, Shashidhar N. Microstructure study of WesTrack mixes from X-ray tomography images[J]. Transportation Research Record, 2001, 1767(1): 85-94.

[205] Han J D, Sun W, Pan G H. In situ dynamic XCT imaging of the microstructure evolution of cement mortar in accelerated carbonation reaction[J]. Magazine of Concrete Research, 2012, 64(11): 1025-1031.

[206] Zhang C, Wang H N, You Z P, et al. Compaction characteristics of asphalt mixture with different gradation type through superpave gyratory Compaction and X-Ray CT scanning[J]. Construction and Building Materials, 2016, 129: 243-255.

[207] Kandhal P, Rickards I. Premature failure of asphalt overlays from stripping: Case histories[J]. Journal of the Association of Asphalt Paving Technologists, 2001, 70: 301-351.

[208] Gerritsen A H, Jongeneel D J. Fatigue properties of asphalt mixes under conditions of very low loading frequencies[J]. Journal of the Association of Asphalt Paving Technologists, 1988, 57: 121-153.

[209] Lv Q A, Bahia H U, Huang W D, et al. Effects of modifiers and binder properties on the performance of asphalt mixtures in the Hamburg wheel-tracking device test[J]. Journal of the Association of Asphalt Paving Technologists, 2018, 87: 105-135.

[210] Yu X, Wang Y H, Luo Y L. Effects of types and content of warm-mix additives on CRMA[J]. Journal of Materials in Civil Engineering, 2013, 25(7): 939-945.

[211] Hossain Z, Bairgi A, Belshe M. Investigation of moisture damage resistance of GTR-modified asphalt binder by static contact angle measurements[J]. Construction and Building Materials, 2015, 95: 45-53.

[212] Aziz M M A, Rahman M T, Hainin M R, et al. An overview on alternative binders for flexible pavement[J]. Construction and Building Materials, 2015, 84: 315-319.

[213] 马晓燕. 橡胶沥青及橡胶沥青混合料性能影响因素研究[D]. 西安: 长安大学, 2013.

[214] Mashaan N S, Ali A H, Karim M R, et al. A review on using crumb rubber in reinforcement of asphalt pavement[J]. The Scientific World Journal, 2014, (1): 1-21.

[215] 胡苗, 弥海晨, 张磊. 橡胶粉掺量和目数对橡胶沥青粘度的影响机理研究[J]. 石油沥青, 2011, 25(1): 45-47.

[216] 河北省地方标准. 废轮胎橡胶沥青及混合料技术标准(DB13/T 1013—2009)[S]. 石家庄: 河北省质量技术监督局, 2009.

[217] Putman B J, Amirkhanian S N. Crumb rubber modification of binders: Interaction and particle effects[J]. Road Materials and Pavement Design, 2006, 3: 655-677.

[218] Putman B J. Quantification of the effects of crumb rubber in CRM binders[D]. Clemson: Clemson University, 2005.

[219] Kakar M R, Hamzah M O, Valentin J. A review on moisture damages of hot and warm mix asphalt and related investigations[J]. Journal of Cleaner Production, 2015, 99: 39-58.

[220] 田腾辉. 高弹性改性沥青混合料的路用性能与应用研究[D]. 济南: 山东大学, 2010.

[221] Zhu J Q, Birgisson B, Kringos N. Polymer modification of bitumen: Advances and challenges[J]. European Polymer Journal, 2014, 54(5): 18-38.

[222] Huang W D, Lv Q, Xiao F P. Investigation of using binder bond strength test to evaluate adhesion and self-healing properties of modified asphalt binders[J]. Construction and Building Materials, 2016, 113: 49-56.

[223] Wei J M, Dong F Q, Li Y N, et al. Relationship analysis between surface free energy and chemical composition of asphalt binder[J]. Construction and Building Materials, 2014, 71(71): 116-123.

[224] Shen N J, Amirkhanian S. The influence of crumb rubber modifier(CRM) microstructures on the high temperature properties of CRM binders[J]. International Journal of Pavement Engineering, 2005, 6(4): 265-271.

[225] D'Angelo J, Kluttz R, Dongre R, et al. Revision of the superpave high temperature binder specification: The multiple stress creep recovery test[J]. Journal of the Association of Asphalt Paving Technologists. 2007, 76: 123-162.

[226] AASHTO TP 70-13. Standard method of test for multiple stress creep recovery (MSCR) test of asphalt binder using a dynamic shear rheometer (DSR) [S]. Washington DC: American Association of State Highway and Transportation Officials, 2014.

[227] Tang N P, Huang W D, Zheng M, et al. Investigation of Gilsonite-, polyphosphoric acid-and styrene-butadiene- styrene-modified asphalt binder using the multiple stress creep and recovery test[J]. Road Materials and Pavement Design, 2017, 18(5): 1084-1097.

[228] Kennedy T W, Huber G A, Harrigan E T, et al. Superior performing asphalt pavements (Superpave): The product of the SHRP asphalt research program[R]. Washington DC: National Research Council, 1994.

编 后 记

“博士后文库”是汇集自然科学领域博士后研究人员优秀学术成果的系列丛书。“博士后文库”致力于打造专属于博士后学术创新的旗舰品牌，营造博士后百花齐放的学术氛围，提升博士后优秀成果的学术影响力和社会影响力。

“博士后文库”出版资助工作开展以来，得到了全国博士后管委会办公室、中国博士后科学基金会、中国科学院、科学出版社等有关单位领导的大力支持，众多热心博士后事业的专家学者给予积极的建议，工作人员做了大量艰苦细致的工作。在此，我们一并表示感谢！

“博士后文库”编委会